权威·前沿·原创

皮书系列为
"十二五""十三五"国家重点图书出版规划项目

中国社会科学院创新工程学术出版项目

广东省高校人文社科重点基地广州大学广州发展研究院、广东省教育厅广州学协同创新发展中心、广东省高校城市综合发展决策咨询研究创新团队、广州市首批新型智库建设试点单位研究成果

广州蓝皮书

BLUE BOOK OF
GUANGZHOU

丛书主持/涂成林

2018年
中国广州社会形势分析与预测

ANALYSIS AND FORECAST ON SOCIAL SITUATION
OF GUANGZHOU IN CHINA (2018)

主　编／张　强　何镜清
副主编／涂成林　桑晓龙　王福军

社会科学文献出版社
SOCIAL SCIENCES ACADEMIC PRESS (CHINA)

图书在版编目（CIP）数据

2018 年中国广州社会形势分析与预测 / 张强，何镜
清主编. -- 北京：社会科学文献出版社，2018.7
（广州蓝皮书）
ISBN 978 - 7 - 5201 - 2912 - 1

Ⅰ.①2… Ⅱ.①张… ②何… Ⅲ.①社会调查 - 研究
报告 - 广州 - 2018 Ⅳ.①D668

中国版本图书馆 CIP 数据核字（2018）第 126285 号

广州蓝皮书
2018 年中国广州社会形势分析与预测

主　　编 / 张　强　何镜清
副 主 编 / 涂成林　桑晓龙　王福军

出 版 人 / 谢寿光
项目统筹 / 任文武
责任编辑 / 高　启　高振华

出　　版 / 社会科学文献出版社·区域发展出版中心（010）59367143
　　　　　地址：北京市北三环中路甲 29 号院华龙大厦　邮编：100029
　　　　　网址：www. ssap. com. cn
发　　行 / 市场营销中心（010）59367081　59367018
印　　装 / 三河市龙林印务有限公司

规　　格 / 开　本：787mm×1092mm　1/16
　　　　　印　张：24.25　字　数：402 千字
版　　次 / 2018 年 7 月第 1 版　2018 年 7 月第 1 次印刷
书　　号 / ISBN 978 - 7 - 5201 - 2912 - 1
定　　价 / 98.00 元

皮书序列号 / PSN B - 2008 - 110 - 5/15

广州蓝皮书系列编辑委员会

《2018年中国广州社会形势分析与预测》
编 辑 部

主要编撰者简介

张　强　经济学硕士，副教授。现任广州大学党委副书记。1982 年任共青团石家庄市委办公室主任、宣传部部长；1990 年任原广州大学办公室副主任、维修工程技术学部党支部书记、党委宣传部部长；2001 年任合并后的广州大学党委宣传部部长、党委组织部部长；2005 年任广州医学院党委副书记、纪委书记；2012 年 11 月至今任广州大学党委副书记、纪委书记。第十一届广州市政协委员。兼任广州市社科联副主席、广州城市民族关系研究中心主任、教育部内地高校少数民族学生教育管理服务重点研究基地主任、广东省少数民族学生教育管理服务研究和指导中心主任；曾获得"广州市优秀党务工作者"称号。

何镜清　管理学博士。现任广州市民政局局长、党委书记。1991 年 10 月至 2006 年 9 月在广州医学院工作，任第一附属医院团委书记、医学院团委书记、组织部副处级组织员兼校办公室主任，第二附属医院党委副书记兼纪委书记，医学院学生处处长、学工部部长。2006 年 9 月任中共从化市委常委，2006 年 11 月任中共从化市委常委、组织部部长、市编办主任、市委党校校长，2011 年 9 月任从化市委副书记。2013 年 3 月任广州市城管委党委副书记，2015 年 1 月任广州市城管委副主任、党委副书记，2015 年 9 月任广州市民政局局长、党委书记，兼任市政法委委员。

涂成林　二级研究员，博士生导师。现任广州大学广州发展研究院、广东发展研究院院长。国务院特殊津贴专家、国家"万人计划"哲学社会科学领军人才、中宣部"文化名家暨四个一批"领军人才、广东省"特支计划"哲学社会科学领军人才、广州市杰出专家等称号。先后在四川大学、中山大学、中国人民大学学习，获得学士、硕士、博士学位。1985 年起，先后在湖南省委理论研究室、广州市社会科学院、广州大学工作。兼任广东省区域发展蓝皮书研究会、广州市蓝皮书研究会会长，广东省体制改革研究会副会长等社会职务。曾赴澳大利亚、新西兰、加拿大等国做访问学者。目前主要从事城市综合发展、文化科技政策及西方哲学、唯物史观等方面研究。在《中国社会科学》《哲学研究》《中国社会科学内部文稿》《中国科技论坛》等刊物发表论文100余篇，专著有《现象学的使命》《国家软实力和文化安全研究》《自主创新的制度安排》等10余部；主持和承担国家社科基金重大项目、一般项目和省市社会科学规划项目、省市政府委托项目60余项。获得国家教育部及省、市哲学社会科学奖和人才奖20余项，也获得多项"皮书奖"和"皮书报告奖"，2017年获得"皮书专业化20年致敬人物"称号。

桑晓龙 现任广州市社会工作委员会专职副主任、广州市政法委专职委员。1980年7月参加工作，1985年6月加入中国共产党，中共广东省委党校在职研究生学历。历任广州市公安局黄埔区分局党委副书记、政委，广州市公安局政治部教育培训处处长，广州市公安局政治部党总支副书记、副主任等职务。

王福军 经济学硕士。现任广州市民政局党委委员、广州市社会组织管理局局长。1992年9月至1999年7月，在中山大学岭南学院国际商务系学习，硕士研究生毕业。1999年7月，在广州市国土资源和房屋管理局办公室工作；2002年11月，在广州市民政局办公室工作；2004年8月，任广州市市政园林局团委副书记；2006年8月，任共青团广州市委青工青农部副部长、组织部副部长、部长；2008年10月，任广州市民政局社会事务处处长、办公室主任、宣传和政策法规处处长；2014年4月至今，任广州市民政局党委委员、广州市社会组织管理局局长，中共广州市社会组织委员会党委书记。

摘　要

《2018年中国广州社会形势分析与预测》由广州大学、广州市蓝皮书研究会与广州市委宣传部、广州市人力资源和社会保障局、广州市民政局、广州市社会工作委员会、广州市社会组织管理局联合编撰，面向全国公开发行。本书由总报告、民生保障篇、社会治理篇、教育改革篇、法治建设篇、社会调查篇六部分组成，汇集了广州科研团队、高等院校和政府部门诸多社会问题专家、学者和相关部门工作者的最新研究成果，是关于广州社会运行情况和相关专题分析与预测的重要参考资料。

2017年，广州继续坚持以保障和改善民生为重点，持续加大民生投入，全力推进普惠共享型社会保障体系建设，加强社会建设与服务管理，创新社会治理体制，把基层治理同基层党建结合起来，构建了各类共建、共治、共享平台，不断推进教育、医疗、住房、养老等公共服务均等化进程，在民生建设、社会治理等重要社会建设与发展领域，形成了良好的发展态势。

与此同时，广州社会发展仍然存在着基层治理能力薄弱，公共服务供给总量不足，教育、养老等服务体系滞后，高层次高素质人才引进与服务机制有待进一步完善等问题。展望2018年，广州将坚持民生优先，发挥社会政策托底作用，继续完善全民共享普惠的社会保障和公共服务体系，在提升就业质量、优化人才环境、有序更新城市、管理城市环境、治理环境污染、教育优质均衡发展、健康广州建设、社保体系完善等方面加大改革创新力度，营造共建共治共享的社会治理新格局。

关键词： 广州　公共服务　社会保障

目　录

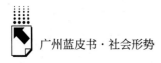

Ⅵ 社会调查篇

皮书数据库阅读**使用指南**

总 报 告

General Report

B.1

2017年广州社会发展形势分析
与2018年展望*

广州大学广州发展研究院课题组**

摘　要：　2017年广州以保障和改善民生为重点，全力推进社会保障体系建设，不断推进基层社区治理和外来人口社会融合，在促进外来人口融合、推行来穗人员随迁子女接受义务教育、外来务工人员实现医疗救助全覆盖、外来人口参与社区治理与

* 本课题系广东省高校人文社会科学重点研究基地广州大学广州发展研究院、广东省教育厅广州学协同创新发展中心、广东省高校城市综合发展决策咨询研究创新团队、广州市首批新型智库建设试点单位研究成果。

** 课题组组长：涂成林，广州大学广州发展研究院院长，二级研究员、博士生导师。成员：梁柠欣，博士，广州大学广州发展研究院副研究员；谭苑芳，博士，广州大学广州发展研究院副院长、教授；姚华松，博士，广州大学广州发展研究院社会政策研究所所长、副研究员；曾恒皋，广州大学广州发展研究院软科学研究所所长；欧阳知，广州大学广州发展研究院特聘教授；彭晓刚，广州大学广东发展研究院特聘研究员；周雨，博士，广州大学广州发展研究院助理研究员；曾永辉，博士，华南农业大学讲师；丁艳华，广州大学广州发展研究院特聘研究员；李佳希，广州大学广州发展研究院科研助理。执笔：梁柠欣。

社会融合等基本民生建设、社会治理等若干重要社会建设与发展领域，形成了快速推进的发展态势。展望 2018 年，广州市的社会建设与发展的趋势是：教育等公共资源配置进一步均衡；社会保障安全网和公共服务体系继续完善。社区社会组织将进一步发展，外来人员通过社区组织介入社区治理的平台增多，社会融入加快。

关键词： 民生建设　社会治理　社会组织　广州

一　2017年广州社会发展总体形势分析

2017 年广州市坚持稳中求进工作的总基调，坚持新发展理念，统筹推进稳增长、促改革、调结构、惠民生、防风险各项工作，全市经济社会发展稳中向好。发展动能转换成效明显，经济保持中高速增长，全市地区生产总值突破 2 万亿元，达到 21503.15 亿元，同比增长 7.0%，较全国平均增速 6.9% 高 0.1 个百分点。发展质量稳步提升，全年来源于广州地区的一般公共预算收入 5947 亿元，增长 14%，其中全年地方一般公共财政预算收入达 1533.06 亿元，同比增长 10.9%。① 经济运行平稳，地方财政收入稳定增长，为广州社会建设与发展提供了坚实的物质基础。

在社会发展领域，2017 年广州坚持民生为先、底线思维，以保障和改善民生为重点，始终把人民利益摆在至高无上的地位，在财政支出中持续加大民生投入，全力推进普惠共享型社会保障体系建设，不断推进教育等公共服务均等化进程，加大保障房建设力度，率先实施"租购并举"，基层网格化管理与精细化服务管理能力进一步提高，城乡社区协商自治制度不断强化，平安广州建设稳步推进，在完善城乡居民社会保险体系、住房保障体系建设与社区基层治理等若干重要领域，继续保持平稳推进态势。

---

① 数据来自广州市统计局和《2018 年广州市政府工作报告》。下文数据如无特别说明，均来自各有关部门。

（一）推动实行民生财政，促进公共服务均等化

2017 年，广州市一般公共预算用于民生支出占比达到 76.8%，尤其是教育、社会保障等民生领域支出增速分别达到 25.6% 和 14.6%。[①] 2017 年财政投入 64.3 亿元，全面兑现了年初承诺的十件民生实事。通过各种措施，着力缩小教育、医疗卫生等公共服务在地区间、城乡间、群体间的差距，惠民效果显著，2017 年市民对生活状况的满意度达到 55%[②]，首次超过 50%，获得感明显增强。

1. 推行集团化、学区化办学，义务教育进一步走向均衡

2017 年，广州市通过中小学校三年提升计划，继续巩固广东省推进教育现代化先进市水平。2017 年财政投入 51.2 亿元推进示范性普通高中建设，有 10 所普通高中进入示范性普通高中行列。推行集团化、学区化办学，2017 年组建 19 个（含市属 4 个）教育集团、教育联盟 5 个、学区 66 个，覆盖中小学 1066 所，服务学生 106.3 万名，推动中心城区将优质教育资源向外围城区和农村地区覆盖。引进基础教育名教师、名校长 53 名，新改扩建中小学 43 所、新增学位 5.2 万个，义务教育的软硬件设施进一步改善，全市优质教育资源总量进一步扩大，优质义务教育资源配置进一步趋于均衡。

与此同时，2017 年继续实施两期学前教育三年行动计划，学前教育改革发展取得阶段性成果，全年新增幼儿园 49 所（其中公办园 21 所）。幼儿教育的公益性、普惠性有了新发展，2017 年新增普惠性幼儿园 82 所，全市普惠性民办园增至 1430 所，普惠性幼儿园占比达到 79.5%。来穗人员随迁子女接受义务教育工作稳步推进，来穗人员随迁子女接受义务教育进入实际操作、稳步推进阶段，2017 年广州市已安排来穗人员随迁子女学位 2.5 万个。

2. 全面启动公立医院综合改革，家庭医生签约服务取得重大突破

为破除公立医院逐利机制，落实政府的责任，2017 年 7 月广州市全面启动公立医院综合改革，实行药品集中采购、全面取消药品加成政策，新组建

---

① 广州市统计局：《经济发展保持平稳　质量效益持续提升——2017 年广州市经济运行情况》，广州市统计局网站，2018 年 1 月 31 日。

② 广州市社情民意研究中心：《市民获得感近三年呈现重大变化》，http://www.c-por.org/index.php?c=news&a=baogaodetail&id=4009&pid=10，2018 年 1 月 11 日。

39 个医联体。2017 年广州市全面取消公立医院药品加成政策的实施，进一步减轻了普通门诊、门特、门慢门诊等以药费为主的参保人的医疗费用。2017年广州市还开展了按病种付费政策，有 33 个病种不设统筹基金起付标准，由个人和统筹基金按原住院结算起付标准以上的分担比例进行支付，促使定点医疗机构进一步加强医疗服务管理，控制医疗费用的不合理上涨。[①] 2017 年 5月，广州市按病种付费的病种数量进一步扩大至 149 种。

与此同时，广州市继续完善医联体制度与分级诊疗机制，其中作为推进分级诊疗制度建设的重要抓手和突破口——家庭医生签约服务工作取得了明显进展。2017 年底，广州通过以医保基金购买签约服务等创新形式，全市家庭医生签约服务覆盖率和重点人群签约服务覆盖率分别为 33.21% 和 71.63%[②]，走在全省前列。

（二）社会保障水平稳步提高，居民获得感明显增强

近年来，广州市始终坚持以人为本，大量财政资金持续向民生领域倾斜，住房保障体系不断推进，社会保障体系不断完善，保障水平稳步提高。

1. 医疗救助实现外来务工人员全覆盖，社会保障水平持续提高

2017 年，广州进一步完善社会保障制度，率先在全国将外来务工人员纳入医疗救助范围，医疗救助政策实现了全体市民和外来务工人员的全覆盖。医疗救助对象不设报销封顶线，并通过建立医疗救助移动 App，实现网上预受理、网上审批、医疗救助电子档案管理等功能，便利了广大市民与外来务工等困难群体人员获得医疗救护。2017 年获得医疗救助的广州市民达到 83.55 万人次，提供医疗救助金 4.84 亿元。与此同时，继续实施医疗、失业、工伤保险降费率政策，在为企业全年减负 60.22 亿元的同时，各项保险覆盖面得以巩固与扩大。

2017 年，广州市各项社会保障水平持续提高。在社会救助方面，全市城

---

① 广州市统计局：《广州地区公立医院改革　市医保实施多项配套改革措施》，大洋网，http://news.dayoo.com/guangzhou/201801/09/139995_52031132.htm，2018 年 1 月 9 日。
② 广州市卫生计生委办公室：《广州市在全省卫生计生工作会议交流家庭医生签约服务工作经验》，广州市人民政府网站，http://yjx.gz.gov.cn/gzgov/s5834/201801/4a79521adb794430bbba67a4a9e49113.shtml，2018 年 1 月 22 日。

乡居民低保标准统一由 840 元提高到 900 元，全年发放低保资金 4.44 亿元，4.8 万多人因此受惠。通过建立企业退休人员、城乡居民基础养老金正常调整机制等措施，企业退休人员月人均基本养老金由 3316 元增至 3471 元，城乡居民月人均养老金由 624 元提高至 633 元。2017 年广州市实现了跨省异地就医即时结算，与全国 7491 家定点医疗机构实现联网，便利了各类人才在全国范围内合理流动。在医疗保险方面，通过提高大病保险支付限额（最高支付限额报销上限由 18 万元提高至 45 万元），超封顶线费用支付比例从 70% 提高到 90%。

2. 率先实施"租购并举"，房地产长效机制不断健全

作为一个人口不断流入的国家中心城市——广州市对外来人口一直有较大的吸引力，房价面临极大的上涨压力。2017 年广州市进入了房地产补涨模式，房地产价格急剧上涨，即使在限价、限签等各种行政化调控手段下，到 2017 年 12 月，广州市新建商品住宅价格同比上涨 5.5%（国家统计局统计数据），比 2015 年增长了 37.5%。2017 年，广州认真贯彻中央关于"房子是用来住的，不是用来炒的"的要求，楼市新政频出，政府通过综合运用土地、信贷、租购并举等经济手段与"五限"行政化手段，从供求两端调控房地产需求，强化房地产调控，2017 年全市商品住宅价格环比实现了连续多月下降，其中 12 月新建商品住宅价格比 11 月环比下降 0.3%，二手住宅价格比 11 月环比下降 0.4%。在严厉的房地产调控政策下，房地产市场逐步回归理性，商品房成交面积与价格都呈现降温态势，2017 年广州一手商品住宅成交面积与全年销售均价较 2016 年分别下降 31.0% 和 0.8%。[①] 2017 年保障住房建设步伐明显加快，广州市推出各类保障房 3.1 万套，较 2016 年增长幅度达到 11%，2.6 万名新就业无房市民、职工首次获得住房保障，在一定程度上解决了新增大学生等住房困难户安居的问题。与此同时，广州市于 2017 年 7 月在全国率先推出"租购同权"政策，推出只租不售土地，建立官方版住房租赁交易服务平台，探索利用集体土地建设租赁房，房地产市场的长效机制建设已经启动。

2017 年，广州市社会保障体系不断完善，保障水平稳步提高，在一定程

---

① 邓恒：《最严调控下，2017 年广州住宅成交全线下滑》，《南方都市报》2018 年 1 月 12 日。

度上使市民获得感有所增强，满意度不断上升。广州社情民意研究中心调查显示，近年来，广州市民对社会保障的满意度（比较满意＋很满意）逐年上升，2017 年社会保障的满意度达到 50%，比 2016 年提高了 10 个百分点，创近年新高（见图 1）。①

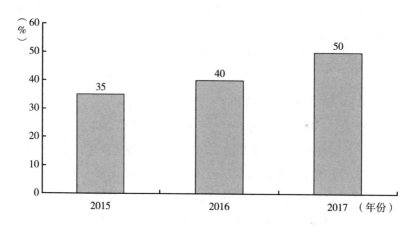

图 1　2015～2017 年广州市民对社会保障满意度评价

数据来源：广州社情民意研究中心。

（三）就业形势持续稳定,人民生活进一步改善

就业是实现基本民生权利的基本手段，经济发展是确保就业的前提。2017年，广州市通过深化重点领域改革，继续优化投资结构，国内消费稳定增长，进出口增速明显。在投资领域，重点培育的 5 个千亿元级工业产业集群项目，例如投资 610 亿元的富士康等项目相继启动，电子信息制造业和医药制造业等重点发展领域投资分别增长 160% 和 23.1%，而第三产业投资中卫生和社会工作、信息传输软件和信息技术服务业等服务业投资分别增长 71.7%、23.3%，投资结构继续得到改善，为未来广州市的发展奠定更好的基础。在新消费习惯、新商业模式转型过程中，广州继续保持传统经贸中心的优势，2017 年全市实现社会消费品零售总额 9402.59 亿元，同比增长 8.0%。同时，电子商务

---

① 广州社情民意研究中心：《市民获得感近三年呈现重大变化》，http：//www. c － por. org/index. php？c = news&a = baogaodetail&id = 4009&pid = 10，2018 年 1 月 11 日。

尤其是跨境电子商务继续高速发展，2017年广州市限额以上网上商店零售额增长19.3%，增速高于社会消费品零售总额11.3个百分点，其中跨境电子商务进出口227.7亿元，增速达到55.1%。进出口实现较快增长，2017年全市商品进出口总值9714.4亿元，同比增长13.7%，增速比2016年提升10.6个百分点。拉动经济增长的"三驾马车"展现出持续稳定的发展，为广州市民实现就业创造了良好的经济环境。此外，随着各项投资贸易便利化措施的落实，以及《财富》全球论坛的成功举办，广州日益成为全球企业投资的热点地区。2017年全市新登记市场主体达到32.77万户，注册资本金达到1.79万亿元，分别同比增长33.9%和120%。通过落实税收优惠政策以及取消、停征和降低47项行政事业性收费为企业减负超过800亿元，企业经营成本继续下降，利润率有所提升。① 企业的经济效益好转、创业氛围好转以及新办经济主体的增多，带动了新的就业需求。而广州实施的就业优先战略和促进创业战略，继续加大财政投入，对未能就业的大学生给予各种创业补贴，推进劳动力公益性职业介绍、技能培训等促进就业、创业的举措，促进劳动力通过各种方式实现就业与再就业。通过创业战略，2017年有3.46万人成功创业，累计带动就业23.68万人。全年广州实现城镇新增就业33万人，城镇登记失业率2.4%，就业状况持续改善。

经济持续稳定发展，就业状况总体稳定，为城乡居民收入稳步增长，居民消费水平的提升提供了有力保障。中国南方人才市场等机构发布的《南方人才年度广东地区薪酬调查报告》显示，2017年广州市从业人员月均薪酬达到7210元（同比涨幅3.7%），大多数行业的平均月薪有所上涨，其中以交通运输、仓储和邮政业薪酬水平同比增幅最大（36.20%）。② 工资水平普遍提升，城乡居民收入实现稳步提高，2017年广州城镇常住居民和农村常住居民人均可支配收入分别为55400元和23484元，分别增长8.8%和9.5%，居民

① 广州市统计局数据显示，通过取消、停征和降低47项行政事业性收费与落实税收优惠政策，2017年广州市工业企业降本增效显著，每百元主营业务收入中的三项费用为9.54元，同比减少0.49元，工业企业利润率提高到7.98%。见广州市统计局《经济发展保持平稳质量效益持续提升——2017年广州市经济运行情况》，广州市统计局网站，2018年1月31日。
② 廖靖文：《2017~2018年度广东地区薪酬调查报告发布广州平均月薪7210元》，《广州日报》2017年11月15日。

收入与国民经济实现了同步增长，人民生活得到进一步改善。在城市居民消费价格指数平稳增长（2.3%）的背景下，居民消费意愿有所增强，与居民消费质量提升和品质改善相关行业，例如限额以上金银珠宝类，中西药品类和体育、娱乐用品类零售额保持较快增长，同比分别增长 29.3%、18.6% 和 15.5%。广州社情民意研究中心调查显示，近年来，广州市民对"居民生活状况"满意度逐年提高，不满意度逐年下降，其中 2017 年受访市民满意度达到近年的新高（55%），而对生活状况的不满意度则创下近年的最低（见图 2）。①

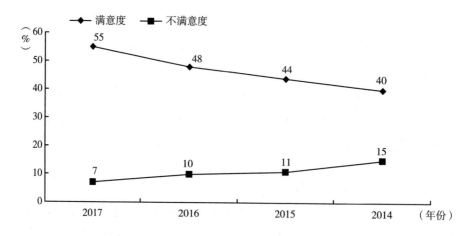

图 2　2014~2017 年广州市民对生活状况满意度评价变化情况

资料来源：广州社情民意研究中心。

（四）养老"大配餐"服务实现街镇村居全覆盖，慈善事业发展健康有序

2017 年，广州利用全国养老服务业综合改革试点城市的优势，加快推进养老服务政策体系与服务设施建设。一是社区养老"大配餐"服务实现街镇村居全覆盖。目前有 7.74 万名 80 周岁以上老年人享受了政府资助的"平安

---

① 广州社情民意研究中心：《市民获得感近三年呈现重大变化》，http：//www. c - por. org/index. php？c = news&a = baogaodetail&id = 4009&pid = 10，2018 年 1 月 11 日。

通"服务。2017年广州市还根据老年人的需要，设立长者饭堂846个，覆盖了全市170个街（镇）2707个社区（村）。广州城乡社区老年人可以就近享受到方便、卫生、便宜的配餐服务，这一具有广州特色的社区"大配餐"服务被2017第十二届中国全面小康论坛评为"2017年度中国十大民生决策奖"。二是养老服务政策基本实现制度与服务人群的全覆盖。2017年由政府出资为全市老年人购买意外伤害综合保险的覆盖率、参保人数居全省第一，而着眼于为老龄化时代面向老年人长期护理的保险制度也于2017年率先在全省开展试点。面向低收入、高龄老人的广州市公办养老机构入住评估轮候管理办法进一步修订完善，目前在广州市以及各区公办养老机构护理型养老床位占比达78%。三是院舍养老设施与服务项目进一步完善，率先实现"银龄安康行动"全覆盖。通过加大院舍养老设施建设，目前全市养老床位增加到了6.2万张，每千名老人拥有养老床位40张，便利了高龄老年人的院舍化养老。此外，通过政府投入、企业与社会参与面向养老服务的公益创投活动，仅2017年就投入1000万元资助，设立63个为老服务项目，投入资金较2016年增长600多万元，服务了一大批老年人。

继续推进慈善事业健康有序发展。2017年广州市通过成立组织机构、建立透明慈善募捐平台和设立慈善活动基地等方式，继续推进慈善事业健康有序发展。为推进广州慈善事业，2017年广州市在全国率先发起成立了全国首个"慈善之城"创建联盟，吸纳成员单位152家，建立慈善广场、慈善街道、慈善社区、慈善公园等各类慈善活动基地120个，加快推进"慈善之城"步伐。通过"广益联募"慈善平台，有138家公益慈善组织入驻"广益联募"平台，创新开展"慈善之城·尽善净行"行动，有326个公益项目上线，累计募集善款达3.38亿元，捐款人数近18.5万人次，有38家慈善组织"晒账单"，推进慈善活动的透明化。2017年，广州的慈善事业取得明显进展，在广东扶贫济困日活动暨深化"羊城慈善为民"行动中，就认捐款物5.45亿元，有76个单位（个人）获得2016年"广东扶贫济困红棉杯"，获奖数居全省首位。

（五）搭建共建、共治、共享平台，创新社会治理

2017年，广州市继续以平台思维变革传统治理格局，不断构建各类共建、

共治、共享平台，积极发展各类社会组织。2012～2017年，广州市登记注册社会组织保持稳步增长态势，年均增长率达到9.7%。至2017年12月底，广州市共登记注册社会组织7594家，其中社会团体3016家、民办非企业单位4536家、基金会42家。社会组织的迅速发展，在推进广州市社会服务发展的同时，也促进了基层社会治理能力的提升和外来人员的社会融入。

1. 以基层社区治理能力提升为目标，搭建多元参与的社区治理平台

基层社区的治理关键，在于健全居民利益表达与利益协调机制，引导群众依法通过各类平台行使权利、表达诉求、解决纠纷。广州市通过构建城乡社区各类具有社会协商性质的社会组织，实现政府治理和社会调节、居民自治良性互动的城乡基层治理思路。早在2016年广州市就在城市社区开展社区居民协商制度建设试点，通过搭建与社区利益相关的多元主体参与的社区事务自主协商议事平台，重点对困扰社区的广场管理、宠物管理、停车难、旧楼加装电梯、邻里纠纷等社区热点问题实行"一事一议"，经过社区各方民主协商后实施并接受居民监督。2017年广州市推广增城区石滩镇下围村"民主商议、一事一议"模式和越秀区东山街基层分层议事工作机制等试点的经验，加速打造村（居）议事组织、议事与执行制度，引导群众运用村（居）议事组织/平台，通过法治、民主协商的办法，进行民主协商、调解纠纷、化解矛盾。截至2017年12月，全市共建成各村（居）议事平台2267个，累计议事12199次。各村（居）议事平台形成的决议事项17290项，其中落实了16295项，执行率达到94.25%。通过各村（居）议事平台，2017年共计落实集体资产管理事项4903个，解决社区环境卫生问题1950件、为老服务1445件、化解矛盾纠纷1482件、社区消防649件，以及旧楼加装电梯、小广场管理、宠物管理等社区事务733件。[①] 一大批影响村（居）和谐与稳定的重大事项，在村（居）议事组织/平台下，初步实现了居民共建、共治与共享的多元基层社区治理格局。

2. 以"五个一工程"为抓手，搭建外来人口参与社区治理与社会融合的平台

广州是一个国内外流动人口聚集的超大城市，目前在广州登记在册的、来自国内外的人员超过900多万人，已经超过广州常住户籍人口总数。随着广州经济的持续发展，来穗人员持续呈现增长的态势，尤其是近几年广州市常住的

---

① 政法宣、魏丽娜：《2017年度广州政法工作十大亮点》，《广州日报》2018年2月11日。

外来人口仍以年均30万人以上的速度递增。来穗就业人员在广州的社会经济各个领域发挥着重要的作用，使来穗就业人员及其家属获得必需的公共服务，融入广州，既是他们的心愿，同时也是基层社区治理的需要。2016年，广州市采取各种措施，在全国各城市中率先全面有序地开展外来人员全方位的社会融合工作。近年来，具有广州特色的来穗人员服务管理政策法规体系已逐步形成，"以居住证为载体、以积分制为办法"的公共服务供给机制已经悄然建立，在积分制入户、随迁子女积分制入学、计划生育等基本公共服务基础上实现"融合关爱"常态化。2017年有15670名来穗人员（含随迁人员9669名）通过积分制入户广州，2.5万名随迁子女入读公办学校或政府补贴的民办学校接受义务教育。来穗务工人员在创业、就医、医疗救助等公共服务方面，也逐渐享受到市民化、均等化待遇，目前参加医疗保险的来穗务工人员已经实现了异地就医的即时结算，符合条件的来穗务工人员在创业时同样获得政府给予的一次性创业资助、租金补贴等，而来穗人员的卫生计生服务则已经基本实行均等化。来穗人员分散居住在各个社区，实际上是广州城乡社区中不可缺少的成员，因此打造参与平台、最大限度地动员他们参与社区治理，成为广州市推进基层社区治理的重要举措。2017年广州市通过社区"五个一工程"（组织一个共治议事会、创建一所融合学堂、建设一个融合社区工作服务站、成立一个来穗人员党支部、组建一支来穗人员志愿服务队）建设，打造来穗人员融入广州、参与协商与管理社区事务的平台，2017年广州市的社区"两委会"换届中就有446名非广州户籍的来穗人员当选为392个社区的党组织或居委会委员，[①] 通过这些举措引导来穗人员参与社区治理、组织关爱来穗人员活动、开展来穗人员志愿服务等，促进来穗人员"个人融入企业、子女融入学校、家庭融入社区、群体融入社会"，最终成为广州社会建设与社会治理的可靠力量。

（六）扎实推进"平安广州"建设，社会大局和谐稳定

2017年，围绕举办广州《财富》全球论坛等重大活动，广州市继续强化科技手段，推进社会治安防控体系与食品药品安全监管建设，有效防控公共安

---

① 广州市来穗人员服务管理局：《着眼广大来穗人员对美好生活向往精准发力》，http：//lsj. gz. cn/lsnew/gzdt/201803/922c4472532246819f60e2448b6d3b13. shtml，2018年3月9日。

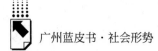

全风险，进一步增强人民群众的获得感、幸福感、安全感。

1. 强化科技手段，营造平安、有序的城市环境

2017 年，围绕举办广州《财富》全球论坛、金砖五国运动会、从都国际论坛等重大活动，广州市继续推进社会治安立体防控体系建设。通过整合联网，接入 37 个政府职能部门、426 个社会单位的视频图像资源 8.5 万路，建立起全市统一、全域覆盖、全网共享、全时可用、全程可控的公共安全视频技术体系。截至 2017 年底，全市累计建成摄像头 92.3 万个、高清道路卡口系统 2239 套，强化科技手段在社会公共安全方面的运用。2017 年广州市还首创了"视频图像紧急查看权"，让市民群众也能够共享"雪亮工程"建设成果。继续开展为期 3 年（2015~2018）的出租屋专项整治活动，通过建设出租屋门禁系统等技术手段，来穗人员登记率由 2015 年的 79% 提高到 95%，出租屋登记纳管率提高到 98%，将流动人口与出租屋基本纳入管理范畴，为社会有序管理创造良好的条件。科技手段的运用，尤其是公共安全视频系统在城市社会管理与公共服务中发挥了重要作用。2017 年全市公安机关利用视频协助侦办刑事案件 36298 宗、治安案件 35197 宗，抓获嫌疑人 15745 人，监控协助城市管理、公共服务等超过 5 万次，在城市管理、交通管理、防汛排涝等领域发挥作用。随着社会治安综合治理体系建设的深入推进和技术手段的不断完善，广州市社会秩序管理有序，平安广州建设成效明显，继续出现警情下降，群众满意度、安全感提升。广州市公安局统计显示，2017 年，广州市受理案件类警情同比下降 12.2%，其中"两抢"警情同比下降 41%，盗窃警情同比下降 14.7%，诈骗警情同比下降 0.7%，诈骗警情整体上升的态势得到遏制。中山大学城市研究中心调查数据显示，2017 年广州市群众安全感和治安满意度分别达到 98.2% 和 98.7%。①

2. 全面开展创建国家食品安全示范城市建设，食品药品安全形势趋好

2017 年，广州市以创建国家食品安全示范城市为主线、以风险防控为重点，通过推进"放心肉菜示范超市"建设，落实小餐饮经营许可"申请人承诺制"，建立食品生产全过程动态监管平台，加强餐饮服务监管等举措，全面

① 李欣、梁荣忠：《2017 年广州案件类警情同比下降 12.2%，安全感历年最高》，大洋网，http：//news. dayoo. com/guangzhou/201801/22/139995_ 52052068. htm，2018 年 1 月 22 日。

开展食品药品安全领域风险隐患排查和突出问题整治，通过巡查检查和监督抽检、飞行检查、专项检查等形式，对日常餐饮、食品、药品、化妆品等重点领域加强监管。尤其是通过组织"清网行动"，对市内51家有证电商企业开展全覆盖监督检查，加强对网络订餐第三方平台上的网络订餐店监测及对相关网站、企业的排查，严厉打击利用互联网的食品药品违法犯罪行为。[1] 通过对线下与线上的食品药品安全秩序的监管，2017年广州市食品药品安全形势总体平稳可控、有序向好，未发生系统性、区域性食品药品安全事故。广州社情民意研究中心的调查显示，2017年广州市市民对"消费安全"满意度达到48%，满意度比2016年大幅上升17个百分点，成为市民评价改善最大的民生项目（见图3）。[2]

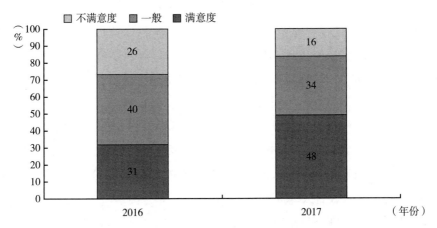

图3　2016～2017年广州市民对消费安全满意度评价

资料来源：广州社情民意研究中心。

二　2017年广州社会发展存在的主要问题

综观2017年广州社会建设和社会发展状况，存在以下几个突出问题。

---

① 广州市食药监局：《保障全市食品安全　广州食药监今年做了这些实事!》，腾讯·大粤网，http://gd.qq.com/a/20171025/025947.htm，2017年10月25日。

② 广州社情民意研究中心：《广州城市状况市民满意度显升》，http://www.c - por.org/index.php? c = news&a = baogaodetail&id = 3989&pid = 10，2018年1月18日。

（一）人口超高速流入，居民日益提高的公共服务需求与滞后供给能力之间的矛盾仍然十分突出

作为经济发达的国家中心城市，广州一直保持旺盛的经济活力，经济发展迅速，就业机会众多，兼有众多优质、丰富的教育、医疗、文化等公共资源，这些年来广州对国内外流动人口一直保持强大的吸引力，2017 年广州的人口吸引力指数列 2017 年百度全国城市人口吸引力排行榜第二位，超过北京与上海。[①] 人口的超高速流入，使广州市的常住人口数量从 2013 年的 1292.68 万人增长到 2017 年的 1449.84 万人，每年净增近 40 万人左右。加上未登记在册的人口，广州已经成为实际管理人口超过 2000 万人的超大城市。而按照《广州市城市总体规划（2017～2035）》要求，到 2035 年广州的常住人口将增加 600 万，预期实际管理人口达到 2500 万人。广州常住人口的超高速增长，在给广州带来经济社会发展活力的同时，也给广州既有的公共服务带来巨大的压力。

客观地说，广州市多年来一直在加大民生财政投入力度，然而人口的快速流入，导致广州市的公共产品不仅存在供需总量失衡的问题，而且在供需地区结构和质量结构等方面存在突出的矛盾。广州市的这种公共产品供需不足与结构失衡，不仅表现在每天都遭遇的交通拥堵等日常生活体验，[②] 而且表现在医疗、教育、养老等服务需求方面呈现的数量不足、质量不高和地区分布不平衡等。近年来，随着广州城市建成区面积的扩大，人口政策逐步放宽，产业布局迅速发展，白云、增城、花都、黄埔、南沙等区域人口增长迅速（见表 1），然而目前教育、医疗等资源依旧集中在老城区，这些产业的迅速发展与房地产开发热点地区配套不足尤其是优质的教育、医疗资源不足的矛盾十分突出。

---

① 2017 年广州的人口吸引力指数为 9.022，仅低于深圳（9.925），高于北京（8.585）、上海（7.713），见《百度地图 2017 年 Q4& 年度中国城市研究报告》，http：//huiyan.baidu.com/reports/2017Q4_niandu.html，2018 年 1 月 23 日。

② 2017 年，广州市在全国主要城市年度交通拥堵城市排名中列第八位，列全国四大一线城市第三位。

表1 2016~2017年广州人口分布

单位：万人，%

行政区	2016 年		2017 年	
	人口	同比增幅	人口	同比增幅
白云区	244.19	26.63	257.24	5.34
番禺区	164.11	6.28	171.93	4.77
海珠区	163.79	1.50	166.31	1.54
天河区	163.10	5.52	169.79	4.10
越秀区	116.11	0.37	116.38	0.23
增城区	114.53	2.23	119.83	4.63
花都区	105.49	3.85	107.55	1.95
荔湾区	92.50	0.36	95.00	2.70
黄埔区	108.26	124.65	109.10	0.78
南沙区	68.74	4.82	72.50	5.47
从化区	63.53	1.60	64.21	1.07

资料来源：广州市统计局。

以医疗资源为例，截至2017年广州市拥有三甲医院58家，拥有120万常住人口的增城区和64万人常住人口的从化区目前没有一家三甲医院，[①] 拥有107万常住人口的花都区直到2017年年底才诞生了第一家三甲医院。而从教育资源看，人口增长较快的区域，如白云、增城、黄埔等区域的优质教育资源也相对缺乏，[②] 优质学位严重不足。随着广州的城市发展规划以及产业布局的落实，[③] 在未来3~5年内，大量已售新楼盘的人口陆续入住，增城、黄埔、南沙等外围区域将聚集更多的人口，未来这些区域的市民对医疗、教育等公共服务需求更加迫切。优质教育与医疗资源不足，势必会在一定程度上制约广州市重点产业的布局，发展迅速的行政区域将吸纳更多的高素质人才。

---

① 增城未来将打造4所三甲医院（增城区人民医院、南方医院增城院区、市妇儿医疗中心增城院区、广州前海人寿医院），其中2018年将有两家三甲医院投入使用。

② 《广州市最全的高中等级学校名单出炉，国家级示范性高中，白云区有三间》，搜狐网，http://www.sohu.com/a/200262993_99933661，2017年11月25日。

③ 增城围绕着以富士康10.5代显示器为主的显示器材基地，黄埔承载着广州东进战略主阵地的使命，花都则在大力发展空港经济，南沙既是国家级新区也是国家级自贸区，同时也是广州唯一的城市副中心。

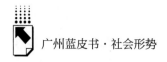

（二）广州人才政策与服务体系有待加强，需进一步优化与加快落实人才政策、改革人才服务体制机制以适应新形势

近年来，随着全球经济复苏，我国各地对人才竞争呈白热化态势，各城市纷纷出台人才新政，国内城市之间的人才竞争日益激烈。目前，国内各大城市对人才这个"第一资源"的争夺硝烟弥漫，西安、南京、武汉、成都、郑州、青岛、厦门、福州等城市纷纷放出"引才大招"，从放宽大学生落户限制甚至接近"零门槛"，到发放就业、创业补贴，给予项目资助，租房、购房打折……北京、上海等一线城市也纷纷升级人才引进政策，将目光放在高层次人才群体引进上，加强引进人才及其保障。上海多年来以"不为所有，但为所用"的包容，以"不唯学历、职称，重视现时社会所需"的人才观，以"引进人才，也要引进人才的家人、保姆"的大局观，成为2010年以来外籍人才眼中最具吸引力的中国城市。

然而，广州人才政策的系统性与竞争力有待加强，与广州经济社会发展需要相匹配的人才管理与服务体系有待形成，导致广州在区域间人才激烈竞争中优势不明显。

1. 广州的人才政策系统性不足，竞争力有待加强

一是重引进"高精尖"研究型人才（院士、"千人计划"等），而忽视技术技能型、管理型科技人才，对支撑企业创新发展的技术技能型、创新型管理人才重视不足。二是重引进而轻培养与使用，缺乏对存量人才的持续服务、开发及有效激励。现有的人才评价侧重于学历、职称、体制内职级，而轻视行业评价、社会评价与实际贡献评价。三是人才政策的落实与服务存在体制内外差异，人才流动渠道有待畅通。广州的主要科技人才资源富含于高校、科研院所、大型国有企业集团等体制内单位，这些单位科技资源丰富但人力资源利用效率偏低、科技成果转化率不高，而大量体制外的中小企业科技人才少之又少，难以承担自主创新任务，导致广州企业整体创新水平远远落后于深圳等城市。四是人才政策碎片化，缺乏配套的、具有竞争力的保障政策。尤其是针对人才的配偶就业、住房保障、非户籍子女教育、父母养老、研修支持、医疗保健等政策配套不足，人才权益保障救济渠道不清晰。

2. 广州市人才管理与服务体系与其他地区相比存在一定欠缺

一是广州市人才管理与服务体系过于分散。广州市人才政策制定、人才评价（职称评定等）、人才引进等职能主要在组织部、人力资源和社会保障局，与广州产业发展急需的科技人才、金融人才管理与服务密切相关的科创、金融、教育、医疗、住房等部门和行业协会却参与不足。二是人才服务机构有行政化趋势，导致人才服务市场化程度不高，对社会优质资源参与人才服务产生挤出效应，不利于广州市现代人力资源服务业的健康发展。与人才服务机构行政化相对应的是广州市的人才服务模式依旧陈旧、单一，一方面既缺乏全方位服务于各类人才的一站式服务平台，在政策咨询、人才认定引进、职称评定、儿女就读、待遇申报等办理方面需要个人或用人单位多次、多机构奔走，浪费了人力物力，严重影响了人才对广州的认同感。另一方面，广州市的人才服务依旧存在体制内与体制外、户籍与非户籍人才的区别，这是广州人才流动不畅，中小企业招揽、使用高层次人才困难，企业创新能力不足的重要原因之一。

广州市的人才政策与人才服务体系同杭州、深圳等先进城市相比依旧存在一定的差距，导致广州市在区域间人才激烈竞争中优势不明显。以杭州为例，早在2015年杭州就推出"人才新政27条"，是国内第一个实现人才分类认定的城市；2016年杭州又出台"若干意见22条"，侧重让市场在人力资源配置中发挥决定性作用；2017年杭州又出台了人才国际化实施意见，这一系列举措让杭州在人才竞争中获得了先机。2017年杭州市人才净流入率、海外人才净流入率均居全国城市第一位，进入"外籍人才眼中最具吸引力的中国城市"前三位。2017年，杭州新增市全球引才"521"计划人才55名，带动引进海归人才4068名；新增市"115"计划高端外国专家年薪资助项目23项、引智项目206项，带动引进外籍人才6150名。① 相比而言，在猎聘网2017年上半年全国主要城市人才净流入率排名中，广州人才净流入率为1.42%，与杭州（11.21%）、深圳（5.65%）、成都（5.53%）、上海（5.23%）、北京（4.38%）相去甚远，排名全国第9位。广州尽管是一线城市，但是由于收入等原因，目前对大学生的吸引力逐渐下降，尤其是在各地政府竞相加大工作力

① 翟春阳：《让人才"看得见"一个美好的未来》，《杭州日报》2018年3月1日。

度的背景下，广州的人才战略与服务体系必须进行调整，方能延揽更多的人才。

（三）既有的公益创投制度未能适应慈善事业发展的需要，尚有巨大的改革完善空间

公益创投就是使用风险投资的方法，为创业过程中的公益组织注资，帮助其成功创业，并通过投资间接地帮助解决社会问题。2013年10月，广州市就出台了《广州市社会组织公益创投项目管理办法》（以下简称《办法》），标志着广州市以"公益创投"的名义推动慈善事业发展尝试的开始。近年来，广州市通过举办三届"公益创投"活动，政府实际累计投入资金（源于预算管理的福利彩票基金）5200万元，实际撬动外部的社会配套资金超过3300万元，共资助368个为老、助残、帮困、扶弱等项目。广州市"公益创投"活动在一定程度上达到了促进公益慈善事业发展的目的，这是值得充分肯定的。然而，目前广州市的公益创投制度，尚有巨大的改革完善空间。

1. 广州既有的公益创投制度难以满足创业期公益机构的需要

广州既有的以短期项目为导向的公益创投制度，与真正意义上的公益创投制度相距甚远，难以满足创业期的公益机构的需要。目前广州公益创投活动的资金主要来源于被严格限定使用在特定领域的福彩公益金，公益服务机构申请时需要自筹部分配套资金（自筹40%，政府投60%）。受制于福彩基金的结算周期与严格的年度预算管理制度，每届广州市社会组织公益创投活动真正实施时间其实仅为10个月左右（3～12月）。广州公益制度是以封闭、短期服务项目为导向的，并不符合初创期公益机构的需要。2015年和2016年主动申请的社会公益组织比例仅分别为4.84%和5.30%，而获得资助的社会组织比例则仅分别为1.76%和2.14%，公益创投难以发挥对社会组织的长效支持作用。因此，不主动申请公益创投项目则成为企业法人的自然选择。由此可见，目前广州这种以短期的项目资助为导向的所谓公益创投制度，其实质是购买社会服务的另类形式，这与旨在对创业期的公益机构进行长期投资或机构投资以及真正意义上的公益创投制度的内在要求相距甚远。

2. 广州公益创投主体单一，社会参与度不足

依据《办法》，广州公益创投资金主要（60%）源于广州市财政管理的预

算资金（即纳入财政管理的福利彩票基金结余部分），政府部门（民政局、财政局）自然而然地成为公益创投的主体。而国内富于创造力与可持续发展能力的民间公益基金会，例如岚山基金（国内首个 VP）、南都基金会、友成扶贫基金会、北京联合慈善基金会、上海百特教育发展中心等，迄今均未进入广州市公益创投主体的行列，造成了目前广州市的公益创投领域创投主体单一，行政化色彩浓厚，社会参与度严重不足。

3. 广州的公益创投的管理制度难以适应公益创投客体的内在要求

目前，公益创投资金主要源于政府预算管理资金，广州市公益创投的制度设计有浓厚的行政化色彩，并不适应公益创投客体的内在要求。一方面公益创投主体与客体合作制度不完善。对创业过程中的公益机构而言，它们不仅需要资金注入，而且更需要创业辅导，以解决各种影响其生存与可持续发展的重大问题（例如市场开拓、内部管理问题等）。虽然目前广州以政府部门为主体的创投机构能胜任资金监管角色，然而对创业时期公益机构关注的重大问题，广州的创投主体（行政机构）既无时间也无能力参与，因此难以为创业过程中的公益机构提供更多的增值服务，既不利于创业中的公益机构增强其自身能力，也不利于实现可持续发展。另一方面公益创投配套资金制度门槛过高、资金管理制度不合理。对创业期的社会组织而言，广州现有的公益创投配套资金要求过高，大部分机构难有机会参与到公益创投活动中来。资金管理制度不合理，资金既不能跨年度使用，项目支出范围又非常狭窄，即使是项目执行人员的部分劳务费用也无法在项目中列支。而在项目的评估与验收标准中，忽视机构的日常监管与机构可持续发展等重要性指标的设置等。

（四）社区认同感偏低，社区组织发展难以满足社区治理的需要

作为一个实际管理人口超过 2000 万人的超大城市，广州城市人口来源复杂，社区认同感偏低，影响了社区主体意识的形成。而社区组织偏少，难以满足社区治理的需要。

1. 人口来源多元化，城市居民对社区认同感普遍低下

随着广州城市化与国际化进程的推进，城市的更新改造、单位制的瓦解与商品房的兴起，大量来自国内外的人口流入广州，广州城市社区居民构成进一步多元化。在城市社区居民中，业主与租户共存，本地户籍与外地户籍人口共

存,本国人与外国人员共存,土著居民与外来居民共存。由于居住区的居民来自不同的文化背景、缺乏共同的生活经历、有不同的利益诉求,加上物业管理日益商业化,所谓的"社区"其实仅仅表现为居住空间,社区中最重要的内涵,即社区认同、社区共同体意识已经荡然无存,导致城市居民的社区认同感普遍低下,缺乏社区归属感,这种状况很难形成所谓的社区共同体意识,无疑对社区居民形成治理主体意识十分不利。

2. 社区生活组织化程度低,参与平台缺乏

在广州城市社区生活中,由于居住、工作、娱乐、社交空间分离,加上社区物业管理的商业化,居民日常生活基本处于原子化、碎片化状态,居民之间缺乏共同的活动相互了解,难以形成守望相助、邻里和谐的氛围,邻里关系淡漠。这种邻里关系淡漠,既与城市居民注重隐私有关,同时也与社区生活组织化程度低有关。目前,广州市社区组织发育依旧缓慢,既有的几类平台更多的是自上而下建立起来的,居民自发形成的旨在解决社区日常生活问题的各类组织依旧偏少。由于社区内部缺乏居民自发形成的权益保障、社区文化体育娱乐等各类组织,社区居民在日常生活中,文体活动缺乏,邻里之间缺乏沟通了解,社区居民之间的信任难以形成,居民之间难以建立社区支持网络,守望相助、邻里和谐的氛围难以形成。与此同时,社区治理普遍缺乏组织化的渠道。目前,广州市开展的一事一议试点,对社区重大事项通过社区议事厅等组织渠道征求社区居民意见,收到较好效果。但是,在相当部分社区,有关社区卫生、社区养狗等问题,依然处理乏力,这与社区缺乏有关的社会组织,社区生活组织化程度偏低,社区居民难以通过组织化的平台参与有关。缺乏这种参与平台的结果是,社区居民在日常生活中遇到的各种问题,更多的是依据自己的网络关系寻找支持,或袖手旁观,而难以通过既有的社区组织形成的社区支持网络获得必要的支持。其结果又对居民的社区认同感形成恶性循环。因此,加快建立各类社区组织,打造社区居民参与平台已经成为完善社区治理的关键。

三 2018年广州社会发展的趋势及建议

2018 年,广州市经济社会发展形势总体上好于预期,但仍旧面临不少挑

战。主要表现在社会保障制度体系的系统整合仍然不足，公共服务发展仍然滞后于市民对社会保障不断提高的需要，尤其是市民最为关注的教育、医疗、养老三大公共服务仍然存在不少问题。最近两年，市民对上述服务的满意度评价提升不多，特别是市民对"医疗服务"的不满意度仍保持在两成以上（22%）①，住房保障工作与市民的需求仍然有相当的差距。社会建设依旧相对滞后，基层社区治理能力还不适应社会结构的深刻变化，尤其是社区物业管理中仍然存在许多影响基层社会和谐的因素。市民消费安全满意水平仍然有待提高，尤其是个人信息安全问题依旧突出。对这些问题和矛盾必须要有清醒的认识，并且在深化改革、加快发展的过程中妥善加以解决。

（一）广州市社会建设与社会发展趋势

基于广州市的工作安排，2018年广州市社会建设与社会发展将呈现以下态势。

1. 优先发展教育事业，公共资源配置进一步均衡

2016年下发的《中共中央国务院关于进一步加强城市规划建设管理工作的若干意见》明确强调，要"打造方便快捷生活圈，使人民群众在共建共享中有更多获得感"。教育是影响市民获得感的一个重要选项。2018年广州市将继续推行集团化、学区化办学，推动中心城区优质教育资源向外围城区和农村地区覆盖，再建一批教育集团和广州市示范性普通高中，扩大优质基础教育学位供给，全面提升广州市基础教育优质均衡发展水平。继续全面实施学前教育三期行动计划，进一步提高普惠幼儿园学位供给，积极应对"全面二孩"政策带来的入园高峰。与此同时，在教育领域继续完善落实"租购同权、学位到房"政策，使广州成为引进人才、创业、乐居的优势地区。可以预见，2018年广州市将在优质学位供应等方面，加大教育资源均等化进程。

2. 社会保障安全网和公共服务体系继续完善

2018年将加快建立多主体供应、多渠道保障、租购并举的住房制度，加大自持租赁房、轨道交通沿线和集体建设用地上的租赁住房供应，让市民群众住有所居。增加保障房供应，建立健全政策性住房建设运营管理机制，支持专

① 赵安然：《"社会治安"满意度创近年新高》，《南方都市报》2018年1月19日。

业化住房租赁企业发展。鼓励社会资本办养老机构，优化社区居家养老服务，加快完善"中心城区10～15分钟、外围城区20～25分钟"的养老助餐配餐服务网络，推动医疗、护理、心理等服务融入配餐网络。兜住民生底线，试行商业保险补充长期护理保险，推行社会救助精准服务，推进受助人员安置中心建设。可以预计，2018年广州市的社会保障体系将获得大的发展，尤其是老年保险及其服务体系将进一步加快发展，有关老年人的各种需求有望得到进一步满足。

3. 社区治理继续推进，社区社会组织进一步发展

2018年广州将以社区为重点，以创建幸福社区为目标，打造共建、共治、共享的社会治理格局。在社区平台建设方面，继续推动社区、村议事厅等社区共建、共治平台的建设，实施"社工＋"战略，发展社区社会组织，进一步发展社区服务综合体，让居民在家门口享受到精细化服务、品质化生活。持续推进来穗人员融合行动，开展出租屋专项整治，完善积分制公共服务体系。加强普法长效机制建设和法治文化宣传，优化公共法律服务，完善社会矛盾纠纷多元化解机制。可以预计，2018年社区社会组织培育将提速，社区社会组织将迅速发展，而各种外来人员参与的社区组织有望成为外来人员参与社区治理、融入广州的重要平台。外来人员通过社区组织介入社区治理的平台增多，社会融入步伐将进一步加快。

回顾2017年广州社会建设与发展情况，展望2018年趋势，课题组认为，就现阶段广州情况而言，改善民生仍然是化解社会矛盾和问题的根本途径，改善民生的着力点在于民众基本生活条件的改善和对社会成员基本权利的切实维护，促进社会治理机制的完善，动员市场、社会与政府一道共同协作，推进民生建设。

（二）广州社会建设和发展的政策建议

针对2017年广州社会建设和发展中存在的若干问题，课题组提出如下几个方面的政策建议。

1. 进一步优化人才政策，完善人才服务机制

人才战略是创新驱动发展的战略支撑。优化人才政策、完善人才服务体制、机制，建立与经济社会发展相匹配的人才生态链，是广州实现"十三五规划"目标的重中之重。为此课题组有以下建议。

（1）制定与广州经济社会发展、"十三五"规划匹配的广州人才战略。广州应当通过多种形式，面向国内外开展一系列关于广州人才政策、人才服务讨论以及意见征集等活动，梳理出关键问题、合理建议。组织专家学者、企业、高科技人才、行业协会、社会相关界别，开展人才政策优化调研，学习、吸收世界先进国家及上海、深圳等地先进经验，制定更具竞争力的人才战略和与之配套的实施细则，为优化现有人才政策，改革人才服务体制提供支撑。

（2）创新人才政策，理顺人才管理体制。在创新、完善人才政策方面，在突出引进"高精尖"人才的同时，应当重点引进广州经济发展中"短缺"与"高精尖"配套的人才，如科技创新人才、金融人才、高端生产性服务业人才与管理人才等，弥补广州企业科技创新的人才短板。与此同时，改革人才评价体制与职称制度，注重行业、市场评价。在企业人才评价方面，应当采取行业龙头企业认定、行业协会评定、个税贡献认定等多种形式，为与海外资格互认打下基础。针对体制内外人才流动不足，应打破体制障碍，通过建立以企业为主体的协同创新人才政策和科技人才兼职兼薪政策，积极引导人才向市场、向企业流动。针对人才的贡献奖励、配偶就业、住房保障、子女教育、父母养老、研修支持、医疗保健、权益保障等，建立配套的、具有竞争力的人才服务保障政策。

（3）建立分层次、分类别的人才管理服务体系。在总的人才战略、人才政策基础上，市人才工作协调机构负责制定人才战略、出台政策，协调各部门工作；人社部门负责分层次落实管理与服务政策；科创委、金融管理局等相关部门负责落实科技、金融等类人才的管理与服务；行业协会接受社会监督、职能部门指导，提供人才引进、培训、认定等相关服务；社会服务机构通过市场竞争方式，以政府购买服务方式提供多层次、全方位的人才服务。

（4）建立去行政化、市场化、信息化的一站式人才服务平台，完善与经济社会发展相匹配的人才生态链。一是应当以政府购买服务方式，将人才服务委托专业人力资源服务机构，推动人才服务的去行政化。二是建立人才动态信息系统与服务网络平台，公开人才政策、服务事项、办理流程，提供网络咨询、办理服务。人才服务实行一站式、一个窗口、一组工作人员全方位提供认定、引进、入户、住房、配偶就业、子女就学等系列服务。在广州高新区、中新广州知识城、科学城等科技创新走廊的人才聚集地，设立人才服务窗口，近距离提供一站式服务。针对"高精尖缺"人才，建立台账，进行动态服务跟踪，提供全方位、主动的"一对一"持续服务。

2. 改进完善既有的公益创投制度，推动慈善事业发展

（1）完善既有的公益创投制度。进一步明确公益创投的宗旨、公益创投资金的投资形式与投资期限等条款，是未来努力方向。一是明确公益创投宗旨。公益创投是面向创业期的公益机构提高其公益服务供给能力的投资（机构投资），不是面向所有公益服务机构的项目资助资金。二是明确公益创投的主体与客体角色及其相互关系。公益创投主体应当是各类公益投资机构（基金会），公益创投的对象（客体）应当是创业期的公益服务机构。公益创投主体不仅仅是注资的投资者，更是创业机构的辅导者，辅导创业时期的公益服务机构，提升其生存发展能力，这才是公益创投主体所担任的角色。在公益创投过程中，公益创投主体与客体应当形成合作伙伴关系。三是明确投资方式与期限。针对创业期公益机构的具体需求，公益创投的投资方式既可以是资金投入，也可以采取管理和技术输出的方式进行投入。而创投的期限也应当从短期（投资1年为主）相应地转向较长时间（3~5年）的投资，以培育创业期公益服务机构可持续发展能力。

（2）拓展创投资金来源，培育开放性、多元化的公益创投主体。广州市公益创投资金源于政府预算管理资金，因此其运作呈现浓厚的行政化色彩。改变现有的公益创投资金来源单一状况，变单一的创投主体为多元创投主体，是未来改革方向。

第一，设立广州公益创投基金。建议加强对广州市其他职能部门举办的公益创投、民政部门自己举办的公益创投，以及社会组织专项资金等性质相近资金进行整合，以广州福利彩票基金提成、广州慈善会基金以及其他上述资金为来源，设立广州公益创投基金会，通过基金会形式实现公益创投的市场化运作，从根本上改变目前以行政机关作为创投主体的现状。

第二，引入国内民间公益创投基金组织。广州市应当制定鼓励政策，大力引入国内公益创投基金，例如岚山基金会（国内首个VP）、新公益伙伴（NPP）、恩派（NPI）、南都基金会等，进一步增强广州市公益创投主体的多元化。

第三，完善配套政策，为公益创投活动发展提供制度保障。为公益创投活

动发展提供制度保障。一是建立创投主体参与公益机构增值服务制度。对在创业过程中的公益机构而言，不仅需要注入资金，而且也需要创业辅导、市场开拓、人际网络、各种资源和技术支持。因此，创投主体不仅是资金提供者，同时也承担创业辅导者角色。应该建立有关制度，建立公益创投主体与客体之间的合作伙伴关系，通过各种实质性的服务帮助公益组织成功创业，实现可持续发展。二是调整有关配套资金与项目资金管理制度。应当适当降低项目的配套资金比例，让更多的初创型社会组织有机会参与公益创投活动中。改革资金管理办法，允许资金跨年度使用，扩大资金使用范围，建议在行政支出不超过10%的前提下，允许项目执行人员部分劳务服务费可用项目资金列支，以缓解公益创投项目人员经费严重短缺等问题。三是优化公益创投项目的评估与验收工作。从项目注重公益性及社会效益的特点，探讨优化对公益创投项目的日常监管、评估和验收工作。

3. 打造社区意识，加快社区组织建设

广州市要强化社区意识，打造共建、共治、共享的社区治理格局，共建在于打造社区意识、加快社区组织建设。

（1）以利益为纽带，重塑新的社区意识。无论是租户还是业主，本地居民还是外地户籍居民，土著居民还是购房入住居民，都拥有共同的利益。他们同样关注社区的卫生、社区的秩序，关注物业的保值升值，关注居住物业的舒适与安全。因此，应当以居民的利益为纽带，联合街道、社会工作机构等通过社区教育等方式，重塑适合新时期需要的社区意识，打造社区认同感。塑造这种新的社区认同感，应当根据社区类型、人口构成的变化而有所不同。具体而言，在老城区、既有人口结构变动不大的社区，应当通过社区活动等方式，挖掘既有的社区历史、追寻共同的生活经历，重新找回既有的对社区的集体记忆，找回既有的属于该社区的归属感。在新开发、人口来源广泛而复杂的新社区，则应当鼓励和引导不同来源的居民通过各种平台以及社区活动，例如通过开展"社区睦邻日"等社区文体活动，积极参与社区公益活动和社区服务管理，进而塑造新鲜的、反映当下社区内涵的、融合不同文化的新的社区认同感。塑造这种社区意识，主要通过各类社区组织在社区举办切合社区居民需要的各类活动，增进居民之间的了解，拉近社区居民的情感，建立互助友爱的社区氛围。

（2）以满足日常生活需要和解决社区重大问题为契机，打造不同类型的社区参与平台。居民在社区的日常生活中，总会遇到各种矛盾与问题。例如，社区的卫生清洁问题、公共秩序管理问题、物业管理公司与业主问题、租户与业主之间矛盾问题、社区噪音问题等。当前广州各类社区组织偏少，居民的日常生活组织化程度偏低。以社区居民日常生活的需要和面临的社区问题为导向，积极培育社区各类社会组织，引导居民通过组织化方式满足日常生活与自我管理的需要，应当是未来的努力方向。为此课题组建议：一是政府应当加大资源投入，通过对社区组织的选育和社区组织制度建设等方式，加快各类社区组织的培育。广州市应当利用社会组织培育基地，积极培训在社区有威望的各类积极分子，通过他们组建业主委员会、文化体育协会等满足社区居民需要的各类社区组织。二是建立社区各类组织参与社区治理的途径。街道和社区在有关社区治理的日常工作与重大活动中，应当建立沟通和协商机制，以发挥各类社区组织联系面广的优势，共同协商，制定有利于社区治理的各种措施。

（审稿人：贺忠　彭诗升　郭炳发　涂成林）

民生保障篇

Livelihood Protection

B.2

关于迈向现代化的
广州民生事业发展的思考

陈雪玉　张健一*

摘　要： 中共广州市委十一届四次全会报告对广州民生事业中长期发展提出了新的更高要求。对照世界高收入国家平均发展水平，广州在人民群众收入水平及其公平性、大众消费能力和结构、社会教育文化水平、人居环境整体水平等领域还存在明显差距。今后三年，广州应重点在就业质量提升、人才环境优化、城市有序更新、城市环境管理、环境污染治理、教育优质均衡发展、健康广州建设、社保体系完善等方面加大改革创新力度，进一步缩小与民生事业现代化标准的距离。

关键词： 现代化　民生　广州

---

* 陈雪玉，广州工程技术职业学院讲师，管理学硕士；张健一，广州市政府研究室综合处副处长，法学博士。

党的十九大报告对新时代开启中国特色社会主义新征程、建成社会主义现代化强国，特别是2020年、2035年和2050年三个时间节点的奋斗目标提出了新的更高要求。根据这一精神，中共广州市委十一届四次全会提出："展望2035年，我们要奋力建成社会主义现代化先行区。到本世纪中叶，全面建成中国特色社会主义引领型全球城市。"这为广州立足现代化标准、推动民生事业创新发展明确了努力方向。如何向现代化的广州民生事业发展，本文将从战略定位、评价标准、指标体系、比较分析、政策建议五个方面展开初步探讨。

一 战略定位

中共广州市委十一届四次全会提出的城市发展蓝图，是谋划广州民生事业中长期发展的根本出发点。其中的关键是到2035年，在全国基本实现社会主义现代化之际，广州作为社会主义现代化先行区，必须努力率先全面实现社会主义现代化的奋斗目标。唯有如此，广州才能在国内一线城市乃至世界先进城市竞争中进一步增创新的比较优势，为2050年全面建成中国特色社会主义引领型全球城市奠定更加坚实的基础。总之，广州应积极发挥国家重要中心城市的引领带动作用，勇于立足2035年率先全面实现社会主义现代化这一发展目标，提出更有挑战性、更能激发积极性和创造性的发展要求。

新时代的广州民生事业发展必须以新发展理念为指导。党的十九大报告强调，必须坚持以人民为中心的发展思想，始终把人民利益摆在至高无上的地位，把人民对美好生活的向往作为奋斗目标，朝着实现全体人民共同富裕不断迈进。换言之，发展得好不好，关键看发展得平不平衡、充不充分，最终看是否让改革发展成果更多更公平惠及全体人民。因此，广州应将民生福祉作为中国特色社会主义引领型全球城市建设最重要的评价指标，始终以人民获得感、幸福感、安全感为最终落脚点和根本出发点，紧紧围绕人民群众全方位全周期需要，超越既有的部门界限和职能划分，特别是不再将民生保障与经济、政治、文化、社会、生态文明建设其他工作分开考虑，而是全面把握、统筹考虑民生事业发展的广度和深度，从而更具宏观视野、更加实事求是地谋划和推进民生保障工作。

广州在战略定位上，一是应以2035年率先全面实现社会主义现代化这一重要时间节点倒推，从更高的标准要求去谋划民生事业发展；二是应以人民日益增长的美好生活需要为唯一判断标准，将经济、政治、文化、社会、生态文明建设各方面工作与提升人民获得感、幸福感、安全感紧密挂钩，从而立足更高、更全面标准，将增进民生福祉贯彻到中国特色社会主义引领型全球城市建设全过程各环节，一体部署、一体推进、一体实施。

二　评价标准

在对 2035 年广州民生事业发展目标做出战略安排时，必须全面反映社会主义现代化城市的建设成果，这需要重点考虑以下三个方面的问题。

（一）向谁对标？

按照 2035 年广州率先全面建成社会主义现代化城市的发展定位，届时广州民生事业各项指标也要全面达到现代化标准。当前，关于现代化的研究成果虽然早已汗牛充栋，但是对现代化的内涵和外延一直没有形成共识，对现代化的衡量指标更是五花八门、众说纷纭，各种观点之间出入很大、缺乏交集，也没有建立起广为接受、普遍适用的现代化标准。国内理论界也尚未对我国 2035 年基本实现现代化和 2050 年全面实现现代化两个奋斗目标，在定量层面做出准确界定和详细阐述。虽然国内外对现代化标准没有达成统一认识，但按照国际上比较认可的理解，目前世界高收入国家（2017 年人均收入超过 12235 美元）大多数已完成工业化或实现了现代化，因此可以用这些国家的平均发展水平大致描述现代化标准。同样，在提出 2035 年广州民生发展奋斗目标时，应将目前世界高收入国家的民生平均发展水平作为设置各项评价指标的标准值。

（二）如何对标？

民生事业涉及方方面面、涵盖领域极广，不可能面面俱到、无的放矢地进行评价，必须选取若干有代表性、说服力强的指标作为评价依据。在选取评价指标的时候，应遵循四点依据：一是全面体现党的十九大报告关于提高保障和改善民生水平、加强和创新社会治理的一系列新思路、新观点、新要求；二是充分借鉴世界银行、经济合作发展组织、联合国开发计划署和教科文组织等国际组织通用的评价体系；三是紧密衔接国家和省关于全面建成小康社会建设情

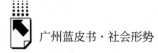

况的考核指标；四是适当参考中国科学院发布的《中国现代化报告》等国内外具有较大影响力的学术研究成果。

（三）对标什么？

显然，上述各种目标要求和指标体系之间存在一定的共同点，但更多的是差异。个中原因不仅是不同国家之间统计体系和统计方法存在差别，而且涉及国内外社会制度之间众多固有差异。因此，在选取评价指标、设置发展目标时，需要把握好以下五点。一是评价标准应具有现实性，即以党的十九大报告要求为基准进行设计，凸显中国特色、体现广州特色；二是评价标准应具有全面性，有助于从经济、政治、社会、文化、生态文明建设等方面综合评价民生事业发展成效；三是评价标准应具有客观性，能较好地兼顾当前工作、全面建成小康社会、实现现代化各阶段之间一脉相承、逐级累进式的内在联系；四是评价标准应具有科学性，便于广州与现代化国家进行同类比较；五是评价标准应具有可操作性，适合实际测量与计算。

三 指标体系

按照上述思路，可以将民生事业发展目标细化为人民生活、健康保障、文体教育、社会和谐、人居环境五个领域，每个领域设置 4 ~ 6 个评价指标，合计共 24 个指标。其中，人民共享经济发展成果的情况，可以通过人民生活、社会和谐等领域的指标反映出来；人民共享文化建设成果的情况，在文体教育领域有较好对应；人民共享生态文明建设成果的情况，则在人居环境领域得到体现；人民共享社会建设成果的情况，则分别在健康保障、文体教育、社会和谐、人居环境领域获得评价。人民共享政治建设发展成果的情况，考虑到具体测量由国家组织实施，地方政府很难进行计算并且也没有明确要求，因此不纳入 2035 年广州民生事业发展评价体系。

（一）指标设置

人民生活包括人均 GDP、人均可支配收入、人均消费支出、恩格尔系数、轿车普及率 5 个指标。

健康保障包括平均预期寿命、孕产妇死亡率、婴儿死亡率、每千人口拥有医生数、每千人口拥有病床数、卫生经费占 GDP 比例 6 个指标。

文体教育包括平均受教育年限、高等教育毛入学率、公共教育经费占GDP 比重、居民文化娱乐服务支出占家庭消费支出比重 4 个指标。

社会和谐包括基尼系数、失业率、违法犯罪率、性别比 4 个指标。

人居环境包括单位 GDP 能耗、细颗粒物（PM2.5）含量、城市污水处理率、城市生活垃圾无害化处理率、森林覆盖率 5 个指标。

需要说明的是，由于缺乏国内外同类可比数据、国内外社会制度和思想观念殊异、广州本地难以进行实际测量等复杂因素，一些社会关注度高、普遍被采用的统计指标不宜纳入这个评价体系。例如，国家和省关于小康社会建设监测体系所常用的一些评价指标，诸如城乡居民收入比、基本社会保险覆盖率、社会安全指数、环境质量指数、公共交通服务指数、高中阶段毕业生性别差异指数等，因为相关国家没有对应统计数据或统计口径差别很大，因此不宜列入2035 年广州民生发展指标体系。又如，国家和省关于小康社会建设监测体系包括公民自身民主权利满意度这项考核指标，指的是公民对自身的政治、经济和文化权益得到切实尊重和保障的满意程度。这一定义较空泛，难以量化，故而这一指标也不宜用以衡量广州民生事业发展。再如，联合国开展的幸福指数调查也不适合于广州。虽然该指标的调查结果每年均会发布，但是调查报告的出炉过程显得比较粗糙。其调查对象是全球 155 个国家，通过对人均 GDP、健康、预期寿命、对政府信任度等 6 个因素进行分析和计算得出最终排名；其依据主要依靠每年向每个国家超过 1000 位公民提一个简单并且主观的问题，如"想象一个阶梯，0 即最底端，代表生活非常糟糕，10 为最顶端，代表生活再幸福不过。你个人觉得你此时处于哪一个等级？"再给出的分数的平均值即是幸福指数。可见，即使在广州选取较大样本进行调查，但是由于其他国家和地区既有调查数据的说服力和科学性都颇为可疑，这样的指标也不应当纳入对广州的评价标准。

（二）指标属性

正指标指人均 GDP、人均可支配收入、人均消费支出、轿车普及率；平均预期寿命、每千人口拥有医生数、每千人口拥有病床数、卫生经费占 GDP比例、平均受教育年限、高等教育毛入学率、公共教育经费占 GDP 比重、居

民文化娱乐服务支出占家庭消费支出比重、城市污水处理率、城市生活垃圾无
害化处理率、森林覆盖率15个指标。

逆指标指恩格尔系数、孕产妇死亡率、婴儿死亡率、违法犯罪率、单位
GDP能耗、细颗粒物（PM2.5）含量6个指标。

区间适度指标指基尼系数、失业率、性别比3个指标。

（三）标准值

通过计算世界高收入国家上述指标最新数据的平均值，可以得到表1。

表1　广州市与世界高收入国家民生各项指标比较

	评价指标	单位	平均值	广州现状	属性
人民生活	1. 人均GDP	美元	39577	20460	正指标
	2. 人均可支配收入	美元	41366	6751	正指标
	3. 人均消费支出	美元	18560	5539	正指标
	4. 恩格尔系数	%	12.2	32.8	逆指标
	5. 轿车普及率	辆/千人	446	135	正指标
健康保障	6. 平均预期寿命	年	78.6	81.8	正指标
	7. 孕产妇死亡率	1/10万人	6.0	8.2	逆指标
	8. 婴儿死亡率	‰	5.6	2.5	逆指标
	9. 每千人口拥有医生数	人	2.9	3.3	正指标
	10. 每千人口拥有病床数	张	4.2	5.8	正指标
	11. 卫生经费占GDP比重	%	12.2	2.9	正指标
文体教育	16. 平均受教育年限	年	11.7	10.2	正指标
	17. 高等教育毛入学率	%	73.5	45.6	正指标
	18. 公共教育经费占GDP比重	%	5.5	1.9	正指标
	19. 居民文化娱乐服务支出占家庭消费支出比重	%	9.1	8.7	正指标
社会和谐	12. 基尼系数	—	0.37	0.3~0.4	区间适度指标
	13. 失业率	%	7.5	2.4	区间适度指标
	14. 违法犯罪率	1/10万人	4396	1495	逆指标
	15. 性别比	%	96.4	100.7	区间适度指标
人居环境	20. 单位GDP能耗	吨标准煤/万美元	1.7	2.1	逆指标
	21. 细颗粒物(PM2.5)含量	微克/立方米	14.9	35.0	逆指标
	22. 城市污水处理率	%	94.3	94.2	正指标
	23. 城市生活垃圾无害化处理率	%	98	96	正指标
	24. 森林覆盖率	%	28.9	42.1	正指标

关于指标"违法犯罪率"的说明：广州此项指标，首先合并计算刑事案件和治安案件的总数，并除以常住人口数量而得到的，数据来源于《2017年广州统计年鉴》；世界高收入国家的平均水平，则是分别计算各国刑事案件占其人口的比重而得到的。对指标分别采取不同的计算方法，主要考虑到上述国家大多不区分治安案件和刑事案件。

四　比较分析

从表1可以看出，广州目前民生事业发展水平在总体上落后于世界高收入国家平均水平，但是有部分指标已经超过高收入国家平均水平。根据比较结果，可以分为三种类型。

（一）广州领先于世界高收入国家平均水平的指标

人民生活：无；

健康保障：平均预期寿命（81.8岁＞78.6岁，前者为广州现状，后者为世界高收入国家平均水平，下同）、婴儿死亡率（2.5‰＜5.6‰）、每千人口拥有医生数（3.3名＞2.9名）、每千人口拥有病床数（5.8张＞4.2张）；

文体教育：无；

社会和谐：失业率（2.4%＜7.5%）、违法犯罪率（1495/10万人＜4396/10万人）；

人居环境：森林覆盖率（42.1%＞28.9%）。

（二）广州接近于世界高收入国家平均水平的指标

人民生活：无。

健康保障：无。

文体教育：无。

社会和谐：基尼系数（0.3~0.4≈0.37）。

人居环境：城市污水处理率（94.2%＜94.3%）、城市生活垃圾无害化处理率（96%＜98%，世界银行只有城市的统计口径）。

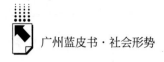

（三）广州明显低于世界高收入国家平均水平的指标

人民生活：人均 GDP（20460 美元 < 39577 美元）、人均可支配收入（6751 美元 <41366 美元）、人均消费支出（5539 美元 <18560 美元）、恩格尔系数（32.8% >12.2%）、轿车普及率（135 辆/千人 <446 辆/千人）；

健康保障：孕产妇死亡率（8.2/10 万人 >6.0/10 万人）、卫生经费占GDP 比例（2.9% <12.2%）；

文体教育：平均受教育年限（10.2 年 <11.7 年）、高等教育毛入学率（45.6% <73.5%）、公共教育经费占 GDP 比重（1.9% <5.5%）、居民文化娱乐服务支出占家庭消费支出比重（8.7% <9.1%）；

社会和谐：性别比（100.7% >96.4%）；

人居环境：单位 GDP 能耗（2.1 吨标准煤/万美元 > 1.7 吨标准煤/万美元）、细颗粒物（PM2.5）含量（35.0 微克/立方米 >14.9 微克/立方米）。

显然，与世界高收入国家相比，广州在医疗卫生服务质量、社会安全稳定程度、国土绿化覆盖面积等方面具有一定优势，在环境污染治理上也正在迎头赶上，但是在人民群众收入水平及其公平性、大众消费能力和结构、社会教育文化水平、人居环境整体水平等重要领域还存在明显差距。

五 政策建议

广州必须着眼长远发展、对标先进国家，立足于 2035 年率先全面建成社会主义现代化这一目标，特别要倍加珍惜今后三年这一关键时期，开拓进取、攻坚克难，2020 年就要在实现全面小康的基础上力争上游、厚植优势，乘势而上开启全面建设社会主义现代化城市新征程，为进军 2050 年第二个百年奋斗目标抢占制高点、赢得竞争先机。今后三年在民生领域，要突出抓重点、补短板、强弱项，同时优强项，在幼有所育、学有所教、劳有所得、病有所医、老有所养、住有所居、弱有所扶上不断取得新进展，更好地满足人民日益增长的美好生活需要，使全面建成小康社会得到人民认可、经得起历史检验。重点要抓好以下几个方面的工作。

（一）千方百计提高人民群众就业质量

把就业作为最大的民生来抓，实施就业优先战略和积极就业政策，着力实现更高质量、更充分就业。以解决结构性就业矛盾为关键突破口为重要抓手，强化政府促进就业责任，不断完善就业创业政策体系，支持企业创建创业孵化基地，推动大学生创业孵化基地和创业园区建设，大力推动创业带动就业。促进高校毕业生、"4050"群体、来穗务工人员、残疾人等重点人群充分就业，大力开展职业技能培训，促进职业培训市场化运作，完善政府公共就业服务平台，促进培训工种与新一代信息技术、人工智能、生物医药、新能源和新材料产业发展需求紧密对接，稳定就业水平，提升就业质量，进一步夯实人民群众生活水平稳步提高的就业基础。

（二）持续优化海内外人才集聚环境

坚持以用好用活人才为核心，破除制约人才发展的体制机制障碍，竭诚为人才发展提供优质的服务保障。制定开放的户籍居留和就业政策，完善人才绿卡政策，简化人才绿卡申请办理手续，实现外国专家证与外国人就业证两证合一，让非广州户籍人才充分享受购房、购车、子女入学、医疗保险等市民待遇。推行人才柔性双向流动机制，树立"以用为本、注重实效、不求双向挂职、但求实用好用"的引才理念，通过产学研双向挂职、短期服务、项目合作等方式，建立跨区域、跨单位的人才交流机制，使人才共享效益最大化。建立人才动态调控机制，健全人才评价使用机制，扫除人才身份限制，通过业绩和贡献科学评价人才，促进人才在全社会范围内有序、顺畅、高效流动，使广州成为人才安居乐业的首选之地。

（三）进一步加快推进城市有序更新

严格按照城市更新规划的既定安排，用好"三旧"改造和城市更新政策，整体规划推进旧城片区复合开发，优先对重点地区、轨道交通站点周边及组团中心范围内旧厂房进行改造。加大城中村治理力度，重点加快对若干环境脏乱差、公共服务配套落后、外来人员过度混杂的中心城区城中村改造和整治。完成天河区冼村、棠下、石牌，越秀区登峰村，海珠区东风村、沥滘村、新市头

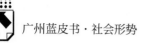

村，荔湾区花地村，白云区田心村、小坪村、陈田村、永泰村等全面改造和微改造，确保 2020 年实现 85 平方公里的城市更新规模，有效营造整体协调的城市面貌。

（四）努力建设更加干净整洁平安有序的城市环境

以中心城区"三旧"区域、城乡接合部、机场、轨道交通站点周边、主要干道沿线、重要城市景观地区为重点，深入推进影响城市形象的建筑破旧、环境脏乱、治安混乱、缺乏配套等问题综合整治。制定推广城市保洁样板路、样板社区、样板街道标准，推进环卫保洁作业规范化，实现环卫机械化全覆盖，保持市容市貌文明整洁。集中排查清理交通秩序乱点、交通事故隐患、拥堵黑点和内涝点，加快优化公共交通路网，提高公共交通有效运力，加大对交通信号灯、交通标识、施划标线、停车泊位等设施建设和改造力度，充分运用"罚、扣、拘"，重点打击涉牌、闯红灯、闯禁行、乱行、乱停、乱放等显性违法，保持对酒驾、醉驾、"五类车"、"黑车"揽客、占路摆摊设点的常态严管。

（五）不断加大环境污染治理力度

合理调整能源消费结构，动态调整城市全口径污染排放源清单，以细颗粒物、挥发性有机化合物、臭氧污染治理为重点，深入实施城市大气污染精细化防控管理。深入实施水污染防治行动计划，继续推进广州水生态文明试点城市建设，保护和疏通城市河网水系，加强对非法排污的查处，黑臭河涌 100% 完成整治，建立维护管理长效机制，提高珠江水系和河涌城乡保洁水平。积极创建全国生活垃圾分类示范城市，推广完善定时定点垃圾分类投放模式，加强餐厨垃圾分类收集管理，加强废旧商品回收体系和站点建设，促进城市固体废弃物循环利用和无害化处置。加强城乡接合部和农村环境治理，集中整治农村污染面源，建设完成一批农村污水处理、垃圾集中处理设施。

（六）着力提供优质均衡的教育资源

健全学前教育成本分担财政机制，加快幼儿园规范化建设，确保到 2020 年公办和普惠性民办幼儿园办学比例达到 80%，学前教育毛入园率达到

100%。加强义务教育学校建设和学位供给，推动优质教育资源向农村和薄弱区域延伸覆盖，新建中小学校100%达标，所有义务教育学校达到标准化学校标准。合理确定普通高中和中等职业学校招生比例，扩大普通高中办学规模，增加户籍学生接受高等教育的机会，确保2020年高中阶段毛入学率达到100%，高等教育毛入学率达到60%。各区建立错位化特殊教育学校，全市基本普及残疾儿童少年义务教育。保障来穗人员随迁子女平等接受义务教育，确保到2020年就读公办学校和政府补贴民办学校学位比例超过70%。继续推进广州大学和广州医科大学高水平大学建设，以学科平台和人才建设为重点，发挥优势专业和特色学科建设的引领作用，做好人才培养、科学研究、社会服务和文化传承创新。

（七）深入推进健康广州建设

推动医疗资源向基层倾斜，完善城市15分钟、农村30分钟卫生服务圈，确保到2020年城市社区卫生服务机构和农村建制镇卫生院业务用房实现标准化。优化城市公立医院布局，推动中心城区优质医疗资源向农村和外围城区布局，加强妇幼、口腔、精神卫生、慢性病、传染病等专科医院或专科建设。继续推动区域医疗联合体建设，发挥好医保政策对群众看病就医的引导作用，促进基层首诊、分级诊疗、双向转诊的有效运行。健全基本公共卫生服务体系，增强生殖健康、优生优育服务能力，提高对艾滋病、结核病等重大传染病以及精神疾病的防控水平。倡导健康生活方式，有效开展全民健康生活方式行动，加强人民体质监测，稳步实施健康体检和常见病筛查，为人民群众提供全方位全周期健康服务。实施食品药品最严格、覆盖全过程的监管制度，健全食药安全监控网络，完善产地准出、市场准入、问题产品召回及信息可追溯制度，落实生产经营者首负责任制，有效防范和化解食药安全风险。

（八）继续完善社会保障体系

建立健全以社会救助为保底，社会保险为主体，企业年金、职业年金和商业保险为补充的多层次社会保障体系，实施全民参保计划，推进社会保障全覆盖，确保2020年基本社会保险覆盖率超过98%。提高社会保障的公平性，统筹兼顾各类人群的社会保障待遇，建立完善社会保障待遇水平动态调整和转移

衔接机制，进一步厘清政府、用人单位、个人与社会的社保责任，完善以公租房为主的住房保障体系，稳步扩大住房保障覆盖范围。在着力解决现实突出问题和历史遗留问题的同时，科学控制社会保障供给精算平衡，适度提升养老、失业、工伤和生育保险待遇水平，均衡提升医疗保险待遇水平，逐步缩小政策范围住房费用支付比例与实际住院费用支付比例间的差距，全面实施本市最低生活保障办法，明确特困人员供养对象和救助标准，动态调整供养水平，进一步扩大改革成果向更多市民群众覆盖范围，减少人民群众经济负担，增加人民群众的实际受益和可支配收入，提高个人经济自由度和社会公平度。

（审稿人：田丰）

B.3

2016年广州市妇女儿童
发展规划统计监测报告

广州市统计局人口和社会科技处课题组 *

摘　要：　2016年是实施《广州市妇女儿童发展规划（2011～2020年)》的第6年，对照省、市规划，2016年广州市可量化指标达标率均超过七成。全市妇女儿童在经济、政治、文化教育、卫生保健及法律保护等方面的权利进一步实现，妇女儿童的整体素质得到较大提高，参与社会发展的层面不断提升。但仍存在女童及整体儿童九年义务教育巩固率呈持续下降趋势、村委会主任中女性比例实现终期规划目标困难较大、低出生体重发生率逐年上升难以达标等问题，为此提出增加公办学位供给并进一步关注教育投入公平、建立健全女性干部储备机制、提高妇幼健康服务综合服务能力的建议。

关键词：　妇女儿童发展规划　统计监测　广州市

　　2016年是实施《广州市妇女儿童发展规划（2011～2020年)》（以下简称《规划》）的第6年，也是"十三五"规划开局之年。在广州市妇儿工委的正确领导下，广州市各有关部门齐抓共管，全面推进，努力实现和完成《规划》的总目标与主要任务。从《规划》实施进程的监测结果看，《规划》得到了有效执行，全市妇女儿童在经济、政治、文化教育、卫生保健及法律保护等方面

---

* 课题组成员：张友明，广州市统计局人口和社会科技处处长；郑彦，广州市统计局人口和社会科技处副处长；黄静文，广州市统计局人口和社会科技处科员。执笔：黄静文。

的权利进一步实现，妇女儿童的整体素质得到较大提高，参与社会发展的层面不断提升。

一 广州市人口和经济社会基本情况

（一）人口发展状况

2016 年，广州市延续前几年的趋势，继续呈现出常住人口增量扩大、增速加快，户籍人口机械增长显著，流动人口增长迅速，人口城镇化水平稳步提高等特点。2016 年末广州市常住人口为 1404.35 万人，比上年末增加 54.24 万人，增长 4.0%，增量和增速是近年来最高的一年。户籍人口机械增长显著。公安部门户籍登记资料显示，2016 年末广州市户籍登记人口为 870.49 万人，比上年末增加 16.30 万人，增长 1.9%。流动人口增长迅猛。近年来，广州通过"以居住证为载体，以积分制为办法"，推进积分制入户、入学等基础公共服务，增强了来穗人员主动登记的积极性，全市流动人口纳管率明显提高。据来穗人员服务管理部门统计，2016 年末全市纳入登记的流动人口 888.97 万人，比上年末增加 94.95 万人，增长 12.0%（见图 1）。人口城镇化进程稳步推进。2016 年末，广州市常住人口中城镇人口为 1208.58 万人，比上年末增加 53.83 万人；人口城镇化率为 86.1%，比上年末提高 0.53 个百分点。

（二）经济发展状况

2016 年以来，面对国内外错综复杂的经济形势，广州市坚持稳中求进的总基调，全力以赴稳增长、促改革、调结构、惠民生，大力推进供给侧结构性改革，全市经济呈现出"稳、进、优"的特点，经济运行总体平稳，改革创新加快推进，经济结构不断优化，发展质量稳步提升。

2016 年，广州市实现地区生产总值（GDP）1.95 万亿元，经济总量继续保持全国城市第 3 位，同比增长 8.2%，增速分别较全国（6.7%）、全省（7.5%）高 1.5 个和 0.7 个百分点。人均地区生产总值 14.19 万元。三次产业结构为 1.22∶29.42∶69.36，服务业比重持续提高，高技术产业、战略性新兴

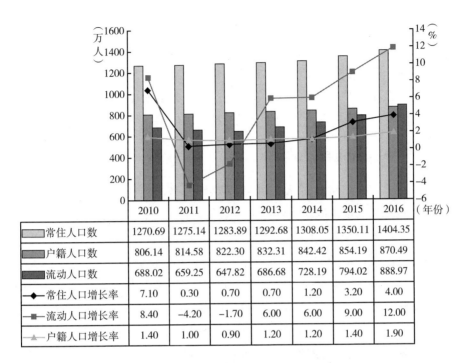

	2010	2011	2012	2013	2014	2015	2016
常住人口数	1270.69	1275.14	1283.89	1292.68	1308.05	1350.11	1404.35
户籍人口数	806.14	814.58	822.30	832.31	842.42	854.19	870.49
流动人口数	688.02	659.25	647.82	686.68	728.19	794.02	888.97
常住人口增长率	7.10	0.30	0.70	0.70	1.20	3.20	4.00
流动人口增长率	8.40	−4.20	−1.70	6.00	6.00	9.00	12.00
户籍人口增长率	1.40	1.00	0.90	1.20	1.20	1.40	1.90

图1　2010～2016年广州市人口规模及增长情况

产业等新业态加速壮大。全市城市居民消费价格（CPI）同比上涨2.7%，实现社会消费品零售总额8706.49亿元，完成进出口总值8566.9亿元。

二　规划目标达标情况

2016年，广州市妇女儿童发展规划统计监测数据显示，在广东省规划的82项可比量化指标中（已剔除适龄残疾儿童入学率，无数据指标），共有62项达到规划目标，达标率为75.6%。其中，在妇女规划的52项可比量化指标中，有38项提前达到规划目标，达标率为73.1%；在儿童规划的30项可比量化指标中（已剔除适龄残疾儿童入学率，无数据指标），有24项提前达到规划目标，达标率为80.0%。

在广州市规划的110项可比量化指标（已剔除严重致残的出生缺陷发生率和城镇职工生育保险参保率，无数据指标）中，共有80项达到规划目标，达标率为 72.7%，比上年提高 1.7 个百分点。其中，在妇女规划的 66 项可比量化指标（已剔除城镇职工生育保险参保率，无数据指标）中，有 48 项提前达到规划目标，达标率为 72.7%，提高 2.9 个百分点；在儿童规划的 44 项可比量化指标（已剔除严重致残的出生缺陷发生率，无数据指标）中，有 32 项提前达到规划目标，达标率为 72.7%，同比持平。

（一）妇女儿童与健康

2016 年，广州市继续加大控制孕产妇死亡率、婴儿死亡率（以下简称"两率"）的工作力度，以新一轮母婴安康行动计划为抓手，加强妇幼健康服务能力建设；继续实施出生缺陷干预工程，切实提高出生人口素质；推进落实妇儿相关公共卫生服务项目，扩大受惠人群；以重大传染病为重点，加强疾病预防控制；打击"两非"，维护妇女发展权益；广泛开展健康教育活动，全面提高全民健康素养水平。一年来，广州市在推进妇幼卫生及母婴健康服务，妇女疾病防治，预防艾滋病、梅毒及乙肝母婴传播，出生缺陷干预措施，免费孕前优生服务，儿童健康管理均等化，学校和农村卫生管理等工作方面均有新进展和新突破。

1. 妇幼卫生服务体系不断完善,服务水平进一步提高

2016 年，广州市财政医疗卫生经费支出 173.89 亿元，比上年增长 28.9%；财政妇幼保健经费支出 2.25 亿元，比上年增长 74.3%。启动了 2016~2018 年新一轮农村妇女宫颈癌和乳腺癌"两癌"检查项目，继续推进农村孕产妇住院分娩项目，农村待孕或早孕妇女增补叶酸预防神经管缺陷项目，预防艾滋病、梅毒、乙肝母婴传播项目等妇幼重大公共卫生项目。全市为 3.9 万名农村地区符合政策的产妇提供住院分娩补助，为 7.3 万名农村待孕和孕早期妇女免费提供叶酸，为孕产妇提供艾滋病、梅毒、乙肝检测 39 万多人次，检测率达到 99% 以上。

2. 积极制定实施相关措施，控制妇幼卫生"两率"

为有效控制和降低孕产妇死亡率和婴儿死亡率，广州市实施新一轮母婴安康行动（2016~2020 年），启动实施四个子项目，包括"加强二级及中心镇医院产科儿科建设项目""加强重症孕产妇、重症儿童救治能力建设项目""妇幼健康服务能力建设项目""母婴安康教育项目"，保障新一轮母婴安康行动

落到实处、取得实效。制定提升妇幼健康能力行动计划（2016～2018年），促进产科、儿科可持续发展。2016年，孕产妇死亡率、婴儿死亡率均保持在较低水平。孕产妇死亡率为8.20/10万人，较2010年（15.20/10万人）下降了46.1%，自2013年以来一直稳定维持在10/10万人以下。婴儿死亡率为2.50‰（见图2），在上年（2.96‰）已达标的基础上，又下降了0.46个千分点，下降幅度为15.5%。

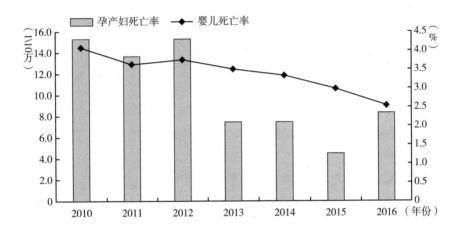

图2　2010～2016年广州市孕产妇死亡率和婴儿死亡率

3. 健全出生缺陷三级综合防控体系，继续提高出生人口素质

2016年，广州市启动了新生儿疾病免费筛查项目，结合全市已开展的免费孕前优生健康检查、免费产前三大重点病种筛查诊断、免费婚前医学检查工作，健全了全市出生缺陷三级综合防控体系。2016年，广州市参加免费孕前优生健康检查12.4万余人；全市产前检查率达98.0%，在产前三大重点病种免费筛查中唐氏综合征产前筛查诊断超过6.5万户，地中海贫血产前筛查诊断约6.1万户，明显组织结构畸形产前筛查诊断近6万户；新生儿遗传代谢性疾病筛查率、新生儿听力筛查率、早产儿视网膜病变筛查率均有所增长，分别达到99.4%、98.6%及70.7%，与上年相比分别提高0.15个、0.46个及3.87个百分点。

4. 儿童健康水平监测指标总体继续提高

2016年，5岁以下儿童中、重度贫血患病率仅为0.17%，远低于规划目标值（12%）；5 岁以下儿童中、重度营养不良比重为 1.27%，与上年相比下降 0.07 个百分点；中小学生视力不良、龋齿、肥胖和营养不良发生率基本得到控制。视力不良发生率为 71.30%，与上年相比虽然略有上涨，但仍低于 2010 年基期水平 2.61 个百分点；龋齿发生率为 25.40%，虽然与目标值差距依然较大，但与上年相比情况有所好转，发生率同比下降 7.13 个百分点；肥胖发生率为 9.90%，上涨幅度较为明显，比上年升高 3.83 个百分点，甚至高于 2010 年基期水平 0.38 个百分点；营养不良发生率为 11.80%，比上年下降 0.9 个百分点（见图 3）。0~6 个月婴儿纯母乳喂养率为 61.98%，比上年提高 3.06 个百分点，高于规划目标（50%）；儿童接种常规性免疫疫苗继续在全市普及，国家免疫规划的免疫接种率达 95% 以上的镇占镇总数的 100%；婴儿死亡率、5 岁以下儿童死亡率分别为 2.50‰和 3.32‰，继续呈下降趋势。

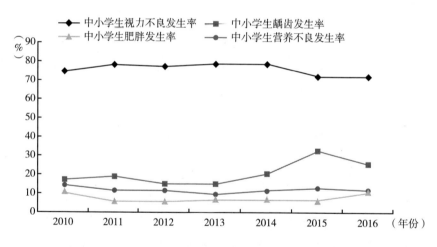

图 3　2010~2016 年广州市中小学生四项监测指标

（二）妇女儿童与教育

2016 年，广州市继续加大教育经费投入，全年国家财政性教育经费投入达 367.48 亿元，比上年增长 14.8%，预算内教育经费占财政支出比例为 16.81%，比上年提高 0.27 个百分点。全市认真贯彻市政府的各项决策部署，全面整治规范学前教育，加大学前教育及幼儿园投入力度，促进了全市幼儿园办园行为的规范化；加快义务教育学校标准化建设，均衡优质发展义务教育；

突出重点，保障受教育权利，逐步推行义务教育阶段学籍与户籍分离的管理办法，稳步提高随迁子女入读义务教育公办学校比例；推进特殊教育学校和随班就读资源教室建设，落实特殊教育学校学生课本费和公用经费，保障适龄残疾少年儿童依法享有平等接受义务教育的权利。

1. 学前教育规范化水平继续提升

2016年，全市学前三年毛入园率达153.54%，提前达到规划目标。全市有幼儿园1693所，比上年增加27所。其中省级幼儿园77所，市级幼儿园147所。全市民办幼儿园有1171所，占全市幼儿园总数的69.2%。全市镇级规范化公办幼儿园160所，每个镇至少建有1所规范化公办幼儿园。在园幼儿46.30万人，比上年增加1.78万人。

2. 义务教育均衡优质标准化发展深入推进

研究制定深入推进义务教育均衡优质标准化发展的政策文件，开展义务教育标准化学校和现代化学校标准的研究，加快推进义务教育标准化学校建设，引导各地将义务教育标准化学校建设列入教育创强工作中统筹考虑，并与学校布局调整等工作有机结合起来，强力推进义务教育均衡优质标准化发展。2016年，全市义务教育公办标准化学校初中199所，占全市公办初中的98.5%，在校学生21.65万人，占全市初中在校学生总数的65.7%；公办标准化小学789所，占全市公办小学的98.9%，在校学生64.17万人，占全市小学在校学生总数的66.3%。小学学龄儿童净入学率达100%，其中女生净入学率也达100%；初中阶段毛入学率118.88%，其中女生毛入学率111.27%；初中毕业生升学率95.45%，其中女生升学率95.18%。

3. 特殊群体儿童义务教育受到重视

广州市在全力推进进城务工人员随迁子女平等接受义务教育工作的同时，大力推进特殊教育学校和随班就读资源教室建设，进一步做好组织适龄残疾儿童少年入学工作，并积极落实特殊教育学校学生课本费和公用经费。2016年，全市义务教育阶段残疾儿童在校学生数为4024人，适龄残疾儿童入学率为95.79%，比上年提升2.79个百分点。女童义务教育阶段残疾儿童在校学生数为1319人，女童适龄残疾儿童入学率为96.14%。

（三）妇女与经济

2016年，广州市按照市委提出的"各项工作全面上水平，各项事业发展走在前列"的总体要求,坚持"民生为本、人才优先"的工作主线,主动适应新常态,积极进取、锐意改革,多渠道多措施促进妇女就业,取得显著成效。

1. 实施积极就业政策,妇女就业持续保持稳定

广州市积极发挥就业专项资金促进就业作用,2016 年市本级财政安排就业专项资金预算共 5.14 亿元,用于对包括妇女在内的就业困难人员的职业介绍、技能培训、社会保险补贴和岗位补贴等。加大就业援助力度,开展就业援助月专项活动,促进妇女就业困难群众就业。城镇登记失业妇女就业率为74.78%,比上年提高 0.04 个百分点。

2. 人才培养机制继续优化,女性专业人才队伍进一步壮大

2016 年,广州市认真组织高级专业技术资格评委会开展评审工作,在资格条件、评价标准、申报对象等方面未设置性别限制和歧视性规定,在职称政策的适用上对男女专业技术人员一视同仁,鼓励女性专业技术人员积极申报高级职称,并为其提供申报指引服务。截至 2016 年底,全市国有单位高级专业技术人员中女性占总人数的 47.46%,比上年提高 0.07 个百分点,提前达到省和市的规划目标(45%)。接受职业技能培训的女职工占职工总数的比例为90.58%,比上年提高 0.37 个百分点。自 2010 年以来,均在规划目标 90%以上。

(四)妇女参与社会决策和管理

规划实施以来,各级党委和政府高度重视对女干部的培养和选拔,并采取了一系列有效措施,从制度上确保妇女参与决策和管理的有效实现,妇女规划的妇女参政议政监测指标进展明显。

1. 市、区两级政协委员女性比例稳中有升

2016 年,广州市政协女性委员 146 名,占政协委员总数的 26.99%,比上年提高 0.1 个百分点;市政协女性常委 24 名,占常委总数的 21.24%,比上年下降 2.89 个百分点。区政协女性委员 772 名,占区政协委员总数的 26.31%,比上年提高 4.51 个百分点;区政协女性常委 152 名,占区常委总数的27.69%,比上年提高 1.89 个百分点(见图 4)。

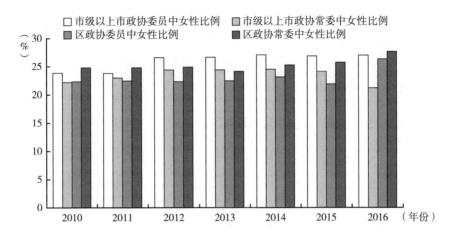

图4 2010～2016年广州市、区政协委员女性比例

2. 各级领导班子女干部配备尚好

2016年，广州市党委、政府、人大、政协四套领导班子女干部配备率自《规划》实施以来，一直保持着100%的目标要求。11个区党委、政府、人大、政协领导班子女干部配备率也已达到100%的目标要求。镇党政领导班子中女干部配备率自2010年以来均保持在100%的目标水平，街道领导班子中女干部配备率为96.30%。在全市政府工作部门领导班子中配备1名以上女干部的班子比例为82.5%，比上年提高2.5个百分点，远超市规划设定的2020年60%以上的目标。

3. 女性参与企业经营管理的比重提高

职工董事、职工监事是职工参与企业重大问题决策和监督的代表，具有重要的地位和作用。监测数据显示，与2010年相比，女职工董事及女职工监事占职工董事和职工监事的比重均有所提高。2016年企业董事会中女职工董事的比重为58.89%，比2010年提高9.2个百分点；企业监事会中女职工监事占职工监事的比重为66.05%，比2010年提高6.88个百分点。企业职工代表大会中女性代表比例为28.82%，比上年提高0.19个百分点。

4. 女性参与基层民主管理有所提升

广州市认真落实村（居）委会换届选举观察与制度等要求，加强检查指导和现场督导，切实保障基层妇女权益。2014年，在村（居）委会换届选举工作中,经推选产生选举委员会妇女成员 6596 名,占总数的 31.7%。在新当选的村委会班子成员中,村委会班子成员 1217 名,女性占比 26.71%;村委会主任 22 名,女性占比 2.19%。在新当选的社区居委会班子成员中,居委会班子成员 6689 名,女性占比 55.02%;居委会主任 912 名,女性占比 62.6%。

(五)妇女儿童与社会保障及福利

2016 年,广州市统筹推进城乡社会保险体系建设,扩大妇女社会保险覆盖面。参照扶贫标准同步提高低保标准,切实保障全市困难群众基本生活,社会救助水平进一步提高。建立孤儿供养标准自然增长机制,提高困境儿童保障标准,妇女儿童社会保障及福利工作成效突出。

1. 妇女参加社会保障规模进一步扩大

2016 年,广州市在社会保障制度全覆盖的基础上女性参保人数进一步增加。至 2016 年底,全市参加城镇职工基本养老保险(未含退休人员)、城镇职工基本医疗保险、失业保险、工伤保险和生育保险的女性分别达 448.49 万人、321.45 万人、224.97 万人、207.48 万人和 210.19 万人,比上年底分别增加了 38.7 万人、16.1 万人、13.42 万人、13.13 万人和 16.41 万人,分别占参保总人数的 44.35%、50.48%、44.80%、41.87% 和 44.10%。城乡居民生育医疗保障覆盖率达 98.00%,提前达到 2020 年的规划目标。

2. 社会保险制度进一步完善

2016 年,广州市进一步健全完善社会保险制度,实施灵活就业人员参加企业职工养老保险政策。降低缴费比例,将失业保险单位费率从 1.5% 下调至 0.8%,个人费率从 0.5% 降为 0.2%。大幅度调整工伤保险浮动费率和奖励率。用人单位的职工社会医疗保险缴费率从 8% 降低到 7%,2016 年累计为企业减轻负担 22.28 亿元,有效提高企业和个人的参保积极性。加大参保执法和鼓励力度,重点将非公有制单位职工、城镇个体工商户和异地务工人员纳入社会保险制度保障范围。城乡居民医疗保险的政府资助标准提高至每人每年 400 元,城乡居民基础养老金提高至每人每月 191 元。

3. 社会救助标准水平进一步提高

为进一步保障广州市困难群众基本生活,2016 年全市低保标准与扶贫标准对接并同步提高至每人每月 840 元。目前全市有 29390 名妇女、11352 名未成年人享受低保、低收入困难家庭救助。城镇"三无人员"、福利机构供养人员供养标准从每人每月1177元提高至1521元。为切实保障妇女、儿童基本生活，广州市对低保低收入困难的单亲家庭、未成年人给予分类救济，每月按低保标准的20%给予补贴。在医疗救助方面，对未成年人的住院医疗救助比例提高至5%，进一步保障未成年人医疗权益。

4. 孤儿保障、流浪儿童救助力度进一步加强

2012年，广州市建立了孤儿供养标准与城乡低保平均标准同步提高的自然增长机制，统一机构供养与散养孤儿的养育标准。2016年福利机构集中供养孤儿及散居孤儿月均最低养育标准为每人2000元，比上年提高453元。广州市孤儿养育标准居全省前列，且实现应保尽保。广州市建立无人抚养儿童基本生活保障制度，2016年参照广州市低保金标准为全市272名事实无人抚养儿童发放基本生活保障金。目前广州市建有6个儿童福利机构，共有床位1910张。为进一步增强保障能力，市本级福利公益金投入3000万元对市、区两级的儿童福利院进行提升改造。力争到2018年底全市儿童福利床位达到2960张，基本满足广州市孤儿集中供养需求。

（六）妇女儿童与环境及法律保护

2016年，广州市加大环境治理水平和力度，组织实施农村环境综合整治行动计划。全面推进社区网格化管理，大力开展社会治理专项工作，着力构建以专门力量为主的"警防网"，大力发展群防群治队伍，推进治安视频监控系统建设，建立常态化"三打"工作体制机制，不断加强对妇女儿童的司法保护力度和社会帮扶工作，为广大妇女儿童创建良好的社会生活环境。

1. 生活环境重点监测指标继续改善

2016年，农村监测指标总体继续向好，全市农村卫生厕所普及率达99.52%，比上年提高0.31个百分点，提前达到规划目标（99%）；农村无害化卫生厕所普及率达98.27%，提高0.45个百分点；农村自来水普及率100%；农村生活饮用水水质卫生合格率65.37%，提高3.4个百分点；卫生镇覆盖率78.95%，提高10.53个百分点；卫生村覆盖率87.05%，提高8.05个百分点。城市监测指标进展顺利，城市污水处理厂集中处理率为94.20%，比

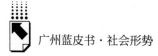

上年提高 0.98 个百分点；城市生活垃圾无害化处理率 96.10%，比上年提高 0.86 个百分点；城市人均公园绿地面积 16.80 平方米，比上年增加 0.3 平方米。

2. 基层公共文化设施建设力度加大

2016 年，广州市加大对基层公共文化设施建设的推进力度，继续推进全市"三馆一站"免费开放工作，切实加强对基层"三馆一站"免费开放的扶持力度。2016 年，全市有公共图书馆 14 家，图书总藏量 2401 万册，阅览室座席 2.63 万个，其中少儿阅览室座席 5589 个，公共图书馆少儿文献达 629.16 万册。全市少儿广播节目播出时间达 260 个小时、少儿电视节目播出时间达 2418 个小时、动画电视节目播出时间达 3247 个小时；儿童图书出版物达 61 万册、未成年人参观博物馆 130.60 万人次；家长学校达 5983 个，家长学校培训达 41.70 万人次；儿童友好社区为 1575 个，比上年增加 512 个；市级和 11 个区均建立了少年宫。

3. 法律援助网络不断完善

2016 年，广州市不断推进法律援助组织网络的纵向延伸和横向扩展。依托妇联设立的法律援助工作站 12 个，依托共青团设立的法律援助工作站 10 个。2016 年全市涉及法律援助的妇女为 14997 人次，同比下降 6.7%；获得法律咨询援助方式的妇女为 10677 人次，同比下降 10.9%；受理案件涉及妇女 4320 人次，同比增长 5.6%。

2016 年全市涉及法律援助的未成年人数为 6646 人次，同比增长 25.6%；获得法律咨询援助方式的未成年人 4885 人次，同比增长 75.9%；受理案件涉及的未成年人 1761 人次，同比下降 29.9%。

三　存在困难和问题

（一）女童及整体儿童九年义务教育巩固率呈持续下降趋势

广州市女童九年义务教育巩固率从 2011 年的 91.34% 持续降至 2016 年的 78.47%；儿童九年义务教育巩固率从 2011 年的 89.27% 持续降至 2016 年的 79.19%，距离 95% 的目标愈来愈大。

（二）村委会主任中女性比例实现终期规划目标困难较大

广州市村委会主任中的女性比例在 2011 年连续三年保持在 4.2% 之后，2014～2016 年下跌至 2.19%，与 10% 的目标相差甚远。

（三）低出生体重发生率逐年上升难以达标

广州市 2016 年低出生体重发生率达 6.09%，2010～2015 年分别为4.42%、4.58%、5.10%、5.30%、5.70% 和 5.85%，有逐年上升之势，要达到 2020 年控制在 4% 以下的目标有较大难度。

四　对策与建议

（一）增加公办学位供给，进一步关注教育投入公平

加快实施《广州市中小学校基础教育设施三年提升计划（2016～2018年）》，增加公办学位供给，保障随迁子女入读公办学校。按照城乡统筹与重点布局相结合，市级统筹、以区为主的原则，切实解决紧缺地区学位供给，落实好基础教育设施三年提升计划，推动优质教育资源广泛覆盖。

加大对一般学校及边远地区学校的投资，努力提高学校设施和设备的使用率，改善学校的整体管理水平。调整重点学校布局和专业布局，减少城乡教育不均衡现象。探讨通过发放义务教育补贴，建设良好教育环境吸引稳定的非户籍学生就读，控制义务教育阶段的流失率。

（二）建立健全女性干部储备机制

建立健全村级后备女干部信息库，试行镇街重点人选推荐制度，在符合条件的情况下，增加后备村干部中的女性成员，做好重点后备女干部的物色、筛选工作。

加强对各区、镇（街道办）的指导，加大对基层干部教育培训的投入，尤其是要确保女村干部的参训名额，定期开展经济、法律、管理、文化、社工技能等方面的培训，并根据女村干部的需求，有针对性的提供与其需求相匹配

的各类信息、培训和服务，着力提高女村干部在服务群众、发展经济方面的能力。

（三）提高妇幼健康服务综合服务能力

一是实施新一轮母婴安康行动计划，落实《广州市提升妇幼健康服务能力行动计划（2016～2018年）》，全面提高妇幼健康服务综合服务能力。做好孕期宣传教育，提高孕期保健服务质量，努力减少胎儿生长受限的因素，预防和控制早产。二是按照《广州市高危妊娠管理办法》和《广州市新生儿病房评估标准》，做好风险评估和高危妊娠孕产妇管理，加强围产期保健，加快新生儿病房规范化建设，改善高危妊娠不良结局的发生。三是落实重症孕产妇和重症儿童救治工作方案的要求，提高广州市重症孕产妇和儿童的救治能力和水平。

（审稿人：丁艳华）

B.4
广州市农民工基本公共
服务均等化问题研究

褚珊珊*

摘　要： 通过实地调研，对广州市农民工基础服务类公共服务以及基本保障类公共服务的均等化现状进行分析，发现当前广州农民工对子女随迁入学、就业保障及社会保险等方面的需求较为迫切。建议通过完善积分入学制度、降低入学门槛、扩大公共就业服务范围、加强技能培训、拓宽社保参保渠道等措施提高基本公共服务水平，促进基本公共服务均等化，推动农民工市民化，帮助外来人口融入城市生活。

关键词： 广州　农民工　基本公共服务均等化

　　农民工流入城市可缓解老龄化压力，为城市发展、经济结构调整提供充足的劳动力，推动了本地人在劳动力市场上的专业化程度，促使本地劳动力更多地配置于技能、知识密集型行业；城乡人口的融合，又提高了劳动力市场的竞争性并保障了农民工务工的平等劳动权益和其他社会公共福利。在当前老龄化加剧、产业转型、劳动力有缺口的状况下，吸引劳动力流入并安居，对城市建设具有重要意义。农民工享有基本公共服务均等化，在宏观政策上有利于合理整合资源，促进社会公平稳定，在微观实际操作上可促进农民工个体思想文化素质提高，也为农民工群体就业择业向上流动提供可能性。

---

* 褚珊珊，社会学专业硕士研究生，现任职于国家统计局广州调查队城镇住户调查处，研究方向为城乡居民收入、农民工监测、农民工市民化。

一 概念界定及研究范围的确定

（一）概念界定

根据国家统计局《农民工监测调查方案》和《农民工市民化进程动态监测调查方案》对农民工的界定，农民工是指居住在城镇地域范围内，户口性质为农业户口或现在虽为非农户口但在 2006 年之前为农业户口，户籍不在本街道（乡、镇）的外来人员，不仅包括在普通住宅中居住的农民工，还包括在工厂集体宿舍、工地工棚和工作地住宿的农民工。

（二）研究范围

本文以农民工的基本公共服务作为调查内容，并据此开展研究。基本公共服务内容根据《广东省基本公共服务均等化规划纲要（2009～2020 年）》（以下简称《省均等化规划纲要》）确定。

1. 基本公共服务的内容

基本公共服务是建立在一定社会共识基础上，为实现特定公共利益，根据经济社会发展阶段和总体水平，为维持本国和地区经济社会稳定与基本的社会正义，保护个人最基本的生存权和发展权所必须提供的公共服务，是一定阶段公共服务应该覆盖的最小范围和边界。它包括基础服务类和基础保障类两大类别共八项内容。其中基础服务类包括公共教育、公共卫生、公共文化体育、公共交通四项；基本保障类包括生活保障（含养老保险、最低生活保障、五保）、住房保障、就业保障、医疗保障等四项。

2. 均等化内容

基本公共服务均等化是指在基本公共服务领域尽可能使居民享有同样的权利，享受水平大致相当的基本公共服务。均等化并不是强调所有居民都享有完全一致的基本公共服务，而是在承认地区、城乡、人群间存在差别的前提下，保障居民都享有一定标准的基本公共服务，其实质是"底线均等"。

二 广州市农民工享有公共服务基本情况

为客观准确了解广州市农民工现状、变化以及基本公共服务均等化享有情况，为科学制定农民工政策、加强和改善为农民工服务工作提供可靠依据，国家统计局广州调查队于 2016 年末采用分层、多阶段随机抽样，在越秀、天河、白云、黄埔、番禺、花都、南沙、增城 8 个区随机抽取 450 户 849 名农民工及其随迁家属进行问卷调查及走访调研。

在 849 名农民工及其随迁家属中，男性占 56.5%，女性占 43.5%；学历水平集中在小学、初中、高中，占样本总量的 71.2%；婚姻状况为 77.7% 有配偶；年龄在 20~49 岁的占总样本量的 73.4%（见图 1）。

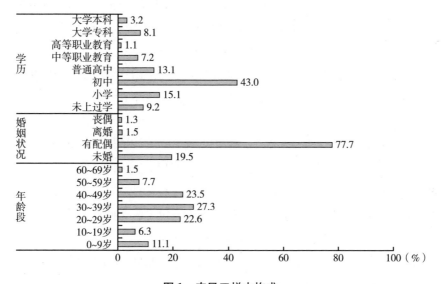

图 1　农民工样本构成

在样本农民工中有 65.6% 来自外省，其中 27.9% 来自湖南，12.6% 来自广西，12.4% 来自四川，10.4% 来自江西，占外省农民工的 63.3%，其他省份的农民工占外省农民工的 36.7%，样本农民工中有 30.7% 来自本省其他地市。

农民工在制造业工作的占 37.6%，在批发零售业工作的占 12.2%，在建

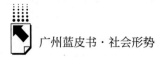

筑业工作的占 12.1%，在其他行业工作的共占 38.1%。其中，专业技术人员仅占 13.0%，办事员和有关人员仅占 9.6%。

（一）基础服务类公共服务享有情况

调查显示，广州市农民工基础服务类公共服务满意度较高，主要表现在对子女受教育情况和师资条件较满意，享受过公共卫生服务的比例较高，对业余文化生活满意，公共交通便捷。

1. 广州公共教育水平大致满足子女随迁家庭要求

农民工对子女受教育情况较为满意，认为非常满意和比较满意的占到 57.1%，不太满意和非常不满意的只有 4.9%。

广州公共教育师资条件受到子女随迁家庭较高评价。认为学校师资条件非常好、比较好的占 62.4%。未随迁家庭认为学校师资条件非常好、比较好的比例为 53.8%。这表明子女随迁家庭对本地师资条件较为认可。

2. 基本医疗卫生服务能满足农民工基本健康需要

农民工对医疗状况满意度较高，表示非常满意和比较满意的占到 79.1%，不太满意的仅占 1.3%。农民工在身体不适时，其治疗方式多为自行买药或看急诊/门诊。

调查显示，在过去两周中患病/受伤的调查对象中有 78.3% 享受过公共卫生服务，其中到本地药店买药的占 39.1%，到社区医院的占 26.1%，在本地综合/专科医院就医的占 13.1%，没去就医和回老家看病的占 17.4%，以其他形式治疗的占 4.3%。基本医疗卫生服务能够得到满足（见表1）。

3. 在公共文化体育方面，农民工要求低、参与少

农民工对自己业余生活满意度较高，认为非常满意和比较满意的占 48.3%，认为不太满意和非常不满意的占 9.7%。

大多农民工文化程度较低，多从事制造业、服务业等劳动密集型行业，工作较为辛苦，业余时间少，收入不高等，农民工业余时间多选择成本低、无门槛的休闲娱乐方式，主要业余活动是看电视、休息、朋友聚会、上网的占到了总人数的 45% ~ 60%；利用业余时间做家务、逛街购物、照顾小孩的占 22%；农民工参加文娱、体育活动的比例较低，占 11.6%；读书看报的占 8.8%；参加学习培训的仅占 3.2%。总体来说，对于需要一定精力、体力、财力的读书

表 1   基本医疗状况

单位：%

基本医疗状况	选项	占比
对医疗状况满意度	非常满意	20.0
	比较满意	59.1
	一般	19.6
	不太满意	1.3
最近一次去哪类医疗机构看病	本地药店	39.1
	社区医院	26.1
	哪都没去	13.1
	本地综合/专科医院	13.1
	其他	4.3
	回老家看病	4.3
治疗方式	自行买药	50.0
	急诊/门诊	45.0
	住院	5.0

看报、学习培训和文娱体育等有利于自身发展的活动参加比例较小。尽管城市公共文化体育事业有了很大发展，但就调查结果看，农民工对相关活动参与度并不高。

4. 公共交通均等化程度最高

近十年广州交通基础设施建设发展迅速，市内交通承载能力不断增强。2016 年末，广州营运公共汽（电）车 13930 辆，营运出租汽车 22022 辆，分别比 2005 年增长 71.3% 和 30.4%；2017 年已建成开通地铁线路 10 条，总线路长 309 公里，比 2005 年（2 条、35 公里）分别增加 8 条线路、274 公里，未来规划至 2025 年广州将拥有 27 条地铁线路。

受惠于公共交通发展快、无门槛，农民工出行便捷，享有与当地居民无差异的公共交通服务。2016 年农民工上班单程花费时间 13.1 分钟，人均交通通信支出 1736 元，远低于广州城镇居民人均交通通信支出的 4870 元。

（二）基本保障类公共服务享有情况

1. 基本居住保障可通过梯度式租赁市场满足

调查显示，农民工居住在单元房、集体宿舍和自建楼房隔间的占 86.9%；

在平房、工作地、工棚和其他地方居住的比例较小,占13.1%。居住问题主要靠自己解决,租赁私房的占68.0%,由单位/雇主提供住房的占24.7%,租赁公租房或廉租房的占3.3%,自购商品房的占2.7%,其他情况的占1.3%(见表2)。

表2 农民工居住样式及住房性质

单位：%

选 项		占比
居住样式	单元房	60.2
	集体宿舍	16.7
	自建楼房隔间	10.0
	工棚	5.5
	工作地住宿	4.9
	平房	1.8
	其他	0.9
住房性质	租赁私房	68.0
	单位/雇主提供住房	24.7
	租赁公租房或廉租房	3.3
	自购商品房	2.7
	其他	1.3

农民工人均居住面积为17.1平方米。在厕所配置上,有82.3%有独用厕所,12.4%需要几户合用厕所,5.3%需使用公共厕所。在厨房配置上,74.9%有本户独用厨房,5.6%需要几户合用,19.5%没有厨房。综合来看,农民工住有所居的问题基本可以解决,但是居住环境并不理想。一是居住面积紧张,远低于33.98平方米的本地城市居民人均居住面积;二是多为租赁私房,而租赁公租房或廉租房的比例较低;三是仍有部分农民工居住在没有独立厕所及厨房的环境中。

在对现在居住条件的满意度上,选择一般的人最多,占43.8%;选择比较满意的占43.1%,选择非常满意的占5.3%;选择不太满意和非常不满意的占7.8%。一方面农民工群体对居住条件要求并不高,能满足基本的居住需要即可;另一方面,租住较为简陋的住房是农民工节省租金的自愿选择,梯度式租赁市场能满足农民工基本居住保障。

2. 农民工工作状况大部分一般，对收入关注度较高

调查显示，农民工认为工作一般的占48.3%，认为比较满意和非常满意的占44.1%，认为不太满意和非常不满意的占7.6%。不满意的主要原因是收入低，占44.5%；工作环境或工作氛围不好，占29.6%；工作时间长、强度大，占14.8%（见图2）。农民工对收入最为在意；工作环境和工作氛围影响到身心健康，对这方面也较为关注；工作时间长、强度大相对而言更容易接受。

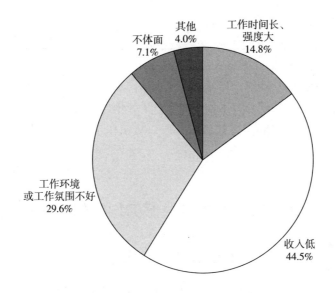

图2　农民工对工作不满意的原因

3. 医疗保障大多通过新型农村合作医疗实现

农民工医疗保险参保率较高，参加新农合的比例达到67.0%，参加本地统筹的城镇职工基本医疗保险的有21.3%，没有参加任何医疗保险的有10.2%，医疗保险总体参保比例较高（见表3）。

农民工新农合参保率较高，一是农民工参保意识增强，新农合相对其他保险来说保费低，保障水平高；二是随着农村经济发展，一些村居委会或其他村民自治组织帮助村民缴纳新农合保费，不需要农民自己缴费；三是新农合参保后时效性强，生病住院即可报销抵扣，再加上大病统筹，部分地区报销比例可达九成。

表3 农民工医疗保险参保情况（多项选择）

单位：%

选 项	占比
新型农村合作医疗	67.0
本地统筹的城镇职工基本医疗保险	21.3
没有参加任何医疗保险	10.2
商业医疗保险	3.7
其他医疗保险	2.4
其他地区城镇职工基本医疗保险	2.1
本地区统筹的(城镇)居民基本医疗保险	1.3
其他地区(城镇)居民基本医疗保险	0.5

城镇职工基本医疗保险参保需要有稳定的就业单位，并由单位按比例缴纳一部分。农民工流动性较大，工作不稳定，工作单位多是私企个体经营户，部分雇主不愿意为农民工购买医疗保险，所以城镇职工基本医疗保险参保率较低。

三 广州市农民工基本公共服务均等化存在的问题

（一）农民工适龄子女随迁入学有难度

本地上学费用高、在本地无人照顾和无法进入公办学校是导致农民工子女随迁比例低的三大原因，随迁子女在校率和就读公办学校的比例也低于未随迁子女。农民工选择子女留守的根本原因在于其生存型消费占据收入的大部分，难以支撑其发展型消费。

1. 农民工子女随迁率低，随迁子女在校率低

在调查的450户家庭中，有0~17岁受教育适龄人口329人，其中随迁138人，未随迁191人，分别占41.9%和58.1%。随迁子女主要集中于幼儿园、小学阶段，占59%，初中和中职阶段占12%，另外有29%未在校（见图3）。未随迁子女有83.8%在校，16.2%未在校，在校率高于随迁子女。

2. 农民工子女没在本地上学的三大原因

本地上学费用高是农民工子女没在本地上学最主要的原因，占45.6%；

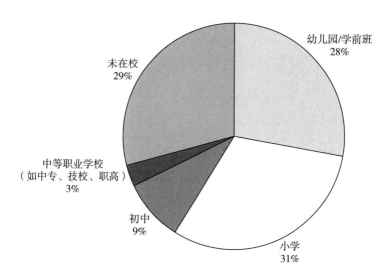

图3　农民工子女就学情况

另有35.0%是因为本地没人照顾，34.4%是因为进不了本地公办学校，11.9%是因为本地升学难（见表4）。

表4　子女没在本地上学的原因（多项选择）

单位：%

选　项	占比
本地上学费用高	45.6
本地没人照顾	35.0
进不了本地公办学校	34.4
本地升学难	11.9
在本地不能参加高考	6.9
家长流动性大，无法带孩子外出上学	5.6
本地存在居住困难	5.6
附近没有学校	3.8
本地学校师资条件不好	2.6
其他	1.3

调查显示，在114户有随迁子女在本地读书的家庭中，有25户缴纳过赞助费/借读费，占21.9%；缴纳的赞助费/借读费等额外费用多为5000~30000元，其中1万元以上的占11.5%。过去的一年农民工为随迁子女购买书籍和

教辅材料、学杂费、参加培训班和补习班等的费用为 100～20000 元。调查数据显示，2016 年，农民工户均各类消费 31990 元（见表 5），缴纳的赞助费/借读费占到其消费的六成以上。缴纳的赞助费/借读费及购买教辅材料的费用挤占了衣、食、住、行等生存型消费及农民工个人的文化娱乐、医疗保健、大件物品等消费。再加上子女随迁无人照顾，对教育不够重视、不敏感，教育资源的可替代性等思想观念影响，使得部分农民工更愿意将子女留在户籍地接受教育。

表 5　2016 年农民工消费支出

单位：元

选　项	支出金额
食品烟酒	14148
交通通信	3281
教育文化娱乐(不含子女教育)	1772
居住	6496
衣着及生活用品服务	3209
医疗保健	1469
大件物品	1615
合　计	31990

　　早在 2009 年广州市教育部门就正式下发了《关于取消我市义务教育阶段借读费和借读生杂费的通知》。广州各公办学校均不得以任何形式收取义务教育阶段借读费、借读生杂费，非广州市户籍人口子女享受同等待遇，复读的学生不予免费。到目前为止，在收费项目中虽然没有"借读费"了，但其已合并在"借读生书杂费"等项目中了。

　　3. 入学门槛高，就读公办学校比率低

　　2016 年 9 月 26 日，广州市政府常务会议审议通过了《关于进一步做好来穗人员随迁子女接受义务教育工作的实施意见》（以下简称《实施意见》），对落实随迁子女接受义务教育工作明确了"两个为主"，即以输入地政府管理为主、以全日制公办中小学为主。

　　根据《实施意见》，凡在广州市办理《广东省居住证》满 1 年的来穗人员，可为其随迁子女申请入读义务教育阶段小学一年级和初中一年级，根据其在广州市稳定职业、稳定住所、依法缴纳社会保险（其中 1 个险种）的年限等条件任何 1 项发生地所在区申请积分制入学，该区不能拒绝受理。入学条件明确了按国家和省的要求保障统筹学位和积分入学的条件，具体条件和操作由各区根据情况各自确定。但是在各区（如荔湾、黄埔、增城、海珠）的规定中，"在本区连续居住并在广州市依法缴纳社会保险费（其中 1 个险种）满 5 年、有稳定职业、符合计划生育政策的居住证持证人的随迁子女""以本区公办学校为主统筹安排学位"。不符合上述条件的"按积分高低顺序统筹安排公办学位或政府补贴的民办学位"。积分制度根据学历、技术职称或职业资格、社保（一般是广州市养老保险）年限、居住条件、计划生育、职业等赋予不同分值累计。对大部分农民工来说，满足积分要求比较困难，子女入学门槛仍较高。

入学门槛高导致农民工随迁子女就读公办学校的比例较低。广州农民工随迁子女有 59.2% 就读于公办学校和有政府支持的民办学校，这一比例深圳为 87.9%，上海为 93.2%（见表 6）。可见广州随迁子女就读公办学校和有政府支持的民办学校的比例与上海、深圳差距较大。

表 6　广州、深圳、上海农民工子女所上学校类型

单位：%

城市	公办学校	民办学校，有政府支持	民办学校，无政府支持	民办学校，不知是否有政府支持	其他
广州	43.9	15.3	29.6	10.2	1.0
深圳	55.6	32.3	4.2	5.8	2.1
上海	77.2	16.0	2.7	4.1	0.0

2017 年 7 月 17 日，广州市政府办公厅印发《广州市加快住房租赁市场工作方案》提出："赋予符合条件的承租人子女享有就近入学等公共服务权益，保障租购同权。"明确规定符合市及所在区积分入学安排学位条件的来穗人员随迁子女，其监护人在本市无自有产权住房，以监护人租赁房屋所在地作为唯一居住地且房屋租赁合同经登记备案的，由居住地所在区教育行政主管部门安排到义务教育阶段学校（含政府补贴的民办学校学位）就读，但是具体细则尚未制定。对比上海和广州的积分入学制度可以发现，农民工随迁子女在广州

就学门槛较高。

（1）上海农民工父母一方持居住证或连续有效3年暂住证，随迁子女完全可以完成义务教育。就近入学教育资源紧张，可以在区内统筹安排到公办或民办学校入学，并且不用缴纳任何借读费或赞助费，保证了农民工子女接受义务教育的权利。而广州则严格很多，在居住证之外设置了5年社保、稳定职业、符合计划生育政策等门槛，并且对学费、赞助费等只是给予一定补贴减免，不能与本地学生享受同等待遇。教育资源紧张需按积分排队，分数高的优先录取，农民工子女接受义务教育困难很多。

（2）上海市外来人口随迁子女受教育的制度已成体系，在学前阶段、义务教育阶段、中高等教育阶段均有详细规定，义务教育阶段只需要父母一方持有效期内居住证或连续3年有效临时居住证，积分满120分即可享受义务教育。而且随迁子女还可接受从幼儿园到高考整套公共教育服务，而广州只对义务教育阶段有规定。

（3）在政策操作性方面，上海市级标准较为详细，区负责预测辖区内适龄人口，规划教育资源，统筹安排就学；广州市各区有不同标准，区级有较大操作空间；上海市相关制度在网上均可查到，广州市则只能查到各区制度，有关信息的宣传公布有待继续跟进。

（4）在资源配置上，上海市形式更多样，能更好满足不同区域、不同人群对教育资源的需求。

广州市农民工在公共教育方面面临的主要问题，一是公办学校门槛高，门难进，公办学校就读率低。农民工不得不通过缴纳高额赞助费或借读费等方式入读公办学校，或者缴纳更高费用入读民办学校；这也导致了第二个问题，在本地就学费用高，农民工家庭教育支出压力较大，所以子女随迁率低，农民工不得不将子女留在家乡；三是公共教育无法与农民工工作时间长等特点相适应，农民工子女在放学后处于无人照看的真空状态。

（二）公共卫生服务享受率较低

农民工取药就医的基本医疗服务能满足，有大病需要住院等医疗服务可以通过回乡新农合报销的方式完成治疗。但是在健康教育、妇幼保健、传染病防控、计划生育、医疗救助等相关服务方面普及率还是较低，尤其是在郊区及私营、个体单位工作的农民工，接受相关服务的比率更低。

在调查对象中有 70.0% 没享受过或不知道任何基本公共卫生服务。在三成享受过公共卫生服务的人中，享受过健康教育服务的占 18.2%，享受过妇幼保健服务的占 9.1%，享受过其他项公共卫生服务的均不到 5%（见表7）。

表7　接受过的基本公共卫生服务项目及提供部门（多项选择）

单位：%

公共卫生服务项目	占比	提供部门	占比
未接受	64.7	工作单位	34.8
健康教育	18.2	居(村)委会	25.2
妇幼保健	9.1	社区医院	23.7
不知道	5.3	其他	18.5
传染病防控	4.9	卫生部门	12.6
计划生育	4.7	公益组织	1.5
医疗救助	1.6	不清楚	1.5

公共卫生服务由工作单位提供的占 34.8%，由居（村）委提供的占 25.2%，由社区医院提供的占 23.7%，由卫生部门提供的占 12.6%，其他情况占 21.5%。

（三）农民工接受公共就业服务比例较低，劳动合同签订率低，劳动强度大

农民工工资支付得到较大保障，调查显示，99.4% 的农民工未遇到过工资拖欠，仅有 0.6% 的农民工发生过工资拖欠情况。

在就业保障服务方面，享受过就业及创业服务的比例都比较低。接受过就业训练的比例最高为 22.2%，享受其他就业创业服务的最高占比不超过 17%（见表8）。

劳动合同是保障农民工工作权益的重要依据。调查显示，农民工有 34.6% 没有劳动合同或试用期（实习期）未签合同，35.4% 签订了一年及以上劳动合同，21.6% 签订了无固定期限劳动合同（见表9），劳动合同签订率有待提高。

表8 享受过哪些就业或创业服务比例（多项选择）

单位：%

就业服务	是	否	创业服务	是	否
职业介绍	16.2	83.8	创业指导	4.6	95.4
职业指导	14.2	85.8	创业资讯	10.8	89.2
就业训练	22.2	77.8	创业帮助	4.6	95.4
岗位开发	4.2	95.8			
其他	7.3	92.7			

表9 劳动合同签订情况

单位：%

选 项	占比
一年及以上劳动合同	35.4
没有劳动合同	33.4
无固定期限劳动合同	21.6
一年以下劳动合同	7.3
试用期/实习期未签合同	1.2
其他	0.8
仅有劳动派遣合同	0.3

对就业的农民工调查显示，农民工平均每周工作 5.9 天，每天工作 8.8 小时。农民工每周工作多在 6~7 天，每天工作在 10 小时左右，劳动时间较长。

在就业保障方面，劳动合同签订率低，工作时间长、劳动强度大是农民工面临的主要问题。虽然农民工收入连年增长，但农民工对工作不满意的最主要原因是收入低。

根据 2013 年广州调查队组织的《广州城市居民基本生活成本研究》结论，当年广州城镇居民基本生活成本为 24263 元，结合物价水平增幅计算，2016 年城镇居民基本生活成本为 26599 元。2016 年广州农民工家庭（不包括未随迁成员）工资性就业者（雇员）人均现金收入 25883.29 元，加上伙食补贴（平均 342.35 元）、住宿补贴（平均 346.61 元）等勉强支付城镇居民基本生活成本。这还不包括寄带回家、负担未随迁家庭成员生活的费用。一旦收入降低就无法负担最基本的生活。

（四）农民工各类保险参保率均较低

农民工流动性大，工作不稳定，五险一金等社会保障就显得非常必要。但是数据显示，农民工参保率并不高。在就业的农民工中，四成以上的农民工有工伤保险，三成农民工有城镇职工基本医疗保险和养老保险，有失业保险、生育保险、住房公积金的只占两成（见表10）。

表10　五险一金参保比例

单位：%

选项	城镇职工基本医疗保险	城镇职工基本养老保险	失业保险	生育保险	工伤保险	住房公积金
有	32.9	30.9	27.2	26.1	44.1	21.1
否	61.8	63.5	65.8	65.8	48.9	73.3
不知道	5.3	5.6	7.0	8.1	7.0	5.6

有74.4%的农民工在私营企业和个体经营户中就职（见表11），私企和个体雇主为农民工缴纳保险的积极性不高，一些年青的农民工对社保的必要性认识不足，为了拿到更多收入，以及工作不稳定、流动性大，社保异地缴存不方便等问题的存在导致农民工个人购买保险的积极性也不高，也有一些自主经营的农民工没有途径购买保险，几方面原因导致农民工社保参保率低。这也导致农民工在离职时没有顾虑，流动性更大。

表11　农民工所属单位性质

单位：%

单位性质	私营企业	个体经营户	国有企业	外商投资企业	其他	港澳台商投资企业	事业单位	集体企业
占比	60.6	13.8	9.3	5.9	3.7	2.8	2.2	1.7

年轻的农民工可以通过及时找工作获得收入，缓解或者避免没有保障的问题，而对于年龄较大的农民工来说，工作机会少，收入下降则会极大地影响其生活，使其不得不返乡。所以，49岁以上农民工的比例急剧下降，40~49岁的农民工仍占23.5%，50~59岁的农民工直接下降到7.7%。农民工返乡也将

面临养老问题。农民工新农保参保率只有29.2%，远低于农村常住居民，49.6%的农民工没有参加任何养老保险（见表12）。这就使得农民工养老面临两难境地，工作过的城市没有养老保障，故乡也没有养老保障，只能依靠家庭养老，而子女可能也在城市打工。"留不下的城市，回不去的农村"成为农民工的现实写照。

表12 农民工养老保险参保情况（多选项）

单位：%

选 项	占比
没有参加任何养老保险	49.6
新型农村社会养老保险(新农保)	29.2
本地统筹的城镇职工基本养老保险	19.0
其他地区城镇职工基本养老保险	2.8
其他养老保险	1.2
其他地区(城镇)居民基本养老保险	0.9
商业养老保险	0.6
本地区统筹的(城镇)居民基本养老保险	0.2

农民工"五险一金"及各类养老保险参保率均较低，对农民工年老、失业、生育等各阶段的生活无法起到保障作用。农民工一旦无法工作即没有收入来源，生活难以稳定持续发展，这也是社会不稳定的重要因素之一。

四 政策建议

2016年初，广州市委、市政府公布的《广州市来穗人员融合行动计划（2016~2020年）》提出，以维护和保障广大来穗人员民生利益为重点，坚持普惠性、保基本、均等化、可持续方向，建立以居住证为载体、以积分制为办法的基本公共服务提供机制，构建更加公平、可持续的基本公共服务保障制度。进一步整合基本公共服务资源，逐步扩大基本公共服务覆盖面，到2020年，实现符合条件的非户籍常住人口子女接受九年义务教育与当地户籍学生享有同等待遇；实现来穗务工人员养老保险、医疗保险、工伤保险、失业保险基本全覆盖，实现广东省乃至泛珠三角地区医保支付即时结算，加快完善异地就医协作良好格局。畅通利益诉求渠道，着力维护来穗人员的合法权益，合理引导来穗人员参与实现基本公共服务均等化预期，进而有序促进来穗人员社会融合，努力促进社会公平正义、促进社会和谐稳定。

（一）扩大基本公共服务覆盖范围，提升公共服务水平

优化全市区域的基本公共服务资源，逐步加大公共服务投资建设，着力完善城中村、城乡接合部、工业区等区域的公共服务设施，全面提升各区域的人口承载力和人口吸引力，通过完善的公共服务、优惠政策引导流动人口向人口承载潜力大的区域分流，实现区域协调发展。缓解市区、城镇区流动人口总量大、管理压力大的难题。

通过对教育、医疗、社保等公共服务资源的整合与完善，扩大基本公共服务覆盖范围，对人口密度相对较低的区域或农民工聚居区给予一定的政策倾斜。同时，增大相关区域对工厂、企业、服务行业的吸引力，积极承接中心区产业转移带动流动人口同步转移。

（二）优先发展教育事业，借鉴先进做法，降低公共教育进入门槛

一些地方政府通过地方政策的实施，降低农民工子女入学门槛，取得良好的效果。如上海市通过部门联动，使在沪农民工子女就读公办学校及民办有政府支持学校的比例达到93.2%。建议借鉴先进城市经验，规范入学条件，进一步为农民工子女降低就学门槛及费用。

1. 在科学预测学龄人口及其分布的基础上做好公共教育资源的规划建设

各区教育行政部门会同有关部门，根据区域经济社会发展和城镇建设情况，预测本区各乡（镇、街道）未来几年学龄人口的分布情况，特别是农民工同住子女的流入和分布情况，并在此基础上做好公办学校建设规划，配足公办学校，扩大公办中小学资源。各区教育行政部门可研究采取公办学校整校招生、设立分部、独立编班、插班就读等多种形式解决农民工同住子女入学需要，不断提高本区公办学校招收农民工同住子女的比例。

2. 完善各级财政配套，逐步解决农民工子女就学需要

对符合条件进入义务教育阶段公办学校就读的农民工同住子女，要与本市户籍学生同一标准拨付经费、配备师资和教学设施设备。对符合规划要求的现

有农民工子女学校，其举办者正在积极努力改善办学条件的，区教育行政部门要加大扶持力度，帮助其学校达到基本条件并纳入民办教育管理。区教育行政部门可委托本区域内民办中小学接收农民工同住子女入学，并按照当地实际情况按学生数补贴相应生均经费。初中阶段农民工同住子女原则上安排进入公办学校就读，具体办法由区教育行政部门制订并实施。

3. 规范入读条件，降低农民工子女入学门槛

父母一方须持有有效期内的居住证，或者父母一方须持有规定年限有效的临时居住证，且于规定年限内在街镇社区办妥灵活就业登记的农民工，其随迁子女可与本地学生同样享受义务教育；持居住证且积分达到规定分值人员随迁子女可有条件进入公办幼儿园就读；在当地完成义务教育且居住证积分达到规定分值可参加当地中等学校高中阶段招生考试。

（三）借助社会力量，完善公共卫生服务体系，扩大服务范围

1. 借助社会力量，提高公共服务供给多样性

在明确政府在基本公共服务供给中最终责任的前提下，可以借助社区、工厂企业单位、志愿者群体、社会组织等力量，将原由政府承担的部分公共卫生职能交由社会组织或市场群体行使，提供公共卫生服务。把某些公益性、服务性、社会性的公共服务职能转给具备一定条件的非营利性民间组织，通过政府和民间组织之间取长补短的平衡合作，扩大公共卫生服务的范围和深度。

2. 强化公共卫生宣传

在农民工集聚的城中村、社区、工业园区、工厂企业及其就医的社区药店、医院/诊所等场所，采取多种形式加强健康教育、妇幼保健、传染病防控、计划生育、医疗救助宣传，提高农民工公共卫生服务的知晓率。

3. 扩大公共卫生服务覆盖范围

农民工主要在基层药店和诊所买药就医，活动范围只在工厂企业、社区等附近。加强基层公共卫生服务体系建设，着力提高基层医疗卫生机构服务水平和质量。鼓励优秀卫生人才到基层的城市社区工作，不断提高基层卫生人才保障能力。从具体细节入手，满足农民工公共卫生服务需求。如2017年，上海市总工会为2016年度因医药费支出较大导致生活困难的农民工送上了"健康医疗补贴"，使他们能够安心地在上海工作。"健康医疗补贴"打

入农民工的工会会员服务卡内，可在全市各级医院看病配药，还可以在各类药房买药。

（四）扩大基本公共就业服务覆盖范围，加强农民工职业技能培训

党的十九大报告指出"就业是最大的民生""提供全方位公共就业服务，促进高校毕业生等青年群体、农民工多渠道就业创业。破除妨碍劳动力、人才社会性流动的体制机制弊端"。《省均等化规划纲要》也要求"基本公共就业服务覆盖城乡和省内所有常住人口"。笔者在具体政策方面提出如下建议。

1. 推进公共就业创业服务向基层延伸

建立健全公共就业服务平台，加强公共就业服务机构、创业服务体系和人力资源市场的场地和设施建设，完善基本就业创业服务功能，确保服务体系覆盖城乡各类人群，尤其是流动人口。

2. 完善政府、工会、企业协作机制，提升农民工工作技能

与工厂企业合作，构建各类劳动力技能培训普惠制度，推进农民工技能提升和储备计划，实施技工教育倍增计划；政企合作，制定适应当前广州市产业调整升级的职业培训标准，注重开发适应流动人口劳动力、高技能人才培养和技工教育的远程培训课件。

3. 推进创业促进服务

组织评审一批创业咨询服务机构，为有创业能力的农民工提供创业孵化服务，开发创业项目，鼓励有能力有资本的农民工创业。

（五）完善社保制度，细处着手，扩大社保覆盖面

1. 完善城镇职工基本养老保险制度

以农民工、非公有制企业从业人员、灵活就业人员及城镇个体工商户为重点，扩大养老保险覆盖面。加快完成个人视同缴费账户建账工作。建立最低养老金制度，保障养老金水平较低人群的基本权益。完善养老保险关系转移、接续办法，促进劳动力自由合理流动。

2. 根据城乡经济社会发展的特点和不同人群的保障需求，实行分类指导，实现不同保障制度之间的衔接、转换

积极推行民办公助、公办民营和政府购买服务的社会福利服务改革，调动

社会力量参与公共服务事业的积极性。根据不同时期不同人群的特殊需求，积极开展农民工帮扶补贴活动。例如，2017 年上海市总工会推出"平安返沪"农民工火车票补贴行动，通过火车票补贴的形式，为农民工平安返沪提供保障；在元旦春节送温暖活动中，开展"电话诉亲情"农民工通信费补贴活动以及农民工健康医疗补贴等关爱行动。

3. 扩大农民工参保率

提高城镇职工基本养老保险覆盖率。将有意愿、无保障的农民工纳入"个人缴费、集体/单位补助、财政补贴"的新型农村社会养老保险制度。坚持"保基本、广覆盖、可持续"的基本原则，突出工作重点，以 45 周岁以上农民作为重点人群。

（审稿人：张健一）

参考文献

国家统计局广州调查队课题组：《广州市基本公共服务及均等化问题研究》，载《2011 年中国广州社会形势分析与预测》，社会科学文献出版社，2011。

侯慧丽：《城市公共服务的供给差异及其对人口流动的影响》，《中国人口科学》2016 年第 1 期。

司俊霄、朱坚真：《基于均等化视域的农村基本公共服务研究综述》，《岭南学刊》2017 年第 1 期。

田丰、逆成长：《农民工社会经济地位的十年变化（2006～2015）》，《社会学研究》，2017。

刘德浩：《区域基本公共服务均等化发展水平的实证研究》，《统计观察》，2017。

B.5
广州智慧养老的探索与发展建议

易卫华*

摘　要：　智慧养老是在区域竞争态势激烈、人口老龄化危机日益加剧、广州养老"供需失衡"等问题已经凸显的背景下，破解老龄化危机的必由之路，是促进广州经济发展的新生动力。国内不少城市已经开始探索智慧养老战略。广州智慧养老发展具有一定基础，但也存在不少发展难点，必须加快智慧养老的制度供给，促进平台建设，完善投入机制，加快专业人才建设，推动智慧养老产业发展。

关键词：　智慧养老　人口老龄化　广州

智慧养老是在信息化养老、数字化养老和科技养老等概念的基础之上逐渐衍生出来的。所谓智慧养老，是指为了提供实时、快捷、高效、物联化、智能化的养老服务，降低养老成本，一方面采用物联网、大数据、人工智能等先进的科技用于养老的方方面面，另一方面从方法上、内容上和模式上对传统养老产品与服务进行革新，从而实现养老管理的科学化、养老设备的现代化、养老服务的专业化。智慧养老不仅是先进的养老技术、产品的简单组合，更是指服务走向精细化、智能化和多元化。

智慧养老是基于广州人口红利优势日渐丧失、人口抚养比持续上升的现实，为了缓解老龄化风险的现实目标而出现的。推进智慧养老，是化解养老沉重压力，推动养老模式转型升级，创新公共服务供给方式，寻求经济发展新动

* 易卫华，广州市社会科学院科研处副研究员。

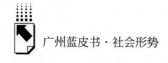

力的必然选择。在国家大力推动供给侧结构性改革，鼓励"互联网＋智慧养老"的背景下，作为全国一线城市，广州应深化养老的供给侧结构性改革。

一 广州实施智慧养老战略具有必要性与紧迫性

（一）广州人口老龄化危机日益加剧

当前，广州经济进入以稳增长、优结构、抓创新、提动力的新常态，风险和挑战增多，广州人口结构老龄化趋势明显，老龄人口基数大，空巢老人、高龄老人、失能老人多，养老形势日益严峻。据广州老龄办统计，2016 年广州60 岁以上老人的比例已达 17.8%，仅四年就提高了 2.1 个百分点。2014 年广州市每 100 名劳动年龄人口需要负担 44.23 个非劳动年龄人口，比 2012 年增加了 3.18 人。当前，广州城市家庭结构的小型化、核心化，人口流动更加频繁，传统敬老养老的价值观念有所削弱，现代家庭的赡养与养老功能日益弱化，不少老年人口面临无人照料、精神寂寞、疾病困扰、就医困难等异常严峻的现实问题。广州老龄化汹涌而至，为新常态增添了较大的风险与社会的不可控因素，对民生福利和社会经济发展等多个领域产生不利影响。

（二）养老"供需失衡"的问题已经凸显

当前，中国经济和社会各领域都不同程度地存在着不可忽视的结构性失衡，养老的供给侧结构性失衡问题也不断凸显，传统的养老方式难以为继，养老供给侧结构性改革势在必行，比如养老市场配置不合理、供需不匹配，产品与服务单一，技术含量偏低，难以满足老年群体日益增长的新需求。智能手机、呼叫器等产品虽然被居家养老的老人们广泛使用，但是采集人体各项生理参数，可监控老人异常行为的设备普及还不高，跟踪老人行踪的触摸式无线传感器等先进产品使用率较低，老龄用品和老龄服务的生产与供给值得全社会关注。

（三）智慧养老是破解老龄化危机的必由之路

在当前广州家庭结构日益"五化"（老龄化、小型化、核心化、独居化、空巢化）的趋势和养老模式以居家和社区养老为主体的背景下，智慧养老融合了先进的科学技术，使老人得到既有科技内涵，又有尊严和温情的高质量服务，较好地满足了老年人多层次需求，提升了老年人生活质量；智慧养老使老人获得的服务更加低价、高效、优质和便捷，使得养老资源配置得到优化，养老效率明显提高。总之，智慧养老有利于提高青壮年养老能力，减少家庭内耗与社会内耗，维护社会和谐稳定，是广州市走出沉重养老压力的必然选择。

（四）智慧养老是促进广州经济发展的新生动力

在人力资源成本上升，"人口赤字"出现的今天，智慧化、自动化等服务手段的运用在较大程度上提高了老年人口的劳动生产率，缓解了社会人力资源匮乏的问题。更重要的是，广州经济面临着传统动力不足，缺少新的经济增长点，急需提升经济增长动力的紧迫局面。人口老龄化对产业发展带来了很大的影响，为城市发展带来巨大的机遇。有研究预测，当前中国养老市场的商机约4万亿，到2030年将增至13万亿，不仅涵盖基本养老与保健服务，还由此衍生了很多产业，比如养老金融、保险、卫生保健、旅游休闲、教育等。这些产业将成为中国经济的朝阳产业，被资本追逐，成为推动区域经济增长的新擎。

（五）区域竞争态势迫使广州加快养老供给侧创新

近年来，各地政府对智慧养老、科技养老十分重视，相关政策密集出台。2017年2月，工信部、民政部、国家卫生计生委制定出台了《智慧健康养老产业发展行动计划（2017～2020年）》。上海、北京、杭州、成都等地纷纷将"智慧养老""科技老龄""互联网＋智慧养老"等作为发展目标，出台相关措施，引导产业发展，抢抓行业发展新机遇。广州作为一线城市，不仅要在经济发展走在全国前列，而且要在改善民生福祉，创新公共服务模式，完善城市治理体系和治理能力方面成为全国的表率。为了将养老压力转化为发展老龄事业和银发产业发展的动力，广州要推动养老业的转型升级，推动养老事业和养老产业的供给侧结构性改革。

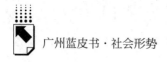

二 国内城市探索智慧养老战略

（一）上海："科技老龄"成为目标

上海市制定了《上海市老龄事业发展"十三五"规划》，"科技老龄"成为上海 2020 年将要实现的总体目标之一，并提出提高为老人服务的水平和能力，弥合老年人群和青年人群中的数字鸿沟。上海市建立了"两级平台、三级网络"的为老服务信息化建设架构，"互联网＋智慧养老"工程建设成效开始显现，涌现出一批科技助老龙头企业，老龄产业蓬勃发展，产业集聚效应显现。

特别是在信息化平台建设方面，上海市为老服务综合服务平台注重为老人及其家属提供各类老年人需求信息，消除养老服务企业间的壁垒。该平台为老年人群提供各类实用信息的查询，比如老年人可享受的优待项目、维权点、机构办事指南等。值得一提的是，平台的"养老地图"提供了本市 699 家长者照护之家、日间照料中心、老年人助餐点等养老机构的布点信息，使各类养老机构可以直接检索或一键查询。此外，上海市积极为老年人提供远程医疗、远程教育等高端、专业服务，较好地满足了老年人个性化和多样化的需求，为智慧养老形成了强大支撑。

（二）北京：倡导"互联网＋智慧养老"

北京在落实中央关于养老服务精神的基础上，努力探索智慧居家新方式，努力消除老年人居家的寂寞，通过使用医疗健康、生活照料、精神慰藉、文化娱乐等服务内容的"互联网＋"和养老看护的双向视频功能，使居家养老有养、有乐、有为，成为更具人性化和更"接地气"的养老方式。北京各个区也在智慧养老方面进行各种探索，如北京市朝阳区完善社区养老体系，通过智能化手段解决部分失能老人基本生活问题，通过手机 APP、智能终端为老人提供智能化、一体化健康护理、社区关怀、休闲娱乐、医疗呼叫、家政服务等。

（三）杭州："智慧养老"迈入2.0时代

与全国相比，杭州提前进入老龄化阶段。居家养老是杭州主流养老方式，有96%的老人选择居家养老。面对养老的严峻形势，杭州大力探索居家养老和社区养老社会化、智慧化服务。2013年，杭州推进"智慧养老"的1.0版本，在全国率先探索"一个终端，一个服务平台"的"智慧养老"项目，为居家老人及时提供生活照料、安全防护等服务，到2015年底，共惠及15万名老人。从2017年开始，杭州启用市级智能化监管平台，建立"智慧养老"服务商资格库，推动智慧养老升级。符合条件的老人（70周岁及以上空巢、独居、孤寡老人，80周岁及以上高龄老人）可以申请包括定位、家政服务、医疗救助等在内的三大类13项服务。通过一个智能化服务终端，可以融入互联网生活。

（四）成都：坚持科技养老、智慧养老

成都市十分重视智慧养老建设，在其出台的《成都市养老服务业发展"十三五"规划》中提出，"十三五"期间，成都将大力发展科技养老、智慧养老，坚持医疗、养老、健康服务一体化，探索建立科技养老服务模式，提高养老服务智能化水平。规划还提出，要大力培育新兴养老服务产业，积极拓展适合老年人特点的各类养老服务，服务包括老年教育、文化娱乐、体育健身、休闲旅游、法律维权等方面。

三　广州具有发展智慧养老的基础

从目前看，广州智慧养老处于起步的发展阶段，产业需求不断增长，智慧养老产品不断涌现，养老平台相继发展，养老产业园开始建设。

（一）智慧养老产品不断投入使用

在广州，智能手环、智能腕表、云手机等智慧养老产品不断涌现并被投入使用。广州市在打造智慧社区、智慧养老服务上，除了为老人提供高科技的安全监控，还提供关爱老人，加强老人与子女沟通等服务。广州部分社区为一些孤寡老人、空巢老人家里装上了红外线检测系统，对老人安全进行监测，服务内容越来越丰富。

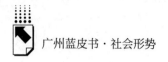

（二）养老产业初步发展

随着老龄人口的增长以及产业需求的快速增长，广州养老产业逐步细化。近年来，传统养老产业如老年用品业、老年家庭服务业、老年康复护理产业等已经具备一定的产业基础，发展较为迅速。新兴养老产业如老年房地产、老年电子商务等在广州已经进行了新的探索。2014年，广州成立了养老服务产业协会，加强行业自律机制建设，不断规范行业行为，团结和吸引各种愿意从事养老事业的企事业单位、社会团体及个人，不断推动养老事业和产业健康快速发展。

（三）养老园区建设开始推进

2014年广州先行先试，组建了国内首个养老服务综合产业园，将其打造成广东地区共享的平台。2016年出台了《广州市人民政府关于加快养老服务产业综合改革的实施意见》，广州着力打造"一核引领、五基驱动、三带联动、多点支撑"的健康及养老产业空间总体格局，打造广州健康医疗中心、广州国际健康产业城、广东广州南沙新区国家健康医疗旅游示范基地等10个左右以健康养老产业为主的产业集聚（园）区。

四 广州智慧养老建设存在短板

智慧养老是广州经济社会发展的短板之一，存在着供给不足、政策失灵、要素配置滞后等供给侧结构性的问题。

（一）消费规模巨大，但有效供给不足

广州城市总体消费水平较高，老龄化程度高，智慧养老需求巨大。尽管当前研发了不少科技成果，但大多数没有普及使用。其主要原因在于，一是老年人教育水平较低，思想观念落后，"科技鸿沟"制约养老观念的更新。二是绝大多数互联网应用产品，针对的是年轻人，功能过于繁复，界面较为花哨，操作不够便利、舒适，难以有效而精准地对接不同层次、各个年龄段老年人的需求。三是产品价格偏高，销售的老年用品数量和种类偏少，销售地点过于分

散，购物难，等等。当前，由于高龄老人和失能老人快速增加，对养老服务及长期康复护理用品等的需求也快速增加，单一的产品和服务难以满足多样化多层次的需求。

（二）体制改革滞后，管理部门条块分割

目前，养老资源配置机制和市场化要求之间矛盾较为突出，养老供给归属徘徊在社会福利事业和市场化产业之间，二者之间界限不清晰，具体表现在，一是政府"兜底"的服务对象及相应标准没有完全明确，民营养老机构和"事业体制、产业化经营"的公办养老机构竞争环境不平等，市场价格扭曲，民营养老机构的发展受到了较大的制约。二是从归口管理来看，养老事业和产业归口不一，养老事业和产业分别归口民政部门和商务部门，两个部门间相互分割、发展目标不一致，利益差异问题难以解决，在较大程度上导致老龄服务市场资源浪费和效率低下。

（三）扶持政策缺乏，具体落实难以到位

国家和各地虽然相继出台了不少优惠政策和措施，积极推动老龄服务业的快速发展。但是，目前在智慧养老方面，广州市还没有明确的政策支持。一些区和部门在推动互联网养老和创新养老模式方面处于各自为政的状态，落实还不到位。究其原因在于：一是顶层设计缺乏适用于广州的智慧养老的规范、标准与制度，智慧养老产业发展扶持政策较为缺乏。二是尽管有少量的相关优惠政策，但可操作性不够强，政策落实难度较大。三是不少优惠政策的制定部门和落实部门不同，导致政策执行难度大。

（四）产业化水平偏低，产业链尚未形成

在广州，越来越多的民营资本投入养老产业，在激烈的市场竞争中，呈现冰火两重天的格局，市场化程度较低。行业发展不平衡，含有较高科技含量的新兴养老服务产业发展较缓慢，部分新兴养老产业处于萌芽状态，发展相对滞后；部分产品缺乏创新，品种较为单一。智慧养老产业的产品品牌、生产基地、销售网点小而散，市场发展集中度不高，产业链条不够完善。产业发展缺乏相关规划、标准和制度，产业市场秩序较为混乱，市场出现随意夸大老年保

健产品和服务功效的现象，打着保健、融资、理财、创收等旗号欺骗老年人，强迫消费、虚假宣传时有发生。

（五）大平台缺失，信息化平台建设偏弱

北京、上海、杭州等地通过整合政府、企业和个人需求推进智慧养老平台建设，不仅为老人提供各类优待项目、维权点、机构办事指南等信息，还提供远程保健与医疗、远程教育等服务，满足各年龄段老年人高端化、个性化、多样化的养老需求，形成科技助老的强大支撑。比较而言，广州养老的信息化程度偏低，各类服务平台相对分散，有效整合居家、社区和养老机构、医护资源信息和企业与产品的各类信息的平台不够，难以满足各类机构和人群的需求，平台功能需要升级。

（六）专业人才的短缺，人才培训教育滞后

专业人才短缺是智慧养老发展的突出瓶颈之一。目前，广州养老服务业从业人员流动性较大、学历及专业素质偏低，服务不够规范，难以提供项目齐全、质量较高的养老服务。养老服务专业教育刚刚起步，重视程度不够，专业人才培育滞后。

五 以供给侧结构性改革为引领提高 广州智慧养老水平

广州要推进养老业发展，必须充分发挥科技与信息技术对养老的提质增效支撑作用，以需求为导向，提高养老产品与服务供给的质量与效率，优化养老服务业发展要素与资源配置方式，促进养老服务转型升级。

（一）加强智慧养老制度供给

制度缺乏是广州智慧养老发展的主要障碍。广州要重视智慧养老的制度建设，坚持以需求为导向，搞好调研，在摸清广州智慧养老需求侧家底的情况下，尽快制定地方性养老服务法规，规范政府及私人企业，明确责任边界、服务对象、服务原则与服务方式。推动社会力量发展智慧养老的政策建设，明确

激励政策及实施细则，使其有法可依。目前，居家养老是最主要的养老方式，政府应围绕居家养老这个前提，出台相应的扶持措施、行业规范，跟踪评估，进行监管，引导老年居住区从规划、设计、建造到使用、运营、维护，逐步满足养老服务的切实需求。

（二）促进智慧养老平台建设

借鉴北京、上海、杭州等城市的经验，广州要充分利用现有信息平台，支持企业和机构开发、升级养老互联网信息技术，为老年人提供个性化、多样化、开放性的养老服务。要注入更多的科技与信息化元素，使平台保持性能稳定与界面友好，操作起来更为稳定、方便、快捷，功能尽可能全面，不仅包含家政服务、医疗护理等常规服务，还要满足高层次需求，更好地配置科技养老资源，更精准地为消费者提供服务。建设智慧健康养老技术研发平台和工程中心，努力解决行业共性技术研发难题。支持智慧健康养老创业支撑平台建设，推动建立养老产业孵化器、加速器。

（三）推动智慧养老产业发展

广州智慧养老应当通过老龄产业资源优化配置来解决养老不足的问题，将产业作为服务对象。继续推动智慧养老产业园发展，建设统一的智能养老产品与服务市场。创新智慧养老商业模式，培育智慧健康养老服务新产业新业态。落实现有智慧产业发展政策，包括产业投融资政策、智慧养老产业土地供应政策、补贴支持政策、人才培养和就业政策，确保这些政策真正落到实处，切实鼓励公益慈善组织支持养老服务。对营利性和非营利性养老服务业，切实解决好合理回报问题，分类实施扶持政策。

（四）加快专业人才队伍建设

着眼养老服务业发展的迫切需要，大力加强养老服务业对专业人才引进和培养。破解用工难，对养老机构专门引进的高端管理人才，使其享受购房、子女入学、个人所得税减免等优惠政策。发展养老服务专业教育，增设相关专业和课程，积极构建多层次、立体化、符合产业需求的养老服务专业人才培养体系。引导大学生投身养老服务行业，在养老行业中就业创业。依托院校和社会

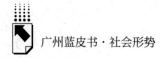
培训机构，加强养老服务专业技能培训，努力提高养老服务从业人员的职业道德、专业技能和服务意识。鼓励年轻人加入养老服务志愿者队伍。

（五）完善多元化资金投入机制

要从根本上解决养老服务供给不足，必须建设社会化、市场化、专业化养老服务业投入机制，依靠社会力量发展养老服务业。破解融资难，当务之急就是要打开政策大门，通过财政资金、投资基金、保险资金、信托基金等方式，激发各类养老行业主体的活力，积极引导民间资本和境外资本，有序进入养老服务业。推动政府各部门资金整合，努力实现各类资金精准投放。引导社区、养老机构与银行、保险公司、医疗卫生机构等加强对接与融合，利用国有担保公司平台，加大对民办养老机构的信贷担保，为老人提供专业化、个性化、高质量的养老服务。

（六）开展智慧养老的试点工作

优先发展居家养老服务，以部分社区为试点，加强养老服务设施建设，完善社区养老服务站、日间照料中心。以企业主体、政府扶持的方式，引导社会力量兴建养老机构，培养一批智慧养老的示范企业，建设智慧养老示范社区，促进医、养、康、护一体化。加强对典型智慧健康养老服务模式的推广与宣传，为养老行业提供优质的医疗、养老资源保障。

（审稿人：谭苑芳）

参考文献

李志宏：《国家应对人口老龄化战略研究报告》，《老龄科学研究》2015 年第 3 期。
李丽君：《社会治理视角下的社区养老服务模式探析》，《兰州学刊》2015 年第 7 期。
席恒、任行、翟绍果：《智慧养老：以信息化技术创新养老服务》，《老龄科学研究》2014 年第 7 期。
陈英姿、满海霞：《中国养老公共服务供给研究》，《人口学刊》2013 年第 1 期。
梁誉：《我国养老服务的现状、理念与发展路径》，《老龄科学研究》2014 年第 5 期。

B.6
广州市居民对机构养老意愿的调查

申玉杰 王亚男 李 红*

摘 要: 我国老龄化日益严重,机构养老方式是养老格局的重要组成部分,但目前发展并不充分。本文选取广州市部分社区的居民进行调查,研究其选择机构养老方式的意愿、影响因素。经调查,女性子女数量多、独居、月生活费用花销大是老人选择机构养老的影响因素;选择养老机构的原因主要是养老院比家好、子女没时间照顾、身有疾病家人没有能力照顾;机构养老的不足之处主要是离开熟悉的环境、看病不能享受医保、缺乏亲情关怀。因此,养老机构应顺应社会发展和老人的实际需求,精神照顾和物质照顾相结合,加大"医养结合"力度,实施差异化管理,进一步提升服务质量。

关键词: 老龄化 机构养老 广州

机构养老是在家庭养老和社区养老基础上弥补其不足,解决养老问题和满足老年人各层次需求的有效方案。广州市作为特大型城市,其经济文化和人口结构特点决定了机构养老发展的特殊性。在广州市机构养老快速发展、布局规划逐渐成熟的同时,通过对广州市居民机构养老意愿的调查能够为明确并细化机构养老的发展方向提供决策依据。基于此,本文选取部分广州市居民对选择机构养老方式的意愿、影响因素进行了研究。

---

* 申玉杰,博士,南方医科大学公共卫生学院党委书记,副教授,硕士研究生导师;王亚男,南方医科大学第三附属医院医务科,南方医科大学社会医学与卫生事业管理专业硕士研究生;李红,成都市第二人民医院医务科,南方医科大学社会医学与卫生事业管理专业硕士研究生。

一 机构养老的意义

（一）机构养老是家庭养老和社区养老模式的有益补充

1. 家庭养老和社区养老的局限性

（1）家庭结构改变削弱了家庭养老功能。由国家卫计委编写的《中国家庭发展报告（2014）》显示，我国家庭结构发生明显变化，2012年居民家庭户的平均规模为3.02人，而全国有65岁以上老人的家庭已超过8800万户，占全国家庭户的比重超过20%。全国城乡失能老年人状况研究显示，2013年全国失能老年人数达3750万人，预计2015年失能老年人数将超过4000万人。①普通上班族缺乏专业的医疗技能和足够的时间，一般家庭照顾失能老人的能力相当有限。同时，当今年轻人更注重对子女的教育和培养，相对而言，为父母付出的时间和精力都不够，老年人从年轻人身上获得的财务和情感支持不足。在城镇化过程中许多年轻人外出打拼，"空巢"父母人群庞大，日常生活无人照顾，一旦生病，医药费用和日常照料都是难题。随着社会老龄化的快速发展，家庭养老越来越显得力不从心。

（2）社区养老受资源限制难以满足养老服务的需求。我国养老面临着人口老龄化与家庭小型化、高龄化、失能化、空巢化叠加的问题，日常照顾和医疗护理上门服务需求大，发展社区养老需要大量的人力满足老年人需求。广州市海珠区沙园街最新调查数据显示，目前沙园街道内常住人口约为5万多人，其中60岁以上的为12708人，老年人口比例高达23.6%。沙园街社区居家养老服务部共有23名服务员，服务对象为131人。沙园街社区参与居家养老服务的比例仅为1%。现阶段社区养老提供养老服务远远不能满足居民需要。

2. 机构养老有助于减轻家庭负担，解放家庭劳动力

因为"独生"政策，现阶段四位老人、两个年轻人和一个孩子的家庭数量众多，一对夫妇照顾四位老人，特别是高龄、失能、半失能老人，生活照料

---

① 中国老龄科学研究中心课题组：《全国城乡失能老年人状况研究》，《残疾人研究》2011年第2期，第11~16页。

和医疗护理的负担更大，普通家庭在时间和能力上都难以应付。而社会照料更加专业化，且能够有效分担家庭对老年人的日常照料负担，因此老年人到机构养老，子女能够从照顾老人的家庭劳动中解放出来，有更充足的时间和精力投入到学习工作中，以达到提升自我和创造社会价值的目的。[①]

3. 机构养老的优质服务可以满足特殊老年人群的养老需求

随着社会经济的发展，老年人的养老需求呈现多样化特点，除生活照顾、亲情抚慰、医护照料、社会交往、文娱活动等基本需求，健康高龄、失独、空巢、失能老人等特殊老年群体还有其特殊的需求。健康高龄老人虽然能基本自理，但由于身体机能弱化，在缺乏全面持续照护的情况下，很容易发生意外伤害；失独老人由于巨大的精神创伤变得脆弱、敏感、封闭，心理健康值得关注；空巢老人缺乏贴心的照顾与关爱，在生活上会面临诸多困难，精神上因为长期的思念与压抑，容易引发疾病；失能老人最需要的是细心的照料，专业的护理，减少身体带来的折磨，现阶段仅仅依靠家庭照顾和社区护理是非常难满足的。[②]

发展集托老养老、医疗护理、康复保健、文化娱乐于一体的多功能养老机构，可以满足不同层次和不同经济水平老年人的养老需求。在养老机构设置医务室，24 小时值班为老人提供医疗、护理、康复保健的服务和咨询，医务人员有需要时随叫随到，老年人获取医护照料更加方便及时。同时，老年人集体生活，丰富的活动可以减轻失独、空巢老人的心理空虚感。

4. 机构养老可带动养老产业链发展

截至 2017 年，我国 60 岁及以上人口为 2.41 亿人，已经占到总人口的17.3%。随着经济社会的发展，相当一部分老年人有钱又有闲，且对生活有追求、有要求，购买力巨大。老年人口的消费能力已经成为拉动经济增长的新动力，相关产业被称为"银发产业"。与养老机构密切相关的养老地产、医养结合、康复护理、家政服务，甚至养老保险、资产托管等行业，都会随着机构养老的发展而兴盛。

---

① 刘柏惠、寇恩惠：《社会化养老趋势下社会照料与家庭照料的关系》，《人口与经济》2015年第 1 期，第 22~33 页。

② 袁剑峰：《我国老年人的养老需求分析》，《行政事业资产与财务》2014 年第 30 期，第 219~220 页。

（二）机构养老服务体系发展不完善

1. 我国机构养老发展不充分

为推动养老机构发展，国家及各级政府都相继制定相应政策。2015 年《关于鼓励民间资本参与养老服务业发展的实施意见》等 3 份养老服务业相关政策文件的出台，推动养老服务业健康的有序发展。广州纯老年人家庭人数达到 26.15 万人，独居老年人为 11.23 万人，占老年人口总量的 8.4%，独居老人和纯老年人家庭人数持续攀升。针对广州老龄化现状，《广州市养老服务机构设施布局规划（2013～2020）》出台，以每千名户籍老年人 40 张床位为目标，共规划建立 53 处养老服务机构，规划到 2020 年共可提供 8.26 万张床位（规划 5.1 万张床，现有 3.16 万张床），争取实现 5% 老年人集中养老。

我国的养老产业还在起步阶段，机构养老在当前阶段还存在很多问题。一是机构规模小、水平不高。湖北省对民办养老机构的调查显示，有 60% 的民营养老机构没有配备专职医生，无法满足老人的医疗需求；养老机构以中小规模为主，有 62% 的养老机构的床位数在 100 张以下。二是养老机构虽然供不应求，但资源利用率低。按照"973"的养老格局预想，有 3% 的老年人居住在养老机构，目前养老机构的床位远远不能满足需求；另外，养老机构的床位利用率差距较大，条件较好的公立养老机构"一床难求"，而普通的民营养老院却是门可罗雀，大量床位闲置。三是相关法律法规不健全。尽管我国近年来已陆续颁布实施了一些涉及养老服务的行政法规、部门规章及其他规范性文件，但总体上来说，养老服务法律体系仍不健全。[①] 四是受经济发展水平和观念限制，城市和乡村地区在机构养老方面发展差距较大。全国老龄办副主任阎青春曾透露一组数据：城市社区建立养老设施的比例占到社区的 72.5%，农村社区养老服务覆盖率仅为 6.5%，不及城市的 1/10。

2. 困扰机构养老发展的因素

影响我国养老机构发展的因素涉及多方面，大致可归为三类。一是政

---

① 邹华、马凤领：《养老机构服务纠纷的主要特点及其应对》，《老龄科学研究》2014 年第 6 期，第 11～19 页。

府总体规划不清，养老金保障体制不完善，养老机构发展引导扶持力度有待加强。① 二是养老机构自身服务人群定位不准确，失能半失能人群对养老机构的需求最高，但目前我国养老机构因这类人群养老风险大等原因，而更愿意接收健康自理老人；整体服务水平有待提升，医养结合不能满足需求，护理和接送等配套服务不到位；养老机构无法满足老人对家庭亲情的需求，老年人的专业护工和机构管理人才数量不足，且目前大部分护工的专业性仍需通过培训进一步提高；服务价格超过居民承受能力。② 三是居民养老观念守旧而不愿选择机构养老，以及经济承受能力有限，负担不起机构养老费用。③

要促进机构养老产业健康快速发展，需要形成老年生命质量和生活品质并重的机构养老观；机构养老的专业化、标准化和规范化是发展的方向，机构养老的亲情化、福利化、专业化和社会化是"品质养老"的可靠保障。

3. 机构养老是社会发展的必然选择

国家对养老服务体系的定位是，机构养老具有"支撑"地位而不仅仅是"补充"，这个定位是富有远见的，中国社会的急剧变迁导致社会化养老服务的需求量将逐步增多，并且多层次、多元化的机构养老市场也在逐步扩大，因此如何更好更快地发展我国的机构养老事业也是现阶段面临的重要课题。④

机构养老意愿是指人们对机构养老方式所持有的看法及态度，调查居民对机构养老方式的选择，研究影响居民做出选择的各种因素。一是了解居民对机构养老的整体态度，不同类型老年人对机构养老选择意愿的差异，老年人对不同类型养老机构的选择差异，以及造成这些差异的原因。二是探索科学合理设置机构养老床位，有效解决供需矛盾的途径。三是为养老机构有针对性地采取

---

① 都亚新：《浅析政府在民间养老机构发展中的作用》，《投资与合作》2011 年第 9 期，第 245 页。
② 穆光宗：《我国机构养老发展的困境与对策》，《华中师范大学学报》（人文社会科学版）2012 年第 2 期，第 31~38 页。
③ 袁秀、杨晖、王辉等：《城市居民养老意愿与养老模式研究——以石家庄市、邯郸市为例》，《经济论坛》2012 年第 4 期，第 126~128 页。
④ 穆光宗：《机构养老应成为未来养老的重要支撑》，《中国社会工作》2011 年第 2 期，第 63 页。

措施，实现养老服务的专业化、规范化提供参考意见和建议。四是为政府制定养老服务体系提供决策依据，以满足不同层次老年人的不同需求。最终实现养老机构的专业化、标准化、规范化发展，做到亲情化、福利化、专业化和社会化的"品质养老"。[①]

综上所述，开展居民养老机构选择意愿及其影响因素的调查对养老机构的发展以及政府布局和规划养老机构都具有重要意义，有利于我国养老事业尤其是机构养老的配合、联动发展，真正发挥养老机构对服务对象生活品质的提升作用。

二　机构养老现状

（一）我国人口老龄化现状及养老模式

1. 人口老龄化现象严重

老龄化已经成为全社会重点关注的问题，我国老年人数量大、增长速度快，且高龄化和空巢化现象明显，失能、半失能老年人增多，社会和家庭的医护压力更大。目前，我国经济发展水平落后于老龄化水平，即"未富先老"，且中国家庭结构发生改变，"四二一"家庭逐渐成为主体，一对夫妻要赡养4位（甚至更多的）老人。同时随着经济社会的发展，老年人对养老的要求不断提高，表现为日常照料、医疗卫生服务、社会参与、文娱活动、精神慰藉等多元化多层次需求。这些问题亟须社会研究解决。

2. 我国三种基本养老模式

2011 年国务院《中国老龄事业发展"十二五"规划》指出：今后的养老方式应"以家庭养老为基础，社区养老为依托，机构养老为支撑"[②]。我国目前的养老模式主要有三种：一是家庭养老，指由家庭成员为老年人提供养老服务。二是社区养老，指通过政府扶持、社会参与、市场运作等方式逐步建立以

---

① 袁秀、杨晖、王辉等：《城市居民养老意愿与养老模式研究——以石家庄市、邯郸市为例》，《经济论坛》2012 年第 4 期，第 126 ~ 128 页。

② 丁方：《我国养老模式研究综述》，《中国市场》2014 年第 51 期，第 101 ~ 103 页。

家庭为核心，社区为依托，专业化服务为手段，提供以上门服务为主，托老所服务为辅的整合社会各方力量的养老模式。三是机构养老，指养老机构为老年人提供养老服务的方式，类型主要有养老院、疗养院、养老公寓、老年社区、福利机构等。[①]

（二）国内外养老观念以及养老模式研究

1. 国外机构养老模式研究

目前，大部分发达国家所采用的养老模式主要是以"社区养老"为主，这与其经济发展水平相关和国家文化有关，它们独特的文化背景使人们高度重视隐私权与独立自主，对家庭的依赖和需求不高，因此更加倾向于社区和机构养老。

（1）美国养老模式。美国的机构养老主要指的是养老社区，是其主要的养老模式，根据不同健康状况的目标人群，一般分为五类，即活跃成年人退休社区、生活自理型社区、生活协助型社区、特殊护理社区和混合型持续护理退休社区。[②] 其中活跃成年人退休社区平均入住时间能达到10年，入住率也最高，为91%；生活自理性社区平均入住时间为3.16年，入住率为90%；生活协助型社区的入住时间最短，为1.75年，入住率约为89%；特殊护理型社区平均入住时间约为2.29年，入住率约88%；混合型持续护理退休社区平均入住时间达到6.42年，入住率达到89%。

（2）英国养老模式。英国以社区照顾的养老模式为主。一是在社区内为老年人提供生活服务，二是运用本社区的人力资源，即社区支持体系为老年人提供服务。[③] 同时亦存在大量商业养老机构，"四季养老集团"是英国规模最大的自主养老和专业健康管家服务商，它经营着445所疗养院，拥有22364张床位，并拥有1601张床的61所专科护理中心。

（3）日本养老模式。日本社会养老服务体系分为社区照顾服务体系和收养型养老服务机构两类。社区照顾服务体系包括为老年人提供设施服务和家庭

---

① 周健：《城市养老模式的现状与措施研究》，《中国经贸》2014年第21期，第144页。
② 万江、余涵、吴茵：《国外养老模式比较研究——以美国、丹麦、日本为例》，《南方建筑》2013年第2期，第77～81页。
③ 郑少卿：《英国社区养老模式对我国的启示》，《商场现代化》2012年第20期。

看护服务，收养型养老服务机构包括老年人护理服务机构、特殊照顾机构和老年人福利院。① 不同类型的机构提供不同的服务内容，并且环境温馨、设施齐全、服务周到，能够较好地满足老年人的需求，入住率高，养老产业已经成为日本的支柱产业。

2. 国内机构养老观念及选择情况研究

我国的养老模式以家庭养老为主，龙书芹等通过对江苏四个城市的（扬州、南京、镇江、泰州）研究发现，有近一半（47.6%）的人不太愿意或很不愿意靠子女赡养，仅有约1/4（24.8%）的人愿意靠子女赡养，其他人无所谓。② 通过调查发现，人们对养老方式的选择受到养老观念和养老意愿及其年龄、文化程度、职业和收入等的影响。

中国地大物博，养老意愿存在一定的地区差异。对北京西城区社会养老服务现状需求的分析发现，约有12.5%的被访老年人愿意选择机构养老，其中以中低龄的老年人居多，在高龄老年人中仅有8.1%的老人愿意入住养老院，在失能老年人中也只有不足17%的老人选择机构养老。2010年在60岁及以上老年人口中，广州市养老机构老年人的比例为1.73%，次于上海的1.98%。③我国城乡二元化的社会结构特征，导致以经济发展水平为基础的养老保障体系具有明显差异，从而影响城乡居民对养老方式的不同选择。养老模式的选择也相应存在差异，从老年人对居住方式的主观态度来看，城市老年人选择养老机构的意愿高于农村老年人。④

三 机构养老意愿调查

调查广州市不同年龄段社区居民养老观念及养老意愿；分析影响机构养老选择意愿的养老观念、服务需求满足程度、个人经济承受能力等各方面因素；

① 尹银：《日本的养老经验与对策》，《外国问题研究》2009年第2期，第17~22页。
② 龙书芹、风笑天：《城市居民的养老意愿及其影响因素——对江苏四城市老年生活状况的调查分析》，《南京社会科学》2007年第1期，第98~105页。
③ 阎志强：《广州人口老龄化与养老机构发展分析》，《南方人口》2011年第6期，第1~7页。
④ 杨晓丽：《我国城乡养老方式比较研究》，河北大学硕士学位论文，2009。

分析不同年龄段、不同健康状态社区居民在日常照料、医疗卫生服务、社会参与、文娱活动、精神慰藉等方面不同层次的养老需求，以及对养老服务的具体要求和所能接受的服务类型、服务价格等。

（一）调查对象与方法

1. 调查对象

2017年1~3月，根据经济发展水平和养老机构建设现状，采用分层随机抽样的方法，在广州市白云区内的养老机构进行问卷调查。发放问卷300份，回收290份，剔除填答不全的无效问卷17份，有效问卷共273份，有效回收率为91%。纳入标准：一是自愿参加研究，年龄大于等于60岁者，二是头脑清醒者，三是入住养老机构的时间超过半个月者。排除标准：一是患有精神疾患者，二是病情处于不稳定期者，三是语言表达和思维能力有障碍者。

2. 调查方法

本次调查为横断面调查，课题组查阅文献后，征求专家意见自制调查问卷，由培训合格的调查员对调查对象进行一对一调查。问卷内容包括：基本人口学特征、身体状况、养老认知情况以及养老需求情况。

3. 统计学方法

采用 EipData 3.1 软件进行数据双轨录入，再用 SPSS 20.0 软件进行数据分析，包括描述性统计分析，率、构成比，计数资料采用 X^2 检验，以 $P < 0.05$ 为差异有统计学意义。

4. 质量控制

2017年1~3月，课题组在养老机构领导的支持和配合下，对老年人进行问卷调查。调查前讲明这次调查的目的，然后由调查人员对被调查者进行现场调查。如被调查者不能自行填写，需由调查人员将调查表各条目按培训后的统一标准逐条口述并进行询问再填写。

（二）养老机构老人基本情况

在273名老人中，男145名（53.11%），女128名（46.89%）；70~89岁的共208名（76.19%）；在文化程度上，小学及初中文化程度占比最高

（41.76%），为114名；在婚姻状况中，丧偶居多，有155名（55.99%）；子女数量多为2个（34.07%）或者3个（30.40%）。以前的居住安排多为自己独居，共100名（36.63%）；在支出费用方面，多为2001～5000元，有130名（47.79%），费用来源排前3位的是：退休金（36.45%）、养老金（23.71%）、子女（18.73%）；费用支出主要为养老院入住费用（34.77%）和医疗保健费用（37.18%）（见表1）。

表1 不同特征养老机构的老人选择机构养老意愿的单因素分析

单位：人，%

选项	X²值	P值	次选项	愿意		不愿意		合计	
				人数	构成比	人数	构成比	人数	构成比
性别	4.897	0.027	男	105	72.41	40	27.59	145	53.11
			女	107	83.59	21	16.41	128	46.89
年龄	7.029	0.071	60～69岁	19	63.33	11	36.67	30	10.99
			70～79岁	62	73.81	22	26.19	84	30.77
			80～89岁	104	83.87	20	16.13	124	45.42
			≥90岁	27	77.14	8	22.86	35	12.82
文化程度	4.733	0.192	未上学	60	86.96	9	13.04	69	25.27
			小学及初中	86	75.44	28	24.56	114	41.76
			高中或中专	41	73.21	15	26.79	56	20.51
			大专及以上	25	73.53	9	26.47	34	12.45
婚姻状况	6.251	0.100	有配偶	65	70.65	27	29.35	92	33.82
			丧偶	127	81.94	28	18.06	155	55.99
			离异	4	57.14	3	42.86	7	2.57
			未婚	15	83.33	3	16.67	18	6.62
子女数量	20.574	0.000	0个	21	87.50	3	12.50	24	8.79
			1个	17	51.52	16	48.48	33	12.09
			2个	76	81.72	17	18.28	93	34.07
			3个	71	85.54	12	14.46	83	30.40
			≥4个	27	67.50	12	32.50	40	14.65
以前居住费用	4.897	0.027	自己单独居住	91	91.00	9	9.00	100	36.63
			与配偶居住	56	70.89	23	29.11	79	28.94
			与子女一起居住	44	67.69	7	33.33	21	7.69
			与配偶和子女一起居住	14	66.67	7	33.33	21	7.69
			与其他家人居住	7	87.50	1	12.50	8	2.93

续表

选项	X^2值	P值	次选项	愿意		不愿意		合计	
				人数	构成比	人数	构成比	人数	构成比
每月支持费用	12.898	0.012	1000 元及以下	29	61.70	18	38.30	47	17.30
			1001 ~ 2000 元	66	85.71	11	14.29	77	28.31
			2001 ~ 5000 元	99	76.15	31	23.85	130	47.79
			5001 ~ 8000 元	14	93.33	1	6.77	15	5.51
			8000 元及以上	3	100.00	0	0.00	3	1.10
子女经济支持	10.945	0.027	1000 元及以下	81	86.17	13	13.83	94	34.43
			1001 ~ 2000 元	73	67.59	35	32.41	108	39.56
			2001 ~ 3000 元	33	82.50	7	17.50	40	14.65
			3001 ~ 4000 元	16	80.00	4	20.00	20	7.33
			4001 元以上	9	81.82	2	0.73	11	4.03

（三）调查结果

1. 机构养老意愿的单因素分析

单因素分析结果显示，273 名养老机构老人中，有 212 名（74.5%）愿意在养老机构养老，61 名（25.5%）不愿意。其中性别、子女数量、以前居住安排、月支出费用和子女经济支持费用 5 个因素对老年人选择机构养老意愿有影响（$P < 0.05$）。

2. 养老机构不同性别的老人对养老认知情况

调查对象了解养老机构的主要途径是他人介绍（58.30%）、社区宣传（55.35%）和电视（27.68%）；养老机构中的老人选择养老机构的原因主要是养老院比家好（60.82%）、子女没时间照顾（51.39%）、由于病情家人没有能力照顾（40.30%）；调查对象认为养老机构的不足之处主要是离开熟悉的环境，较难融入新环境（44.53%）、看病不能享受医保（44.13%）、缺乏亲情关怀（43.72）。且 $P < 0.05$，差异具有统计学意义（见表 2）。

3. 养老机构中老人对养老需求主要内容

在日常生活方面，调查对象养老需求较大的是更换清洗床单、被套（66.54%），健康监测（59.56%）和打扫室内卫生（55.51%）；在医疗护理方面，养老需求排前 3 位的是定期体检（75.09%）、医疗服务（60.59%）和

表2　养老机构的不同性别老人对养老认知情况

项目		X^2值	P值	男		女		合计	
				人数	占比	人数	占比	人数	占比
了解途径	电视	09.671	0.000	20	(26.67)	55	(73.33)	75	(27.68)
	广播			4	(57.14)	3	(42.86)	7	(2.58)
	杂志			15	(55.56)	12	(44.44)	27	(9.96)
	报纸			28	(52.83)	25	(47.17)	53	(19.56)
	网络			21	(75.00)	7	(25.00)	28	(10.33)
	他人介绍			68	(43.04)	90	(56.96)	158	(58.30)
	社区宣传			50	(33.33)	100	(66.67)	150	(55.35)
选择机构养老原因	无子女或亲戚照顾	116.580	0.000	14	(56.00)	11	(44.00)	25	(9.33)
	子女没时间照顾			70	(50.72)	68	(49.28)	138	(51.49)
	家人没有能力照顾			30	(27.78)	78	(72.22)	108	(40.30)
	喜欢和老人在一起			42	(57.53)	31	(42.47)	73	(27.24)
	养老院照顾比家好			70	(42.94)	93	(57.06)	163	(60.82)
养老机构不足之处	收费太高	174.457	0.000	32	(46.38)	37	(53.62)	69	(27.94)
	服务不能满足需求			18	(40.91)	26	(59.09)	44	(17.81)
	不够自由			20	(30.30)	46	(69.70)	66	(26.72)
	较难适应社区新环境			40	(36.36)	70	(63.64)	110	(44.53)
	子女不支持			14	(41.18)	20	(58.82)	34	(13.77)
	无法照顾孙辈			24	(30.77)	54	(69.23)	78	(31.58)
	别人讲子女不孝顺			27	(31.76)	58	(69.23)	85	(34.41)
	服务态度不好			5	(45.45)	6	(54.55)	11	(4.45)
	缺乏亲情			49	(45.37)	59	(54.63)	108	(43.72)
	伙食差			28	(47.46)	31	(52.54)	59	(23.89)
	没有专门医生护士			13	(39.39)	20	(60.61)	33	(13.36)
	看病不能享受医保			26	(23.85)	83	(76.15)	109	(44.13)

注："了解途径"中有2个缺失值，"选择机构养老原因"中有5个缺失值，"养老机构不足之处"中有26个缺失值。

疾病护理（60.59%）；在休闲娱乐方面，娱乐性休闲活动（75.94%）的需求最大；在精神心理方面，老人们最希望可以多一些相互交流和活动的场所（64.91%）。

表3 养老机构中老人养老需求的主要内容

单位：人，%

项目		养老需求		项目	养老需求	
		人数	构成比		人数	构成比
日常生活方面	打扫室内卫生	151	55.51	聊天谈心	83	30.51
	清洗消毒生活用具	118	43.38	娱乐活动	120	44.12
	更换清洗床单、被套	181	66.54	患病医疗	148	54.41
	保持个人清洁	125	45.96	健康监测	162	59.56
	帮助购物	55	20.22	生日祝寿	68	25.00
	送水、送饭	96	35.29	监督服药	66	24.26
	生病时24小时陪护	117	43.01	康复指导	108	39.71
医疗护理方面	定期体检	202	75.09	医疗服务	163	60.59
	自我保健知识	97	36.06	疾病护理	163	60.59
	药物帮助睡眠	66	24.54	康复训练	84	31.23
	安全用药指导	106	39.41			
休闲娱乐方面	体育性休闲活动	92	34.59	艺术性休闲活动	89	33.46
	知识性休闲活动	136	51.13	娱乐性休闲活动	202	75.94
精神心理方面	护理员陪同聊天	105	39.62	老人间相互交流和活动的场所	172	64.91
	心理医师咨询	139	52.45	家属探望的机会	134	50.57

四 建议

（一）讨论

1. 基本情况及养老意愿分析

在273名老人中，男145名，女128名；入住养老机构的老年人年龄偏大，学历较低，有多位丧偶的独居老人，生活费用主要来自退休金和养老金。费用支出主要为养老院入住费（34.77%）和医疗保健费用（37.18%）。通过对养老机构中老人选择养老意愿的单因素分析可得，女性、多子女、独居、月生活费用花销大的老人更愿意在养老机构养老。随着人口老龄化形势的日益严峻和家庭养老功能逐渐弱化，社会养老成为很多老人的选择。目前，养老模式已初步明确了"以居家为基础、社区为依托、机构为支撑"的框架，但由于老龄人口比例的不断增加，伴随着拥有独生子女一代的人群步入老龄、高龄，而受教育水平不断提高及医疗保险的全民覆盖，受子女人数、文化程度、医疗保障、居住方式等多方面的影响，从家庭养老走向社会养老是未来社会发展的必然趋势。只有全社会一起动员，多管齐下，才能提高机构在养老人的生命质量，帮助其顺利迈入"健康老龄化"社会。①

2. 养老机构认知情况分析

经他人介绍、社区宣传和看电视是老人们了解养老机构的主要途径；子女没时间照顾、家人没能力照顾、喜欢和老人在一起等是其选择机构养老的主要原因。机构环境、亲情关怀、医保政策和收费标准是入住老人对养老机构不满意的地方。入住养老机构老年人生活孤独感较强，他们更容易对生活产生消极认知和感受，进而导致生活满意度降低。② 所以养老机构应将物质照顾和精神照顾等多种照顾形式相结合，化解入住老人生活孤独感。

在居住环境上，应改善现有养老机构的居住环境，设立老年人室外活动场所、阅览室、文艺室等设施。实现"机构养老居家化"目标，让老年人有宾至如归、安全、方便和舒适的感觉。在亲情关怀上，充分发挥入住老人的配偶、子女、亲友的情感支持与物质支持的重要作用，增强入住老人安全感。开展形式多样的精神文化活动，如举办老年大学、健康讲座、兴趣爱好团体，发展老年人志愿者队伍等，激发入住老人积极性，增进入住老人活动参与度。

（二）建议

调查结果显示，养老机构的老人在日常生活、医疗护理、休闲娱乐和精神心理方面的需求都很多，主要包括个人卫生、健康体检、休闲娱乐和交流陪伴场所等需求。说明老年人更加注重在养老机构中获得优质的长期照护，把患有重大疾病诊治的需求仍然放在大型医院，把基本的健康监测、医疗服务和康复治疗寄希望于基层养老机构。因此，养老机构应更加专注长期护理服务的优质发展，满足慢性病和失能老年人对长期照护的需求。

---

① 胡善菊、吴炳义、董毅等：《山东省机构在养老人生命质量及影响因素分析》，《中国卫生事业管理》2014 年第 11 期，第 867～871 页。

② 谢祥龙、段慧、谷传华：《老年人依恋对生活满意度的影响：孤独感的中介作用》，《心理科学》2014 年第 6 期，第 1421～1425 页。

入住养老机构的老年人有着不同的职业背景和生活经历，在经济能力、文化程度、兴趣爱好等方面也存在较大差异。因此，养老机构在对入住老人的管理过程中，应充分认识并尊重这种差异，实行差异化管理，以最大限度满足不同养老服务需求。此外，养老机构应加大"医养结合"力度。① 从医养服务的需求对象上看，根据入住老年人的健康状况和护理需求进行科学评估，确定自理、介助、介护等不同护理类型，② 对失能、部分失能的入住老人予以特殊照顾，在具备资格条件的前提下，养老机构设立的医疗机构应逐步纳入基本医疗保险定点范围，合理收费以减轻入住老人看病就医的经济负担。在条件允许的情况下，养老机构应开展心理咨询与疏导服务，增进与入住老人的沟通和交流，排解入住老人心理烦恼，最终让入住养老机构的老年人实现"老有所养""老有所乐"。

（审稿人：田丰）

参考文献

丁方：《我国养老模式研究综述》，《中国市场》2014 年第 51 期。

都亚新：《浅析政府在民间养老机构发展中的作用》，《投资与合作》2011 年第 9 期。

胡善菊、吴炳义、董毅等：《山东省机构在养老人生命质量及影响因素分析》，《中国卫生事业管理》2014 年第 11 期。

劳承玉、张序：《养老服务业：商机无限的产业链》，《四川省情》2013 年第 11 期。

刘柏惠、寇恩惠：《社会化养老趋势下社会照料与家庭照料的关系》，《人口与经济》2015 年第 1 期。

龙书芹、风笑天：《城市居民的养老意愿及其影响因素——对江苏四城市老年生活状况的调查分析》，《南京社会科学》2007 年第 1 期。

穆光宗：《机构养老应成为未来养老的重要支撑》，《中国社会工作》2011 年第 2

---

① 吴侃、胡晓、杨展等：《成都市居民对"医养结合"养老需求分析》，《医学与哲学》2016 年第 12 期，第 52 ~ 54 页。

② 邵德兴：《医养护一体化健康养老模式探析：以上海市佘山镇为例》，《浙江社会科学》2014 年第 6 期，第 87 ~ 92 页。

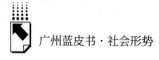

期。

穆光宗:《我国机构养老发展的困境与对策》,《华中师范大学学报》(人文社会科学版)2012 年第 2 期。

邵德兴:《医养护一体化健康养老模式探析:以上海市佘山镇为例》,《浙江社会科学》2014 年第 6 期。

万江、余涵、吴茵:《国外养老模式比较研究——以美国、丹麦、日本为例》,《南方建筑》2013 年第 2 期。

吴侃、胡晓、杨展等:《成都市居民对"医养结合"养老需求分析》,《医学与哲学》2016 年第 12 期。

谢祥龙、段慧、谷传华:《老年人依恋对生活满意度的影响:孤独感的中介作用》,《心理科学》2014 年第 6 期。

阎志强:《广州人口老龄化与养老机构发展分析》,《南方人口》2011 年第 6 期。

杨晓丽:《我国城乡养老方式比较研究》,河北大学硕士学位论文,2009。

尹银:《日本的养老经验与对策》,《外国问题研究》2009 年第 2 期。

袁剑峰:《我国老年人的养老需求分析》,《行政事业资产与财务》2014 年第 30 期。

袁秀、杨晖、王辉等:《城市居民养老意愿与养老模式研究——以石家庄市、邯郸市为例》,《经济论坛》2012 年第 4 期。

郑少卿:《英国社区养老模式对我国的启示》,《商场现代化》2012 年第 20 期。

中国老龄科学研究中心课题组:《全国城乡失能老年人状况研究》,《残疾人研究》2011 年第 2 期。

周健:《城市养老模式的现状与措施研究》,《中国经贸》2014 年第 21 期。

邹华、马凤领:《养老机构服务纠纷的主要特点及其应对》,《老龄科学研究》2014 年第 6 期。

B.7

广州市天河区居民健康素养调查
与医患关系认知的相关性研究

陈 川　胡海源　张 群*

摘　要：　　目的　调查了解居民健康素养与医患关系认知现状，并分析两者的相关性，为从居民健康素养角度改善医患关系提供科学依据。采用《2009 中国公民健康素养调查问卷》① 和医患关系评价量表 PDRQ - 15 对天河区 519 名常住居民进行问卷调查。运用两独立样本 t 检验比较不同健康素养居民的医患关系认知状况。结果表明 506 名居民综合健康素养的得分均值为（21.7 ± 4.8）分，医患关系认知得分均值为（55.3 ± 9.5）分，不同健康理念和基本知识素养的人群医患关系认知之间存在差异，且差异具有统计学意义（$P < 0.01$），不同健康生活方式与行为素养的居民医患关系认知差异有统计学意义（$P < 0.01$），综合健康素养水平不同的居民对医患关系认知差异具有统计学意义（$P < 0.01$）。结论是健康素养越高的居民医患关系认知越好，通过提高居民健康素养能有效改善居民医患关系认知情况。

关键词：　居民　健康素养　医患关系

---

* 陈川，南方医科大学社会医学与卫生事业管理专业在读硕士研究生，研究方向为医院管理、健康素养；胡海源，南方医科大学第三附属医院党委书记，硕士研究生导师；张群，博士，南方医科大学第三附属医院副院长，副主任药师，硕士研究生导师。

① 《中国公民健康素养调查问卷》是由原卫生部妇幼保障与社区卫生司、中国健康教育中心及卫生部新闻宣传中心联合开展的一项全国性的经常性的调查活动，该调查完成后，于次年形成《中国居民健康素养检测报告》。

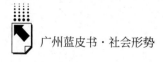
健康素养是指个人获取、理解、处理基本的健康信息和服务，并利用这些信息和服务，做出有利于提高和维护自身健康决策的能力。提升公众健康素养的直接目的是使健康的人不得病，少得病和晚得病，使患者对所患疾病有较好的自我管理能力。

近年来，医患关系严峻，国内学者对医患关系原因分析的研究较多，但多集中在居民素养对医患关系影响的理论研究方面，国内尚未有针对健康素养和医患认知两者之间的定量分析。为此，笔者于2017年6～8月对广州市天河区常住居民进行了自填式问卷调查，通过调查了解居民健康素养和医患认知的现状，揭示医学素养与医患之间的关系，为医院改善医患关系提供理论基础，引导医方认识到居民参与的重要性，构建和谐的医患关系氛围。

一　调查对象与方法

（一）研究对象

本研究以广州市天河区居民为调查对象，抽取了广州市天河区15～90岁常住居民。常住居民指过去12个月内在当地居住时间累计超过6个月的居民，不包括集体居住于军事基地、医院、监狱、养老院等地点的居民，不考虑是否具有当地户籍。

（二）抽样方法

参照《2013年我国居民健康素养监测结果报告》中的抽样方法，采用分层多阶段整群抽样，考虑到天河区不同街道实际情况，采用与人口规模成比例的整群抽样方法（Probability Proportionate to Size Sampling，PPS），从天河区14个行政街道中采用PPS法随机选取3个街道，分别为棠下、五山、石牌三个街道进行调查，每个街道分别抽取1～3个居委会，每个居委会抽取80个家庭户，每个样本家庭户抽取1名15～90岁常住居民作为调查对象。

（三）问卷调查

1.问卷设置

本研究采用问卷调查法，调查问卷分为3个部分，第一部分为居民基本信息，包括性别、年龄、文化程度、职业和收入 5 个方面。人口学分类严格参照《2013 年中国居民健康素养检测报告》和《2009 年中国公民健康素养调查问卷》的人口学分类。

第二部分为居民健康素养调查，采用卫生部《全国健康素养监测手册》中使用的《2009 中国公民健康素养调查问卷》，问卷主要内容包括基本健康知识、健康生活方式与行为、基本技能等健康素养问题。其中基本健康知识 15 题，健康生活方式与行为 11 题，基本技能 4 题。

第三部分为医患关系，该部分采用居民医患关系调查问卷，笔者翻译并修订了国外广泛运用的医患关系评价量表 PDRQ - 15（Patient Doctor Relationship Questionnaire, 15 - Item Version），这是一份针对患者的医患关系问卷，由荷兰学者 VanderFeliz Cornelis、Van Oppen 和 Van Marwijk 于 2004 年设计投入使用，现已经发展为多国版本进行评价应用。内容包括患者对医生工作满意度、患者对医生态度认可、患者对医疗效果 3 个维度的评价。其中患者对医生工作满意度 6 题，患者对医生态度认可 7 题，患者对医疗效果的评价 2 题。

2. 计算方法及分析指标

居民健康素养得分结果按照卫生部于 2009 年 12 月发布的《2009 中国公民健康素养调查报告》，每答对 1 题得 1 分，其余情况不得分，居民健康素养部分总分为 30 分。调查对象正确回答健康素养调查 80% 及以上内容的视为其具备健康素养，以此类推，正确回答 80% 及以上健康知识知晓情况、健康行为形成情况、健康技能掌握情况分别视为该调查对象具备 3 个维度的健康素养。医患关系量表采用 5 点计分，每个条目从相当同意计 1 分到相当不同意计 5 分，累计得分。医患关系评价量表 PDRQ - 15 共有 15 题，满分为 75 分，得分越高表示调查者医患关系认知越好，得分越低表示调查者医患关系紧张。

（四）统计分析

问卷回收后，通过 EpiDate 3.1 录入 506 名居民健康素养和医患关系认知得分情况，采用 SPSS 21.0 软件进行一般描述性分析、参数检验和多因素非条件 logistic 回归分析，以 $P < 0.05$ 为差异具有统计学意义。

为保证问卷质量，本次调查严格按照调查方案完成逐级抽样，参与调查的调查员经统一培训后使用统一的调查问卷对抽取的社区居民进行调查，调查中所用问卷为自填问卷，如调查过程中遇到文化水平低下、语言有障碍的对象，则由调查员询问辅助完成调查。问卷中的内容必须由调查对象本人亲自回答，不得由他人代替，调查员在解释的过程中不得使用诱导性或暗示性的语言。

二 调查结果

（一）调查居民分布情况

本次调查选取广州市天河区棠下、五山、石牌三个街道进行调查，共发放问卷519份，回收问卷519份，回收率100%，有效问卷506份，问卷有效率97.5%（见表1）。

表1 调查居民分布情况

街道名称	人口（万人）	居委会名称	发放问卷（份）	回收问卷（份）	有效问卷（份）	无效问卷（份）	有效率（%）
棠下街道	28	华景东社区	71	71	68	3	96.77
		枫叶社区	71	71	71	0	100
		加拿大社区	72	72	70	2	97.22
五山街道	10	华工社区	76	76	73	3	96.05
石牌街道	30	芳草园社区	75	75	73	2	97.33
		华师大社区	80	80	79	1	98.75
		鸿景园社区	74	74	72	2	97.30

（二）居民人口学基本情况

参与本次调查的居民共506名，其中男性238人（47.04%），女性268人（52.96%），其他人口学基本调查情况见表2。

（三）居民各维度健康素养具备情况

按照能正确回答80%及以上健康素养调查内容的调查对象视为具备健康素养，调查人群中具备健康理念和基本知识素养的有248人（49.0%），具备

表2 调查对象人口学基本情况

单位：人，%

类别		人数	占比
性别	男	238	47.04
	女	268	52.96
年龄	25岁及以下	73	14.43
	26~35岁	228	45.06
	36~45岁	88	17.39
	46~55岁	64	12.65
	56岁及以上	53	10.47
文化程度	小学及以下	43	8.50
	初中	37	7.31
	高中	76	15.02
	大专或本科	304	60.08
	硕士及以上	46	9.09
家庭人均月收入	500元以内	29	5.73
	500~1000元	59	11.66
	1001~2000元	139	27.47
	2001~5000元	150	29.64
	5001~10000元	47	9.29
	10001元及以上	66	13.04
	缺失	16	3.16

健康生活方式与行为素养的有162人（32.0%），具备健康技能素养的只有18.2%，具备综合健康素养水平的只有211人（41.7%）（见表3）。通过两独立样本 T 检验分析，各个维度具备健康素养人群和不具备健康素养人群得分之间的差异有统计学意义（ $P < 0.01$ ）。

表3 调查对象具备健康素养得分情况

健康素养维度	不具备人数 （得分<80%）	$\bar{X} \pm S$	具备人数 （得分≥80%）	$\bar{X} \pm S$	T	P
健康理念和基本知识	258(51.0%)	9.6±2.67	248(49.0%)	14.0±0.83	-24.85	<0.01
健康生活方式与行为	344(68.0%)	6.5±1.52	162(32.0%)	9.3±0.53	-22.56	<0.01
健康技能	414(81.8%)	2.2±0.79	92(18.2%)	4.0±0.01	-21.87	<0.01
综合健康素养水平	295(58.3%)	18.8±4.37	211(41.7%)	25.7±1.42	-21.86	<0.01

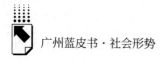

（四）调查对象医患关系认知调查情况

居民医患关系认知调查结果按照医患关系评价量表计算得分，以调查对象最近一次就医评价为准。本次调查社区居民在患者对医生工作满意度得 21.9 ± 4.1 分，患者对医生态度认可得 26.1 ±4.7 分，患者对医疗效果的评价得 7.3 ± 1.4 分，总体医患关系得 55.3 ±9.5 分（见表 4）。

表 4　调查对象医患关系调查情况

医患关系情况	人数	最低得分	最高得分	$\bar{X}$ ±S
维度 1：患者对医生工作满意度	506	6	30	21.9 ±4.1
维度 2：患者对医生态度认可	506	7	35	26.1 ±4.7
维度 3：患者对医疗效果的评价	506	2	10	7.3 ±1.4
医患关系认知总得分	506	15	75	55.3 ±9.5

（五）健康素养与医患关系各维度间均呈现正相关

通过调查天河区 506 名社区居民健康素养和医患关系的情况，对健康素养 3 个维度和总体素养具备情况与医患关系各维度之间做相关分析，选用排除性别、年龄、职业、文化程度、收入等因素的偏相关分析。其中，居民健康素养各维度与患者对医生工作满意度、患者对医生态度认可、患者对疾病治疗的态度都呈现正相关，健康生活方式与行为与患者对医生工作满意度和医生评价呈现一般相关（$R = 0.3$），患者对疾病治疗的态度与健康素养各维度呈弱相关（$R < 0.3$）。居民综合健康素养与患者对医生工作满意度、患者对医生态度认可和医患关系整体得分均呈一般相关（R 均等于 0.3）（见表 5）。

表 5　健康素养与医患关系各维度得分偏相关分析结果

相关系数 R	患者对医生工作满意度得分	患者对医生态度认可得分	患者对疾病治疗的态度得分	医患关系总得分
健康理念和基本知识	0.2	0.2	0.2	0.2
健康生活方式与行为	0.3	0.3	0.2	0.3
健康技能	0.1	0.1	0.1	0.1
综合健康素养水平	0.3	0.3	0.2	0.3

（六）健康素养水平不同的人群对医患关系认知情况

以居民是否具备健康素养为分组依据，对居民医患关系各维度得分进行两独立样本 T 检验，结果如表6所示，居民是否掌握健康理念和基本知识对患者满意度、医生平易近人性、患者对医疗症状态度及医患关系总得分都存在差异。具备综合健康素养的人群与不具备健康素养的人群在满意度，对医生评价、对症状态度及医患关系总得分之间都存在显著差异（$P < 0.01$）。

表6　健康素养与医患关系各维度 t 检验结果

素养维度	统计量	患者对医生工作满意度得分	患者对医生态度认可得分	患者对疾病治疗的态度得分	医患关系总得分
健康理念和基本知识素养	不具备 $\bar{X} \pm S$	21.3 ± 4.38	25.3 ± 5.04	7.09 ± 1.56	53.7 ± 10.21
	具备 $\bar{X} \pm S$	22.5 ± 3.68	27.0 ± 4.21	7.60 ± 1.27	57.1 ± 8.47
	T	−3.50	−4.0	−4.072	−4.11
	P	<0.01	<0.01	<0.01	<0.01
健康生活方式与行为素养	不具备 $\bar{X} \pm S$	21.2 ± 4.30	25.4 ± 5.01	7.3 ± 1.48	53.9 ± 10.13
	具备 $\bar{X} \pm S$	23.2 ± 3.28	27.6 ± 3.65	7.5 ± 1.35	58.4 ± 7.30
	T	−5.12	−4.97	−2.23	−4.99
	P	<0.01	<0.01	0.026	<0.01
健康技能素养	不具备 $\bar{X} \pm S$	21.7 ± 4.19	25.8 ± 4.83	7.3 ± 1.46	54.8 ± 9.73
	具备 $\bar{X} \pm S$	22.6 ± 3.59	27.6 ± 3.93	7.7 ± 1.36	57.8 ± 8.23
	T	−1.84	−3.239	−2.73	−2.79
	P	0.066	0.001	0.007	0.005
综合健康素养水平	不具备 $\bar{X} \pm S$	21.2 ± 4.26	25.3 ± 4.90	7.1 ± 1.52	53.6 ± 9.94
	具备 $\bar{X} \pm S$	22.9 ± 3.65	27.3 ± 4.20	7.6 ± 1.29	57.8 ± 8.38
	T	−4.68	−4.89	−3.95	−5.03
	P	<0.01	<0.01	<0.01	<0.01

三　结果分析

（一）天河区居民健康素养水平较低

国家卫计委发布的《2016年我国居民健康素养监测结果》中显示，我国

105

居民综合健康素养水平为11.6%，本次天河区居民健康素养调查显示，天河区居民具备综合健康素养水平的为41.7%，具备基本知识和理念素养水平的为49.0%，具备健康生活方式与行为素养水平的为32.0%，具备基本技能素养水平的为18.2%。天河区居民综合健康素养及各个维度健康素养得分均高于全国平均水平，但整体水平依然不足50%，仍然有较大提升空间。这一状况可能与广州市经济发展水平较高、居民整体教育水平较好、人群对健康诉求较高有关。但综合来看，社会对健康的重视程度依然较低，健康素养的教育并没有得到普及，天河区居民健康素养水平依然低于50%。提高居民健康素养是一项综合性社会工程，需要社会各界共同参与。提高居民健康素养水平不仅仅是"健康中国"建设的要求，也是切实提高居民健康认知、健康水平的重要措施。

（二）居民医患关系认知水平有待加强

本次调查显示，天河区居民医患关系认知在PDRQ-15量表得分中总得分为55.3±9.5分，其中维度1：患者对医生工作满意度得分为21.9±4.1分，维度2：患者对医生态度认可的得分为26.1±4.7分，维度3：患者对医疗效果的评价的得分为7.3±1.4分。相比国内学者杨慧对广西居民PDRQ-15的调查得分58.9±6.5还存在差距，也比国内学者孙江洁对居民医患关系认知的调查得分58.4±6.0略低。由此可见，天河区居民对医患关系的认知相对于国内其他地区依然较差，医患关系的认知仍然有上升空间。其原因可能是广州市天河区作为广州市常住人口最多的地区，每年承载的医疗任务非常巨大，就医人口众多，医务人员与居民接触多，发生医疗纠纷、口角事件的概率也较高，居民对医患关系的认知会因此受到一定影响。不仅如此，天河区作为广州市经济发展水平较高的地区，完善的教育体系、充足医疗资源投入、先进医疗技术运用在一定程度上加大了该地区居民对健康的认识和需求，居民对医疗服务质量、医疗效果方面往往有较高的期望，当医疗效果不理想时，容易使医患关系恶化。

（三）健康素养具备与否对医患关系认知有显著影响

以居民是否具备健康素养为分组依据，对居民医患关系各维度得分进行秩和检验，居民是否掌握健康理念和基本知识对患者满意度、医生平易近人性、患者对医疗症状态度及医患关系总得分都存在差异。具备综合健康素养的人群与不具备综合健康素养的人群在满意度方面，对医生评价、对症状态度及医患关系总得分之间都存在显著差异（$P < 0.01$）。居民对健康知识了解越好，对疾病的预防就越好，丰富的健康知识能缩小医患双方在就医过程中的信息不对称，能提高居民对医生治疗方案的认可程度，改善居民对医生服务的认可；同时良好的生活习惯对慢性病、老年病的防治非常重要，居民养成良好的健康生活习惯，对疾病治疗效果、疾病康复都有一定程度的改善，从而提高了居民的就医体验，有效提高了对居民医患关系的认知水平。

四　对策建议

（一）政府加强外部政策环境及资源建设

1. 将健康素养提升到社会建设战略地位

一直以来，关于健康知识的普及都是以科普协会和医院为主导的宣传方式展开，健康素养的重要性直到 2016 年才受到社会及政府的高度重视。自 2009 年国家实行医疗卫生体制改革以来，政府对健康问题的关注大多针对医疗机构的整体运营，从药品、医保、单病种付费方面改善医疗就诊环境，但对社会健康环境的建设及居民健康素养的培训直到 2016 年《健康中国 2030 规划纲要》的提出才受到国家政府的重视。和谐的医患关系不应该仅仅从医疗机构方面入手，居民健康素养的提升对居民健康水平、就医质量、疾病预防都有重要作用。卫生健康部门应该将健康问题提升到战略层面，把发展卫生健康事业纳入战略进行谋划，将普及健康生活、优化健康服务、完善健康保障、建设健康环境、发展健康产业作为国家战略工作，将居民健康教育作为社会义务写入政策文件，提升社会对健康素养教育重要性的认识，为健康素养提升提供良好的政策环境。

2. 为健康素养培养提供平台搭建与资源建设

健康素养的提升不仅仅是居民健康知识和理念的提升，更重要的是健康技能和健康行为的养成，其中很多健康素养的培养与政府及医疗机构的平台资源息息相关，诸如定期的体检、定期的健康知识获取、健康技能的学习都有赖于社会平台的建设。数据显示，2013年全国共有科普人员197.82万人，每1000人中只有科普人员1.45人，人均科普费用不足3.4元。政府对健康知识科普投入有限，严重制约了居民获取健康知识的途径。居民健康素养作为社会健康教育重要的一部分，政府应该重视健康科普知识的宣传，加大社会健康素养建设方面的投入，设立专项的健康教育经费，为健康宣传教育提供资金保障，联合医疗机构及教学机构形成健康讲堂等科普平台，定期在各个基层地区开展健康体检及健康教育活动。国内有调查显示，部分居民无法做到年年体检的原因与社会体检资源可获得性较差有关，建议政府应该在注重居民健康素养培养的同时，配套体检等硬件设施，提供免费或者优惠的体检活动和健康体检下乡等活动，为健康技能培养搭建平台，为居民养成良好的生活习惯提供硬件保障。

3. 规范社会媒体健康知识宣传内容及方式

健康素养的教育对居民生活水平的提高与和谐医患关系的建设都有重要意义，健康教育的方式方法固然重要，但健康教育的内容更加重要。一直以来，在利益驱动下的药企、药商常常对健康知识的内容有指向性的扭曲宣传，造成了当下社会医学科普宣传内容良莠不齐，虚假保健知识泛滥的现象。21世纪，电视、手机是知识的主要传播载体，对媒体宣传内容和方式疏于管理，会严重阻碍健康素养的提升。特别是医学知识较为缺乏的居民在受到不良信息诱导时，常常对正规医疗机构诊疗行为提出质疑，影响了医疗决策行为，对疾病的治疗与康复都起到了阻碍的作用。在健康知识宣传方面，政府更应该出台相关法律法规，规范媒体对健康知识的宣传内容、宣传方式，杜绝媒体网络上泛滥成灾的以药品推销为主导的健康知识宣传。

（二）营造医院及医疗机构的健康文化氛围

1. 建设以教育为主导的人文医院

随着国际医疗卫生机构认证联合委员会（Joint Commission on Accreditation of Healthcare Organizations，JCAHO）提出JCI医院管理评估标准后，JCI认证已经越来越受到国内医院评审的重视，JCI评估条款中关于信息和信息交流的管理（MCI）标准28条也成为衡量医院社会信息交流的重要指标，在医院文化建设中人文理念越来越成为医院建设的重要方向。医疗机构应该更加注重信息交流，医患双方信息不对称给医院管理及社会效应造成的巨大影响，医院在文化建设的同时，应该充分发挥医疗机构在医学教育宣教方面的优势。在诊疗过程中，强化对患者的健康教育工作，不仅要做患者的生活指导，更要注重患者的心理，将健康宣教与心理干预贯穿整个医疗过程，从而提高患者的依从性，引导患者以正确的态度对待医生和疾病、选择正确的就医行为，营造以教育为主导的医院文化氛围。

2. 加强医务人员健康教育沟通能力

医患和谐的关键是相互理解，良好的医患沟通是相互理解的前提。理想的医患沟通应该将医患角色模型由"主动—被动"和"指导—合作"变换到"相互参与"模型，加强"体验式""服务式"的医疗就诊环境，这就需要医院及时做好信息沟通工作。在健康素养知识获得方面，除了教育机构的健康常识教育、社会媒体的科普宣传以外，居民最可靠的健康知识、疾病预防、健康保健知识来源依然是就医行为中医护人员的传达。医护人员是居民健康知识传达的中坚力量，加强医务人员的健康教育沟通能力已经成为医务人员必备的一项技能。医院医务人员在提高医疗技术水平的同时，也需要提高自身的健康科普教育能力，在诊疗行为的同时，有针对性地提高居民对疾病的认识，纠正不良的生活习惯，不仅能让居民更好地配合医生参与诊疗工作，还可以提高居民医学素养，对疾病治疗、预后、预防等方面都有重要作用。

3. 完善健康科普信息库并开展有针对性的教育

面对当下宣传社会健康科普知识鱼龙混杂的现象、药商药企虚假宣传混淆视听的行为，政府在规范媒体宣传方式的同时，医疗机构作为医疗行业的主导者有必要建立一套完整规范的健康知识科普信息库。信息库应该具有规范化、信息化、针对化的特点，一是健康知识内容要权威规范，社会统一，建立符合中国居民国情的权威的健康教育内容；二是信息库的内容要做到信息化，能及时更新修改，在修改中不断完善；三是信息库不仅要对健康素养教育内容加以完善，更应该建立一套系统的健康教育模式，将健康知识系统化，各方面的医学科普知识要有针对性，结合健康素养的影响因素，对不同年龄层和职业层的居民开展有针对性的宣教。例如，对中老年居民应该加强慢性病防治方面的教育，对农林渔牧工作者应该加强卫生保健知识的教育，对学生群体应该加强健

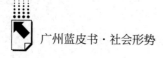

康生活方式的培养。不同的健康知识内容应该分模块由浅入深、由简到繁、循序渐进地向居民宣教健康知识，切实提高居民健康素养水平。

（三）居民意识改善与社会媒体宣传

1. 从"知识—行为—技能"转变群众对待医患关系的态度

和谐医患关系的构建，从就医者角度要改变居民传统思想的约束，改变居民的倾向因素，主要从以下三个方面着手。一是在知识方面，医疗机构通过知识宣教，引导居民了解疾病常识、理解医生工作常态。让居民以正确的态度对待医生和疾病、选择正确的就医行为，理解疾病预后及预防，消除居民对医疗行业的陌生感和恐惧感，提高对医生的信任度。认知是改变思维的前提，只有从认识上转变对当下医疗的看法，才能让患者真正信任医院和医生。二是在行为方面，社会和医疗机构要不断督促居民养成良好的生活习惯。在疾病预防、疾病治疗、疾病康复方面，良好的生活习惯往往能加速疾病的康复，反之不良的生活习惯会导致病情恶化和医疗风险，容易引起医患双方的矛盾。三是在技能方面，健康技能的掌握运用对就医行为有着直接作用。了解健康技能能让居民在就医过程中对医生治疗行为和治疗方案有更好的认同感，从而平衡医患双方在治疗过程中信息不对称，能有效地促进医患关系的改善。

2. 构建第三方医疗沟通平台

国内学者调查显示，有91.1%的患者认为加强社会全方位的沟通工作对和谐医患关系比较重要，患者医疗知识的缺乏和对医疗行为的不理解是医患关系恶化的重要原因。我国医疗机构多数在医务部门设有医患关系办公室，但作为医院利益相关者，往往难以从患者角度理解医患关系，以医院利益为优先的协调常常效果不理想。医院应该学习国外对平衡医患之间信息对称方面的做法，构建第三方沟通平台介入医患矛盾，如美国各个地区都建立了病人交流中心（Patient Centered Communication，PCC）、英国医院专门设有社会工作者岗位、日本在医院成立患者服务至上委员会等。第三方医疗沟通平台能以中立方的角度为医患双方提供信息交流，将健康医学常识传达给患者，也能搜集到患者最需要了解的医疗信息，能有效改善医患双方信息不平衡的问题，有效缓解医患矛盾。

3. 运用多种形式对居民开展构建和谐医患关系的教育

现阶段以医疗结构为科普主体所开展的宣教活动内容局限于疾病保健知识，数量有限，形式简单，没有形成规模和体系，缺少专门的主管机构和机制对其宣教材料与劣质保健出版物进行区分推广，限制了社会效益的发挥。因此，有必要建立一种科普模式——政府为科学传播组织者，医务人员为医学科普主力军，充分发挥媒体在医学科普中的科学传播作用，内容涵盖医疗卫生政策、疾病防治保健、医院运作体制、医务人员工作常态、医疗卫生法律等多个方面；组建知识库并严格审查科普内容的科学性和科普性，利用视频、科普书籍、科普文章、幻灯片、宣传手册等多种科普载体，通过专题讲座、义诊宣教、网站医学科普信息推送等多种科普途径，开展全方位多层次的医学科普信息素质教育工作。

（审稿人：张健一）

参考文献

杨慧、王洪奇：《医患关系量表 PDRQ - 15 中文译本的信度和效度评价》，《中国医学伦理学》2011 年第 3 期。

国家卫计委、中国健康教育中心：《2013 年中国居民健康素养监测报告》，2014。

杨慧：《中文版本 PDRQ/DDPRQ 量表研制与评价》，山西医科大学硕士学位论文，2011。

孙江洁、张利萍、沐鹏锟等：《医方和患方对医患关系评价的认知差异》，《中国心理卫生杂志》2016 年第 7 期。

陈建伟、许信红、罗敏红等：《广州市居民健康素养现状及影响因素调查》，《中国健康教育》2016 年第 7 期。

王佳、王伟、程实：《我国医患关系管理的历史进程与未来展望》，《医学与社会》2013 年第 2 期。

张艳欣、罗志强：《我国现阶段医患关系的社会学研究》，《中国卫生事业管理》2009 年第 5 期。

单诗洋：《2014 年辽宁省居民健康素养调查分析》，吉林大学硕士学位论文，2017。

宋言东、蒋秀莲：《医患信任危机与医疗制度》，《中国卫生事业管理》2011 年第 4 期。

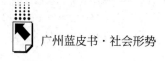

王莹莹、林生趣、姜虹：《对社区居民开展构建和谐医患关系教育的探索》，《中国医学伦理学》2013年第5期。

熊丹：《医护人员情绪劳动与职业倦怠对医患关系的影响》，曲阜师范大学硕士学位论文，2014。

陈川、王亚男、胡海源：《居民信息素养对构建和谐医患关系的国内外对比研究》，《现代医院》2017年第9期。

李英华、毛群安、石琦等：《2012年中国居民健康素养监测结果》，《中国健康教育》2015年第2期。

李英华：《2012年中国居民健康素养监测方案简介》，《中国健康教育》2014年第6期。

聂雪琼、李英华、李莉：《2012年中国居民健康素养监测数据统计分析方法》，《中国健康教育》2014年第2期。

社会治理篇

Social Governance

B.8

广州市街道家庭综合服务
中心服务现状与对策建议*

广州大学广州发展研究院课题组 执笔：曾永辉**

摘　要： 2009 年广州市启动政府购买家庭综合服务项目试点，此后家
庭综合服务逐年由点到面推广到全市，经过多年的发展实践
和本土探索，现已形成"政府主导、社会协同、项目运作、
专业服务"的社会工作发展"广州模式"，该模式得到了民
政部的充分肯定，并在全国社会工作推进会上总结推广，挖

* 本课题系广东省高校人文社会科学重点研究基地广州大学广州发展研究院、广东省教育厅"广
州学"协同创新发展中心、广东省高校"城市综合发展决策咨询研究创新团队"研究成果。
** 课题组组长：涂成林，广州大学广州发展研究院院长，二级研究员、博士生导师。成员：曾
永辉，博士，广州学协同创新发展中心特约研究员，华南农业大学社会工作与社会政策研究
中心副主任；谭苑芳，博士，广州大学广州发展研究院副院长、教授；梁柠欣，博士，广州
大学广州发展研究院副研究员；曾恒皋，广州大学广州发展研究院软科学研究所所长；欧阳
知，广州大学广州发展研究院特聘教授；彭晓刚，广州大学广东发展研究院特聘研究员；周
雨，博士，广州大学广州发展研究院助理研究员；丁艳华，广州大学广州发展研究院特聘研
究员；李佳曦，广州大学广州发展研究院科研助理。执笔：曾永辉。

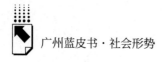

掘家庭综合服务过程中存在的困难、问题和经验教训对指导
"广州模式"乃至全国社会治理创新都具有重要的现实意义
和价值。

关键词： 广州市　社会工作服务　家庭综合服务中心

广州市民政局 2010 年发布的《关于印发我市社会管理服务改革开展街道
社区综合服务中心建设试点工作方案的通知》指出："2016～2020 年为全面建
设阶段，社区综合服务中心需覆盖全市所有街道，并达到目前香港地区的社区
服务水平。"按照时间表，广州市早在 2012 年上半年就已完成每个街道至少建
成 1 个家庭综合服务中心的任务目标，比通知要求提前 4 年完成，因此家庭综
合服务建设末期的攻坚首要任务和目标将是如何全面提升家庭综合服务能力和
质素水平。2017 年作为此阶段建设的起始年和关键年，亟须对过往家庭综合
服务建设进行系统梳理与回顾检视，归纳总结发展中存在的各类困难与问题，
并适时提出调整对策与建议。

一　2017年广州市街道家庭综合服务中心工作的主要进展

2017 年，广州市家庭综合服务中心建设迎来第七个发展年，家庭综合服
务建设工作日趋规范、成熟和完善：以服务困境群体为主，以家庭为本，以社
区为基础，为有需要的社区居民提供"预防性、支持性、补救性、照护性、
发展性"的专业社工服务，为政府部门在管理公共服务、应对社区问题、缓
解社区矛盾、提升社区参与、促进社区发展等方面提供协助与支持。

1. 加速社工立法进程，推进行业法治建设

2012 年初《广州市社会工作服务条例》（以下简称《条例》）被列为 2012～
2016 年广州市地方性法规规划项目和 2014 年预备项目；同年 11 月广州市民政
局正式启动立法调研工作；2014 年 9 月完成《条例》初稿和注释稿，由人大
审议通过纳入 2015～2016 年正式立法项目；2015 年 9 月底提交广州市法制办

审核；2017 年，《条例（草案）》通过广州市第十五届人大常委会一二审，拟于 2018 年 4 月下旬进行第三次审议并交付表决。此《条例（草案）》共 7 章 52 条，主要包括"总则、社会工作服务机构、社会工作从业人员、社会工作服务活动、保障与监督、法律责任、附则"七个部分，明确社会工作从业人员的职业身份、从业资格、职业操守、基本权利与保障、义务及责任，进一步厘清服务机构成立准则和业务范围，明晰服务机构、社会工作者与服务对象之间的职业道德和行为规范。此《条例》重点解决了社会工作职业化进程中长期难以突破的政策瓶颈问题，对广州市家庭综合服务中心建设，乃至整个社工行业发展都将产生积极而深远的"划时代"影响。

2. 完善行业制度建设，促进职业规范管理

（1）进一步完善家庭综合服务评估监督政策机制。2014 年，广州市民政局下发《关于试行对全市家庭综合服务中心评估工作进行统一集中招标采购的通知》，开始探索试点推行全市统一的家庭综合服务中心项目的评估，并委托广州市社会工作协会统一制定了全市家庭综合服务中心项目的评估标准体系；2015 年开始推进全市统筹家庭综合服务中心的统一评估；2017 年在充分调研基础上结合新形势下服务和政策方面的变化调整，再次修订完善了家庭综合服务评估方案。一是强化家综立体化、综合化的服务设计，改善过往家庭综合服务碎片化的服务格局；二是强化基础运营规范化，减少区域之间的运营要求差距；三是强化评估执行统一性，强调评估行为和评估尺度的一致性、规范性和统一性；四是强化评估工作指引性，进一步明晰总体服务框架、督导使用附件、评估文书撰写、人员流动计算等操作指引；五是继续完善评估工作的社会观察员监督机制，促进广州市家庭综合服务评估的规范化、透明化运作。

（2）进一步规范家庭综合服务项目招投标指引机制。在《关于印发广州市家庭综合服务中心项目招标文件有关文本设定指引（试行）的通知》（穗民〔2015〕213 号）试行基础上，按照部门规范性文件制定程序进行修订，广州市于 2017 年 7 月再次下发了《广州市民政局关于印发〈广州市家庭综合服务中心项目招标文件有关文本设定指引（暂行）〉的通知》（穗民〔2017〕11 号），进一步规范完善家庭综合服务项目招投标指引。一是注重突出社会组织评级以及财务规范管理在评标中的应用；二是更加倾向重视投标机构的项目运营能力和专业人员数量及资质；三是更为人性化允许项目运营机构核定人员配

备、服务工时可最多预留 1 名工作人员及对应的服务工时量；四是注重突出家庭综合服务个案服务指标要求，不再将"咨询个案"列入指标要求；六是调整不合时宜的有关志愿者（义工）培育指标要求等。上述家庭综合服务项目招投标指引的适时调整与修订，有利于规范相关的政府购买服务活动，确保招投标采购环节能够公平、公开、公正实施，对家庭综合服务项目的可持续健康发展具有重要意义。

（3）进一步修订和完善广州市社会工作发展"1+5"文件。广州市民政局于 2015 年启动了广州市社会工作发展"1+5 文件"的修订工作，依据实际情况，重新修订完善了《广州市扶持发展社会工作类社会组织实施办法（试行）》《广州市财政支持社会工作发展实施办法（试行）》《广州市政府购买社会服务考核评估实施办法（试行）》等政策文件，上述新修订的系列政策加大了对服务机构和项目的培优支持。2017 年 4 月发布的《广州市家庭综合服务中心管理实施办法（征求公众意见稿）》（以下简称《办法（意见稿）》）更是对"家庭综合服务功能定位、市区各级政府部门分工、家庭综合服务场地建设要求、采购服务周期规定、政府购买服务资金使用及拨付、家庭综合服务项目激励制度、家庭综合服务项目评估比重"等方面做了重大修正和完善。

3. 购买服务总量稳定，拟提标家庭综合服务项目投入

自 2008 年至今，广州市共投入近 22 亿元用于购买各类专业社会工作服务项目，政府购买服务总量在经历了前三年的稳步增长和 2012 年因家庭综合服务全面铺开而导致井喷式增长后，于 2013 年始趋于稳定，经费投入增幅减缓，近年来来均保持在 3.3 亿元上下浮动（见图 1）。

数据显示，2017 年广州市民政系统购买服务资金投入总计 3.5 亿元，常年运营的社工服务项目达 203 个，其中 188 个为街（镇）家庭综合服务中心项目（19 个为社区家庭综合服务），15 个为专项社会工作服务试点项目，家庭综合服务项目购买总投入为 3.2 亿元，占整个政府购买服务总量的九成以上。另据 2017 年 4 月广州市民政局发布的《办法（意见稿）》中规定新建或新招标的家庭综合服务中心，项目经费原则上按每年 240 万元/个，而非之前的 200 万元/个编制预算，提高标准后的家庭综合服务中心建设也必将迎来新一轮的发展热潮。

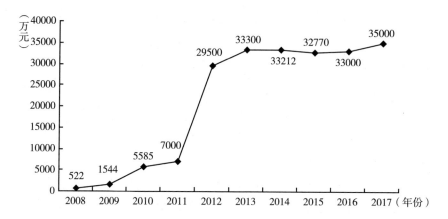

图1 2008～2017年广州市民政系统牵头购买的社会工作服务投入情况

数据来源：广州市民政局社会工作处。

4. 持证总量稳步增长，家庭综合服务人员流动性较大

广州市社会工作协会2017年统计数据显示：2016年持证社工总数已达到13755人，约是2008年的12倍。其中，社工师2862人，占20.8%；助理社工师10893人，占79.2%（见图2）。此外，还有54名社会工作者获得国家、省市级先进个人、劳动模范、优秀工作者、优秀社会工作者等荣誉称号。基于目前社工持证人员规模已基本满足政府购买服务需要的考虑，广州市民政局于

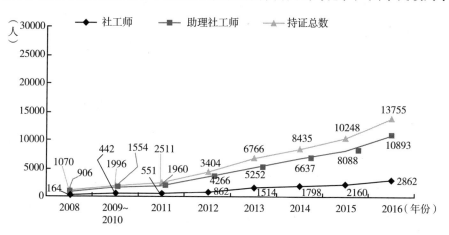

图2 2008～2016年广州市通过国家社会工作职业资格考试人数情况

数据来源：广州市民政局社会工作处。

2017年6月发布《关于广州市社会工作员登记管理有关问题的通知》（穗民〔2017〕257号），决定从2017年起停止社工的培训、考核、登记工作，鼓励持有广州市社会工作员证件的社会工作从业人员、社区工作人员考取全国社工资格证书，社工员证可以使用延续至2019年12月31日，这就意味着实施六年多的广州市"社工员制度"改革正式落下帷幕。同时笔者调查了解到，2017年广州新入职社工岗前培训人员有近六成以上来自非社工专业毕业学生。

尽管广州市持证社工数量在逐年增加，但是家庭综合服务项目依旧存在人员流动性较大的情况。笔者评估抽查的结果显示，2017年家庭综合服务人员流动性受到广州市其他专项服务发展、珠三角各地政府部门购买力度不断增强及广东省"双百计划"（开发近千个岗位）等蓬勃发展的冲击下，在社会认知度低，人才激励和保障机制不健全的环境影响下，广州家庭综合服务行业整体人员流动性一直维持在两成半左右的高位，这在很大程度上影响着家庭综合服务的持续性、有效性、深入度和精细化，影响着政府和民众对于社会工作服务的信心和认可，让广州市家庭综合服务建设发展面临更大的新时代挑战。

5.机构增量出现拐点，竞争态势愈发激烈

截至2017年底，广州全市社工机构总量达393个（其中15家被评为广州市5A级社会组织），是2009年总量的30多倍，在经历了多年的快速增长态势后，2017年较2016年机构总量反而减少24个（见图3），首度迎来机构增量拐点，这

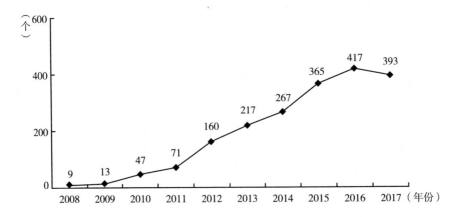

图3 2008~2017年广州市历年成立的社会工作服务机构总量情况

数据来源：广州市民政局社会工作处。

也表明随着政府购买服务各项制度的日趋规范和完善，社工机构的生存和发展也面临着越来越大的竞争与挑战，成立或维系社工机构的动机也愈发理性和务实。

广州市社会工作协会统计数据显示，广州市承接政府购买服务项目的社工机构共有 86 家，占总数的 21.9%，其中具有高等院校专家学者背景的占22%、企业背景的占 58%、志愿者组织转型的占 7%、其他背景的占 13%。由此可见，广州市有将近 4/5 的社工机构暂时无承接政府购买服务项目，行业呈现出"僧多粥少"的激烈竞争态势。

6. 服务管理人才培育加强，专业服务运营实力增强

广州市社会工作协会统计数据显示，截至 2017 年 12 月 31 日，在协会备案的社工督导总数为 962 人，其中境外督导 138 人，本土督导 824 人。此外，广州市还依托中山大学、华南农业大学等在穗高校社会工作院系，建立了社会工作人才培育基地 7 个，提供人才培养培训支持，开展社会工作者职业水平考试培训、一线社工培训、本土督导培训、社工机构管理人才培训、新入职社工培训、社工培训等各层次有针对性的培训，培训各类人才 5 万人次。同时，民办社会工作服务机构和社会工作者已经成为慈善募捐、公益创投、社区服务、社会创新等社会治理的主力军，如广州市在前三届公益创投大赛的 366 个项目中，民办社会工作机构参与了 203 个，占总数的 55%。

毋庸置疑，经过近多年的本土探索与服务打磨，广州市以政府购买社工服务为切入点，通过加强组织制度保障、建设工作平台、开展工作试点、培育社工组织、强化实践检验和加大扶持力度等手段，逐步探索建立起以设置项目为基础，以覆盖全市范围的家庭综合服务中心为主要平台，以政府监管和独立第三方评估为保障的购买社工服务的"广州模式"，确立了类市场化的购买项目模式，形成了专业化的项目运作机制，实施了规范化的项目管理方式，建立了制度化的财政投入体制，逐步探索出一条"以制度为引领，以专业促发展，以服务惠民生"广州社工本土发展路径。

二 2017 年广州市街道家庭综合服务中心存在的主要问题与限制

以"政府主导、社会协同、项目运作、专业服务"的社会工作发展"广

州模式"得到了民政部的肯定和认可,也在全国社会工作推进会上进行总结推广,该模式也在一定程度上体现了我国社会工作的整体发展脉络和行政改革特征,是政府改革的阶段式产物,必然会在本土化探索实施过程中存在诸多政府改革需要解决和面临的问题。

(一)思想层面存在"三不"问题

1. 不熟悉家庭综合服务

广州市家庭综合服务中心运营已逾七年,但是在笔者家庭综合服务评估工作中调查发现,部分居民对于家庭综合服务服务认识依旧较为模糊,家庭综合服务的知晓度也较低,社会工作、社会工作者、社会工作服务的认识依旧比较模糊,2017年广州市民政局组织专家检查团突击检查的第一项就是家庭综合服务的知晓度问题,同时该问题也一直受到广州市相关人大代表的关注和重视,究其原因在于家庭综合服务对象虽然规模庞大,但主要集中在传统福利供给领域的兜底性保障人群,如老人、儿童、妇女、残疾人、低保户等。计划经济时期延续下来的福利供给制度使得受助者习惯性地认为政府有责任、有义务为其解决困难和问题,对于新兴的家庭综合服务能否有效提供服务还心存疑虑和困惑,不熟悉也是导致对家庭综合服务的知晓度不高,参与性不足,极大影响了家庭综合服务的专业权威和价值。

2. 不认同家庭综合服务

广州市家庭综合服务建设走的是一条由政府主导到社会参与的"自上而下"的路径,即先"制度化"后"社会化",本土化在当前阶段集中体现为"制度化"和"行政化",通过"层层动员、目标分解、激励管控"的"行政发包"方式短时间实现全市家庭综合服务全覆盖目标,但这种传统的行政动员模式和做法相对缺乏居民群众和基层政府的认同基础,进而难以与基层自治和社会参与的多元治理格局形成深层次对接,行政式规范管控也在很大程度上制约着专业社工服务的发展进程,忽视了社会工作的专业品质和理念追求,导致家庭综合服务的行政化、僵硬化和指标化,忽视了服务对象的真实诉求,加之社工服务的成效性和专业性难以有效的、即时的可视化呈现,让家庭综合服务社工的专业服务实践饱受质疑和不认同。

3. 不重视家庭综合服务工作

部分购买方对政府购买家庭综合服务的认识还存在认知上的偏差，或者说购买服务的信心不足，对家庭综合服务存在较为表层的认识和理解，带着些许偏见、猜忌、观望的态度看待家庭综合服务和发展，同时部分镇（街）领导新老交替调整频率较高，出现"选择性轻视"或"来不及重视"等情况。如笔者抽样调查显示，有近半成的街道主要分管领导在同一服务周期都有不同程度的工作调整和变动，有些是内部人员分管工作的重新分配调整，有些是领导岗位的直接变动调整。因此，未来家庭综合服务需要策略性地嵌入公共服务与社会管理两大政府职能场域，与传统的行政性社会工作相结合，才能获得更为长远的重视和发展。

（二）实践层面存在"三限"问题

1. 一限：家庭综合服务招投标与经费使用受限

（1）招投标相关设置不合理。一是在招投标手续费收取方面存在不合理。一般情况下，政府通过邀请招标公司来代理家庭综合服务项目招投标流程，在此过程中，招标工作照例会收取一定费用。如200万元家庭综合服务项目大约会收取手续费2万元/年，如按最新规定五年为完整服务周期，家庭综合服务就需要一次性支付7万多元的招投标手续费，如若因经营不善、评估不过，按政策规定合同是不予续签的，剩下年限的招标手续费也无法退回，这么一大笔费用风险单方面嫁接给承接机构是相当不合理不对等的。二是招投标的分值设定并未充分重视项目的核心竞争力——运营能力与过往成绩，比如"投标机构的社会工作服务项目运营能力"的分值仅占总分值的15%，而由现场评标专家通过查阅标书短时间主观性给分的比重却占总分值的28%，这就容易导致招投标的公平与公正。因此，家庭综合服务在第三个服务周期内就出现深扎根6年的家庭综合服务，屡次取得优秀等级的项目依旧无缘中标的现象，这在一定程度上显现了家庭综合服务目前在招投标环节的把关力度缺失，政府并未真正通过招投标的科学设置获取到最优质的服务供给，同时还造成服务延续受到阻断，导致政府公共资源的重复投放和无谓浪费，第三方评估的意义和价值大打折扣，从业社工对行业发展信心愈发不足，最终受损的还是居民群众的切身福祉。

（2）招投标税费支出过大。政府购买社会工作服务并不属于免税范畴，因此承接机构需要缴纳约6%的营业税，200万元家庭综合服务购买经费还未到账就要预先支付12万元的税费，实际到账仅为188万元。这种设置也要求机构在没有获得政府拨款前就需要提前垫付税费，给承接机构带来一定的经济负担。另外，年底或跨年的拨款一般还要收取25%的经营所得税，如此沉重的税费负担极大地增加了社工机构的运营风险和压力。

（3）家庭综合服务经费拨款相对滞后。最新印发的《办法（意见稿）》规定，家庭综合服务经费分三期拨付：合同签订后30个工作日内拨付总经费55%，中期评估合格后拨付40%，不合格不予支付并终止合同，末期评估合格后再拨付最后的5%，不合格同样不支付尾款并终止合同。因此，政府作为购买家庭综合服务主体也充分体现了其强势性和主导性。同时，新规将拨款时限从15日调整为30日，有效地规避了政府的违约风险，却选择性地忽视承接机构的运营风险，如若出现评估机构招投标延误带来评估延迟，社工机构将面临因经费不及时到账所带来的运营困境。众所周知，人力成本是家庭综合服务经费支出的主体，经费拨付及时与否，将直接影响人员稳定和项目存亡。

（4）家庭综合服务经费支配缺乏灵活。最新印发的《办法（意见稿）》规定，人员经费预算和支出应当不低于项目经费总额的70%，且费用包括"专业支持费用、专业服务和活动费用、日常办公费用、总部管理费用、其他费用"，但划分的标准和依据缺乏严谨性和说服力，主观随意性较大，在很大程度上干预了承接机构的自主经营和运作。如此具体指引也必将成为家庭综合服务财务评估的法理依据，对机构自主运作和薪酬动态调整会带来较为僵化的影响，同时也从侧面凸显出政府对第三方评估结论的采纳度和信任度不足。

（5）家庭综合服务经费缺乏长效的增长机制。最新印发的《办法（意见稿）》规定，家庭综合服务未来将按每年240万元/个编制预算（含有需要设置的家庭综合服务中心社区服务站点的项目购买经费），所需资金由市、区按财政体制分担，同时也规定各区应当根据街（镇）地域面积、人口分布、服务对象、交通便利性等情况，对全区家庭综合服务中心的整体布局、立项论证、项目设点、购买经费预算等情况进行统筹规划。但是《办法（意见稿）》实施有效期长达5年之久，期间依旧缺乏一套动态性的、与市场挂钩的长效增长机制发挥作用。

（6）家庭综合服务运营缺乏长效的激励机制。最新印发的《办法（意见稿）》规定，允许购买服务经费每年存有一定盈余，但盈余部分不得超过项目经费的5%，采购服务周期满后或采购服务周期内终止服务合同的，盈余部分应移交购买方用于项目后续服务。上述规定极大地影响机构通过科学运营来达到降低成本的积极性和主动性，也从侧面说明政府购买服务对社会组织的"不信任"和第三方评估作用的"形式性"，并不鼓励机构通过科学运营和管理来节约成本。

2. 二限：家庭综合服务人才建设与培育受限

（1）家庭综合服务人才流失严重。近年来，随着政府购买社会服务的力度不断增强，各省（市、区）均推出系列社工人才优待、激励政策，相较之下，广州市虽已经将社会工作人才纳入本市战略性紧缺人才，但仅实施了有关社工积分入户的政策，其他事关社会工作人才的住房保障、津贴激励等优待机制受制于政策、体制等原因尚未建立，再加上政府购买专项力度加大，家庭综合服务社工职业倦怠周期来临、职业晋升空间有限、工资福利待遇增长缓慢、区域生活成本过大、社会知晓度和认同度不高等因素，导致家庭综合服务社工离职、流动、流失和招募难等问题日趋凸显，家庭综合服务人才流失严重带来的直接后果就是家庭综合服务的持续性和延续性受阻，家庭综合服务的深度和广度受到严重制约，政府和民众对于家庭综合服务工作的质疑声也必将会加大。

（2）家庭综合服务人才培育体系不健全。当前社工机构成立动机迥异，鱼龙混杂，难以真正重视落实人才培育发展，加之现时的行业培训市场较为混乱无序，培训质量参差不齐，表现在对培训需求捕捉不到位、培训课程设计不合理、培训师资能力良莠不齐、培训实效难以有效衡量，在市场利益驱使下乱象环生，人才培育体系尚未健全和完善，进而在很大程度上制约着家庭综合服务的专业性和有效性。

3. 三限：家庭综合服务评估设置与关系监管受限

（1）家庭综合服务评估设置受限。广州市一直采用第三方评估作为一种必要而有效的外部制衡机制来弥补了政府传统自我评估的缺陷，在促进服务型政府建设方面发挥了不可替代的促进作用。但最新印发的《办法（意见稿）》规定，中期及末期评估结果由第三方评估分值（占70%）、区民政局和街

（镇）评估分值（占20%）、市民政局评估分值（占10%）组成，并由市民政局统一发布。这种评估分值比重的划分，在很大程度上凸显了政府管制思维的延续和对第三方评估的不信任，在具体操作层面，将人为创造"权力寻租"的土壤和空间，成为权力腐败的原动力或污染源，也在某种程度上进一步钳制社工机构的专业自主权和运营权。多头评估会进一步加剧家庭综合服务的被行政化，家庭综合服务项目除了要回应市区两级财政部门诉求外，还要关切街道办事处和社区居委会等各个层面的管理要求及委派任务，沟通协调成本加大，工作安排委派加重，加之各评估主体（第三方、区民政局和街道、市民政局）的评估视角、评估标准、评估维度和评估侧重迥异，导致家庭综合服务项目疲于权衡各方评估主体需要，从而严重制约了家庭综合服务项目专业发展。此外，从2015年开始，民政局决定对家庭综合服务采取统一的评估模式，并对全市家庭综合服务划分片区开展评估，但在2017年还存在着以下几个方面的问题。一是服务成效缺乏明确的评判标准，更多地依靠评估人员的主观理解；二是服务分值缺乏详细的打分指引，造成评估主观尺度不一；三是评估方法主要以查阅文献材料为主，结合访谈等形式进行，此类"以证据为本"评估方法需要具有丰富实操经验的评委把关，但实际上这类专家相对缺乏，单纯依靠以文书作为证据来说明服务成效未免存在以偏概全、一叶障目之嫌。

（2）家庭综合服务政社关系异化。在理论上，政府和民办社工机构之间是合作契约关系，但由于机构对政府资源的依赖和政府科层的管理观念，使得两者间的关系异化，街道习惯性地以行政干预操控家庭综合服务，直接插手家庭综合服务的内部管理与工作安排，家庭综合服务迫于对街道的依赖通常不敢反对，使本该具有独立自主性的家庭综合服务沦为街道的"下级部门"，家庭综合服务的社工被"同化"成行政事务人员。究其原因，主要还是领域边界不明、角色认知不清、责任分工不确的缘故，政府购买家庭综合服务的理念和角色权责未被街道领导所充分认知，误把购买家庭综合服务当作资方雇佣劳动力的市场行为，理所当然地去干预家庭综合服务，导致"伙伴型"的平等契约关系异化成"伙计型"。

（3）家庭综合服务监管力度受限。在家庭综合服务建设过程中，政府作为购买方无疑处在强势地位，主要表现在招标指引的设定、合同协议的履行、项目购买定价与管理等方面，但同时政府在家庭综合服务项目运作、人员管理、专业服务、财务监管等方面又凸显其弱势一面，目前政府主要通过采用第三方评估机构、行业组织协会来规范家庭综合服务项目运作、人力资源管理、专业服务成效、财务公开透明等，这种非直接性的监管手段也显得疲软乏力，监管人员人手不足也导致监管制度流于形式、疏于执行。

三　广州市街道家庭综合服务中心未来展望和建议

回顾过往家庭综合服务所走过的发展历程，既看到成绩，也看到不足。2017 年作为家庭综合服务建设攻坚阶段的起始年，是服务素质提升的关键节点，未来还有很多亟待解决的问题，如家庭综合服务建设的政策法规亟待总结创新；家庭综合服务人才队伍发展亟待壮大稳定；家庭综合服务项目承接方运营管理和整合能力亟待增强；家庭综合服务覆盖面、专业性和知晓度亟待提升；家庭综合服务招投标和评估指引科学性、有效性和本土性亟待完善；等等。2018 年，笔者建议家庭综合服务可以从下面几大关键维度努力。

（一）经费投入应建立家庭综合服务经费动态增长机制

影响家庭综合服务两个服务周期成效的关键在于经费保障问题。广州市家庭综合服务建设在过往的七年间总经费没有任何的调整，完全滞后于经济社会发展水平和社工行业发展大局，在规划期内的最后一个服务周期，急需建立一套与物价上涨幅度、经济发展水平相挂钩的动态增长调整机制，科学、合理地确保家庭综合服务项目服务购买经费的足额充裕、这对确保家庭综合服务中心项目可持续健康发展具有重要意义。

（二）家庭综合服务定位要融入民生保障和社区治理两个大局

广州市家庭综合服务中心作为广州市社会治理创新的新探索，并没有成熟的模式做法可借鉴，加之之前受到香港家庭综合服务的影响，在本土化探索过程中一直存在定位不清晰，边界不明了的情况，存在不少家庭综合服务项目购买方、承接方和服务对象对于家庭综合服务功能有不同的界定和说法，也导致家庭综合服务在推进过程中因为功能定位不清带来服务聚焦不足，成效不显等情况，当前家庭综合服务工作与政府基层工作在"服务对象、服务内容、服务形式和服务目标"等方面存在共性，只是在"服务理念、服务设置、专业手法、意识思维"等方面存在差异。假如无法清晰地界定社会工作服务边界，就容易导致边界不清、责任不明、成效不显的情况出现，进而出现有些政府职能部门借购买服务为名，向社工甩"包袱"、甩"负担"的现象。因此，未来家庭综合服务建设需要更明晰地通过政策法规的形式明确家庭综合服务的功能定位和服务边界，明晰家庭综合服务定位需侧重融入"民生保障"和"社区治理"两个大局，以家庭为本，以社区为载体平台，以社工为专业依托，通过专业有效的家庭综合服务，不断改善民生福祉，创新社会治理体制，激发社会组织活力，推进国家治理体系和治理能力的现代化。

（三）要建立家庭综合服务社工行业准入机制

1. 设置承接机构准入机制

广州市通过2017年修订的《广州市家庭综合服务中心项目招标文件有关文本设定指引》，在政策指引层面已经做了大量规避人为干预招投标工作的制度设计，更加规范了承接机构准入门槛，为承接机构准入机制建立良好的制度基础。但是，在家庭综合服务项目招投标流程上依旧存在人为干预的漏洞和空间，街道作为服务购买方，通过统一的政府招标方式，进行承办社工机构的选择。根据招标流程，先由市下文到街道，然后街道通过立项申请交由区政府审批，再到市区财政局审批，最后才能开始挂网招标。招标公司由街道具体负责的情况依旧没有得到实质性的改良，这种操作流程同样容易催生违规行为。例如，凡是与街道关系密切的机构都能够得到一定程度上的关切，虽然不会像以前那样度身定做招标条件，但同样可以在一定层面影响评分，影响评标专家组人员，导致招投标出现有失公允的局面出现。作为每年3.2亿元投入的政府采购大项目，建议在市级层面专设一个处理家庭综合服务项目招投标的统筹协调部门，该部门可以由市区镇各级政府购买方主体组成，通过沟通协商、共识达成，然后研究采用统一采购平台、统一采购标准、统一采购指引的方式打破基层权力寻租行为和市场壁垒现象的发生，保证将相关专业服务事项交由具备条件、信誉良好的社会组织承担，使人民群众享受到丰富、优质、高效的社会工作专业服务。

2. 设置人才准入机制

目前家庭综合服务普遍存在专业性不足、人才流动频繁、社会认同度底等现象，导致上述现象出现的根源在于家庭综合服务缺乏基本的服务人员准入制度。目前家庭综合服务作为政府购买专业社会工作服务的创新模式，其专业性更多的是通过人员持证结构和学历结构来呈现，缺乏比较明晰规范的行业准入制度。证书和学历很多时候可以代表其掌握了该学科的"基本知识"，但并不能够直接与"专业能力"相提并论。因此，政府、行业协会都需要建构一套较为清晰明了、具体可操作的行业人员职业准入准则和指引，尤其是在职业操守和实务能力方面，予以更为严格、具体、翔实、可操作的限定和指引，提高行业准入门槛，净化行业人才队伍，避免鱼龙混杂的人员进入家庭综合服务行业，防止出现劣币驱逐良币的现象发生。

（四）健全家庭综合服务社工督导与培育机制

1. 健全家庭综合服务社工督导培育机制

健全督导人员培养、选拔、使用、考核、备案登记等机制，发挥督导在家庭综合服务素质提升方面的支持作用。行业协会要加大力度对社工督导工作的监督、管理和支持，注重通过评估这根"指挥棒"将督导制度的建立、督导工作的成效、督导人才的培育等纳入专业支持指标范畴，并将督导工作开展情况列入评估家庭综合服务项目运营专业性的重要维度参考。

2. 健全家庭综合服务社工人才培育机制

依据家庭综合服务不同层面的人才培育需要，从岗位能力分解，有针对性地进行培训课程设计，匹配合适的师资人员，注重实务、管理、研究、倡导能力的培育，不断优化家庭综合服务人才结构、激发人才活力。

（五）健全完善家庭综合服务人才激励机制

1. 建立家庭综合服务社工薪酬动态增长机制

目前，广州市新入职社工的薪酬待遇基本和其他行业持平，但入职 3~5 年以上社工的薪酬待遇上升空间有限，因此需要按照不同岗位或不同职级分类制定家庭综合服务人员薪酬指导标准，保证家庭综合服务专业人员整体薪酬水平不低于其他专业技术职称相平衡的薪酬福利待遇；建立薪酬标准动态增长机制。虽然广州市已于2010年出台有关社工薪酬待遇的指导性文件，但近七年来未曾根据经济社会发展需要进行适时调整，大部分家庭综合服务社工的薪酬增长缓慢，需参照物价涨幅指数和广州市社会平均工资做动态性的适时调整；提高家庭综合服务经费中用于人力成本支出的比重，充分考虑家庭综合服务项目的专业价值，予以专业人员贡献对等的薪酬福利；搭建社会工作经费多元筹措机制，改变项目经费过于依赖政府单一来源，多渠道保障家庭综合服务人员薪资水平，全面提升行业吸引力，为实现家庭综合服务素质的显著提升夯实人才基础。

2. 将家庭综合服务人才纳入广州市人才保障体系和相关人才建设计划

开展对行业领军人才、优秀工作者等选拔培养工作，对专业理念坚定、专业能力出众、服务对象满意的家庭综合服务人才予以奖励，探索将家庭综合服务的尖端服务人才纳入广州市高层次人才认定范围，进一步树立行业先进和典型，将家庭综合服务人员纳入各级劳动模范、先进工作者等评选范围，鼓励和支持家庭综合服务人员依法参政议政，注重家庭综合服务机构的党支部建设，并从家庭综合服务人员中筛选推荐党代表、人大代表和政协委员，让家庭综合服务人员拥有更为广泛的话语权限和平台。

（六）健全完善家庭综合服务服务评估机制

1. 进一步细化全市统一评估标准指引

当前的评估标准除了对运营管理（人力资源、基础运营、权益保障、沟通协调）评价有较为清晰的评估指标说明外，其他如总体服务评价、各领域服务质量评价等板块的评估指标说明都较为模糊。例如，在总体服务中有一个评估指标提及"总体服务设计体现的服务策略"，在备注中说明为"与购买方、合作方、资源提供方沟通合作，制定服务推进策略"，此种指引过于笼统概括，更多仰赖于评委的主观判断，人为性较强。

2. 进一步深化总体服务的推进

家庭综合服务第二个服务周期最重要的评估指引创新在于强化了对家庭总体服务评价的要求，改变了过往碎片化的服务评价，推动了家庭综合服务以社区为本，把解决社区问题和推动社区发展作为家庭综合服务工作的核心取向。因此，需要继续从宏观（总体服务）、中观（社区专案）等方面深化家庭综合服务总体服务的规划和成效。

3. 继续完善社会观察员制度

通过邀请多位省市党代表、人大代表、政协委员、民主党派人士加盟到家庭综合服务评估观察员团队，进而形成多元参与的观察员监督机制，促进评估工作的不断改善，但在实际操作过程中，如何能够保证真正落实观察员参与，激励全社会关注家庭综合服务发展是需要后续进一步思考和完善的。

4. 减少政府对第三方评估的干预和介入

取消政府部门对于评估的分值比重，保证评估主体（第三方）的独立性和评估程序的独立性。

（审稿人：涂成林）

B.9
广州青年对党的十九大的
关注度和需求调查

孙 慧[*]

摘　要：　本报告分析了广州青年对党的十九大报告的看法和期待，以
　　　　　及他们目前最迫切的需求。研究发现，广州青年关注党的十
　　　　　九大，政治参与积极向上；关注党的十九大的方式多元，对
　　　　　党的十九大后国家发展前景充满信心；重视住房、教育、就
　　　　　业等问题，向往"收入增长和经济发展同步"的"美好生
　　　　　活"。同时还发现，广州青年存在"住房难""创业难"等问
　　　　　题；广州志愿服务制度化建设任重道远；群团组织存在形式
　　　　　主义严重等问题。最后，本文在实证调查的基础上，结合目
　　　　　前工作实际，提出了更好地服务青年、满足青年需求的具体
　　　　　措施。

关键词：　广州青年　志愿服务　群团改革

党的十九大闭幕后，广州市团校、广州市穗港澳青少年研究所即着手开展
"广州青年对党的十九大的关注度与需求"调查，调查对象为全市 18～35 岁
的在职青年与大学生。课题组共发放 550 份调查问卷，回收有效问卷 510 份，
有效回收率达 92.7%。其中，男性青年 236 名，占比 46.3%，女性青年 274
名，占比 53.7%；在职青年 329 名，占比 64.5%，大学生 181 名，占比

---

* 孙慧，硕士研究生，广州市团校、广州市穗港澳青少年研究所助理研究员。研究方向为青少
年问题、青年志愿服务、青年热点现象。

35.5%。本次调查研究的重点是广州青年对党的十九大报告的关注和期待，以及他们目前最迫切的需求，倾听最"接地气"的呼声，在此基础上，结合工作实际，提出更好地服务青年、满足青年需求的对策建议。

一 调查结果与分析

（一）广州青年对党的十九大的关注和期望

1. 九成以上青年关注党的十九大，政治参与积极向上

调查结果显示，有96.9%的青年关注党的十九大，其中八成以上的青年比较关注或很关注，14.2%的青年不太关注，完全不关注的只占3.1%。与"对十八届三中全会的关注度"相比，"很关注"的比例提高了10.3个百分点，"比较关注"的比例提高了16.2个百分点，"不关注"的比例降低了16.7个百分点，"不太关注"的比例降低了9.9个百分点（见图1）。这表明广州青年对国家政治的关注度越来越高，政治参与积极性增强，对于国家改革发展大事比较关心。

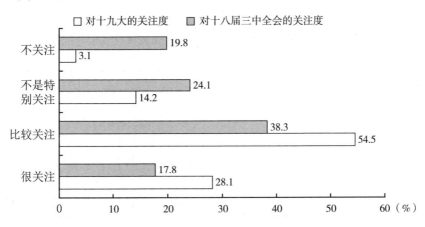

图1 广州青年对党的十九大与十八届三中全会的关注度比较

比较而言，男性青年和在职青年对十九大的关注度高于女性青年与大学生群体。具体来看，男性"很关注"的比例比女性高7.2个百分点，女性"不是特别关注"的比例比男性高8.7个百分点；在职青年"很关注"的比例比

大学生高 30.7 个百分点，大学生"不是特别关注"的比例比在职青年高 20.3 个百分点（见表 1）。

表 1　不同群体对党的十九大的关注度

单位：%

选项	性别		职业类型	
	男	女	在职青年	大学生
很关注	32.6	25.4	39.6	8.9
比较关注	54.6	54.0	52.8	57.2
不是特别关注	9.3	18.0	6.9	27.2
不关注	3.5	2.6	0.6	6.7
合计	100.0	100.0	100.0	100.0

2. 关注党的十九大的方式多元，对党的十九大后国家发展前景充满信心

在对党的十九大的关注方式上，有四成以上的青年通过观看开幕式关注；有 37.4% 的青年通过微博、微信了解；有 9.7% 的青年通过看时事评说的方式了解党的十九大会议内容；还有 9.7% 的青年则通过看报纸杂志等和跟朋友聊天等方式关注党的十九大（见表 2）。

表 2　广州青年关注党的十九大的方式

单位：次，%

选项	频数	有效百分比
观看开幕式	172	41.7
通过微博、微信了解	154	37.4
看报纸、杂志等	25	6.1
看时事评说	40	9.7
跟朋友聊天	15	3.6
其他	6	1.5
合计	412	100.0

从调查了解到，男性、在职青年更倾向于通过观看开幕式的方式关注党的十九大，其中男性 45.2%，女性 38.8%；在职青年 51.7%，大学生 22.4%。女性、学生群体则更多的通过微博、微信了解党的十九大，其中女性 43.4%，男性 29.6%；大学生 54.5%，在职青年 29.2%（见图 2、图 3）。

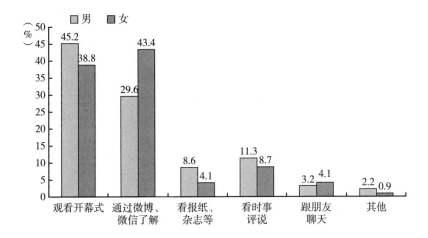

图2 男女青年关注党的十九大的方式

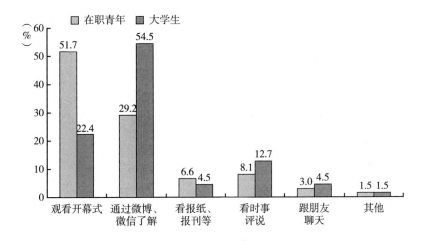

图3 不同群体关注党的十九大的方式

在落实党的十九大报告内容的信心程度方面，有98.8%的广州青年对落实党的十九大报告内容表现出了较大信心，其中33.7%的人表示非常有信心，52.3%的人比较有信心，表示信心不足的人只占1.2%。这些数据表明，广州青年对落实党的十九大报告内容充满了憧憬，并对国家改革与发展显现出了高度的信心。这种信心，既表达了当代青年对党和政府的高度信赖和高度一致的未来诉求，也将成为国家未来发展的一股巨大推动力量。

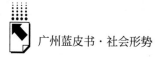
3.重视住房、教育、就业等问题，向往"收入增长和经济发展同步"的"美好生活"

民生问题无小事。历届党和国家领导人都把改善民生，满足人民生存与发展需求作为治国理政的要务。调查发现广州青年最关注的问题是住房问题，为54.1%；其次是教育问题，为48.1%；就业问题排名第3位，为43.9%（见图4）。

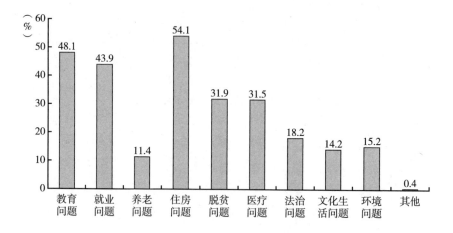

图4 广州青年关注党的十九大报告内容（多选）

比较而言，女性青年、大学生更加关注就业问题，男性为34.8%，女性为50.4%；在职青年为37.2%，大学生为55.1%。男性青年、在职青年则更关注住房问题，男性为58%，女性为50%；在职青年为72.8%，大学生为21.3%（见表3）。

表3 不同群体关注党的十九大报告内容（多选）

单位：%

选项	性别		职业类别	
	男	女	在职青年	大学生
教育问题	47.8	48.9	42.3	59.6
就业问题	34.8	50.4	37.2	55.1
养老问题	12.5	10.9	13.1	7.9
住房问题	58.0	50.0	72.8	21.3

选项	性别		职业类别	
	男	女	在职青年	大学生
脱贫问题	29.9	33.1	26.9	42.1
医疗问题	30.8	32.0	35.6	24.2
法治问题	22.3	15.0	17.3	19.7
文化生活问题	12.1	16.5	15.1	12.9
环境问题	15.6	15.0	14.4	16.3
其他	0.4	0.4	0.3	0.6

在对"美好生活"的理解上,有74.5%的受访青年选择"收入增长和经济发展同步",52.9%的受访青年选择"住房保障制度进一步完善",37.6%的人选择"医疗费用降低",还有37.2%的人认为"就业创业机制不断健全"为美好生活(见表4)。这与青年关注的问题相一致。

表4 广州青年对"美好生活"的理解(多选)

单位:%

选项	占比
收入增长和经济发展同步	74.5
就业创业机制不断健全	37.2
住房保障制度进一步完善	52.9
医疗费用降低	37.6
医保覆盖面扩大	9.5
政府职能进一步转变	4.8
城乡基本养老保险制度得到健全	9.3
年迈父母异地养老问题得到解决	10.3
青年发展环境得到优化	13.9
环境问题得到有效治理	12.9
其他	0.8

以上可以看出广州青年更希望自己可以拥有足够的经济能力支付生活、医疗费用,希望自己的生存可以进一步得到保障,希望我国的各项制度更加健全与完善。"父母异地养老"这一新情况开始出现在青年的考虑范围之内,并影响着青年的人生选择。

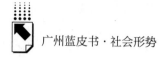

（二）广州青年主要需求

调查发现，广州青年对党的十九大会议的关注和期望主要分为两个层面，即个人社会经济地位的改善和社会民生领域的改革。对于青年人来说，要实现个人社会经济地位的改善，必须有好的就业创业环境作为支撑；要促进社会民生领域的改革，必须借助组织的力量，增加社会参与，因为只有有效的社会参与才能更好地推动各项社会改革措施的落地。基于以上考虑，笔者结合广州青年对落实党的十九大会议内容的期待和共青团组织工作的实际，重点从就业创业、志愿服务、群团改革等角度出发来剖析当前广州青年的主要需求状况。

1. 缺乏启动资金、社会经验不足是青年人创业面临的最大困难

青年期是一个人一生当中体力、精力最旺盛的时期，青年人的学习能力、创造能力最强，思维最活跃，对新知识、新技术的掌握速度最快，青年人理应成为创业大军的主力。然而青年人缺乏足够的经验和资金积累，这又使得他们在激烈的市场竞争中处于弱势地位，在创业的过程中也会面临形形色色的困难。调查发现，广州青年创业过程中面临的最大困难为启动资金短缺，其次为社会经验的不足，管理经验不够和信息渠道不畅也成为青年创业道路上的主要障碍（见图5）。

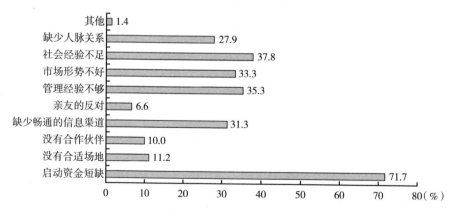

图5 广州青年认为创业面临的主要困难

2. 放宽贷款政策是改善青年就业创业环境的重要途径，"通过创业孵化基地进行系统的就业创业培训"是广州青年的共同心声

面对目前的就业创业环境，青年人希望政府可以从多方面着手改善青年就

业创业环境，比如放宽贷款政策、解决创业"资金难"问题（62.9%）；提供最新就业创业讯息，当好青年就业创业的"风向标"（47.2%）；无偿或低价有偿提供创业场地，解决创业"场地难"问题（46.4%）；开设创业教育培训、提升青年就业竞争力（46.2%）；放宽新企业的审批及简化审批的程序（41.3%）等。从结果来看，放宽贷款政策、拓宽融资渠道有助于缓解创业营运成本较高的问题，放宽新企业的审批及简化审批的程序可以解决审批办事手续烦琐问题。

在就业创业培训方面，广州青年期待的就业创业培训方式呈现多元化特点，既希望通过网络视频教学，也希望以通过成功人士传授经验的方式来进行等。具体来看，广州青年最认可的方式是通过创业孵化基地进行系统培训（49.2%），其次是请创业成功人士传授经验（21.1%），再次是网上视频教学（14%）。

3. 志愿服务参与动机多元，以"担当社会责任"与"实现自我成长"为主

青年人参加志愿服务既有体现社会价值的需求，比如帮助他人、关怀社会、服务社会、履行公民责任等，也有一部分是受个人利益所驱动，如丰富经验、培养组织及领导才能、拓宽人际社交、获得相应的奖励和优惠政策等。本次调查发现，广州青年参加志愿服务的主要原因一是"帮助有需要的人，回应社会需要，实现社会责任"（65%），二是"学习技能，丰富个体体验，实现自我成长"（60.1%），三是"结识朋友，拓展社交圈子"（45.3%）（见表5）。

表5　广州青年参加志愿服务的主要原因

单位：%

选　项	占比
帮助有需要的人,回应社会需要,实现社会责任	65.0
学习技能,丰富个体经验,实现自我成长	60.1
结识朋友,扩展社交圈子	45.3
可以为未来工作做准备/有利于职业顺利开展	28.5
我的朋友(同学)参加志愿服务	9.3
参加志愿服务可以让我快乐,忘掉烦恼	27.3
我能够根据服务时数获得奖励(如志愿者证书、证明书等)	9.3
没参加过	2.8
其他	0.2

4. 及时了解群众需求，帮助群众更好地维护权益是广州青年对群团工作的期待

作为工、青、妇等群团组织，要用群众工作的方法来开展群众工作，群众工作方法的核心是组织群众去做群众工作，动员群众去服务群众、教育群众。因此，了解青年对群团组织工作的看法和评价，将青年想法融入群团组织的实际工作之中，推动群团改革是相当有必要的。

二 研究发现的突出问题

（一）"住房难"现象凸显，住房问题成为青年的一大"心病"

近年来，房价上涨成为全国各个城市的共同现象，过高的房价超出了普通消费者，尤其是刚迈入社会参加工作的青年群体的支付能力。2016 年"广州青年发展状况研究"的调查数据显示，拥有自有产权房的青年每月住房支出占收入的 45.3%；租房的青年每月住房支出占收入的 24.4%。在本次研究中笔者发现，广州青年最关注的党的十九大报告内容即为"住房问题"，有三成左右的青年明确表示目前最迫切的需求是"有自己的住房"，68.8% 的青年迫切需要增加收入，这也与青年"住房难"问题间接相关。

（二）项目设计不够新颖、参与途径单一，志愿服务制度化建设任重道远

党的十九大报告提出，要推进志愿服务制度化建设。研究发现，广州青年认为目前志愿服务存在项目设计不够完善、参与路径比较单一等问题。因此，在推进志愿服务制度化建设方面，有 45.7% 的青年人认为需要"优化项目设计，丰富活动内容，创新活动形式"；有 40% 的人认为"增加志愿服务报名渠道，拓宽青年参与路径"；分别有 38.2% 的人认为应该"完善组织制度，规范志愿服务的管理和评价体制"或"加强志愿者技能培训，提高志愿者素质"；有 35.4% 的受访青年则较为关注志愿服务队伍的能力建设，主张引入专业社工人才；34% 的人认为应该从"完善志愿者激励机制，激发其活动积极性"方面着手推进志愿服务制度化建设；还有 29.8% 的人认为应该"搭建志愿服务'供需'对接平台，畅通服务供给渠道"。

（三）群团组织存在形式主义严重、体制不畅等问题

调查发现，广州青年认为目前群团组织存在的最大问题是形式主义严重（49.4%）；并且体制不够顺畅，机制不够灵活（47.4%）；42.3%的受访青年则觉得群团组织的服务大局水平不高，关注面过于狭窄；同时还存在着工作时效性差、效率低下（35.1%）与脱离群众（30.2%）等问题。在广州青年看来，为了更好地联系与服务群众，工、青、妇等群团组织第一步要做的就是"及时了解群众需求，制定真正符合群众需求的改革方案，帮助群众更好地维护他们的权益"（63.2%），二是"加强队伍建设，在社区等基层建立专门的群团工作部门"（44.3%）；三是"开展各种志愿服务，持续关注和帮助弱势群体"（37.9%）。

（四）"启动资金短缺"成为青年创业路上最大"绊脚石"

党的十九大强调以创业带动就业，实现更高质量和更充分就业。本次调研显示，就业创业是青年的基本需求，有七成左右的广州青年目前最迫切的需求是增加收入，而提升就业质量，推动创新创业无疑是提高青年收入的重要途径。与此同时，广州青年的就业创业面临诸多困境，一是启动资金短缺（71.7%），青年自我积累有限，大多缺乏创业的"第一桶金"，他们迫切希望政府能在税收、贷款等政策层面优化青年创业的环境；二是缺乏社会经验（37.8%）和管理经验（35.3%），缺少畅通的信息渠道（31.3%），他们希望政府和共青团组织能通过创业孵化基地的建设提供系统的就业创业培训。

三 对策与建议

（一）租住并举，分层分类解决青年住房难问题

1. 出台针对大学生或职场新人的"流动性租约"

租客在 12 个月内可以自由选择是否继续租住。这种租约无须缴纳任何押金，主要是为有短期住房需求的大学生、正在接受职业培训者、学徒工、实习生或其他工作尚不稳定的人士提供更便捷的租房方式。

2. 打造单身青年公寓

青年公寓主要提供给有一定工作年限，且在工作地没有自有产权房的单身青年；公寓租金低于市场价，由政府给予一定的财政补贴。

3. 推出青年住宅

以低于市场商品房的价格卖给满足一定条件的青年，若要脱手转卖，政府以原价买回，经过整修后再回流市场，与自由市场脱钩。

（二）推进志愿服务项目化，加快志愿服务制度化建设

1. 引入专业力量，提升志愿服务"专业化"水平

探索完善"社工＋志愿者"联动机制，发展壮大志愿服务专职社工队伍，鼓励和支持优秀志愿者骨干转型成为专业社工，推动社会工作专业理论、实务技巧与志愿服务的融合，带动志愿服务水平提升。加大"管理型志愿者"培养力度，全面推行"志愿者人力资源小组"管理模式，提升志愿者组织精细化管理水平，增强组织凝聚力、行动力。发挥行业主管部门优势，组建专业志愿服务队伍，吸引专业人才参与志愿服务，拓宽专业服务领域。

2. 积极完善志愿服务激励措施，吸引志愿者持续参与志愿服务

完善志愿服务激励措施，对志愿者持续性地开展志愿服务有很好的促进作用。一套完善的志愿服务激励措施，既要给予物质方面的支持，也要注重精神层面需求的满足。在物质支持方面，可以以市政府的名义，探索出台广州志愿服务激励政策，建立起全市统一的标准化激励体系，保障志愿者在医疗保障、社会救助、招工招生、公共服务设施使用等方面所享有的优惠待遇，还可以对突出的志愿者个人设立专项的物质奖励。在精神激励方面，要彰显人本化理念。可以通过评选、表彰先进志愿者，强化星级志愿者权威认定等方式增强志愿者参加志愿服务的荣誉感、自豪感。

3. 进一步优化项目设计，创新活动形式

活动不要形式主义，最好的活动是大家都希望参加的活动，所以活动一定要具有深刻的现实意义，更要贴近生活。一是从被服务对象的角度来考虑，被服务对象所接受的服务活动一定要能够满足其自己的需求，对其自己的生活有所帮助。这就要求组织者在组织志愿服务活动时，要提前调查服务对象的需求，以达到活动的最优效果。二是活动要创新，有特色。应将重点

志愿服务项目与社会热点结合，以多项内涵深刻、生动形象的工作品牌为平台，凝聚志愿服务力量，服务社会需求，并加大宣传力度形成积极的品牌效应，突出自己的特色。三是强化项目管理和项目库建设。注重结合服务对象所需，进行专业化和精细化设计，加强项目征集、开发、展示和合作等工作，探索建设各级各类志愿服务项目库和项目超市，适时开展项目交流和展示活动。

（三）知需求、干实事，促进共青团参与社会治理

1. 建设青年参与社会实践的社区活动阵地

推动街（镇）投入工作经费建设社区青年活动中心，为青年人参与社会实践提供活动阵地，改善基层青年参与社区服务渠道单一的现状，尤其需要建立一套管理制度。可参照"青年地带"的模式，在城乡统筹的基础上建立起整合体制内和体制外资源的运行机制，实现党团对基层青年的有效凝聚和引导。

2. 完善青年公共服务需求的表达机制

建议以"智慧党建""智慧团建"为契机，打破以往自上而下的需求表达机制，通过用好微博、微信、微视等具有蓬勃生命力的互联网工具，直接倾听青年呼声，完善以青年实际需求为导向的公共服务表达机制。

3. 大力支持共青团参与基层社会治理

（1）增强基层工作力量，延伸工作手臂。重点落实专职团干部的配备政策，严格按照基层青年人数科学确定专职团干的配备比例，配齐、配强镇（街）团工委班子。同时，建议出台政策，按照青年人数的一定比例在镇（街）配备青少年事务社工，作为基层团组织工作力量，青少年事务社工由区团委统一管理，由镇（街）团委负责使用、考核。

（2）强化团组织主导青少年事务领域的能力。建议各级团组织在党组织的带领下强化服务青少年的功能，使之成为连接政府与社会组织的枢纽，成为政府向社会组织配置为青少年服务的端口。在当前的政府购买服务体系总体不变的前提下，推动共青团"整体打包"承接政府青少年事务，从体制上建立"财政、民政—团组织—服务青少年类社会组织"的购买服务体系。

（四）创新青年人就业创业机制，服务好青年就业创业

1. 链接多方资源，做青年创新创业的资源整合者

建议由共青团牵头建立城乡青年创业扶持的筹融资平台，吸引社会资金和企业资金参与，为青年人创业和二次创业提供启动资金和发展资金，扶持青年创业项目。打造"互联网＋"时代线上线下对接服务平台，畅通创业信息交流。开发完善青年创业综合服务 App，为创业者、投资者、企业家搭建线上平台。

2. 集聚多种手段，做青年人创新创业实践的推动者

建议继续加强广州青年创业学院、青年就业创业孵化基地等阵地建设，服务青年创业社会化实践，促进青年创业社会化与组织化。为申请创业的青年人办理"创业青年卡"，护航青年创新创业。持"创业青年卡"可享受信贷绿色通道、政府贴息优惠和减免利息等优惠政策；发卡者可以要求创业青年人及时更新创业资料，以便及时掌握创业青年人的创业情况，为他们提供跟踪服务。加强对创业大赛获奖项目的跟踪指导服务，打响打亮创业大赛品牌，使一些项目真正得到落实，将成果转化为落地的产品。

（审稿人：贺忠）

B.10
社会融入与可持续参与*

——以广州青年志愿者比较研究为例

广州大学广州发展研究院课题组　执笔：刘思贤**

摘　要： 2016 年底，笔者对 1200 名 15～35 岁青年人进行问卷调查。结果显示，"重在参与"是当前青年群体对志愿服务的主要态度，长期可参与青年志愿者活动的比例较低；青年志愿者参与动机呈现多元共生态势，不同志愿者参与动机有显著差异；"没有时间"是影响青年群体参与志愿服务的最大阻力。因此，笔者建议未来对于青年群体志愿服务的组织动员一是要加强青年志愿者梯队建设，深化志愿服务专业化培训。二是要正确对待志愿者不同动机，推动青年志愿服务资源联动与整合。三是要改善志愿服务环境，提供便利，优化青年人参与志愿服务的条件。四是要规范志愿服务管理模式，保障青年志愿服务常态化稳定发展。五是要"连横"青年志愿服务信息平台，优化青年志愿服务渠道。

关键词： 广州　青年人　志愿者

* 本课题系广东省高校人文社科重点研究基地广州大学广州发展研究院、广东省教育厅"广州学"协同创新发展中心、广州市高校"城市文化安全与文化软实力研究创新团队"研究成果。

** 课题组组长：谭苑芳，博士，广州大学广州发展研究院副院长、教授。课题组成员：刘思贤，广州学协同创新发展中心特约研究员，广州市团校助理研究员；欧阳知，广州大学广州发展研究院特聘教授、广州市广州学与广州大典研究会会长；彭晓刚，广州大学广东发展研究院特聘研究员；陈彦旸，广州学协同创新发展中心特约研究员，编审；曾永辉，博士，广州学协同创新发展中心特约研究员；李佳曦，广州大学广州发展研究院科研助理。执笔：刘思贤。

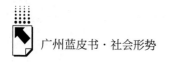

一 研究背景

中共中央、国务院印发的《中长期青年发展规划（2016～2025年）》（以下简称《规划》）指出："党和国家的事业要发展，青年首先要发展。"当前，在我国青年人成长发展迫切需要关注的核心权益中，社会融入与社会参与是青年人发展面临的重要课题。过去10年，由北京奥运会掀起的青年志愿者之风遍及全国。青年志愿服务已经成为青年工作的重要抓手。广州志愿者行动指导中心管理系统数据显示，截至2016年末，广州志愿服务阵地活跃着11.4万名志愿者，服务市民高达280万人次，服务领域涵盖扶老助残、环保宣教、青少年教育、外来工子女关爱等等。① 青年志愿服务已经成为塑造广州城市精神和构筑城市文化的重要组成部分，是新时期依靠群众、发动群众、服务群众的新模式。

曾经以"70后、80后"为主体人群的青年志愿者现已逐步过渡至"90后、95后、00后"。因此，为及时了解最新广州青年志愿者参与状况，笔者对"恒常志愿者"与"非恒常志愿者"进行了比较分析。② 在此次实证研究中，笔者采用分层抽样与滚雪球抽样相结合的方法共发放问卷1200份。同时，根据志愿者参与频率以"恒常志愿者"与"非恒常志愿者"作为抽样标准，在中学生、大学生、在职青年群体中按"恒常志愿者"与"非恒常志愿者"进行分类调查。最后经过检验确定最终有效问卷927份，有效回收率为77.25%。

二 研究发现

近几年的连续调查证实，青年群体当之无愧是志愿者队伍的主要构成部分。广州作为中国内地志愿服务的始发地，在2010年广州亚运会之后，青年志愿者人数更是持续上升。

---

① 《2016年市志愿者行动指导中心上半年工作总结》，2016年7月。
② 恒常志愿者是指在过去三个月中，平均每月至少参与一次志愿服务。非恒常志愿者是有参与志愿服务，但参与时间、方式并不固定。

（一）基本分析

从整体上看，本次受访志愿者平均年龄为 22.6 周岁，从代际来看，七成以上志愿者都属于"90 后"。其中，71.5% 是"大专、大学本科"学历，"硕士及以上"占 15.2%，表明当前广州青年志愿者受教育程度普遍较高。在职业上，参与最多的是在校学生，占 63.1%。而在职人群中，专业技术人员（9.7%）、普通公司职员（7.3%）、社会组织工作人员（5.0%）占比居前三位。

从户籍上看，参与志愿服务最多的是广州城镇户籍青年志愿者，占 37.4%；以下依次是外地农村户籍的占 34.1%，外地城镇户籍的占 24.7%，广州农村户籍志愿者仅占 3.8%。

比较"恒常志愿者"与"非恒常志愿者"来源，笔者发现虽然城镇户籍青年志愿者人口基数大，但在恒常志愿者中，比例最高的是外地农村户籍青年，占 42.4%；以下依次是广州城镇户籍青年，占 28.8%；外地城镇户籍青年，占 25.2%。而非恒常志愿者中参与最多的是广州城镇户籍青年，占 41.6%，外地农村户籍青年也高达 30.0%（见表1）。经检验，恒常志愿者与非恒常志愿者的户籍情况存在显著的差异（$X^2 = 18.107$，$P < 0.05$）。外地农村户籍青年对志愿服务的认同和参与度比较高。

表1　恒常志愿者与非恒常志愿者的户籍分布

单位：%

户籍类型	非恒常（N = 620）	恒常（N = 302）
广州城镇户籍	41.6	28.8
广州农村户籍	3.9	3.6
外地城镇户籍	24.5	25.2
外地农村户籍	30.0	42.4

在婚姻状况上，有 86.4% 的志愿者是"未婚单身"，结婚后仍能参与志愿服务的占 13.6%。比较而言，恒常志愿者中未婚比例高达 91.0%，非恒常志愿者中占比为 84.7%；已婚的恒常志愿者仅占 9.0%，非恒常志愿者占 15.3%，恒常志愿者与非恒常志愿者在婚姻状况上存在显著差异（$X^2 = 6.889$，

$P < 0.05$）。可见，单身、未婚青年倾向于经常性参与志愿服务，而已婚青年，恒常志愿者比例显著下降。此外，在恒常志愿者与非恒常志愿者比较中，独生子女状况存在显著差异（$X^2 = 6.503$，$P < 0.05$），非独生子女的恒常志愿者比例远远高于独生子女的恒常志愿者，家里"至少有1个兄弟姐妹"的恒常志愿者占71.9%，而是独生子女的恒常志愿者仅占28.1%。

（二）问题分析

1. 青年志愿服务以"重在参与"为主，恒常志愿者比例较低

数据显示，在受访者中有39.0%的人未在过去三个月中参与过任何志愿服务，28.2%的志愿者每月参与少于1次，22.6%的志愿者每月参与1~2次，仅有10.2%的志愿者每月参加3次及以上。本次研究将"没有参与"和"每月少于1次"的志愿者归为非恒常参与者，将"每月1~2次"、"每月3次及以上"的志愿者归为恒常参与者。按上述标准划分，非恒常青年志愿者占比为67.2%，恒常青年志愿者占比为32.8%。

2. 青年志愿者参与动机呈现多元共生态势，恒常志愿者参与动机强于非恒常志愿者，部分动机有显著差异

进一步测量各种动机之间的关系，通过 Pearson 线性相关测量得出，各种动机之间具有强烈正向相关关系。即一种动机的增长必然会带动其他动机的增长，一种动机的降低必然也会使其他的动机相对降低。

经过 T 检验，恒常志愿者与非恒常志愿者在自我保护型、职业生涯型、学习理解型、自我增强型动机上存在显著差异（$P < 0.05$）。对于"恒常志愿者"参与动机的排序依次是"学习理解""价值观表达""自我增强""职业生涯""自我保护""社交"；对于"非恒常志愿者"参与动机排序则分别是"价值观表达""学习理解""自我增强""社交""职业生涯""自我保护"（见图1）。从第一选择的动机来看，"恒常志愿者"与"非恒常志愿者"参与志愿服务的动机选择与价值追求有显著区别。对恒常志愿者而言，更加注重通过志愿服务带来个人的成长与发展，而非恒常志愿者更强调志愿服务对他人的帮助与奉献。

3. "没有时间"是影响青年参与志愿服务的最大阻力

本次问卷调查发现，"没有时间"（63.6%）、"服务地点太远，不方便"

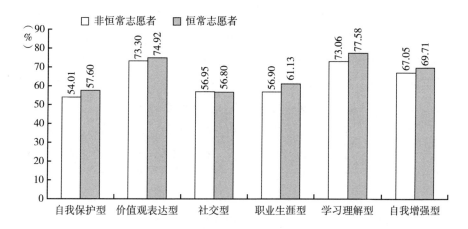

图1　恒常志愿者与非恒常志愿者志愿服务动机比较

（53.6%）、"所属的服务机构的安排不完善"（48.3%）、"难以获得志愿服务的相关信息"（47.6%）成为阻碍志愿者参与志愿服务的主要因素。比较"恒常志愿者"和"非恒常志愿者"的主要阻碍因素，结果显示"没有时间"依然是阻碍参与志愿服务的首要因素，"所属的服务机构的安排不完善"也成为志愿者放弃参与的主要理由，两类志愿者都提到"难以获得志愿服务的相关信息"造成了志愿者参与热情下降，而"需要长期参与"成为"恒常"与"非恒常"的分水岭（见表2）。

表2　阻碍参与志愿服务的原因比较

选　项	恒常（N=609）	非恒常（N=301）	T检验
没有时间	3.74	3.56	2.531*
需要额外花费金钱	3.00	2.90	1.402
社会对志愿者的尊重和理解不足	3.19	3.16	0.349
所属的服务机构的安排不完善	3.45	3.24	3.126**
与其他志愿者关系不好	2.59	2.50	1.343
难以获得志愿服务的相关信息	3.43	3.21	2.915**
服务地点太远，不方便	3.55	3.38	2.522*
需要长期参与	3.31	3.04	3.983**

注：* 显著度<0.05，** 显著度<0.01。

对处于成年早期的大多数青年人来讲，将"志愿服务作为一种生活方式"长期坚持下去是一种不确定的选择，而信息不对称或信息滞后、缺失也会造成志愿者参与热情下降。志愿者"已参与服务类型"与"最希望参与服务类型"之间的现实与个人期望差异较大，"已服务对象"与"最希望服务对象"之间也呈现出"严重不符"，"现实与期望不符"极大地影响了青年志愿者的参与心态和持续动力；这些阻力向常规志愿服务项目设计、培训、执行、评估提出新的挑战，如何提高志愿服务参与满意度、缩小服务现实与期望的差距成为急需解决的问题。

三 对策建议

参与志愿服务既体现出青年的公民身份，也表达着青年的价值取向，并反映出青年的生活品质与生活方式。青年人可塑性强，因此给予青年志愿者何种引导就显得尤为重要。

（一）加强青年志愿者梯队建设，深化志愿服务专业化培训

"95后"志愿者已开始进入成年早期，即将开始或正在经历社会化过程，其社会参与活跃度高，正值最佳培养时期。同时，"95后"广州青年普遍受教育程度较高，素质基础好，不受宗教信仰与否的限制，不受独生子女与否影响，且超过八成还属于"未婚单身"的自由人身状态，在未来5~10年他们都将成长为广州志愿服务的有生力量。

有过半志愿者在调查中表达了倾向于"参加常态化"的志愿服务小组，但在志愿能力与素养方面，受访者也提出了应将志愿服务培训的主要内容聚焦在志愿服务专业性与志愿者素质上。这就要求专业的志愿服务培训人员要尽快研发出符合新时期志愿服务特点与特色的培训项目，做好青年志愿者培训引导。深化志愿服务专业化培训，将成为维系"恒常志愿者"强有力的助力剂。

（二）正确对待志愿者不同动机，推动青年志愿服务资源联动与整合

调查显示，广州青年参与志愿服务的动机愈来愈多元，"社交型""职业生涯型""学习理解型"等参与动机的提升再次证明当下年轻人不只是出于对

志愿精神的认可而参加服务，也交织着"为了自我发展"的行为动机。一个负责任的志愿服务项目不仅能够让志愿者的努力和成就得到认同，个人亦有所成长和提升，最终实现自我价值与自我发展。

必须让青年人意识到"个体的自我实现离不开社群与社会"。若想更好地调动青年人，就必须发动青年群体所在的组织，从组织角度联系发动青年人积极参与志愿服务。而青年人所在组织的加入，也将极大地促进志愿服务的资源整合，促进志愿服务多元化发展。例如，在台湾志愿服务的主管部门是卫生福利部门，主要负责宏观统筹管理工作，它们将志愿者组织管理及使用权限下放到各级行政机关、事业单位、工商企业及社会专业组织等志愿者所在的单位，充分调动了各社会主体的主动性和积极性。同时，卫生福利部门每年对各行政机关志愿服务情况进行评比，完善组织激励机制。

（三）改善志愿服务环境，提供便利，优化青年人参与志愿服务的条件

在生活节奏日益加快、生活方式选择多样的情况下，怎样说服青年人挤出时间来参与志愿服务？有研究表明，志愿服务动机与志愿服务的收获越匹配，志愿者对其服务满意度越大，继续从事服务的意愿越强烈。因此，面对青年人提出的志愿服务"阻碍因素"，必须正视并想办法在微观工作中给予解决。比如，及时了解青年对志愿服务的个体化与多元化需求，努力创造多样性的志愿行动，实现助人与快乐并重；要尊重青年志愿者的个性特征与内在需求，开展与其参与动机相匹配的志愿服务项目，使青年通过志愿服务实现自我价值。

从宏观环境上，中央出台的《规划》也强调："要保障青年发展的经费投入，营造规划实施的良好社会环境。"关心、支持青年事业的发展，形成工作合力。要进一步传播推广志愿文化，优化志愿服务支持环境，无论是高校或是企业都可以将"从事志愿服务"纳入考核年轻人道德品质的重要参考值。强化志愿服务，将志愿服务内化为普通公民的日常生活行为，加强志愿服务文化建设，吸引"非恒常志愿者"持续参与。

（四）规范志愿服务管理模式，保障青年志愿服务常态化稳定发展

自 2016 以来，中国已正式颁布了《慈善法》《志愿服务管理条例》等志

愿服务相关法规，在此规范下，政府应该就相关细则、实施方式进行制度规范，应让"制度"在志愿服务管理中发发挥基础性作用。

1. 规范志愿服务管理

志愿服务管理包括志愿者组织注册登记、服务范围、管理、备案、志愿者组织优惠政策及激励保障等，要分阶段、具体化地设置各项相关措施，让青年在从事志愿服务过程中感受到"被认可"。例如，广州志愿服务激励机制，不仅需要每年举办"志愿服务表彰大会"，也需要将志愿服务与积分入户、就业创业优惠等政策挂钩，以此激励志愿者主动参与志愿服务工作。"形式化""表演型"的表彰方式已无法满足"95后"志愿者的心理需求，因此各级组织需尽快改善现有工作方式方法，切实激发当下年轻人参与志愿服务的热情，将激励机制与青年社会参与紧密联系起来。

2. 对志愿者组织和个人归口管理

要切实解决志愿者管理中的实际问题。例如，将组织诚信与个人诚信纳入志愿服务管理规范中去，缓解青年志愿者在参与志愿服务中可能面临的"组织、志愿者、服务对象三方信任不足""志愿者身份归口管理""志愿服务激励保障不统一"等相关问题。

（五）"连横"青年志愿服务信息平台，优化青年志愿服务渠道

综合"阻碍因素"分析，如果从全市或全省层面统一青年志愿服务时数登记、志愿服务信息查询、志愿者激励措施等志愿服务信息平台，打破"时间、空间"的局域性，可更有效地维系青年志愿者。以广州市为例，移动客户端、计算机客户端在线志愿服务信息平台成为青年参与志愿服务的重要信息渠道。广东省、广州市及部分志愿者组织皆有自己的志愿服务管理平台，因此一个志愿者组织为了更好地获取资源，需在多处注册组织信息，对许多志愿者而言，同样存在多平台注册登录志愿服务信息的问题。若能"连横"青年志愿服务信息平台，将很好减少志愿者组织处理信息工作时间，提升志愿者组织信息处理效率。

此外，通过考察台湾志愿服务信息平台发现，在台湾，若志愿者组织想要申报登记志愿时数，必须提前一年向有关部门报备。通过审核后，各组织将全年志愿服务计划进行公布，并开通报名渠道；所有辖区的在册组织及联系方式

均可在平台上查询；活动方案、志愿报名表等均可在平台下载同一模板。因此，建议在"连横"、规范各志愿服务信息平台的基础上，完善平台的时间搜索、地点搜索等引擎，并延长志愿服务活动信息时间维度，规范在册志愿者组织联系方式、报名渠道等。青年志愿者可以在统一的平台上提前调整时间、"就近就便"做好志愿服务规划。

（审稿人：贺忠）

参考文献

[1] 丁元竹、江汛清：《志愿服务活动研究：类型、评价与管理》，天津人民出版社，2001。
[2] 谭建光：《志愿服务理念与行动》，人民出版社，2014。
[3] 甄智君：《我国城市社区治理模式比较研究——基于广州三个社区的分析》，中山大学硕士学位论文，2010。
[4] 史柏年、郭伟和：《社区治理》，中央广播电视大学出版社，2004。
[5] 韩雪梅、郑磊：《断裂与链接：青年工作阵地建设研究——基于"青年之家"基层服务型团组织阵地建设的实践》，《中国青年研究》2017年第8期。

B.11
高校教工党支部组织生活
实效性研究与建议*

—— 基于广州部分高校教工党支部组织生活分析

傅梅芳　叶路扬**

摘　要：　本报告通过对广州地区部分高校教工党支部组织生活的情况
进行调查，梳理了高校教工党支部组织生活存在的问题及原
因，进而提出增强高校教工党支部组织生活实效性的对策和
建议。

关键词：　广州　高校　教工党支部

　　高校教师党支部是教育、管理、监督和服务教师党员的基本单位，肩负着
人才培养、科技创新和社会服务的历史使命，对于把党的路线方针政策落实到
高校基层和推动高校改革发展都有重要意义。党的组织生活是党内政治生活的
重要内容和载体，严格党的组织生活是加强基层组织建设关键环节。因此，加
强高校教工党支部建设必须解决严格规范教工党支部组织生活这个关键问题。

一　高校教工党支部组织生活的现状

（一）调研概述

　　本次调研采用随机调查方式，调研对象为华南农业大学、华南师范大学、

---

　　*　本报告是广东省高校党建研究会 2017 年度党建研究课题（课题号：2017BKYB085）成果。
　**　傅梅芳，华南农业大学讲师，主要研究方向为高校基层党组织建设；叶路扬，华南理工大学
　　　马克思主义中国化研究专业在读博士，主要研究方向为技术哲学。

广东工业大学、广东外语外贸大学、广东财经大学 5 所在穗本科高校教工党员，通过随机发放问卷（含纸质问卷和在线问卷）、电话访谈、QQ 访谈、座谈会等多种形式进行数据搜集。其中，发放纸质问卷 200 份（每所高校发放问卷 40 份），回收 192 份，回收率 96%，有效 192 份，通过问卷星在线参与调查167 人。综合纸质问卷和在线问卷调研的情况，在参与调查的教工党员中，有教授职称的占 10%，副教授职称的占 32%，讲师职称的占 57.9%；学历是博士研究生的占 37%，硕士研究生的占 35.9%，本科的占 27%；年龄在 30 岁及以下的占 8.1%，年龄在 31～40 岁的占 42.1%，年龄在 41～50 岁的占40.1%，年龄在 51 岁及以上的占 9.7%；男教师占 46.8%，女教师占 53.2%（见表 1）。

表 1　调查对象基本情况

单位：%

选项		占比
职称	教授	10.0
	副教授	32.0
	讲师	57.9
学历	博士	37.0
	硕士	35.9
	学士	27.0
年龄	51 岁及以上	9.7
	41～50 岁	40.1
	31～40 岁	42.1
	30 岁及以下	8.1
性别	男	46.8
	女	53.2

（二）高校教工党支部组织生活的现状

党的十八届六中全会审议通过的《关于新形势下党内政治生活的若干准则》指出："党的组织生活是党内政治生活的重要内容和载体，是党组织对党员进行教育管理监督的重要形式。"通过调查，可以对广州高校教工党支部组织生活的情况有基本了解。

1. 组织生活的时间

从问卷调查数据统计结果来看，被调查者所在党支部每两周开展一次组织生活的占36.5%，每月开展一次的占56.8%，每两个月开展一次的占6.4%，两个月以上开展一次的占0.3%。在不能定期开展组织生活的主要原因中，组织生活开展时间难以协调的占47.9%，教工党员积极性不高的占15.6%，觉得组织生活意义不大的占28.1%（见图1）。

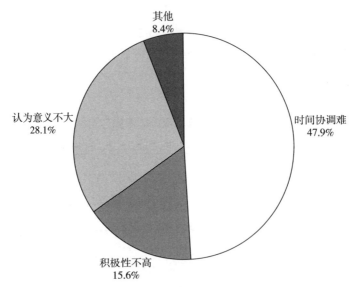

图1 不能定期开展组织生活的主要原因

2. 组织生活形式

在开展组织生活形式中（见图2），选择上党课或听报告占100%，组织讨论占49.7%，观看影视资料占23.7%，讨论科研学习占48%，文体活动占29.8%，外出参观学习占15.6%，开展志愿服务占7.5%。在最不喜欢的组织生活形式中，选择上党课、听报告等开会形式的占75.2%。

3. 组织生活内容

在组织生活有无相对固定的学习框架和学习内容的问题中，有固定学习内容的占46.2%。在学习内容方面，传达学习上级文件精神的占72.1%，学习先进人物事迹的占46.0%，能够结合本部门本单位的实际开展研讨的占19.5%。80.5%的被调查者表示上级党组织要求学什么就学什么。

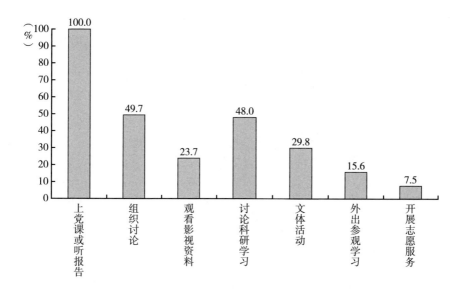

图2 开展组织生活的主要形式（多选）

4. 党员参与组织生活情况

能按时参加支部组织生活的占21.2%，只要有时间就参加支部组织生活的占72.1%，很少参加支部组织生活的占6.7%。因为遵守党的纪律、所在党组织规定的任务而参加组织生活的占65.2%，因为单位领导（院系领导、支部书记等）的威严而参加组织生活的占20.1%，自动、自愿希望有所收获提升的占10%。在影响参加组织生活的因素中（图3），组织生活时间与教学科研工

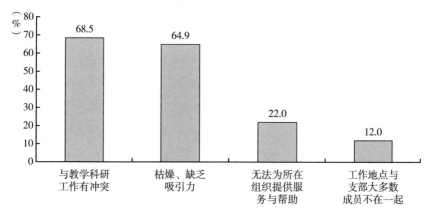

图3 影响参加组织生活的主要因素（多选）

作有冲突的占 68.5%，觉得组织生活枯燥、缺乏吸引力的占 64.9%，自己无法为所在组织提供服务与帮助的占 22.0%，工作地点与支部大多数成员不在一起的占 12.0%。

（三）组织生活效果评价

在党组织生活应该起到的作用中，认为教育提高思想觉悟的占 75.8%，为党员提供讨论时政热点平台的占 25.7%，连接支部成员的纽带、提高组织性的占 84.1%（见图 4）。在参加组织生活对自身的作用的调查中，认为完全起到作用的占 43.5%，认为作用一般的占 48.7%，认为没作用的占 7.8%（见图 5）。

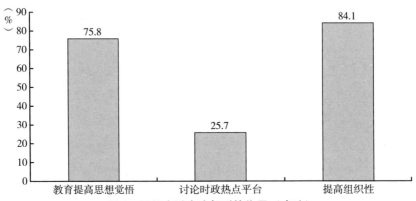

图 4　组织生活应该起到的作用（多选）

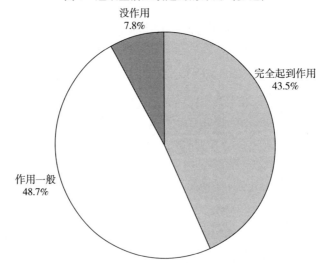

图 5　参加组织生活对自身的作用

二 高校教工党支部组织生活存在的问题及原因

综合调查数据和访谈、实地调研的情况可以知道，当前高校教工党支部组织生活总体上是好的，但也存在着组织生活不经常、不规范、不严肃、平淡化等问题。比如，有的党组织长时间不开展组织生活，有的党员游离于党组织之外，对党的组织生活缺乏正确认识等。

（一）教工党支部组织生活"党"味不浓、质量不高

这一问题主要表现在有的党支部用业务工作会议、科研会议代替组织生活会，存在"重学术、轻党建"的"两张皮"问题；党支部"说话没人听、开会没人来、工作难推进"等缺乏党组织号召力和凝聚力；有的党支部把组织生活等同于集体娱乐活动，缺乏严肃性和政治性。这些问题的存在一方面是高校二级党组织对基层党支部组织生活缺乏具体工作指导和监管，另一方面也是高校教工党员党性观念淡薄，忽略了高校教工党支部组织生活制度的本质和意义，忽略了高校教工党支部组织生活是锤炼高校教工党员党性修养、凝聚党心民心、推动高校改革发展的重要阵地。

（二）高校教工党支部组织生活随意

1. 主要表现

一是教工党支部组织生活时间安排上的随意性。党支部没有明确相对固定的时间作为组织活动的时间，普遍存在"三不"现象，即业务工作忙时不安排支部组织生活，上级不检查时不安排组织生活，寒暑假不安排组织生活。有的党支部甚至两个月以上才组织一次组织生活，有的支部召开支部大会没有提前通知党员，组织生活与教研活动和部门例会交织混合，导致有的党员往往是在"临时"状态下"被"参加组织生活，有的规定了党日活动时间，却经常被其他工作占用，导致党日活动时间短，敷衍了事。二是组织生活的内容安排没有近期规划和长远规划，普遍存在上级有通知要求学习的，就通过开支部大会组织学习，活动多为"规定动作"，少有"自选动作"。三是组织生活会会风不严格，有的党支部没有建立登记考勤制度，有的党员参加组织生活会在会

上做与会议无关的事情等。

2. 高校教工党支部组织生活随意性产生的原因

一是学校党委和总支对基层党支部严格党组织生活制度情况的监督检查和考核评价执行不力。二是党支部书记号召力和凝聚力不够。高校的学术带头人、系主任等往往因为科研和教学任务繁重而不愿担任支部书记，或者担任支部书记只是"挂名"，党支部事务性工作主要由年轻教师承担；而年轻教师由于经验和资历不足，开展工作时难以调动其他教工党员的积极性。三是党支部书记缺乏党务工作经验。高校教工党支部书记特别是院系的教工党支部书记都是学术和业务出身，鲜有党务干部出身的，大多数都不熟悉党务工作规律。四是有的党支部设置得不科学不合理，党支部没有充分发挥教工党小组的作用和功能。

（三）高校教工党支部组织生活内容和形式缺乏创新

习近平总书记强调："在党内生活方面，一个是坚持、一个是加强、一个是创新……不创新，那形式也巩固不住。"高校是新知识、新理论的前沿阵地，高校教工党员都是高学历、高职称的知识分子，与此同时，高校教工党员表现出价值取向多元化的特点，接受新事物、发表新观点能力较强，传统的党支部"三会一课"制度、集体听报告、讲党课等已不能满足高校教师党员对于高质量组织生活的需求。

1. 高校教工党支部组织生活内容和形式缺乏创新主要表现

一是把组织生活会开成简单的宣读上级文件的会议。有的党支部往往把上级印发的文件在支部大会上简单宣读，没有结合单位和岗位实际开展讨论，导致学习流于形式，降低了组织生活学习新鲜感，挫伤了党员的学习积极性，没有达到"抓铁有痕、踏石留印"的效果。二是把组织生活会开成工作总结会。特别是在民主评议党员中，党支部、支委和党员在进行总结时，没有体现党务工作特点，没有对缺点和不足进行分析，没有贴近党员、贴近实际、贴近工作。三是把组织生活办成文体活动，把组织生活等同于部门工会活动等，把组织生活的目的定位为联络教职工感情。

2. 党支部组织生活内容和形式缺乏创新的原因

一是没有建立完善党的组织生活制度，没有丰富、细化党内组织生活制度的实施细则和操作办法。二是基层党支部缺乏开展支部组织生活的经费保障，开展现场教学、教工党员户外拓展等都是创新支部组织生活形式的有效手段，这些都需要相应的经费支持，目前大部分高校给予基层党支部的党建工作经费都不能满足需要。三是教工党员参与支部组织生活的积极性不高，没有充分发挥党员领导干部、优秀教工党员的先锋模范作用。

三 增强教工党支部组织生活实效性的对策与建议

增强高校教工党支部组织生活实效性是高校落实从严治党的必然要求，也是推动高校改革发展的内在需求，因此要进一步增强党的组织生活制度的政治性和严肃性，努力在教工党员中形成人人遵守组织生活制度、人人执行组织生活制度的良好氛围。基于对广州部分高校教工党支部的调查分析，可以从完善党支部的组织设置、支部书记选配、经费保障、支部工作督导和创新支部生活五方面增强教工党支部组织生活实效性。

（一）科学设置党支部是基础

教工党支部是教工党员开展活动的基本单位，支部设置要充分考虑教工的业务、专业、人数规模等，如果支部设置不合理、不科学，就不能充分发挥它的功能。传统的党支部设置通常是与专业、系别、管理服务机构等组织相对应，随着高校改革的不断推进，一些学校内设的新机构、产学研基地、校企合作机构不断出现，导致传统的党组织设置模式不能实现"哪里有党员，哪里就有党组织"。完善基层组织的设置要从"有利于开展组织生活、有利于扩大党的工作覆盖面、有利于业务工作"的原则出发，主动适应"双一流"大学建设和高水平大学建设下高校内部管理机构和党员队伍构成的新变化，积极推动在重大科研项目组、学科组、产学研基地建立党支部、临时党支部和党小组，充分发挥党组织在学校教学、科研、管理和服务中的作用，避免"一些党员长期游离于组织之外"的现象。与此同时，高校可以积极探索校企党组织共建，鼓励教工党支部与业务联系紧密的校外党支部开展支部共创共建。比如，华南农业大学推进省食品进出口集团猪场板块党支部与动科院遗传党支部共建党组织，在基层党建、人才培养、产学研合作、经验分享等方面深入开展

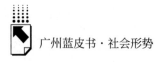

合作交流，努力实现双方资源共享、优势互补，推动国企党建和高校党建工作"双融合、双促进"。

（二）选优配强党支部书记是关键

高校教工党员科研任务繁重、价值取向多元，要保证组织生活的常态化和正确的政治方向，选拔党性强、责任心强、有号召力的教工党员担任党支部书记是关键。就调研情况来看，由于党支部日常事务较繁杂，高校教工担任党支部书记意愿不强、积极性不高，有的党支部甚至出现没人当支部书记的现象。要选优配强支部书记，高校可以从以下几方面着手。一是探索实行"双带头人"工程，即"教授书记"，积极选配党员系主任、学术骨干和学科带头人担任教师党支部书记，推动党建、学术"双带头"。二是加强支部书记培训，针对教工党支部书记党务经验不足等情况，积极开展党支部书记培训工作，培训形式可以采取集中教学、现场教学、体验教学等，培训内容涵盖政治、党史、党情、理论知识、党务知识等。定期开展党支部书记论坛，邀请先进党支部的支部书记开展支部工作交流和经验介绍。三是增强党支部书记的话语权，在学校中层领导干部选拔过程中，把党支部书记列入谈话人员范围，充分听取党支部书记的意见，发挥党支部和党支部书记在干部选拔任用工作中的作用。四是完善党支部书记激励机制，把担任党支部书记纳入绩效工资工作量的计算范围，每年开展评选"优秀党支部书记"活动。

（三）完善党建工作经费制度是重要保障

基层党支部组织生活的开展需要一定的经费保障，经费来源主要有学校党建工作专用经费和返纳的党费两种方式。高校可以通过多种方式积极为教工党支部组织生活提供经费保障：一是把党建工作经费纳入学校预算范围，每年按照教工党员的数量拨付一定金额的党建工作专用经费给教工党支部，主要用于教工党员教育管理培训、组织生活等。二是将党员缴纳党费学校自留部分按一定比例返纳给二级党组织，主要用于支持教工党支部开展组织生活。三是设立学校、学院层面的"书记项目"专项经费，强化党组织书记党建工作主体责任，鼓励二级党组织、基层党支部开展特色支部生活和创新组织生活。四是制定党费、党建工作经费使用管理办法，明确党费和党建经费使用范围和报销方式，既让教工党支部开展组织生活敢花钱、规范花钱，也有利于避免教工组织生活的娱乐化、庸俗化。

（四）督导是开展基层党建工作的抓手

没有完善的党支部及党支部组织生活考核、激励机制，就无法充分调动二级党组织书记抓基层党建工作的积极性，就无法调动党支部书记和党员开展组织生活的积极性，党支部的组织生活质量也难以保证。高校要通过党建工作督导，进一步推动组织生活的规范化、制度化。一是明确各级党组织书记及班子成员的党建责任，落实党员领导干部过双重组织生活和上党课制度，明确党支部书记在执行"三会一课"制度中负直接责任，并将"三会一课"等组织生活制度落实情况纳入二级党组织书记党建述职评议和党支部考核内容，进一步落实党员领导干部、党支部书记在推动落实组织生活中的责任。二是建立党支部组织生活常态化督查机制，实行"三会一课"执行情况纪实制度和定期检查制度，通过不同院系交叉检查、电话督查或现场抽查等，查看教工党支部"三会一课"是否正常开展、是否有制度保障、是否保存记录台账等情况，对执行不严的党支部列入督查清单，及时督促整改。三是开展挂牌精准督导即由二级学院党委（总支）委员直接与教工党支部挂钩，督促指导教工党支部严格落实"三会一课"等组织生活制度，做支部党建工作的"引路人"。四是强化党员奖惩机制，严格按照党章党规关于党员管理相关规定，对无故不参加组织生活的党员依法依规及时进行组织处置，将年度考核、评先、评优等工作直接与参加党内组织生活情况挂钩。

（五）丰富组织生活形式是推动力

党的组织生活既要保持严肃性，也要不断地融合创新，才能使党的组织生活有活力、有吸引力。一是要突出党员的主体地位，倡导教工党员对组织生活提出合理化建议和建设性意见，鼓励教工党员自觉参与策划组织生活，让教工党员成为组织生活的"主角"。比如，可以按照项目管理的模式，在支部书记或支委的指导下"轮流组织"支部生活，由一位教工党员或多位党员合作完成一期组织生活。二是要充实组织的内涵，着力充实"三会一课"内容，针对教工党员思想工作实际，精心设计会议主题和形式，并将党内政治学习、思

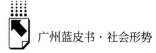
想动态交流、党内关怀帮扶等内容丰富到党员大会、党小组会上。同时，创新讲党课模式，突出政治学习和教育，突出党性锻炼，组织引导优秀党员、业务模范现身说法，推动党课由"一人讲"向"大家讲"拓展，由"说教式"向"探讨式"延伸，提升党课效果。三是创新组织生活的形式，改变以往组织生活就是"听讲座、学报告"的形式，推进"三会一课"与组织生活会、民主评议党员、主题党日活动等深度融合，以观摩学习、情境体验、户外拓展等形式，组织教工党员开展党性锻炼、现场教学和志愿服务，增强支部组织生活的吸引力，增强党组织凝聚力和教工党员意识。

（审稿人：谭苑芳）

参考文献

王秋方等：《多措并举提升党组织生活实效性——以高校创建"服务型"教工党支部为例》，《人民论坛》2016 年第 12 期。

李书臣等：《高校基层教工党支部组织生活实效性研究》，《教育教学论坛》2014 年第 39 期。

吕保华：《高校教工党支部组织生活实效性研究——基于湖北省高校教工党支部的调查分析》，《重庆科技学院学报》（社会科学版）2012 年第 22 期。

何治富：《增强高等学校教工党支部工作实效性的途径》，《沈阳农业大学学报》（社会科学版）2008 年第 4 期。

熊淑萍：《增强高职教工党支部组织生活实效性对策探析》，《湘潮》2016 年第1 期。

李智勇：《严格党的组织生活制度》，《经济日报》2016 年 11 月 8 日。

B.12
越秀区基层党组织在社区
治理创新中的实践探索

徐晓玲　孙翔祥*

摘　要： 新时代基层党组织是基层社区治理的主体之一，是加强和创新社区治理所依靠的最基本、最直接、最关键的力量。如何提高基层社区党组织对社区治理的能力，发挥基层社区党组织在社区治理中的领导核心作用、统筹协调作用和示范服务作用，近几年越秀区进行了积极探索，涌现出一批品质社区建设的优秀案例，其中以社区微改造和综合整治为主要内容的基层党建引领社区治理创新的模式，取得了一定的成效。站在新的历史方位，基层党组织在社区治理过程中的领导作用发挥与机制完善还存在一些挑战，需要从完善组织机制、健全组织体系、强化组织建设等予以加强。

关键词： 越秀区　基层党组织　城市社区　社区治理

党的十八届五中全会强调加强和创新社会治理，推进社会治理精细化，构建全民共建共享的社会治理格局。社会治理是民生大事，要办好这件大事，需要充分发挥基层党组织在社会治理与社会发展中的战斗堡垒作用、领导核心作用、示范服务作用和统筹协调作用。党的十九大报告提出：加强党的全面领导，坚持党要管党，全面从严治党，不断提高党的执政能力和领导水平。这是

---

* 徐晓玲，中共广州市越秀区委党校，高级讲师，研究方向为党建和社会学。孙翔祥，法学学士，中共广州市越秀区委党校，科员，研究方向为法学。

党中央推进党的建设伟大工程的基本方略，也是在新的历史条件下推进党的建设和发展的现实需要，更是人民对美好生活的向往和城市建设、社区发展改造提出的新要求。因此，在城市社区治理中，必须进一步巩固党的执政基础，推动基层社区科学发展，促进基层社区安定和谐，为协调推进"四个全面"战略布局创造良好社会环境。

一 越秀区基层党组织在社区治理创新中的做法

城市社区是社会治理的基本单元，作为城市的核心区和窗口，越秀区被国家民政部确定为第二批"全国社区治理和服务创新实验区"。经过几年的实践，在创新基层党建的引领下，坚持系统治理、综合治理、源头治理，逐步形成了"基层党建、社区网格化、居民自治、购买服务、九联共建"为主要内容的"五位一体"社区治理模式。在不同层面推动了基层社区治理模式的变革，提升了基层治理的能力和水平，有效解决了基层治理中存在的一些问题，促进基层社会的和谐与稳定，探索出一条具有越秀特色社区治理模式的新途径。

（一）搭建党建平台，增强基层党组织领导的核心作用

城市社区党组织是有效治理社区和提升执政能力的基层主体之一，也是社区治理创新的实践者、引领者，在社区治理中有着强大的动员能力、即时的号召能力和快速的组织能力，是其他基层社会组织无法比拟和无法替代的。近年来，越秀区在基层党组织设置上进行了积极探索，搭建起党组织发挥战斗堡垒作用和党员先锋模范作用的有效载体，凝聚了社会各方的力量，为城市社区治理提供有效的组织保障。

作为微改造的试点单位，珠光街仰忠社区在开展微改造中实行"社区党委—网格党支部—楼栋党小组"三级党组织网格管理体系和网络服务模式。并通过"一选二配三帮"的方式，精心培育网格党支部书记，实现党支部书记与网格员"一身兼"，进一步强化党组织在网格中的领导核心地位。在微改造建设过程中，坚持以人为本，问需于民、问计于民、问效于民。广泛发动辖区内机关和党员干部亮身份、敢担当、有作为，积极投身到社区微改造的群众

动员和实地调研中，带头入户走访广泛收集居民心声，采纳并吸收建议，引领群众配合做好"微改造工程"社区建设，始终把群众参与贯穿到全过程，逐步形成"党建引领、党员参与、群众支持"的基层党建和社区治理并驾齐驱的创新格局。

白云街东湖新村社区构建大党建的领导体系和社区治理架构，组建"社区大党委＋网格党支部＋功能党支部＋兴趣党小组"的组织模式，将整个社区以楼宇为单位划分为网格，成立网格党支部，每个网格党支部服务管理200户居民群众，带领网格议事、文化发展、邻里互助、群防群治等工作开展。

农林街道办整合社区党组织、政府部门、居民自治组织和社会组织等各方力量，吸纳社区居委会、社区民警、工作站、物业公司负责人进党总支部任兼职委员，形成党总支部领导的居委会、工作站、物业公司"三位一体"管理模式，突破"单位党建"的局限，变"各自为战"为"共同作战"，解决社区党组织条块分割、资源分散等问题。基层党组织通过这些探索为当前城市社区治理打下坚实的党组织基础。

（二）凝结多方力量，发挥基层党组织的统筹协调作用

城市基层党组织是联系党和政府与居民群众之间、社区各组织之间的重要桥梁。在城市基层社区治理创新的多元治理主体中，社区基层党组织担负履行整合社区治理资源，协调辖区内各方主体关系，统筹社区各组织互联、互补、互动、互创的基层社区治理的复合职能与力量。

在社区微改造工程建设中，珠光街社区党委通过"两抓一促"深化落实驻点联系工作，成立办公室和咨询委员会，充分发挥其整合资源、协调推进的平台作用。并以信息化手段为依托，建立"微信"通信对接渠道，让各参建单位人员、区有关职能部门管理者、街道主要领导、社区基层党组织人员加入群中，通过实时拍录上传工程进度等相关信息，不仅及时解决了施工中出现的各种难题，也协调化解与居民群众的矛盾关系，促成了社区微改造现场工作无缝衔接的良好局面。例如"东横街的围墙扰民"问题，10年来严重困扰着居民的日常出行及生活安危，后经社区党组织及市、区的人大代表联同北京街道办等相关部门的多方努力，形成《关于东横街内围墙处理的建议》提交到区

人大常委会后，协调粤海仰忠汇施工单位，对该围墙实施安全拆除，解决了"联系服务群众最后一公里"的屏障，居民群众无不拍手称赞。在微改造的同时建立起市、区、街垂直联动和部门间横向联动的快速对接机制，社区党委积极配合协调区有关职能部门加强与市城市更新局、市住建委、市财政局、市供电局等多家参建单位沟通联系，统筹协调各方利益，密切配合工程中各个节点的需求，保障了"微改造工程"中各项工作的顺利进行。据不完全统计，社区党组织结合驻点直联工作共联系服务群众近6万人次，发放民情联系卡2.5万张，收集意见建议455条，解决民生问题办民生实事314例。

（三）创新服务载体，促进基层党组织服务群众的示范作用

越秀区各街道从自身实际出发，积极探索基层党组织服务群众的新载体，坚持以社区党建为核心，以服务群众为宗旨，紧紧围绕强基础、创载体、重服务的工作方针，着力创新工作思路和方法，有效夯实了基层党组织服务党员群众的基础，形成有效的服务型党组织建设助推幸福社区治理新格局，促进社区治理有序开展。

1.创新服务载体，夯实服务基础

服务首先要立足于实际，找准社区党组织和党员发挥作用的着力点，引导广大党员发挥各自优势，参与社会管理和服务，最大限度增强和谐因素，减少不和谐因素，激发社会活力。珠光街仰忠社区党组织在"微改造工程"建设中，尽力做到"三必访，五到位"，即社区居民必访、不同意见必访、方案形成必访，组织领导到位、调查研究到位、宣传发动到位、改造落实到位、职责落实到位。凡是涉及社区建设、社区党建和居民群众利益的重大问题，由社区党总支牵头，成立"仰忠社区微改造居民咨询委员会"，本着"善用民智、服务居民，资源共享、共驻共建"的工作理念，通过开展志愿服务、走访慰问、驻点接待等方式，积极采纳居民群众的意见和建议，并及时向居民群众公示改造项目的标准、计划、设计方案和进展情况，提升社区微改造建设的透明度，赢得了社区居民的充分信任和支持，有力提升了社区党组织在群众中的号召力和影响力。越秀区还组织区房管局、建设水务局、城管局、街道等部门，根据本地实际制定《广州市越秀区珠光街仰忠社区微改造工作标准》，为精准推进社区微改造建设提供科学标准。

2. 整合服务力量，实现服务到位

基层党组织的凝聚力、领导力就体现在通过以服务为载体，在社区治理中推动发展、服务群众、促进和谐、凝聚人心。东湖新村针对本社区特点，整合多方力量探索设立功能型党支部，搭建了"榕树下议事园""义工储蓄银行""社区健康驿站"等多种形式的党支部服务载体，与网格党支部互补。围绕社区党建开展以社区党员之家、科普文化广场、体育健身路径、长者日托中心、健康驿站、邻里中心、"两代表一委员"工作室、马国华警务室、孝慈轩养老院、图书室等服务项目，以政策宣传、治安巡逻、邻里互助、文化体育、扶贫济困等为内容，实现了社区服务主体多元化、服务内容多样化、服务手段专业化的目标。有效化解基层党员组织生活难落实、党员活动难开展、党员作用难发挥的问题，并将社区党员以地缘和趣缘为基础重新组合，探索从兴趣爱好入手成立功能党小组，带领社区居民组建声乐、舞蹈、健身、绘画、书法等16个活动小组，定期开展团队活动，不定期开展社区文化节、垃圾分类、平安社区创建等主题活动，有效提升服务效能，密切了党群关系，传递社会正能量，弘扬社会新风尚，使服务惠及更多有需要的社群。

3. 完善服务方式，提升服务效能

为进一步促进党组织在深入居民、了解居民、联系居民、服务居民中凝聚党心民心，洪桥街道党工委打造出"四个一"的党建项目化管理新模式，即建立一套工作机制、发展一批共建单位、打造一批党建品牌、转化一批项目成果。根据"一街一策，一社区一特色"的思路，结合本社区的实际及居民的需求，通过一批党建项目如以"圆梦计划·慈善众筹"等为龙头，将辖区内180多家机关、企事业单位建立起联系，组成一批实力雄厚的帮扶团队。例如，国税西区稽查局的专项爱心基金会，市委宣传部党组织设立的社区读书站，团市委成立的长者饭堂志愿者服务队等。省、市党委、政府及驻地部队还无偿提供办公用房和活动中心，多家单位对外开放文体场所，解决了社区办公场地和活动设施不足问题。通过辖区内集团单位的广泛参与，不仅加强了相互间的理解与合作，也更加紧密了党群关系、干群关系，为社区的和谐增添了力量。"在职党员"进社区志愿服务已成为常态，社区联巡联控治安得到进一步提升，实现了组织共建、资源共享、党员共管、活动共办、事务共商的良好局面。

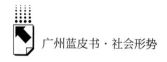
二 城市社区党组织在社区治理中存在的不足

（一）社区党组织参与社区治理缺乏法律保障

目前，城市社区居民自治相关法律法规对党组织如何参与自治过程、如何引导自治方向，其程序的正当性和结果的合法性缺乏法律条文的权威解释和有力支撑，使社区党组织和居委会、居民代表大会等多元主体在基层自治中的定位较为混乱，随意性较强。一方面有的居委会认为社区事务大多是强调实干的基础事务，治理工作属于居委会职责范围，而社区党建工作是形式上的和表面的工作，党建职能属于社区党组织，不能混为一谈。因此，对于社区党组织开展的一些活动，只是简单地应对检查和走走过场，导致社区管理主体只有分力而没有合力。另一方面有的社区党组织忽视或者放松了对社区自治组织的政治引领作用，片面地认为社区自治就是让广大的社区居民自己管理自己，社区事务应该由广大社区居民选举产生的居民委员会负责，尤其在我国基层社区自治水平还不高的情况下，社区居民的自治意识和自治能力还存在很多需要党和政府引导的地方。此外，社区党组织推进党建工作需要借助条块力量，尤其在推进"两新"领域党建和转制社区等基层治理事项，需要一些职能部门的支持配合，但社区党组织在发挥统筹协调功能时缺乏相应的责权，各自为政，导致部分社区治理工作开展受阻。

（二）社区党组织的政治引领功能发挥不充分

社区是一个异质性、多元性的集合体，社区成员个体的复杂性是长期存在的，因此社区党组织作为社区治理主体之一，只有在思想政治上充分发挥引领作用，引导社区成员的思想认知，才能更有效地宣传党的基本理论、路线、方针和政策，赢得支持和拥护。社区党组织和社区自治组织承担了大量原本属于政府部门的工作任务，成为政府部门的承受层、操作层和落实层。2015年中组部、民政部联合下发了《关于进一步开展社区减负工作的通知》，但各级部门行政事务持续增加的趋势仍然没有减退，很多报告统计、服务事项最终还是要在社区落实，行政性事务挤压了基层党建、基层治理的空间。

（三）社区党建专职工作者力量不足

越秀区街道党工委管辖 222 个社区党组织、160 万人口及 5.5 万名党员，党建指导员是统筹指导社区党组织开展党建工作的党务队伍，是社区党建的主要工作力量。近年来，尤其是老旧城区党建工作量呈井喷式增加，党建指导员队伍的人员力量不足，且流动性较大，党建工作开展存在一定难度。越秀区社区党组织书记与居委会主任全部实现"一身兼"，党务居务事务繁忙，同时该岗位面临职业天花板问题，导致工作后劲不足、现实表现受限，在一定程度上影响社区党建工作开展。加强党建指导员队伍建设显得尤为重要。

（四）社区党组织整合利用资源能力相对欠缺

社区党组织可支配的资源有限，相当一部分社区党组织在开展活动时缺经费、缺场地，有心无力，常常陷入"巧妇难为无米之炊"的尴尬境地。因为基础设施建设条件不同，各社区之间可支配资源条件有差别，影响了社区党建工作的均衡发展。此外，许多社区管辖范围内的机关团体单位的服务设施虽然较为齐全，具备较好的共享合作条件，可以加以利用，但是部分机关团体单位对本单位之外的区域性党建活动缺乏热情，容易将"资源共享"简单看成"资源输出"，没有认识到资源共享的互动性和互惠性，参与资源共享的积极性不高。部分社区党组织在加强与机关团体单位合作交流，共建共享党建资源的活动方面有所欠缺，未能有效地建立互惠共赢关系。

三 新时代发挥城市基层党组织领导作用的对策建议

习近平总书记指出："民心是最大的政治。"推进基层党建的各种尝试和创新，不管形式如何变化，最后的落脚点都是为民、便民、惠民。脱离了基层的实际，特别是人民群众的现实需要开展所谓的党建创新，最终是得不到群众甚至是党员的理解和支持的。基层一级党组织班子队伍能团结起来，机关团体群众能发动起来，社情民意能收集上来，民生服务能扛得起来，急难险重能搞惦，这本身就是强有力党建工作的具体体现。因此要立足于党组织服务中心、强化核心、凝聚人心这三大功能来设计考虑城市基层党建，不要让党务代替党建，以形式上的所谓创新使基层党建工作走偏方向。

（一）构建新时代坚强政治堡垒，强化社区党组织的领导核心作用

习近平总书记指出："建设基层服务型党组织，是功能上的一个要求，但总的是战斗堡垒，不能变成纯服务的组织，它的政治功能要充分发挥。"① 因此，加强党的基层组织建设，强化基层党组织整体功能，就是要把政治与服务有机结合起来，着力抓实社区党组织标准化建设，探索抓好基本队伍、基本活动、基本制度、基本保障的方法和途径，补短板、强基础、重服务，使社区组织有活力，党员起作用。推进组织建设标准化，优化党的组织设置，强化社区党组织的领导核心和战斗堡垒作用。推进治理结构标准化，规范实施领导班子联席会议和党群联席会议制度。街道党组织要突出把社区党的建设作为首要工作，把抓好党建作为最大政绩。要突出把基层治理、社会管理作为主要职能，把主要精力放在直接抓基层治理上。建立健全社区综合监管机制，对存在的问题要抓早、抓小、抓常态。强化监督问责机制，防止"微腐败"和"小官大贪"。推动社区党组织、社区居委会和各驻区单位相结合，各尽其职，发挥自身优势，加强协调配合，积极支持和推动社区治理，形成上下协同、齐抓共管的工作格局。

1. 强化城市基层党组织"带头人"作用，着力破解复杂多元的利益格局问题

广州各种城市要素集聚，城市功能完备，市场经济活跃，各类人员集中，人群结构复杂，必须强化城市基层党组织"带头人"作用，着力破解由此带来的一系列城市治理难题。要建立机制，增强责任，明确基层党组织建设的具体任务和责任分工，全面画好书记队伍建设的"方"和"圆"。要以党员干部为中坚力量，以亮身份树形象、亮承诺树品牌、亮标杆树典型、亮业绩树先锋"四亮四树"为要求，大力开展"两代表一委员"调研督查活动、领导干部包干活动、驻区单位联建活动、居民群众动员活动，形成大家动手、人人参与的整体合力。要坚持问题导向抓整改、补短板，大力推进重点地区综合整治，精准整顿软弱涣散的基层党组织。

---

① 引自张金豹：《强化基层党组织的政治功能》，《学习时报》2015年2月9日。

2. 强化城市基层党组织的"主心骨"作用，解决公共服务承载力不足的问题

广州作为超大城市，居民群众文化程度普遍较高，居民群众对公共服务均衡优质的需求比较高，使城区公共服务供给力及创新力与需求不相匹配，必须充分发挥各级党组织的领导核心作用、社会各界的协同作用以及广大群众的参与作用，不断提升城区服务管理资源配置和承载力。要创新网格化服务管理，构建"区委—街道党工委—社区党委—网格党支部"四级党组织网络体系，推行"支部建在网格上"，建立横到边、纵到底、全覆盖、无缝隙的网格化服务管理网络。坚持以联系服务群众最直接、全覆盖、常态化、制度化为目标，凝聚领导干部、"两代表一委员"等力量在社区建立驻点团队和辅助团队，以主动约访、上门走访、网格巡访等方式，深入开展领导干部驻点联系服务群众工作。以服务群众、做群众工作为主要任务，加强基层服务型党组织建设，实施万名机关党员结对帮扶困难群众、百个机关支部结对帮扶社区的"双结对"工程。

3. 突出强化城市基层党组织的"总调度"作用，解决资源配置条块分割的问题

机关团体单位是社会开放多元共治的重要资源和力量，但服务资源处在"条条块块"分割状态，难以统筹利用。要以区域化党建为龙头，把隶属不同系统、掌握不同资源、比较松散的党组织联系成为紧密型的党建共同体，形成全覆盖、广吸纳、动态开放的基层党组织体系。实行街道"大党工委"、社区"大党委"制，在不改变现行街道行政管理体制的基础上，以"资源共享、优势互补、责任共担、共驻共建"为原则，增设党工委兼任委员，吸收驻区单位中规模和影响较大的党组织负责人进入街道党工委和社区党委班子，以带动区域内各类基层党组织积极参与区域党建、社会、民生、维稳等事务。推行社区惠民项目机关团体单位领办制度，由街道社区党组织认真分析和归纳梳理居民群众关注的热点、难点问题，从中确定一批以扶贫济困、敬老助老、文教卫生等民生需求为重点的惠民项目，由街道社区党组织向驻区单位和结对单位发布，引导驻区单位和结对单位结合自身资源优势，自主认领惠民项目，签订共建服务承诺书，为社区提供无偿或低偿的服务。

4. 突出强化城市基层党组织的"风向标"作用，推动全面从严治党向基层延伸

坚定不移地推进全面从严治党向基层延伸，严肃党内政治生活、严明党的政治纪律，针对过去一些基层党组织不落实党建工作责任、不重视党内政治生

活,少数基层党员干部党员意识不强、作风跟不上形势要求等现实问题,制定实施全面从严治党主体责任约谈制度,落实党风廉政建设"两个责任"的实施意见、指导意见及责任追究办法,明确责任清单,把全面从严治党责任传导落实到基层党组织。认真落实中央"八项规定"精神,紧盯行政效能、窗口服务、公车管理、会风会纪、城市管理等领域存在的"四风"问题,建立完善暗访、查处、追责、曝光"四位一体"工作机制,使良好的作风成为基层党员干部新的工作习惯和生活方式。

(二)健全新时代严密组织体系,夯实社区党组织在治理中的组织基础

社区党员数量在不断增多,其构成复杂且流动性强,教育管理难度大,导致党组织战斗力偏弱。因此,要进一步推进新时代社区大党委机制建设,强化"大党建"的工作理念,提高各级党组织书记抓党建政绩标准,增强党组织的覆盖能力,认真排查摸清社区党员情况,引导其积极参加党组织的活动。积极做好入党积极分子的培养教育,助其树立崇高的理想信念,提高全心全意为人民服务的觉悟。对积极要求进步又符合条件的入党积极分子,应及时吸收到党内来。要始终把政治标准放在首位,严格工作程序和纪律,提高发展党员质量。推进党员管理标准化,根据社区党员的特点,实行分类管理。对居住在社区的在职党员,要主动联络,邀请其参加社区党的活动,遵守社区规则,接受社区监督,支持社区工作;对社区的流动党员实行动态管理,通过与其隶属的党组织联系,确保其党员关系不遗漏、组织生活不间断、教育管理不放松、先锋作用不削弱;对社区所属党员直接管理,强化其组织观念,严格组织生活,发挥党员的先锋模范作用。

党的十九大报告强调指出:"党政军民学、东西南北中,党是领导一切的。"基层党组织是党在街道社区全部工作和战斗力的基础,是街道社区各项工作的领导核心。基层党组织作为党执政的根基,政治功能是其整体功能中最核心的部分。一是必须把政治功能建设作为基层组织建设的首要任务来抓,真正用党的十九大精神武装全社区党员干部的头脑,做到真学、真信、真懂、真用。真正用党的十九大精神来凝聚人心,团结群众,坚定社区广大居民群众拥护党、跟党走的信心。二是要进一步推广优秀基层党组织建设全覆盖的经验,

深化"支部建在网格上、支部建在楼道里、支部建在项目中"的好做法，发扬功能支部建设和兴趣党小组的好形式，进一步创新和发展党组织设置、加强组织力建设，完善组织功能发挥的机制和做法。要进一步加强基层党组织的组织力建设，大力选派优秀年轻干部到基层党组织担任党建指导员，为基层党建注入生机和活力。三是要进一步强化支部建设，创新党员教育管理。要发挥支部直接教育、管理、监督党员的职能，通过"三会一课"、专题教育、分批轮训等方式，不断提高支部党员的政治水平、党性修养和业务能力，真正把支部建好建强，把基层党组织建设成为宣传党的主张、贯彻党的决定、领导基层治理、团结动员群众、推动改革发展的坚强战斗堡垒。

加强和创新社区党建和社区治理，就要从社会主要矛盾的变化中去学习和掌握社区群众对美好生活的新期盼、新要求，就要在坚持和加强党的领导下充分发挥社区群众的主体作用，从群众关心的事情做起，从让群众满意的事情做起，带领社区群众共同创造美好生活。以"打造共建共治共享的社会治理格局"为工作目标，完善党委领导、政府负责、社会协同、公众参与、法治保障的社会治理体制，充分发挥基层党组织的领导核心作用，深化基层党建与社区治理的有机融合，坚持以人民为中心，牢固树立服务群众的思想，扎实做好干净整洁、平安有序的环境建设，切实解决居民养老服务、医疗健康服务、文化建设等群众关心的热点问题，进一步提升社区公共服务的水平和能力，把社区打造成为服务居民的平台、密切党群干群关系的桥梁和纽带，更好地满足居民群众对美好生活的需要，不断增强居民群众的获得感和幸福感。

（三）提高新时代过硬的执政本领，深化党建引领、推进治理方式的转变

随着经济体制深刻变革，社会结构的深刻变动，利益格局及人们的思想观念的深刻变化，城市基层党组织所处的环境、担负的任务、工作的条件以及自身状况也随之而改变。目前，基层党组织工作面临许多新情况、新问题，遇到前所未有的新挑战。党的十九大报告指出："保障和改善民生要抓住人民最关心最直接最现实的利益问题，既尽力而为，又量力而行，一件事情接着一件事情办，一年接着一年干。"只有始终坚持把以人为本、服务居民作为建设和谐

社区、创建幸福社区的落脚点和出发点，着力打造设施标准化、服务规范化的服务管理体系。从完善服务基础设施、打造服务公共平台、完善服务网络体系、壮大志愿服务队伍入手来进一步完善社会服务功能。积极探索"政府搭台、居民参与、社会协同"的社区治理模式，通过将社区民众的"底层参与"、社会组织的"广泛参与"与政府的"顶层设计"改革有机结合，从体制机制上打通联系服务群众的"最后一公里"屏障，切实解决社区治理面临的"小、散、乱"问题，推动实现社区服务主体多元化、服务内容多样化、服务手段专业化。积极主动地把基层党建工作融入构建公共事务集体治理体系的活动中，积极探索社会组织党员教育管理和服务群众新机制，不断增强党在公共事务集体治理中的凝聚力和号召力。建立在职党员服务机制，着眼于"群众长期得实惠"的目标，建立涵盖区域内全体居民的便民利民服务机制。

1. 要坚定文化自信，把社区建设成为居民群众共同的文明家园

基层党建工作应与社区文化建设紧密结合，以文化为切入口，通过在社区开展丰富多彩、形式各样、居民群众喜闻乐见的文化项目，谋得居民的认同感和归属感，在邻里文化互动中开辟基层党建新途径，从而进一步增强社区党建的引领、带动和示范作用，增强社区党组织的号召力和凝聚力，增强党员、群众对中国特色社会主义道路自信、理论自信、制度自信、文化自信。创新工作思路，以坚持中国特色社会主义文化为主线，掌握社区宣传和意识形态的主动权，大力弘扬社会主义核心价值观，打造系列社区文化品牌，凝练东湖新村"四合"文化精神，推进社区和谐文化建设，并以社区微改造为契机，全面升级社区宣传栏、文化广场、党群服务站等党建文化平台。通过积极挖掘社区党员、热心居民，培育大楼联络员、党员志愿者，结合社区居民文化娱乐需求，丰富居民社区文化活动，有效发挥党组织凝心聚力的作用，拉近党组织、党员与群众之间的距离，从而更好地开展社区治理、基层党建系列工作，共建、共治、共享文明和谐社区。

2. 要分类指导，突出特点，以创新党建抓亮点促提升

根据机关、社区、商圈党组织的不同目标、要求和情况，按照分类指导原则，全面实施建设学习型党组织、服务型党组织、创新型党组织。围绕"坚定理想信念、提高业务能力、加强道德建设"三方面主要内容，以学习为特

色，抓好"三会一课"落实，营造乐学、勤学、善学的浓厚氛围，全面推进学习型党组织建设。社区党组织围绕"服务党员、服务群众、服务社区"三个方面内容，以服务为特色，充分发挥领导核心和引领带动作用，加强社区党员干部队伍建设，夯实党建基础，为党员群众提供优质的社区服务，满足人民群众对美好生活的向往，全面推进服务型党组织建设。

（审稿人：丁旭光）

教育改革篇

Education Reform

B.13
关于广州市全面实施高中
免费教育的调查报告

田长恩　陈泽波*

摘　要： 高中免费教育已经成为一种国际与国内趋势，同时也是近年
　　　　来我国各级人大和政协提案关注的热点问题。报告调查了广
　　　　州市当前实施高中免费教育的现状，对比国际、国内以及珠
　　　　三角实施高中免费教育的情况，提出在"十三五"期间广州
　　　　市应该全面实施高中免费教育，并提出了相应的对策。

关键词： 广州　高中免费教育　义务教育

---

* 田长恩，广州大学生命科学学院院长、教授，农工民主党广州市委会副主委；陈泽波，广州
大学教育学院副教授，农工民主党广州大学总支副主委。

一　调研背景

习近平总书记在中共十九大报告中指出，建设教育强国是中华民族伟大复兴的基础工程，必须把教育事业放在优先位置。报告强调，要努力推动城乡义务教育一体化发展，高度重视农村义务教育，普及高中阶段教育，努力让每个孩子都能享有公平而有质量的教育。2017 年 4 月，教育部、国家发改委、财政部和人社部 4 部门共同印发《高中阶段教育普及攻坚计划（2017～2020 年）》（以下简称《攻坚计划》），对"十三五"期间我国普及高中阶段教育工作进行了系统设计、整体谋划。《攻坚计划》的总目标是到 2020 年全国普及高中阶段教育，以适应初中毕业生接受良好高中阶段教育的需求。

目前，我国基础教育阶段实施从小学到初中的九年义务教育，义务教育的核心就是免费教育和法定教育。延长免费教育的年限，在经济保障的基础上提高全体国民受教育的年限，是社会经济发展的必然结果，是衡量一个区域经济和文化发展水平的重要标志，也是世界教育发展的必然趋势之一。改革开放以来各个行业的迅猛发展，为广州市实施高中免费教育提供了社会和经济基础。广东省教育厅颁发的《珠江三角洲地区改革发展规划纲要（2008～2020 年）》提出逐步普及学前到高中阶段教育，为高中免费教育奠定了政策基础。广州市"三中心一体系"和国家重要中心城市战略定位，也对实行 12 年免费教育，发挥广州教育的软实力提出了新的期望。教育部颁发的《国家中长期教育改革和发展规划纲要（2010～2020 年）》提出了"主要劳动年龄人口平均受教育年限从 9.5 年提高到 11.2 年""逐步实行中等职业教育免费制度"等发展目标。《广东省中长期教育改革和发展规划纲要（2010～2020 年）》也提出了"逐步实行中等职业教育免费制度"等要求。经过调研，笔者认为广州在"十三五"期间实施高中免费教育，将增强广州作为国家中心城市的软实力和社会美誉度，优化广州未来社会发展的人口资源。同时也是满足人民对美好生活向往的举措，增强人民幸福生活获得感的途径。

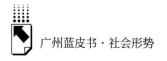

二 实施高中免费教育的国际和国内现状

(一)国际上发达和非发达国家实施高中免费教育情况

放眼世界,美国、英国、德国、澳大利亚、加拿大、新西兰和比利时等西方经济发达国家,早已经实施了 12 年义务教育。[1] 美国的 K－12 教育甚至提供了免费的午餐。邻国日本 2010 年颁布《高中学费免费化法案》,该法案规定:从 2010 年 4 月 1 日起,约占日本高中八成的所有公立高中实施免费教育,即所有公立高中将不再收取学费,学费将由中央政府和地方政府共同承担;对于私立高中,可根据家庭经济情况,为私立学校的高中生提供 11.88 万 ～ 23.76 万日元不等的学费补助。[2]

另外国际上经济不发达国家如巴林、巴巴多斯也早已经实施 12 年义务教育。英国从 1963 年在全国范围内开始实行 11 年的免费义务教育。[3]

(二)国内部分省市实施高中免费教育情况

"十三五"期间,陕西将全面实施 13 年免费教育,即从学前一年到高中三年实行免费教育。目前,陕西已经实现了 9 年义务教育免学费和学前一年免保教费。2016 年 1 月,青海省在政府工作报告中表示,从 2016 年春季学期开始,对黄南、海南、海西、海北、玉树、果洛 6 个州所有学生和西宁市、海东市贫困家庭学生实行 15 年免费教育,到"十三五"末前覆盖全省。2016 年初,湖南省长沙市宣布,将全面普及 15 年教育,逐步推行高中教育免费,积极推进 12 年免费教育。从 2011 年秋季学期开始,西藏高中阶段在校生就享受免费教育。2012 年,内蒙古全面实现高中阶段免费教育。2011 年,郑州市首

---

[1] 杨小敏、杜育红、赵佳音:《国家免费基础教育向高中阶段延伸的前瞻研究》,《中国教育学刊》2015 年第 11 期。

[2] 方晓萍:《高中教育无偿化:日本高中教育改革政策动态》,《上海教育科研》2016 年第 10 期。

[3] 定军、吴靖:《多地"十三五"推行高中教育免费》,《21 世纪经济报道》2016 年 1 月 29 日。

次将高中教育免费的目标写入"十二五"规划,南京市也于同一年实现了高中免费教育。另外,河北涞源县、山西蒲县、四川成都的锦江区和双流区以及一些少数民族地区,相继推行了高中教育免费政策。①

2017年11月,《新疆维吾尔自治区高中阶段免费教育实施办法》正式出台,从12月1日起,新疆全面实施高中阶段免费教育,该项教育惠民政策将惠及85.72万名学生。对自治区高中阶段学生实施免费教育,即对普通高中学生、实施全日制中等学历教育的中等职业学校学生(含技工院校全日制在校生)实施免费教育。其中,普通高中免学费年生均1200元,免教材费年生均670元,免住宿费由同级财政承担寄宿管理和运行成本,助学金年生均2000元;中等职业学校免学费年生均2000元,免教材费年生均300元,免住宿费年生均600元,助学金年生均2000元。②

(三)珠三角实施高中免费教育情况

珠海是珠江三角洲经济发达地区之一。2007年8月,珠海市政府正式公布,从2007年秋季起,珠海市对本市户籍的小学和初中学生实行12年免费教育,小学到初中9年义务教育阶段学费、书杂费全免,3年高中教育阶段免学费。2007年珠海市约有16.55万人享受免费教育,政府为此增加财政补贴1.97亿元。其中,义务教育阶段约有12.37万人,补贴1.02亿元;高中阶段约4.18万人,财政补贴0.952亿元。

珠海市在珠江三角洲地区率先实施12年免费教育,符合我国义务教育全免费的趋势,与珠江三角洲的发展规划纲要相一致,与全市经济社会发展相一致,符合建设珠三角区域中心城市和实践科学发展观先行示范市的要求,并且切实履行了地方政府的责任。按照规划,2013年珠海市全市高中阶段教育普及率已经达到98%以上,意味着有98%以上的初中毕业生能够上高中就读,真正达到高标准普及高中阶段教育。实施12年免费教育后,由于解决了部分低收入家庭的学费问题,学生的入学率将有所增加。2009年2月,珠海市宣布免收外

---

① 定军、吴靖:《多地"十三五"推行高中教育免费》,《21世纪经济报道》2016年1月29日。

② 赵西娅:《12月1日起我区将全面实施高中阶段免费教育》,《新疆日报(汉)》2017年11月19日。

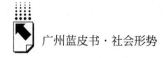

来工子女的借读费，让4万多名在公办学校就读的非本市户口的学生受惠。

从2008年秋季开始，香港政府宣布实行12年免费教育；2016年香港政府宣布，从2017年全面实施15年免费教育。① 2008年8月，和珠海一关之隔的澳门，宣布实施3年免费高中教育，使澳门的免费教育从原来的12年拓展为15年，包括了幼儿教育、小学教育、初中教育和高中教育。

2008年9月东莞市石排镇启动高中免费教育，镇政府采取以每人每年领取3000元高中教育补贴的形式进行。东莞石排镇户籍适龄儿童，均可每年领取3000元的幼儿园教育补贴。因此，石排镇目前已经全面实现了从幼儿园到高中阶段的教育免费，这也是东莞首个实现幼儿园到高中全免费的镇。石排镇户籍人口为4.2万余人，2008年该镇可支配财政收入为4.53亿元，教育事业投入8666万元。按照镇政府的计划，从2009年开始将对大学教育实行免费。根据补贴标准，大专生每年补贴学费4000元，本科生6000元，硕士生8000元，博士生可补贴学费10000元。石排镇实行免费教育，财政上没什么压力，是按石排镇每年GDP增长比例，返利于民。

2007年8月中山市古镇镇政府颁布了《古镇镇户籍学生15年免费教育试行办法》，一步到位实现15年免费教育，包括学前3年教育即幼儿园小班、中班和大班，小学6年教育，初中3年教育，高中3年教育，含职中、中专和中技。免费的范围，除了国家规定的9年义务教育相关费用，还包括学前3年教育的保教费，高中3年教育的学杂费。该办法从2007年秋季学期开始实施。据了解，古镇镇目前约有6.8万名户籍人口，实行15年免费教育，每年享受免费教育的学生约1.6万人，镇村两级将为每位学生学习15年投入2.3万元。

从2015年深圳市福田区开始全区实施12年免费教育，包括公办和民办学校。

（四）广州市实施高中免费教育现状

广州作为南方的政治经济和文化中心，在发展教育方面已经取得了有目共睹的成就。在实施高中免费教育方面，广州市增城区、南沙区和花都区三个行政

---

① 《港媒：香港明年正式落实15年免费教育》，搜狐新闻，http：//news.sohu.com/20160628/n456674574.shtml，2016年6月28日。

区分别从 2010 年秋季、2012 年春季和 2015 年春季先后实施对户籍人口的高中免费教育，包括职业中学的免费教育，这三个行政区已率先实施了 12 年免费教育。

三 广州市全面实施高中免费教育存在的问题

（一）全面实施高中免费教育认识度问题

目前社会对实施高中免费教育的认识，主要局限于教育行政的视角，其对整个社会发展的影响认识尚显不足。实施高中免费教育，客观上等于实施 12 年义务教育。义务教育有两层意义：一是经济上实现高中阶段教育免费；二是高中阶段的教育不再是可选择性的教育，而是具有法定的强制性。而提倡高中教育免费，避开了法律的强制性要求。也就是就读高中可以依据个人的实际进行选择，但只要就读高中包括职业中学，其学费等就可以享受免费教育的待遇。高中免费教育的实施，将有力地促使教育的公平和均衡，同时系统性的提高全民素质，整体提高人民的受教育年限。使社会人口压力转变为人口资源、缓解目前就业压力，为产业升级储备高素质劳动者；实施高中免费教育也是满足广州人民对美好生活向往的举措，增强广州人民幸福生活获得感的途径之一，以上这些还没有获得广泛的认同。教育业内的人士还担心高中免费教育可能会影响原有 9 年义务教育的实施，怀疑教育资源能否合理配置。认为目前市内一些小学的教学条件还需要提升，广州城郊一些学校的设施急需改善；如果实施高中免费教育，可能将挤占原来就比较紧张的教育资源，影响原有 9 年义务教育的质量。

（二）高中免费教育的财政压力问题

广州市教育事业"十三五"规划报告公开数字显示，2011～2015 年全市教育经费投入合计 1767.18 亿元。2015 年，市区两级教育经费总投入合计 422.97 亿元，比 2010 年增长 77.56%。其中公共财政教育经费是 285.89 亿元。① 根据

---

① 《广州市教育事业发展第十三个五年规划（2016～2020 年）》，广州市人民政府网站，http://www.gz.gov.cn/gzgov/s2812/201705/3836644ca156495985cb0edb359d7e73.shtml? from = singlemessage，2017 年 5 月 26 日。

2017 年 11 月广东省教育厅公布的数字，2016 年广州市公共财政教育经费是 326.81 亿元，比 2015 年增长 14.34%。[①] 2017 年的官方数据还在统计中，笔者按 15% 增长率计算，2017 年广州市投入的公共财政教育经费约为 375.83 亿元。巨大的财政支出，使人们对 12 年免费教育的财政负担存在担心，认为政府需要为此支出巨大的经费，需要在人员编制和基础建设方面进行巨大的投入，以目前的财政预算似乎不太现实；对外来人员子女实施免费高中教育，则对户籍居民有失公平，在行政管理上也难以操作。

（三）实施12年免费教育的多方协调问题

目前，基础教育包括职业教育的学校主管部门有差别。有些学校是市属，有些是区属。一些普通高中和一些职业学校是民办学校，也有一些职业学校由企业主办，或由社保局主管。如何突破学校之间的界限，合理实施财政补助，实施 12 年免费教育，需要多部门多方面的统筹和协调。另外，如果实行 12 年免费教育，那就意味着免费的中等职业教育，有人认为政府为一部分企业的职业学校进行补贴，对全社会有失公平。

四 广州市全面实施高中免费教育的对策

（一）提高对高中免费教育的认识

"十二五"期间，广州的幼儿园、小学、初中、高中毛入学率达 100%。初中毕业生升学率达 95.51%，高中毕业生升大率达 94.55%，已经普及了高中阶段教育。[②] 目前广州的教育发展已经进入以优质教育与公平教育均衡发展的"后普及时代"。在这个新阶段，从社会经济发展和人的发展角度来评价教

[①] 《广东省教育厅 广东省财政厅 广东省统计局关于 2016 年全省教育经费统计情况的公告》（粤教财函〔2017〕229 号），广州省教育厅网站，http：//www.gdhed.edu.cn/publicfiles/business/htmlfiles/gdjyt/zzjg/201711/514543.html，2017 年 11 月 15 日。

[②] 《广州市教育事业发展第十三个五年规划（2016～2020 年）》，广州市人民政府网站，http：//www.gz.gov.cn/gzgov/s2812/201705/3836644ca156495985cb0edb359d7e73.shtml？from = singlemessage，2017 年 5 月 26 日。

育竞争力、贡献力日益成为主导。12 年免费教育通过公共资源优先配置，使广州教育适度超前发展，能把人口压力转化为人力资源优势。通过 12 年免费教育，将提高市民整体素质，增加主要劳动年龄人口平均受教育年限，特别是对新增劳动力平均受教育年限的增加，将为今后广州的产业升级和结构转型提供有力的保障。高中免费教育还能减轻初中生的升学压力，使学校和学生能更加关注学生素质教育和综合能力的培养。甚至可以以此为突破口，对广州市的中考制度和模式进行变革创新，让教育发展与城市化进程良性互动，更好地促进人和社会的和谐发展，为学生的幸福人生奠定基础。

（二）推广增城区、南沙区和花都区的高中免费教育经验，在全市实施高中免费教育

从增城区教育局获悉，2010 年增城区普及高中阶段教育的学生人数达到 4.05 万人，区政府拿出 8000 万元来"埋单"。这笔款项由区财政保障，开学前就将 50% 的资金拨付到位。从 2010 年秋季开始，增城区财政局每年定期清算实施高中阶段免费义务教育补助经费，清算结果作为下半年度资金调拨的依据。实施高中阶段免费义务教育补助资金实行专户管理，专款专用。南沙区从 2012 年春季起，对全区区属公办中小学校学生全面实施 12 年免费教育，惠及区内 2 万多名学生，外地户籍的学生享受同等免费教育政策，这是南沙区"2012 年民生十件实事"中排在首位的惠民大事，为此区财政每年将给各公办中小学校补贴 1840 万元。花都区从 2015 年春季开始，对本区城镇户籍并在区内公办普通高中就读的学生实施 12 年免费教育。从 2010 年秋季开始，增城区等三个教育行政区已经陆续顺利实施了 12 年免费教育。

免费高中教育不仅仅是原来已有教育的增加，还涉及基础建设、师资配备和教育区域规划等，广州市应该在"十三五"规划期间，推广增城区、南沙区和花都区的高中免费教育经验，在全市实施 12 年免费教育。

对免费高中教育在资金投入、校舍数量以及教师数量方面的需求进行研究。以经费投入为例，免费高中教育是在已有的教育条件和架构上实施的，建议着重研究如何把所需经费控制在合理的范围内。2017 年，广州市职业中学每学年学费为 3800 元；一级高中学费收费标准是每学期 1081 元，每学年两个学期共 2162 元。2017 年广州市在校普通高中人数共 170676 人，所需学费共

3.69亿元；在校职中学生人数96850人，所需学费共3.68亿元。两项学费合计共7.37亿元。若以2017年广州市投入的公共财政教育经费375.83亿元计算，两项学费占比约1.96%。这个数据是广州市公共财政支出可以承受的。其他方面详尽的需求，需要相关部门一起核算研究。对于在穗外来工子女的12年免费教育，可以通过一定的政策和社会经济指标，界定是否可以享受免费高中教育。

（三）统筹协调落实12年免费教育

广州的多样化教育是时代进步与城市发展的必然结果。目前广州多元办学、公办民办共同发展的办学新格局，可以满足公众多样化的教育需求。在落实12年免费教育的过程中，关键是高中免费教育改革实施部分。建议提高政府的服务意识和跨部门的统筹协调水平；通过建立相关的制度，在公办和民办之间、在教育和其他部门主管学校之间协调落实免费高中教育的实施；由市教育局负责，其他政府相关部门如财政局和人社局通力协作，发挥统筹规划、政策引导、资金拨付以及信息服务等方面的宏观管理，建立政府与教育公共服务提供者之间的契约关系。部分学校可以通过政府"购买服务"的政策，形成有监管、有竞争、有激励的教育服务机制。[1]

（四）中等职业教育是12年免费教育的重要组成部分

中等职业教育是12年免费教育的重要组成部分，是满足社会发展多层次人才的需求，是提高劳动者素质、培养技能型人才的重要途径。在广州实施12年免费教育的过程中，建议要强调中等职业教育的改革和发展，组建多形式的职业教育集团，推进职业教育集约发展；通过提高中等职业教育"双师型"教师比例，以及技术教学和实践课程，培养与社会职业岗位相对接的人才，让学生不仅仅获得现实的职业技能和职业资格，也要让学生在劳动组织发生变化或者当职业发生变更的时候，能够重新获得新知识或新技能的能力，获

---

[1] 《广东省教育厅 广东省财政厅 广东省统计局关于2016年全省教育经费统计情况的公告》（粤教财函〔2017〕229号），广州省教育厅网站，http://www.gdhed.edu.cn/publicfiles/business/htmlfiles/gdjyt/zzjg/201711/514543.html，2017年11月15日。

得未来的职业资格，为广州的产业结构升级培养高素质的劳动者，为广州的产业经济可持续发展奠定人才基础。①

五　结束语

近年来，"高中免费教育"或"12年义务教育"是全国人大、政协等各级提案的热点问题，这也彰显了社会对关系人民幸福感和获得感的民生问题的关切。② 虽然在全国范围内还不具备实施12年免费教育的条件，但广州市作为国家重点发展的中心城市，社会经济发展引领全国的经济强市，具备了率先在全国省辖市范围实施12年免费教育的条件。2017年，广州市GDP总量已经突破2万亿元大关，在原来三个区域实施高中免费教育的基础上，全市整体实施12年免费教育，是实践习近平总书记对广东提出的"四个坚持、三个支撑、两个走在前列"教育实践方案之一，也是响应中共十九大优先发展教育特别是基础教育的有力举措，同时也是广州市增强社会美誉度的教育决策机会。

（审稿人：谭苑芳）

---

① 高兵、唐一鹏：《实施免费高中阶段教育：京津冀区域教育发展的战略选择》，《首都师范大学学报》（社会科学版）2016年第3期。
② 赵秀红：《免费，呼唤免费高中教育！》，《中国教育报》2016年3月12日。牛福莲、李健：《国家应尽快推进高中免费教育》，《中国经济时报》2013年3月10日。

B.14
广州市0～3岁托幼服务专题调研报告

刘梅　范英　董玉整　刘小敏*

摘　要： 为助推国家全面两孩政策落地落实，促进广州市0～3岁托幼服务健康发展，开展广州市0～3岁托幼服务专题调研。调研发现，当前广州市托幼服务发展与满足"全面两孩"政策实施的需求还有较大差距，存在供需矛盾突出、认知存在误区、发展缺乏规划、建设缺乏领导、行业缺乏标准、人员缺乏训练等问题。建议强化政府对发展托幼服务的责任，树立正确全面的托幼服务观念，成立职责清晰的领导组织，制定规范长效的行业标准，构建共建共享的发展机制，加快建立完善0～3岁托幼服务体系。

关键词： "全面两孩"政策　0～3岁　托幼服务　广州市

党的十八届五中全会做出全面实施两孩政策的重大决策。《中共中央、国务院关于实施全面两孩政策改革完善计划生育服务管理的决定》提出，要"合理配置公共服务资源。根据生育服务需求和人口变动情况，合理配置妇幼保健、儿童照料、学前和中小学教育、社会保障等资源，满足新增公共服务需求。引导和鼓励社会力量举办非营利性妇女儿童医院、普惠性托儿所和幼儿园等服务机构"。党的十九大报告指出要"促进生育政策和相关经济社会政策配套衔接"。

---

* 刘梅，广州市妇联党组书记、主席；范英，广东社会学学会会长、广东省精神文明学会会长、研究员；董玉整，广东省人口发展研究院党委书记、院长、二级研究员；刘小敏，广东省社会科学院副院长、二级研究员。

据广州市卫计委统计，2015 年计生年度广州市常住人口出生数为 15.06 万人，2016 年上升到 18.5 万人（两孩率 43.47%）。2017 年上半年继续大幅上升，常住人口出生达 12.36 万人，其中两孩 7.08 万人（二孩率 57.28%），户籍人口出生 8.9 万人（两孩率 59.55%）。截至 2017 年 7 月，常住人口和户籍人口的两孩率进一步攀升到 58.37% 和 60.87%。伴随着"全面两孩"出生高峰的到来，对托幼服务的呼声日益高涨，成为广州建设生育友好型城市亟待破解的课题。

2017 年 6～9 月，广州市妇联联合广东社会学学会开展托幼服务专项调查研究。组织多场专题座谈会，面向市民群众发放回收有效问卷 4670 份，走访调研了相关政府职能部门和 61 个街道、174 个托幼机构以及 10 多个企事业单位，深入了解当前广州市托幼服务的发展现状，以及全面两孩生育政策下公共托幼服务的社会需求，推动完善政府公共服务配套政策。

一 广州市0～3岁托幼服务现状调研数据分析

（一）入托意愿与入托现状分析

1. 有近六成受访者要求入托

近六成受访者表示"一定会入托"或者"如果有合适的托幼机构，会入托"，而选择"不会入托"的仅有二成左右。

调查发现，有 7.58% 的受访者表示"一定会入托"，有高达 46.94% 的受访者选择"如果有合适的托幼机构，会入托"，还有 18.71% 的受访者选择"到时再说"。这说明如果条件合适，至少有 54.52% 的需求人群肯定会将孩子送到托育机构。如果"到时再说"的人群里也有一半（9.36%）会选择的话，加在一起，就达到 63.88%，而明确表示"不会入托"的只有 22.42% 的受访者（见图 1）。

数据还显示，已育一孩人群选择"如果有合适的托幼机构，会入托"的比例显著高于其他生育状况组。未孕未育受访者因为还没亲身体会到生育、养育孩子的情境，所以选择入托的比例低于其他生育状况组，而选择"到时再说"的比例高于其他生育状况组（见表 1）。

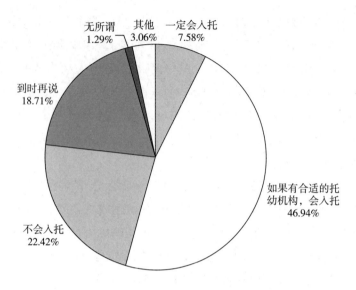

图1 受访者送孩子入托的意愿

表1 不同生育状况群体送孩子入托的意愿比较

单位：%

生育状况	一定会入托	如果有合适的托幼机构,会入托	不会入托	到时再说	无所谓	其他
未孕未育	5.41	29.73	14.86	37.84	5.41	6.76
已孕未育	6.11	43.51	22.90	25.19	0	2.29
已育一孩	8.24	55.06	20.60	14.61	0.37	1.12
已育二孩	9.02	45.11	28.57	9.77	2.26	5.26
已育三孩	0	50.00	40.00	10.00	0	0
其他	20.00	0	20.00	40.00	0.00	20.00

2. 只有4.68%的婴幼儿在托

调查数据显示，在孩子养育方式方面，爷爷奶奶带的比例最高，为39.03%；其次是全职妈妈带，为17.10%；由外公外婆带的也有16.77%，仅有4.68%的人将孩子放在托儿机构。

对有幼儿在托的人群特征分析结果显示，从年龄方面看，有37.93%的人处于30~34岁，24.13%的人处于35~39岁，两者加在一起超过了60%，说明30~39岁的中青年对托幼需求很迫切；从家庭月收入方面看，收入在5001~

8000元、8001~12000元的受访者所占比例均为20.68%，16001~20000元的占17.24%，显示收入与入托的关联不太紧密；从婚姻状况方面看，已婚（国内）的占86.21%；从生育状况方面看，已育一孩的占72.41%，已育二孩的占17.24%，显示已育孩子的家庭对托幼需求很迫切。综合来看，30~39岁之间的已育家庭对托幼服务需求旺盛。

3. 有没有托幼机构已经开始影响人们的生育意愿

调查发现，有没有托幼机构已经开始成为影响人们生育意愿的现实因素。已育一孩和不要孩子的受访者在对不想要（再要）孩子主要原因的回答中，有5.80%受访者的理由是"没有托幼机构"，说明人们已经将托幼服务作为生育的一个现实考虑因素。另外，因为"没有老人或亲戚带"、"请保姆不放心"、"怕影响职业发展"以及"不愿当全职妈妈或全职爸爸"四方面原因不想要（再要）孩子的比例合计高达48.02%（见图2）。

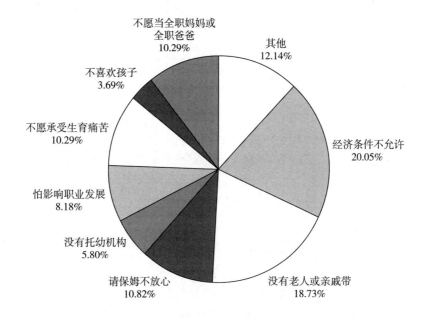

图2 受访者不想要孩子的原因

值得注意的是，在生育意愿的调查中可以看出，愿意生育两个及以上孩子的受访者，比例不到60%，而且未孕未育者中有4.05%的人明确表示"不要孩子"，"无所谓，有了就要，没有也不勉强"的占6.76%。不同收入人群之间的生育意愿差别不太明显（见表2）。这说明，越是生育少的人，越是年轻的人，生育意愿相对越淡。而将自己的生育意愿与有无托幼机构联系在一起的，主要就是这部分人士。在这个意义上，要想提升这部分人士的生育意愿和生育水平，鼓励他们按政策生育，就应该加大托幼服务工作的力度，帮助他们有效解除带孩子的后顾之忧。

表2　不同生育、收入状况人群的生育意愿

单位：%

	分类	2个	3个	多多益善	1个	不要孩子	无所谓，有了就要，没有也不勉强	说不好	其他
生育状况	未孕未育	47.30	6.76	1.35	27.03	4.05	6.76	5.41	1.35
	已孕未育	45.80	2.29	0.76	35.88	0	7.63	6.87	0.76
	已育一孩	54.31	4.12	1.12	28.84	0.37	6.74	4.12	0.37
	已育二孩	81.20	5.26	2.26	0.75	0	6.02	3.01	1.50
	已育三孩	0	70.00	0	20.00	0	0	0	10.00
	其他	60.00	0	0	40.00	0	0	0	0
收入状况	5000元及以下	64.00	8.00	1.33	16.00	0.00	4.00	5.33	1.33
	5001~8000元	54.48	4.83	1.38	24.14	0.00	7.59	6.21	1.38
	8001~12000元	53.51	5.26	0.88	24.56	1.75	8.77	4.39	0.88
	12001~16000元	56.16	2.74	1.37	27.40	1.37	6.85	4.11	0.00
	16001~20000元	62.35	1.18	2.35	23.53	0	3.53	5.88	1.18
	20001~25000元	58.75	5.00	1.25	26.25	0	7.50	1.25	0.00
	25001~30000元	44.83	13.79	0	31.03	0	6.90	3.45	0.00
	30001元及以上	47.37	15.79	0	21.05	5.26	5.26	0.00	5.26

（二）托幼机构数量及其分布特点

1. 调研过的61个街道现有297家托幼机构

问卷调查显示，全市被调研的61个街道共有297家托幼机构（见表3）。

2. 数字显示的几个主要特点

（1）托幼机构的多少与区域位置相关。全市的大部分区已建有一定数量的托幼机构，几个新区相对缺乏。

（2）托幼机构的多少与城镇化水平相关。城镇化水平越高的区，托幼机

表3 全市各区街镇托幼机构调查数据统计分析

单位：万人，个

地区	常住人口	户籍人口	街道数	镇数	有效调研的街镇数	街道反馈现有的托幼机构数	有效调研的托幼机构数
全市	1404.35	870.49	136	34	61	297	174
越秀区	116.11	117.44	18	—	10	22	16
海珠区	163.79	102.26	18	—	4	97	44
荔湾区	92.50	72.69	22	—	7	19	12
天河区	163.10	86.77	21	—	11	34	20
白云区	244.19	94.36	18	4	9	68	41
黄埔区	108.26	45.75	14	1	7	24	14
花都区	105.49	72.38	4	6	2	6	5
番禺区	164.11	88.65	11	5	7	27	22
南沙区	68.74	39.26	3	6	1	—	0
从化区	63.53	61.85	3	5	2	—	0
增城区	114.53	89.08	4	7	1	0	0

注：1. 常住人口、户籍人口数据来源于广州市统计局于2017年3月1日发布的《2016年广州市人口规模及分布情况》；2. 街道数、镇数数据来源于《2016年广州统计年鉴》；3. 南沙区、从化区的"街道反馈现有的托幼机构数"填写"—"。

构相对会多些；而从化、增城、南沙、花都等镇较多的区，面积较大、农业人口较多、每平方公里居民相对较少，托幼机构就少些。

（3）托幼机构的多少与地区人口数量相关。常住人口较多的白云区、海珠区、天河区、番禺区、越秀区等区域，现有的托幼机构也相对多些，反映出人口数量与托幼服务需求之间存在相关性。

（三）托幼机构业务活动的供需对比分析

以下从托幼服务的业务活动内容、运作方式、具体实施等方面，对比分析供需之间的对应关系。

1. 托幼机构的主要工作内容

调查发现，大多数受访者（82.58%）认为"托管"应该是托幼机构的最主要工作内容；但绝大部分托幼机构（93.24%）却将"教育"作为最主要工作内容。同时，有超过74.19%的受访者认为"卫生"应为托幼机构的主要工作内容之一,但只有43.24%的受调研托幼机构提供了这一服务内容(见表4),这说明当前托幼机构的"卫生"服务还有待加强,特别是婴幼儿群体的小、弱等特征,决定了高质量的"卫生"服务特别重要。

表4 受访者期待托幼机构的工作内容与托幼机构提供的工作内容比较(多选)

单位:%

工作内容	受访民众	托幼机构	工作内容	受访民众	托幼机构
托管	82.58	68.92	教育	77.10	93.24
餐饮	78.23	55.41	卫生	74.19	43.24
休息	67.90	55.41	安全	77.42	—
娱乐	64.52	62.16	其他	4.35	16.22

2. 关于托幼机构接收婴幼儿的合适年龄

大多数受访者认为婴幼儿从1岁开始进入托幼机构比较合适,现有托幼机构已有三成以上开始接受1岁以下的婴幼儿入托。

调查发现,有35.00%的人认为托幼机构接纳的婴幼儿合适年龄范围是1~3岁,而且呈现出未孕未育人群(39.42%)到已育三孩人群(29.89%)比例逐渐降低的特征。认为合适年龄入托的是2~3岁的比例为25.52%,4个月至3岁的比例为5.28%(见表5)。对于具体入托时间的选择,46.94%的人表示"有需要时就入托";19.35%选择孩子"2岁"时入托(见图3)。

表5 不同生育状况受访者认为机构接纳婴幼儿合适年龄

单位:人,%

生育状况	4个月至3岁		6个月至3岁		1~3岁		1岁半至3岁		2~3岁	
	人数	比例	人数	比例	人数	比例	人数	比例	人数	比例
未孕未育	44	6.33	94	13.53	274	39.42	113	16.26	170	24.46
已孕未育	21	5.51	84	22.05	141	37.01	56	14.69	79	20.73
已育一孩	38	4.47	119	14.00	285	33.53	185	21.76	223	26.24
已育二孩	22	5.06	57	13.10	134	30.81	85	19.54	137	31.49
已育三孩	6	6.89	19	21.84	26	29.89	21	24.14	15	17.24
其他	1	1.92	14	26.92	15	28.85	8	15.38	14	26.92
合计	132	5.28	387	15.48	875	35.00	468	18.72	638	25.52

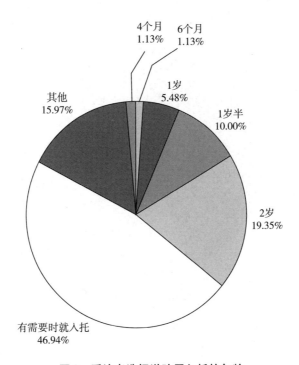

4个月
1.13%

6个月
1.13%

其他
15.97%

1岁
5.48%

1岁半
10.00%

2岁
19.35%

有需要时就入托
46.94%

图3 受访者选择送孩子入托的年龄

现有托幼机构接收婴幼儿的年龄情况是：1岁以下开始接收的机构有33.89%，接收婴幼儿的初始年龄为1.6~2.0岁的机构有32.20%（见图4）。27.12%的机构接收婴幼儿的结束年龄为2.6~3.0岁，有54.24%的机构可以托育孩子到5岁以上（见图5）。在实地调查中课题组也发现，个别托幼机构开始接受4个月大的婴儿参加全日制托管。

（四）托幼机构保障条件

1. 托幼机构的队伍建设

受访托幼机构的工作人员配备情况不尽如人意。调查中发现，有42.11%的受访机构配备教师在5名以下，有72.88%的托幼机构保育员数量在5名以下，有30.51%的受访机构没有炊事员，15.25%的受访机构未配备行政后勤人员（见表6和表7）。

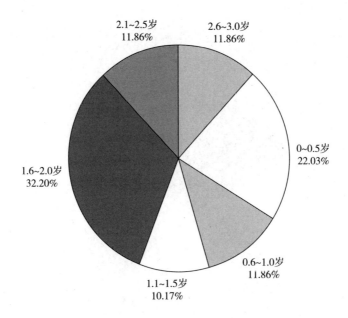

图4 受访托幼机构接收婴幼儿的初始年龄

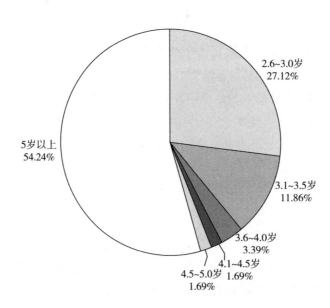

图5 受访托幼机构接收婴幼儿的结束年龄

表6　托幼机构的工作人员、教师、保育员数量分布

单位：人，%

工作人员数量	托幼机构比例	教师数量	托幼机构比例	保育员数量	托幼机构比例
0～5	13.56	0～5	42.11	0～5	72.88
6～10	25.42	6～10	33.33	6～10	10.17
11～15	13.56	11～15	7.02	11～15	6.78
16～20	10.17	16～20	5.26	16～20	6.78
21～25	5.08	21～25	0	21～25	0
26～30	5.08	26～30	1.75	26～30	3.39
31～35	1.69	31～35	1.75	31～35	0
36 及以上	18.66	36 及以上	1.75	36 及以上	0
未填写	6.78	未填写	7.03	未填写	0

表7　托幼机构的炊事员、具有其他证件人员以及行政后勤人员的数量分布

单位：人，%

炊事员	托幼机构比例	具有其他证件人员	托幼机构比例	行政后勤人员	托幼机构比例
0	30.51	0	40.68	0	15.25
1	27.12	1	22.03	1	27.12
2	23.73	2	8.48	2	28.82
3	6.78	3	6.78	3	6.78
4	3.39	4	3.39	4	1.69
5	1.69	5	0	5	6.78
—	—	6 及以上	11.86	6 及以上	6.78
未填写	6.78	未填写	6.78	未填写	6.78

2. 托幼机构的用房面积

托幼机构的用房面积普遍较小，35.06% 的受访机构面积在 500 平方米及以下，501～1000 平方米的占受访机构的 22.99%，1500 平方米以上的占27.59%（见图6）。

3. 托幼机构的场地房屋产权属性

调查显示，托幼机构租房的比例最高，达75.68%（见图7）。在实地调研中了解到，有的托幼机构的场地是街道办提供的，大多是在政府的办公地点里辟出一处空间来，场地小、较拥挤，而且几乎封闭，没有室外活动场地。

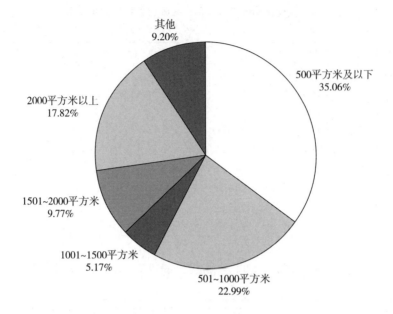

图6 受调研的托幼机构用房面积分布

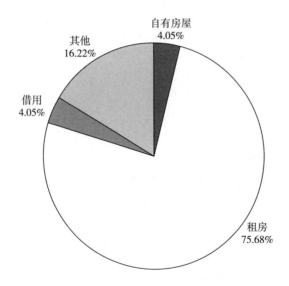

图7 受访托幼机构房屋产权分布

（五）托幼机构服务管理的供需对比分析

1.托幼机构承办主体

托幼服务的需求方大多期望托幼机构应该是"政府举办"，体现出对公益性托幼机构的需求比例更高。但目前托幼服务的供方，超过一半为"自营"托幼服务机构。问卷统计结果显示，表示优先选择托幼机构属性为"政府举办"的比例高达64.03%，其次为选择"幼儿园办托班"，比例也高达20.65%（见图8）。

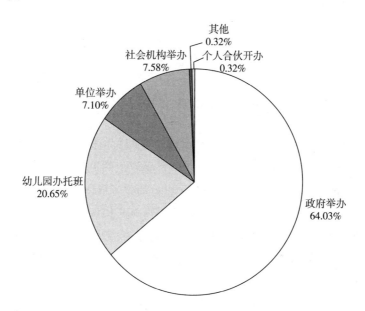

图8 受访者会优先选择的托幼机构

对托幼机构的调研结果显示，"自营托幼机构"比例占54.05%，"幼儿园办托班"占20.27%，"其他"（包含政府举办）仅占17.57%（见图9）。托幼机构的属性决定了受益对象的范围和层次，公益性的托幼机构能更好地发挥"托底"作用，更好地保障大部分社会人群的需求。广大民众希望由政府出面主办托幼机构，提供托幼服务。

2.托幼机构收费

对需求方的问卷调查显示，能接受1个孩子每月入托费用集中在501～

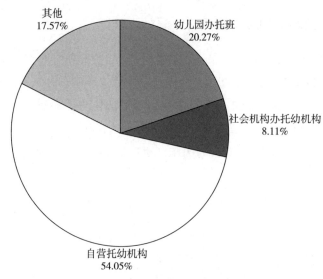

图9 现有托幼机构属性分布

1000 元、1001~1500 元、1501~2000 元 3 个区间。不同收入、职业人群对费用的接受度存在一定差异，如月收入在 1 万元以上的群体能接受月收费 1500元以上的比例远远高于月收入在 5000 元以下的收入群体。对现有托幼机构收费调研显示，每月接收一名婴幼儿收取费用为 501~1000 元、1001~1500 元、1501~2000 元、2001 元及以上的比例分别为 24.32%、18.92%、18.92%、21.62%。显示不同等级收费之间的比例较均衡，也反映出托幼机构存在收费标准不统一的现象。

二 广州市0~3岁托幼服务存在的主要问题

从对广州市托幼服务现状调查数据的分析可以看出，当前广州市托幼服务的现状不能令人满意。在政府管理、行业运营、社会支持等方面，都存在供需不相适应的矛盾。尤其在政府规划、师资培养、社会支持等方面，是当前托幼机构建设和发展过程中亟待解决的问题。

（一）供需矛盾突出

据有关部门统计，广州市户籍出生人口 2014 年为 11.39 万人，2015 年为

15.04 万人，2016 为 13.73 万人，2014～2016 年广州市户籍出生共 40.16 万人。2017 年 1～8 月，广州市常住人口出生 14.73 万人，比上年同期增加 29.19%；户籍人口出生 10.70 万人，比上年同期增加 41.66%。[①] 本次调研数据显示，当前广州市有超过六成的人群会选择将孩子送到托幼机构，但现实中只有 4.68% 婴幼儿入托。2016 年底的调查数据是 4% 左右的婴幼儿进入了托幼机构，而一些发达国家的入托比例则达到了 50%。[②]

（二）认知存在误区

由于诸多历史和现实的原因，托幼服务在实践中还存在一些不尽如人意的地方，使人们对托幼服务还心存疑虑，甚至还存在一些误解。主要表现在以下几个方面：一是在态度上，不相信托幼机构。现实中，托幼机构收费标准不一，有的确实收费较高但服务却不一定到位，服务管理存在不足，更加重了人们的这种印象。二是在功能上，将托幼机构混同于早教机构，过分看重早教的价值作用。本次调查的 174 个托幼机构中有 93.24% 将"教育"作为托幼机构最主要任务，这与超过 90% 的受访者将"托管"看作是托幼机构最主要任务的认识形成较大反差。三是在行动上，以为可以一托了之。有的家长对托幼机构的期望过多，以为将孩子送到托幼机构就万事大吉了，自己可以当"甩手掌柜"了，发生了一切问题都要由托幼机构负责。

（三）发展缺乏规划

2015 年 12 月，中共中央、国务院发布《关于实施全面两孩政策 改革完善计划生育服务管理的决定》；2017 年 3 月，广东省人民政府发布《广东省卫生与健康"十三五"规划》，均提出要依法实施全面两孩政策，强化政策解读和宣传，鼓励政策内生育，建立健全相关配套政策，做好托幼、教育、卫生、社会保障、住房、就业等相关政策的衔接。为加强托幼机构建设、推进托幼事业发展提供了明确的政策依据。但是，至今还没有一个单独的关于推进托幼机

---

① 《广东省卫生计生委出生人口动态监测简报》。

② 国家卫生计生委：《去年 1786 万人出生 45% 以上是二孩》，人民网，http://bj.people.com.cn/n2/2017/0123/c82840-29636994.htm，2017 年 1 月 23 日。

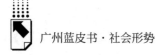

构建设和托幼事业发展的全局性规划，所谓的加强做好托幼工作，还只是停留在一般性规划和号召阶段。

（四）建设缺乏领导

目前，无论是在市一级，还是在区和镇（街、道）一级，都没有组织协调机构。当然，国家和省也都没有。在市委、市政府的领导成员中，也没有明确分管此项工作的领导。开展托幼服务工作以及建设托幼服务机构，都缺乏组织领导。主要表现在以下三个方面。

1. 建设主体不明确

托幼机构的属性决定了受益对象的范围和层次，公益性的托幼机构能更好地发挥"托底"作用，更好地保障大部分社会人群的需求。只有政府作为托幼机构的建设和管理主体，才能保证托幼机构和托幼服务的普惠性和公益性。在被调研的托幼机构中，属于幼儿园办托班的占20.27%，自营托幼机构占了54.05%，社会机构办托幼机构的占8.11%，另有其他17.57%，可见政府没有发挥主导作用。而受访者则更倾向于政府主导，有高达64.03%的人表示会优先选择"政府举办"的托幼机构，20.65%选择"幼儿园办托班"。

2. 管理主体不明确

当前，最突出的是没有具体的负责部门，导致登记、监管等都很难执行。根据对174份托幼机构答卷的分析得知，在"教育部门"登记的占51.15%，在"工商部门"登记的占21.84%，在民政部门登记的占18.97%，"其他"及"未登记"的合占8.04%（见图10）。

教育、工商、民政都可以登记，似乎都有这个职能职责，但实际上又不完全是，甚至不清楚是不是。实际上，从多种调研的途径来看，没有在任何部门登记的托幼机构应该占相当的比例，处于无登记状态。目前，全市究竟有多少个托幼机构，谁也无法提供准确的数字。法定责任不明细，导致托幼机构很难登记成为合法机构。调查数据显示，有近四成的调查对象认为当前托幼机构"登记有困难"。课题组在调研过程中经常被机构拒绝，重要的原因就是这些机构没有办理（没有办到）合法的登记手续。面对调研人员，他们担心自己是"非法经营"，担心自己被当成"违法违规"托幼机构，担心自己的机构被取缔，故而拒绝调研。

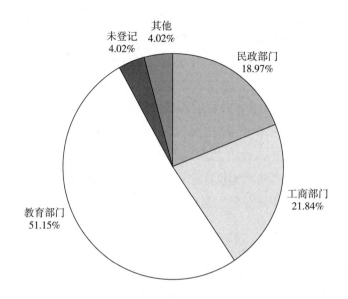

图10 受访的托幼机构登记部门分布

3. 投入没有制度保证

在托幼机构建设方面，政府没有专项经费投入，社会投入也十分有限。当下，城区里可供开办托幼机构的场地十分有限，要找到符合国家规定要求的场地就更加困难了。调查数据显示，目前大多数机构都是租借场地和利用自有房屋来开办托幼机构的，其中租房的占了75.68%。大多是简易的，设施配备较少。这些场地大多面积小、缺少消防等安全设施，更不容易配备室外活动空间了，存在安全隐患。调查到的托幼机构和民众都十分希望政府加大对托幼机构建设的投入，全面布点，改善环境，增加功能，提升质量。

（五）行业缺乏标准

建设运营托幼机构开展社会服务，场地、设施、消防安全、营养配餐、教育活动、健康维护、收缴费用等都应有统一标准。但现实是没有统一的托管、养育、教育、收费等一系列的标准，包括指南、手册、教材、规定等。少数早教机构把自己抄抄编编的材料作为教材；还有的早教机构直接用外国的所谓教材，宣称不同的先进育儿理念和教学内容，收费很高，体现出浓厚的功利色彩。没有标准，必然会出现较为混乱的现象。

目前，全国只有一个托儿所的建设规范。从2016年11月1日开始，由国家住建部颁发的《托儿所、幼儿园建筑设计规范》（以下简称《规范》）在全国执行，对于规范托幼机构建设具有重要的指导意义。但广东省、广州市还没有具体的实施办法。《规范》将托儿所界定为"用于哺育和培育3周岁以下婴幼儿使用的场所"。但在具体执行过程中，也遇到不少现实问题。比如，《规范》要求"托儿所应布置在一层"，"每班应设专用室外活动场地，面积不宜小于60平方米，各班活动场地之间宜采取分隔措施"等，这些要求在具体执行中会遇到实际困难。正因为执行起来不容易，一些民营托幼机构很难符合这些要求，于是不敢去申请登记，也不知道到哪里去申请登记。

（六）幼教专业人员缺乏训练

当前配有育婴师、营养师等专业人员的托幼机构极端稀少，一般情况下只有从事早教的托幼机构才会有少量的专业人员，不以早教为主要营运内容的托幼机构很少有专业人员。即使有专业人员，他们也普遍比较年轻，专业水平、工作稳定性、理论和实践相结合的能力都不够，在教育学、心理学、卫生学和社会学等方面的综合素养急需补课。调查发现，目前还没有专门培养托幼机构人才的教育部门和培训机构。人才匮乏直接影响托幼机构的养育和教育质量。

（七）安全缺乏保障

许多托幼机构的场所没有配备配齐消防设施，机构没有经过严格的消防检查，没有配备消防安全责任人员，员工缺乏必要的消防安全培训。一些已经登记的托幼机构，其消防安全方面的设施等条件要求也不一定齐备，无疑会留下较为严重的安全隐患。值得注意的是，仅有10.81%的托幼机构认为自身存在一定的安全隐患，更加凸显了安全保障是托幼机构存在的现实问题。

三 我国0~3岁托幼服务的实践探索

新中国成立后不久，国家就正式开始兴办托幼机构，发展托幼服务事业，直至20世纪60年代后期遭受挫折。改革开放以来，国家重新重视托幼服务工作，卫生部、全国妇联、教育部、国家计生委都曾先后具体主持过托幼工作。

在此期间，由于在实践中相对重视早期教育而淡化托管、相对重视市场而弱化政府作用，使托幼机构的普惠性、公益性受到伤害。实施全面两孩政策后，托幼服务成为社会大众十分关注的现实问题，各地都在顺应社会发展和群众实际需要，努力开展托幼服务工作，也积累了一些经验，主要有以下一些做法。

（一）实施公办幼儿园新建、改建、扩建工程

扩大现有托幼园所的规模，加大硬件投入，增加现有托幼园所的容纳量，落实住宅小区配套幼儿园建设。同时，继续增加公办托幼园所的数量，优化资源配置，发展质优价廉、中低收入家庭负担得起的公共托幼服务。天津市用3年时间，新建、改建和扩建120所公办幼儿园，落实住宅小区配套幼儿园建设，做到同步设计、同步建设、同步交付使用。对已挪作他用的，要限期收回。此外，实施农村幼儿园提升建设工程。天津市对146个乡（镇）中心幼儿园进行提升改造，每个乡（镇）至少建设1~2所独立建制的公办中心幼儿园，还将全面推进500个村级标准化幼儿园建设。①

（二）探索托幼机构多元化开办模式

鼓励公民、法人和其他组织采取多种方式开办幼儿园，面向社会提供公共服务。对民办的托幼机构进行补贴和扶持，积极引入社会资本兴办学前教育，建立政府主导、多元化办学的学前教育公共服务体系。早在2011年，中央财政设立"扶持城市学前教育发展奖补资金"，针对城市学前教育发展的难点和薄弱环节，着力解决城市普惠性学前教育资源不足的问题。其中规定，扶持企事业单位办幼儿园和集体办幼儿园，中央财政依据各省制定的政策措施和扶持资金数给予奖补。2016年，杭州市推出了《杭州市学前教育第二轮三年行动计划（2016~2018）》（征求意见稿），这个三年行动计划一旦实施，对民办幼儿园的支持力度较大，政府会按照生均事业费的20%对民办幼儿园进行补贴，一个孩子身上起码能补贴三四千元，这对民办幼儿园提高教师工资、增加设施设备等是一种强力的扶持。

---

① 胡春艳：《天津启动学前教育四大工程改扩建120所幼儿园》，中国教育新闻网，http://www.jyb.cn/china/gnxw/201103/t20110301_416601.html，2011年3月11日。

（三）鼓励社区和职工单位开办托幼机构

一些地区支持社区发展公共服务，提供亲子活动的场所，鼓励居家养育；鼓励女职工集中的单位恢复托儿所，探索开展职工子女托幼服务，在职工需求集中且有条件的企业、园区、楼宇等单位开展职工子女的晚托、暑托、寒托等。有能力的企事业单位可以主动申请，作为试点，这样就减少了强制摊派任务产生的问题，也给予有担当社会责任的企事业单位一个机会，对其宣传也具有积极作用，可以彰显其承担社会责任的勇气，对于自己的员工也更具有凝聚力。2017年3月，京东总部的托幼中心正式开张，员工子女不仅可以免费入托，还可以免费享用为宝宝们提供的母婴产品。京东总部的托幼中心面向内部员工，接收4个月到3岁的孩子，由第三方机构提供服务。[①] 上海市总工会也在三八国际妇女节期间推出"职工亲子工作室"，首批试点单位12家，目前已经扩展到59家。企业也即将"上线"暑托班，暑假期间有适龄儿童的职工将可以实现"带着娃来上班"。

（四）加强监督管理

对无证托幼机构进行排查，在办学条件上进行摸底检查，包括办学场地、面积、出入口、安全设施、消防、玩教具和师资状况等，针对规模较小、管理不规范、安全隐患较大的无证园所则坚决关停取缔。对规模较大、暂时不达标的，要求限期整改，纳入监管范围。2016年8月28日，安徽省第十二届人大常委会三十一次会议听取了检查《安徽省学前教育条例》实施情况的报告，报告中指出，无证幼儿园的管理问题依然很突出，2016年上半年安徽省无证民办幼儿看护点有4169所，在园幼儿38.2万人。[②] 要将无证幼儿园纳为民办幼儿看护点，分为A、B、C三类，实施准入一批、整改一批、取缔一批的动态监管，但是整顿任务很艰巨。看护点都是非正规幼儿园，其中A类看护点经过提升可以成为合格幼儿园，B类与正规幼儿园差别比较大，需要通过整改

---

① 白杨：《京东总部幼托中心开张　刘强东：让员工带孩子上下班》，凤凰科技网，http://tech.ifeng.com/a/20170413/44572609_0.shtml，2017年4月13日。

② 徐琪琪、马翔宇：《无证幼儿看护点超4000所》，《安徽商报》2016年7月28日。

向合格幼儿园提升，而 C 类办园条件很差。安徽省政府和各市已采取措施，强制取缔条件差、安全隐患严重、限期整改后仍不能提升达标的 C 类民办幼儿园看护点。

四 广州市加强0～3岁托幼服务的对策建议

积极应对社会和家庭对托幼服务的需求快速增长，解决日益突出的托幼服务供需矛盾，是推进加快建设健康、幸福广州，建设生育友好型城市的重要内容。

（一）树立正确全面的托幼观念

1. 充分认识做好托幼服务工作的重要意义

在"我国人口发展呈现出重大转折性变化"的新时代，逐步调整完善生育政策，促进生育政策和相关经济社会政策配套相衔接，对增进家庭和谐幸福、促进人口长期均衡发展具有特别重要的意义。

（1）做好托幼服务工作是落实全面两孩政策的重要支撑。落实全面两孩政策，重点在鼓励群众按政策生育两孩，难点就在于做到全面，即全面实施、全面配合、全面支持、全面跟进。做好托幼服务工作，把正处于工作与事业奔波中的青年父母从"带孩子"的困身状态中解放出来，解除"不敢生"的生育焦虑，正是对落实全面两孩政策的重要支撑。

（2）做好托幼服务工作是提高人口素质的重要条件。开展托幼服务工作，让0～3岁婴幼儿进入托儿所接受有计划、有目标、有手段的养育训练，培养好习惯、好性格，开发情商、智商，学习与人相处，学会独立思考，学会自立自尊，对于提高婴幼儿生活和养育水平，提高婴幼儿综合素质，具有十分积极的作用。

（3）做好托幼服务工作是促进家庭幸福的重要力量。习近平总书记说：家庭是社会的基本细胞，是人生的第一所学校。不论时代发生多大变化，不论生活格局发生多大变化，我们都要重视家庭建设，注重家庭、注重家教、注重家风。毫无疑问，每个家庭都会十分重视并用自己的方式养育孩子。但由于知识水平和处事方式等方面的差异，家人之间往往会在养育孩子问题上产生矛盾。将孩子送进托儿所，在孩子接受托儿所看护和教育的同时，家长也会参与学习，学会怎样做一个合格的家长。这对于促进家庭幸福和谐，同样具有重要意义。

（4）做好托幼服务工作是为民办实事的重要内容。群众利益无小事。习近平总书记在十九大报告中指出："我们要坚持把人民群众的小事当作自己的大事，从人民群众关心的事情做起，从让人民群众满意的事情做起，带领人民不断创造美好生活。"当前，在落实全面两孩政策的过程中，做好托幼服务工作，正是人民群众十分关心的且与自己切身利益密切相关的"小事"。党和政府要实现以人民为中心的承诺，就必须将做好托幼服务工作当作自己分内的"大事"，当作为民办实事的重要内容。

（5）做好托幼服务工作是全社会的重要任务。托幼服务所存在的问题，并不仅仅是某一个或某几个一个方面的问题，而是牵涉服务管理、运营发展、供需均衡等多方面的问题，是关系全社会和谐发展的全局性、系统性问题。表面上看只是关于小孩的问题，关于家庭的问题，实际上却比较复杂。仅仅在管理方面，就涉及场地、房屋、设施、人员、收费、安全、消防、教育、培训等多方面问题，只有多方努力协同，才能真正解决问题。加强托幼服务工作并不仅仅只是解决近几年生育堆积的问题，而是立足注重家庭发展、促进孩子成长、构建人口均衡性社会的长远问题。所以说，做好托幼服务工作，并不仅仅是政府的工作，而是全社会的工作，是一项社会系统工程，需要供给侧和需求侧同时发力，需要你我他大家一起努力，共同参与、共同建设、共同服务、共同享有。

2. 科学定位托幼服务的本质属性

（1）托幼事业是一项社会公益事业。需要明确的是，托幼服务机构是具有普惠性的公益性社会公共服务机构，而不是追求经济利益的经济组织，不能只是或首先是经济单位。中央在倡导发展托幼事业时，已经明确了托幼机构的公益普惠性质。托幼服务的本质属性是社会公益性，离开了公益性，托幼服务的发展就会偏离正确轨道。我国20世纪90年代开创了托幼服务社会化、市场化进程，结果反而是托幼服务走向式微，丧失其应有的社会地位和社会作用。放眼世界，发达国家和地区在此问题上都是强化政府对公共托幼服务的责任和义务，都在加大投入、增加服务。这种世界性的发展趋势值得我们认真借鉴。

正反两面的实践都提示我们，在托幼服务工作中，政府需要强化自身对公共托幼的责任和义务，而不应该将育儿责任更多地推给家庭和市场，放任托幼事业走社会化和市场化的道路。政府对公共托幼服务的责任和义务，最重要的就是通过一系列政府行为，确保托幼服务的公益性质，发挥托幼服务的最大功能，引导和规范托幼行业有序健康发展。

（2）托幼服务应该满足家长需求。新时代计划生育工作的主线，就是"增进家庭和谐幸福、促进人口长期均衡发展"①。因此，托幼服务工作的立足点，就是服务家庭、支持妇女等家庭成员发展、不断提升家庭发展能力。从供需两侧来看，托幼服务应该在数量、布局、收费、质量和服务方式等方面尽可能满足家庭和家长的基本需求，使全体有幼儿的家庭都能相对公平地享受到公共托幼服务，同时还要通过适当减轻托幼费用负担等措施，加强对弱势群体的政策扶持。将收费、经济效益放到不恰当的位置，忽视家庭和家长的实际需求，这样的托幼服务只会离托幼服务的本质越来越远。

（3）不能用早教代替托幼服务。托幼服务是指3岁以下婴幼儿在正式或非正式的机构接受照顾服务②，托幼机构就是专门照顾和培养婴幼儿生活和学习能力的地方。在这里，父母离开而由受过训练的服务人员按照规定程序照顾孩子，在地理空间上，实现父母与孩子完全分离。托幼机构的主要功能，就是对婴幼儿进行"保护"（保育）和"教育"，兼具"养""教"两大功能。③"保育"的任务在于保护和促进婴幼儿身体和心理健康发展，这是托幼服务的最主要功能；"教育"的任务主要是指导婴幼儿掌握生活技能和适应生活的一切认知和态度。可见，托幼机构的育儿方针应该是"以养为主，养教结合"。而早教服务则是早期教育、学前教育的重要组成部分和操作形式，主要由专业的老师在固定的场所进行有系统、有计划的教育指导。早教机构是专门为婴幼儿及其父母或家人提供婴幼儿早期教育培训指导和帮助的服务机构。早教机构

---

① 《中共中央国务院关于实施全面两孩政策 改革完善计划生育服务管理的决定》，中央人民政府门户网站，http://www.gov.cn/xinwen/2016-01/05/content_5030806.htm，2016年1月5日。

② 史薇、王晖、刘中一、刘冬梅、邹艳辉：《全面两孩政策背景下托幼服务研究：综述与展望》，《人口与社会》2017年第1期。

③ 田茂、王凌皓：《台湾地区托育服务的功能及启示》，《现代教育科学》2017年第3期。

的职能是以智力开发、早期教育为目的，主要服务对象既包括 0～6 岁儿童，同时也包括儿童家长，在服务过程中，按照时间收费，家长常与儿童待在一起，而非分离状态。托幼机构最直接的特征就是将孩子"托付"给托幼机构，实现家长与孩子的分离，帮助家长"松开手"，腾出手来去上班、去工作。如果达不到这个目标，所谓的"托"也就失去了真正的意义。而早教机构大多是在规定的时间内，给孩子从事教育活动，家长还要在旁边或教室外等候，家长并没有"脱"开身，并没有离开孩子。过分强调"学前教育"和"早期教育"功能，而忽略托幼的"养育"与"教育"的一体化功能，托幼服务就会走样。尽管早教机构也接纳 0～3 岁的婴幼儿，但不能算是真正意义上的托幼机构。同时也要看到，托幼机构与早教机构之间也可以互动，实现令人满意的有效衔接，从而既能达到"托"的目的，又能实现"教"的需求，更好地促进儿童健康成长。

（4）不能用托管帮助代替托幼服务。所谓儿童托管，是指父母因工作没时间照顾孩子，而委托他人暂时性照看孩子。现实中的托管中心，其功能多为临时性照看，属于短暂性服务，而非提供长期的固定式的托幼服务。在托管过程中，时间上比较弹性，通常以小时或天数为单位进行计算和收费，常见的有课后托管、午托、晚托、寒暑假托管、寒暑假全托、学科辅导托管等形式。在服务对象上，儿童托管的范围较为广泛，包括从咿呀学语到中小学各个年龄段的儿童。在服务体系上，托管中心的服务内容较为广泛，不仅包括儿童看管、教育，还可以为儿童及家长提供其他服务。例如提供孩子接送服务，提供孩子午餐的"小餐桌"服务，提供中小学寒暑期教育管理服务，以及提供孩子课外辅导服务，等等。目前，许多儿童托管机构都处于自发零散状态，在管理上较为混乱，缺乏相应的行业标准和正式的监管考核标准。可见，托管服务具有托幼服务的部分功能，但不能相互替代。在 0～3 岁阶段，托管服务可以逐渐发展为托幼服务，作为托幼服务的"预备""预演"阶段，托幼服务则是托管服务的进一步延伸和展现，两者之间可以实现良好的衔接。超过 3 岁，托管服务还可以继续，而托幼服务却已经终止了。

（二）成立职责清晰的领导组织

托幼服务是一项社会性的工作，需要有一个组织来领导、引导、指导，否则就会无序、混乱、失控。组织的作用就在于整合资源、理清关系、牵引发展。

1. 政府是托幼服务的领导者

托幼服务，属于公共服务；托幼机构，是普惠性、公益性的、提供托幼服务的社会公共服务机构。新中国成立 60 多年的托幼服务实践历程有力说明：由政府统一组织领导，托幼事业就会健康快速发展；由群团组织领导，托幼事业发展的力度会有所减弱；而任由社会和市场自行发展，托幼服务的普惠性、托幼机构的公益性就很难保证，甚至会走向反面。虽然发展托幼服务事业需要全社会的共同努力，但牵头组织者却只能是政府。要保持托幼机构的公益普惠性质，就一定要突出政府的主导地位，发挥政府多部门之间的密切配合和有效协同的主导作用。没有政府指导把关，没有政府各有关部门的大力协作，托幼机构的公益性质、公共服务的基本职能就很难保证。政府的职能就是要为大众提供公共产品、公共服务。习近平多次提出要坚持以人民为中心的价值观，在党的十九大报告中，将其作为新时代坚持和发展中国特色社会主义的重要内容。在这个意义上，统一组织领导托幼服务工作，正是各级政府义不容辞的责任。

政府主导并支持是促进托幼机构和托幼服务事业发展的必要条件，也是民心所向。在问卷调查中，高达 72.10% 的人认为托幼机构建设管理应该由各级政府负责。可见大部分的人们期望各级政府在托幼机构的建设和管理过程中作为牵头负责方。要做好托幼服务的领导工作，政府就必须要有一个组织、一张蓝图、一把尺子。所谓有一个组织，就是要建立一个由政府相关部门组成的托幼工作领导小组。明确卫生计生、教育、财政等相关行政部门在托幼工作中的具体职责，健全跨部门合作的工作机制，有序有效领导托幼服务工作。① 所谓有一张蓝图，就是要对托育服务体系建设进行顶层设计，出台引导托幼服务的指导意见以及相关配套政策和工作规划，从顶层开始设计服务管理体制、运行机制、投入保障、服务模式建设和服务内容创新等。② 所谓有一把尺子，就是

① 盘海鹰：《0~3岁婴幼儿科学育儿公共服务体系的构建——以苏州为例》，《江苏幼儿教育》2014 年第 1 期。
② 张航空：《儿童照料的延续和嬗变与我国0~3岁儿童照料服务体系的建立》，《学前教育研究》2016 年第 9 期；刘中一：《多措并举加强0~3岁幼童托育工作》，《人口与计划生育》2016 年第 11 期。

209

政府要统一制定完善托幼服务标准和管理规范，对托幼服务机构的场地、设施、师资、卫生、营养、消防安全、学习教育等提出明确要求并给予实际支持，营造友好的托幼服务社会环境，引导相关机构稳健成长。①

2. 成立"广州市托幼服务工作领导小组"

加强组织领导是做好托幼服务工作的组织保证，建议成立"广州市托幼服务工作领导小组"。由市政府一名副市长分管全市托幼服务工作，兼任"广州市托幼服务工作领导小组"组长；市卫生计生、发展改革、财政、教育、民政、人社、工商、宣传、食品药监、住建委、公安消防、城管等政府部门，以及工会、共青团、妇联等群团组织作为成员单位。

领导小组的主要职责是：构建"政府主导、部门协同、社区组织、多元共建、公益普惠"的托幼服务工作机制，调动多方力量，引导和规范托幼服务健康发展；领导制定全市托幼服务工作总体规划和年度计划，将托幼服务工作纳入全市经济社会发展目标，作为市政府执政为民的重要民生工作统一计划安排，专项安排经费投入，专项安排配套场地、设施等；制定统一的"养"与"教"的标准，培养专业人才，建设专业队伍。

3. 确定牵头部门，明细各部门责任

托幼服务是一项综合性公共服务，需要多个政府部门和群团组织共同努力、相互协调、通力合作。在托幼服务工作领导小组领导下，明确牵头部门，明晰各相关部门职责。此处仅列举几个部门作一探讨。

卫生计生部门的主要职责：一是以卫生计生部门作为牵头部门，主持制定本市有关政策文件，制定托幼服务行业标准及实施细则，促进托幼服务专业队伍、管理队伍和保障队伍发展。二是具体负责托幼服务中有关卫生计生工作。包括婴幼儿体检、营养计划、疾病预防筛查等。处理好社区、单位、托幼机构、卫生计生机构之间的关系。三是组织托幼机构的登记、证照发放、审核、督查等工作。四是组织成立全市托幼事业行业协会，加强行业组织自我管理。五是与保险公司合作，设立托幼机构婴幼儿健康保险险种，增强婴幼儿健康安全风险防范能力。

教育部门的主要职责：一是以教育部门作为牵头部门，制定婴幼儿教育发

---

① 田茂、王凌皓：《台湾地区托育服务的功能及启示》，《现代教育科学》2017 年第 3 期。

展中长期规划和近期计划。二是具体制定托幼服务从业人员职业标准，探索建立托幼服务从业人员培训课程、培养模式，逐步实现从业人员持证上岗制度。三是开设婴幼儿教育专业，编写婴幼儿教育培训教材，实行托幼服务职业职称评定和聘用制度，培养促进婴幼儿健康发展的专业队伍。四是检查验收托幼机构的教育实效，开展评级活动。五是制定相关政策，鼓励有条件的幼儿园开办托班。

财政部门的主要职责：一是将托幼服务纳入公共服务财政范畴统筹考虑，整体安排。二是设立托幼服务专项经费。将托幼服务的内容细化，分项目安排财政资金。包括统一规划经费、场地征用经费、人员待遇及培训经费、设施配置经费、婴幼儿健康保险启动经费等。三是制定托幼服务机构收费参照标准，指导各类托育机构规范、公平、有效发展。

民政部门的主要职责：一是将托幼服务纳入城市社区建设总体规划，作为城市社区整体建设的一个重要组成部分。二是在拟订社区建设的相关配套政策并组织实施时，考虑托幼服务的相关配套政策并组织实施。三是引导、组织社会力量积极参与托幼服务工作，包括资金投入、项目承包、人员培训、第三方评估等。

其他有关部门和单位，应该结合自己的实际情况，密切配合，配备专人做好联络协调工作，创造性地做好自己的分内工作，共同推进托幼服务工作有序有效开展。

为了进一步落实责任，力求实效，建议建立市、区、街（镇）、社区（村）多层次托幼工作体系。根据各自实际情况，因地制宜开展具有区域特色的托幼服务活动。各区卫生计生部门应明确有专人负责，各相关部门要明确有专人作联络员，各街道均应落实专职工作人员。

（三）形成一套共建共享的发展机制

习近平总书记在党的十九大报告中指出：要"打造共建共治共享的社会治理格局。"这一重要论断为在新时代加强和创新社会治理指明了方向、提供了遵循。为了更好地调动多方力量，引导和规范托幼服务健康发展，政府应该牵头负责构建"政府主导、部门协同、社区组织、多元共建、公益普惠"的托幼服务工作机制，让多方主体共建共享，共同推进托幼事业快速健康发展。

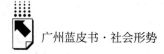
1. 鼓励机关事业单位自办托幼机构

机关事业单位是所谓"体制内"的组织，其机构和人员都需要纳税人提供的税金由财政分配供养。一方面它们经常代表政府或者经允许代表政府发言发声，制定和发布政策；另一方面，它们也是政策的执行者和实践者。作为利益复合体，它们应该承担部分政府应该承担的公共服务责任，为政府分忧，为政府担当。从这点来看，机关事业单位应该积极主动承担起托幼服务的责任，为本机关本单位职工提供力所能及的托幼服务。

从 20 世纪 50 年代开始，包括广州在内的全国各大城市在致力于大规模工业和城市建设时，也纷纷在机关、事业单位开设了托儿所、幼儿园。带着孩子去上班，是 20 世纪 80 年代许多城市居民每天最普通的事情。但从 20 世纪 90 年代开始，机关事业单位施行制度转型，公办托儿所被市场化的幼儿园逐渐替代，渐渐淡出了人们的视线。① 如今，为缓解全面两孩政策实施后的育儿压力，我国多地正组织出台措施，鼓励机关事业单位自办托幼机构。例如，上海发布了《上海"职工亲子工作室"设置及管理办法》，并推广"职工亲子工作室"托幼模式；② 安徽省提出了明确支持事业单位和集体办园的实施方案；深圳市也将修订《深圳市民办学前教育机构设置标准》，探索举办规模较小、服务形式灵活多样的学前教育机构。③

实践证明，机关、事业单位自建托幼机构是一种很好的托幼服务方式，既能够使女职工们安心工作，充分保障哺乳期母亲和孩子的权利，又有利于保障用人单位的人力资源配置，建设生育友好型单位。政府应鼓励有条件的机关、事业单位根据自己的实际情况开展托育服务，解决职工无暇带孩子的后顾之忧。还可根据实际情况与有关单位、相邻社区合作开办托幼机构，以及采取购买服务等方式，为职工提供多样化的托幼服务。

2. 支持企业开办托幼机构

企业是经济组织，获取最大经济效益是其追求目标，也是其为社会做贡献的主要方式。但同时，企业也是社会组织系统中的重要组成部分，在拥有社会

---

① 唐淑：《中华人民共和国幼儿教育 60 年大事记（上）》，《学前教育研究》2009 年第 9 期。

② 刘锟：《设职工亲子工作室，这些条件得具备》，《解放日报》2017 年 8 月 8 日。

③ 刘会民：《多地出台文件鼓励企事业单位办幼儿园"带娃上班"潮流重现》，央广网，http://china.cnr.cn/ygxw/20170819/t20170819_ 523908821.shtml，2017 年 8 月 19 日。

权利的同时必须承担一定的社会责任。根据需要开办托幼机构，作为员工的福利，正是企业履行社会责任的重要内容。①

从广州本市，以及上海、北京地等开展自办托儿所的企业来看，一些发展成熟的大型企业正考虑职工福利的多元化，认为职工福利不仅仅是物质和经济奖励，还应包括食堂、托儿所、身心健康服务等广义的职工福利。广州一些企业自办托幼机构为单位职工服务，作为单位的一项福利制度，对于调动职工积极性、营造温馨环境，效果事半功倍。

政府在把握大方向的前提下，应鼓励有条件的大中型企业尤其是女职工集中的企业，根据职工的年龄结构和生育情况，在获得相关资质的情况下，在企业内部开办托幼机构，解决女职工哺乳、幼儿无人照料、无人教育等现实问题，促进企业女职工家庭、工作的协调发展。② 对尚不具备条件的中小型企业，尝试在工业园区或所在社区开办托幼机构，满足企业职工需求。

政府还可以成立托幼服务专项基金，以发放托育津贴的形式支持有条件的园区、楼宇、企业开展托幼服务。对举办托儿所的企业单位可以给予激励政策，并通过各种税收优惠、文明单位评比等途径提升企业单位参与托幼服务的积极性。

3. 支持社区开展托幼服务

社区是由生活在一定地域范围内的人们以家庭为基础所形成的一种社会生活共同体。③ 作为连接家庭与社会和政府的桥梁，社区应成为托育服务体系的落脚场域和平台抓手。④ 在城市里，不管属于什么单位，住所总是属于某个社区。因此，家庭问题、托幼服务问题与社区不无关系。社区是社会的最基层单位，政府的政策都要通过社区来实施，发挥效应。所以，社区要利用自身的组织资源，整合社区各类服务资源，调动社区各部门、各家庭的积极性，为托幼服务创造良好的环境氛围和平台。

---

① 龙金光：《双职工父母"托幼"需求迫切"带娃上班"值得点赞》，《南方日报》2017 年 8 月 12 日。
② 杨菊华：《健全托幼服务，推动女性工作与家庭平衡》，《妇女研究论丛》2016 年第 2 期。
③ 张建波：《构建 0～3 岁婴幼儿社区早教公共服务体系的实践模式》，《理论观察》2013 年第 10 期。
④ 杨菊华：《建构多元一体的婴幼儿托育服务体系》，《中国社会科学报》2017 年 8 月 23 日。

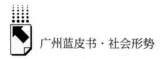

考虑到托幼服务具有距离近、范围小等特点，以及及时性、安全性等方面的要求，落实托幼服务管理工作最直接、最有效的组织力量就是街道社区。各街道社区要根据自己的实际情况，具体落实托幼服务工作，尽量满足街道社区群众对托幼服务的现实需求。

在资源整合上，将托幼公共服务纳入社区基本公共服务配套，以社区为依托，鼓励街道社区自主建设管理，也可参照家庭综合服务中心建设模式，采取政府购买服务等方式引入有资质的服务机构运营，建立托幼机构，为社区居民提供普惠性的托幼基本服务。

在社会托幼服务体系建设过程中，社区能有效且广泛地吸收卫生计生、教育、民政、企事业单位、社会团体、家庭乃至公民个体等多方面力量，形成政府、社会和个人共同参与、相互补充、共同发展的多元社区托幼服务体系。政府可将托育服务设施建设、项目推行、服务提供、家庭照料人员培训等责任分配到各社区，通过社区发挥作用，解决问题。社区中的社区管委会、居委会、业主委员会、计生协会、家庭综合服务中心、社区卫生服务中心、幼儿园等组织和单位，都是宝贵的资源，整合社区内的这些服务资源，可以提供良好的托幼服务。如此，政府由直接的托幼服务提供者逐渐转变为监督者、规范者和引领者，群众则通过社区直接参与并享受托幼服务。

4. 引导和鼓励社会力量举办托幼机构

《中共中央国务院关于实施全面两孩政策改革完善计划生育服务管理的决定》指出：要"引导和鼓励社会力量举办非营利性妇女儿童医院、普惠性托儿所和幼儿园等服务机构"。所以，各级政府要以开放的姿态引导和接纳各方社会力量参与托幼服务工作，共同推进托幼事业发展。

要充分利用人才、资金以及政策优势，在投资建设、参加管理、购买服务等方面向社会开放，积极探索多元化、多层次的办托模式，努力形成多元共建共享局面。要大力鼓励支持符合条件的境内单位、社会团体、慈善机构、街道集体、有关组织、公民在现有法律框架下合法合规承担分解社会责任，积极参与托幼服务建设。[①] 但是，各级政府的资源是有限的，必须引导各种社会力量有序进入托幼服务领域，发挥各自特长，把托幼服务做大做强。只有发动群

----

① 陶婷婷：《建言制定托幼服务公共扶持政策》，《上海科技报》2016年5月17日。

众，开发社会，以开放的姿态接纳多种社会力量参与托幼服务工作，探索多种类型的办托模式，形成多元共建的局面，才能将工作做好，做得更细更踏实，共建共管共享，共同推进托幼事业健康发展。

要鼓励有资质的民营和社会机构根据市场需求，兴办民营托幼机构，坚持"以养为主，养教结合"，提供多元化、差异化的托幼服务，满足多层次需求。在合作形式上，要积极探索混合所有制、股份制、控股、全资等多种灵活的办托体制，面向社会提供公共服务，满足市民对托幼服务多样化需求。在资金政策上，鼓励社会资本进入托幼服务领域，开办针对3岁以下婴幼儿的托儿所、幼儿中心等机构。同时，政府还可以通过购买服务、财政补贴、减免税收、价格监督、用地租房优先等方式，支持和引导民办托幼机构积极提供质优价廉、中低收入家庭负担得起的托幼服务。在机构属性上，政府在直接投资大力兴办公办托幼机构的同时，要通过鼓励公办民营、公建民营、民办公助、民办民营等多种方式，积极支持社会力量举办托幼机构。

鉴于以往的经验教训，在鼓励引导各种社会力量进入托幼服务领域时，一定要突出托幼服务的公益性和社会性，注意防止出现"重社会轻政府""重市场轻公益""重形式轻实效"等倾向，保证多种社会力量在政府主导下各尽所能、各司其职、各有所得、共同发展。

5.支持家庭做好托幼服务工作

家庭是为儿童提供经济支持、养育、照顾的最主要场所，能够为儿童提供最为亲密、安全、稳定、个人化的成长环境，这是再好的托幼服务也替代不了的。在这一点上，无论什么等级的托幼服务都不能替代家庭养育。让孩子参加托幼活动，接受托幼机构的托幼服务，对于帮助家长"松开手""脱开身"去工作，兼顾家庭和事业，促进家庭和谐，对于婴幼儿安全、科学、健康成长，都具有极其重要的积极作用。将家庭教养的亲情属性与托幼服务的科学属性很好地结合起来，无疑是实现共建共享的最好机制。

但现实中有的家长对托幼服务的认识不准确。有的家长对托幼机构的期望值过高，将孩子的抚育、教育责任都推给托幼机构；有的家长望子成龙心切，将托幼目的放在孩子智力开发教育上，将托幼服务与早教服务混在一起；有的家长则对托幼机构服务抱有不信任甚至否定的态度，拒绝托幼服务，这些误解和曲解，都会影响托幼事业的发展。

因此，在给予和接受托幼服务的过程中，一定要处理好托幼机构与婴幼儿原生家庭之间的关系，积极调动家庭的积极性，帮助家长理解并遵守办托只是"托管"而非"全管"的委托原则，帮助家长们树立正确的育儿价值观，掌握并运用科学的育儿知识和方法，实现婴幼儿与父母在社会服务系统之中的良好互动。

（四）制定一批长效规范的行业标准

没有规矩不成方圆，制定标准的意义就在于步调一致，减少直至消除无序状态，保持事业进步的方向性和稳定性，实现健康发展。

1. 出台《指导意见》

建议在市级层面出台《广州市加快推进0~3岁托幼服务工作的指导意见》（以下简称《指导意见》），在明确工作目标后，逐步推广发展。在此方面，南京、上海、苏州等国内托幼服务发展较早地区，已经积累了一些经验。[①] 概况而言，《指导意见》应包括广州市托幼服务发展的总体要求、发展目标、重点工作内容、奖补项目及目标、保障措施等基本内容；并针对如何管理指导广州市托幼服务机构的业务、如何对托幼服务机构进行考核评估、如何对托幼机构进行监督管理等问题提出指导性意见。

2. 制定托幼服务规范标准

托幼机构对专业性、技术性要求高，同时对婴幼儿照顾的设备设施、人员资质要求也比较高。为规范托幼服务发展，需要制定托幼机构的行业标准。目前，只有国家住建部颁发的《托儿所、幼儿园建筑设计规范》规范托幼机构建设。

在没有其他相关规范文件的情况下，广州市可以根据自己的实际情况，由市卫生计生委牵头组织制定托幼服务的一系列行业规范标准。对托幼机构的场地、设备、人员资质、卫生、营养、教育、训练、安全、收费标准等诸多条件和环节做出明确规定，使托幼机构能够切实服务于婴幼儿，缓解父母照顾子女

---

① 南京市政府办公厅：《南京市0~3岁婴幼儿早期发展工作提升行动计划（2017~2020年）》，2017；王峥：《上海市以社区为基础的0~3岁儿童服务中心的运行走向研究》，华东师范大学博士学位论文，2005；华红艳：《江苏省0~3岁婴幼儿早期发展管理模式及工作机制研究——以S市为例》，《兰州教育学院学报》2013年第4期。

和兼顾工作的沉重压力，进而实现婴幼儿照顾责任的社会化，为婴幼儿健康成长提供标准化的社会环境。

此外，还要考虑到广州市各地区的差异性。在制定托费等具体标准时，要充分考虑广州各地区之间的差异和特点，制定有针对性的符合实际发展的各项标准和工作办法。尤其是要打破城乡二元结构、户籍差异等因素的影响，多关注广州女工集中地区、城郊农村等薄弱地区的托幼服务，考虑广州市内的流动人口、农村留守儿童等弱势群体的托幼服务需求。要努力建构公平化、均等化的社会托幼服务体系。

3.加强托幼服务队伍建设

0～3岁婴幼儿的护理、照顾、教育有其特殊性，婴幼儿教师一方面需要有婴幼儿护理的专门知识，另一方面需要有启蒙教育的教育能力，这些要求既不同于一般的婴儿保育员，也不同于一般的幼教师资，需要有多方面的技能。所以，要多渠道培养托幼服务人才。

（1）拓展教育体系。要鼓励高校和托幼机构开展合作，高校开设婴幼儿早期托育专业，为托幼机构输送优秀的专业人才和管理人才。鼓励在学前教育专业中增加0～3岁幼儿教育课程，在中高职教育中增加婴幼儿教育专业，加强婴幼儿护理教育的职业教育，建立健全婴幼儿教师的职业资格审批制度，确保婴幼儿护理、照顾以及教育的高水平和高质量。

（2）加强在职培训。要加强对育婴师、保育员等人员的在职培训，促进托幼机构的工作人员转型为符合托幼服务需要的专业人才，持证上岗。加大婴幼儿教师队伍的补充力度，提高非公办婴幼儿教师待遇。

（3）建设专家团队。要加强托幼服务专家队伍的投入建设力度，建立托幼服务专家库，适时或定期组织开展培训和交流活动。组织专家和实际工作者共同努力，编写系列托幼教材、读本、手册等，为托幼服务顺利实施提供智力支持。

（4）完善福利待遇。要完善相关从业人员社会保障，通过完善职业规划、加强能力建设、理顺晋升通道、提高工资待遇和增加补贴等多种方式，逐步提高托幼服务后勤从业人员的吸引力和凝聚力，减少保育人员的流动性，保证服务人员梯队的稳定性。

4.建立健全监督评估体系

建设与监督是并行的两个车轮，缺一不可。只建设，缺监督，往往会虎头

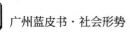

蛇尾,不了了之,甚至事与愿违。因此,要维护家庭和家长的权益,促进婴幼儿健康成长,就一定要加强监督评估工作,建立健全监督评估体系。

(1)将托幼服务工作纳入考核体系。加强评估督导是托幼机构健康发展的重要保证。要建立共同的但有区别的托幼服务责任制度,细化各级、各单位、各机构责任;明确各级、各单位、各机构年度和阶段性的工作任务,以及具体要求和支持条件;将托幼服务状况纳入卫生计生、民政、教育、财政等政府部门的年度考核指标体系,纳入市政府、区政府、街道和社区的年度考核指标体系,纳入各级领导任期内的考核指标体系,定期考核,实行责任追究制度。

(2)建立市、区、街道(镇)、社区(村)四级监管体系。要通过建立市、区、街道(镇)、社区(村)四级监管体系,对托幼机构实施动态监管。各社区、企业负责托幼服务管理的机构,要进行日常巡查,对重点对象进行定期巡防,对违反有关规定的服务机构予以惩罚和撤销;对服务质量不合格、有问题、有隐患的机构要及时签发监理通知单,要求服务单位及时整改。整改完毕后,监管机构要对整改情况进行复查,提出复查意见。尤其是在消防、卫生、安全、防疫等环节,一定要严格把关。要切实保障各类托幼机构良性发展,切实保障婴幼儿的健康安全。要重视民众投诉,对举报内容要及时核实,避免乱举报、乱投诉,并及时给予回应。

(3)建立多层立体督导评估体系。要建立健全开展托幼服务机构自我评价、相互评价、行业评价以及第三方评价等多种类的督导评估机制。要制定广州市托幼服务的评价指标体系、监督考核制度。要通过定期考核和及时监控相结合的方式,对广州市托幼服务体系的整体经费运作、组织工作成效、托幼服务质量、托幼资源配置等方面进行系统评估,并提出对策意见建议,多方努力,切实提高各级托幼服务工作的质量和效果。

(审稿人:丁艳华)

B.15
广州市老年教育发展现状及政策建议

民进广州市委员会课题组*

摘　要： 随着生活条件改善和经济社会发展，老年人精神文化生活需
求不断得到提高。最近两年，国家和广东省先后出台文件，
对老年教育的发展提出了明确的目标和要求。本文分析了广
州市老年教育的现状，根据当前老年人对老年教育的需求和
国家发展老年教育的要求，提出了广州市老年教育在规划目
标、管理机制、办学体制、资源供给方面存在的问题，并相
应提出加快发展老年教育的政策建议。

关键词： 老人需求　老年教育　老年学校

一　广州市加快老年教育发展的迫切性

（一）广州市老年人口规模大，人口老龄化速度快

1. 60岁及以上户籍人口情况

2016年，广州市60岁以上的户籍人口约154.61万人，占全市总人口的
17.76%，较2015年增长了4.7%，增长率高于全国平均水平（3.99%）。2012～

---

* 课题组组长：江东，民进广州市委副主委、广州市政协科教文卫体委副主任。成员：梁晓玲，
民进广州市委副巡视员、广州市政协委员；李健晖，海珠区司法局副局长、海珠区政协委员；
粟华英，广州大学广州发展研究院社会调查中心主任；张艳瑾，广州体育职业技术学院体育
产业系体育服务与管理专业教研室主任；陈晓岸，广州市水务局执法监察支队大队长；周方
颖，民进广州市委参政议政处副主任调研员；任慧明，民进广州市委参政议政处副主任科员；何
丽华，广州市社会福利企业管理办公室工作人员。执笔：粟华英、张艳瑾。

2016 年广州市户籍老年人口规模持续增长，占户籍人口的比重也持续增加
（见表1）。另外，户籍老年人口中 60～69 岁的占户籍老年人口总数的 56%，
即老年人口中最年轻的年龄段人数超过五成半。

表 1　2012～2016 年广州市户籍老年人口状况

单位：万人，%

年份	60 岁及以上老年人口		65 岁及以上老年人口	
	人数	占户籍人口比重	人数	占户籍人口比重
2012	126.43	15.42	86.5	10.55
2013	133.04	16.03	90.13	10.86
2014	140.65	16.75	94.86	11.29
2015	147.53	17.27	98.77	11.56
2016	154.61	17.76	103.40	11.88

2. 在穗60岁及以上流动人口情况

截至 2016 年底，广州市 60 岁及以上在广州办理居住登记的非广州户籍人
员有 23.28 万人，较 2012 年增长了 2.1 倍。其中白云区 60 岁及以上的流动人
口最多，占全市 60 岁及以上的流动人口总数的 19.14%。

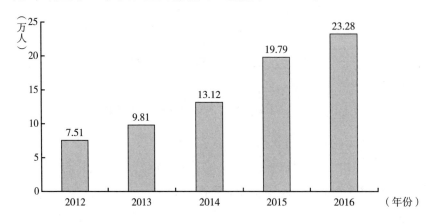

图 1　2012～2016 年广州市 60 岁及以上流动人员老年人口状况

（二）广州市老年人精神文化需要和学习需求日益增长

近年来，广州市围绕实现老年人"老有所养、老有所医、老有所为、老

有所学、老有所乐"的目标,养老保障体系进一步完善,老年人医疗保障全覆盖基本实现,养老服务格局基本形成,生活保障有了明显改善。随着生活条件改善和经济社会发展,老年人的精神文化需求和学习需求增长较快,发展老年教育的形势和任务更加紧迫。另外,近年来老年人受骗上当问题成为社会热点问题。据广州警方2016年统计,广州市60%的电话诈骗案件受害者是中老年人。部分邪教组织也打着强身健体的旗号在老年人群中传播,侵害老年人权益,影响社会稳定。其主要原因在于:一是老年人情感孤独、精神空虚,缺乏亲情和陪伴。二是对社会信息摄入少,缺乏足够的判断力,喜欢贪小便宜。三是空闲时间较多,疾病增多,缺乏保健知识。而一些公司的业务员像亲人一般地对老人嘘寒问暖、关怀备至,并组织参与一些活动或讲课,引导性地向老人灌输"健康"信息或是"致富"信息,轻易攻破老年人的心理防线。

发展老年教育,可以使更多老年人加强社会交往,丰富文化生活,更新知识技能,提高生活品质,增强幸福感和获得感,是积极应对人口老龄化、实现教育现代化、建设学习型社会的重要举措,是促进社会和谐的必然要求。党的十九大报告提出:"积极应对人口老龄化,构建养老、孝老、敬老政策体系和社会环境,推进医养结合,加快老龄事业和产业发展。""在发展中补齐民生短板、促进社会公平正义,在幼有所育、学有所教、劳有所得、病有所医、老有所养、住有所居、弱有所扶上不断取得新进展。"因此,实现党的十九大提出的老年事业发展要求,不仅要满足老年人基本生活需求,还要满足老年人日益增长的精神文化需求。

(三)国家和广东省对老年教育发展的政策要求

2016年10月5日,国务院办公厅印发了《老年教育发展规划(2016~2020年)》(国办发〔2016〕74号),提出老年教育发展的目标任务,"到2020年,基本形成覆盖广泛、灵活多样、特色鲜明、规范有序的老年教育新格局。老年教育法规制度逐步健全,职责明确、主体多元、平等参与、管办分离的管理体制和运行机制得到完善。老年教育基础能力有较大幅度提升,教育内容不断丰富,形式更加多样。各类老年教育机构服务能力进一步提升,全社会关注支持老年教育、参与举办老年教育的积极性显著提高。以各种形式经常性参与教育活动的老年人占老年人口总数的比例达到20%以上"。"到2020年,全国县级以上城市原则上至少应有一所老年大学，50%的乡镇（街道）建有老年学校，30%的行政村（居委会）建有老年学习点。"2017年2月28日，国务院印发了《"十三五"国家老龄事业发展和养老体系建设规划》（国发〔2017〕13号），同样提出了国家"十三五"老年教育发展目标，"建有老年学校的乡镇（街道）比例达到50%，经常性参与教育活动的老年人口比例20%以上"，并要求落实老年教育发展规划，扩大老年教育资源供给，拓展老年教育发展路径，加强老年教育支持服务，创新老年教育发展机制，促进老年教育可持续发展，优先发展城乡社区老年教育，促进各级各类学校开展老年教育，部门、行业企业、高校举办的老年大学要进一步提高面向社会办学开放度，支持鼓励各类社会力量举办或参与老年教育。2017年6月9日，为贯彻落实《国务院办公厅关于印发老年教育发展规划（2016~2020年）的通知》，积极应对人口老龄化趋势，大力推动老年教育发展，广东省也出台了《关于大力推动老年教育发展的实施意见》（粤府办〔2017〕41号），对老年教育的发展提出了同样的发展要求。

二 广州市老年教育发展现状

（一）老年教育机构数量及分布

截至2016年底，广州地区共有老年大学33所、老年学校70所、老年教学点213个。在老年大学中，省级1所、市级2所、区级17所，其他办学13所。在老年学校中，60%集中在天河，有42所；海珠和南沙各有8所，共占22.8%；黄埔、从化、增城三区没有老年学校。在老年教学点中，52.1%集中在白云区，有111个；海珠区有61个，占28.6%；天河、花都、南沙、从化、增城五个区没有老年教学点。

2016年12月对广州市天河区、番禺区老年人生活状况抽样调查报告显示，天河区抽样的4个街道中有两个街道各有1所老年学校，番禺区抽样的4个街道均没有老年学校。

（二）老年大学的办学模式

目前，在广州的33所老年大学中，由各级老干局主管、举办的有16所，占比为48.5%，其他行政部门办学的有6所，高校办学的有5所，驻穗军队办学的有2所，企业办学的有2所，民间力量办学的有2所。

1. 各级老干局办学

一是采取老干部活动中心与老年大学合并办学的模式，办学场地和办学条件有一定保证。二是办学经费来源稳定，这类学校的经费普遍由财政预算支出。三是领导班子普遍由德高望重的党政老领导担任校长，老干部局专职干部承担日常工作。

2. 其他行政部门办学

这类老年大学由工作职能涉及老龄事务的各级行政部门主办，如由广州市老龄委、广州市民政局主办的广州市老年人大学和广州市老人院老年大学，由广州市文广新局文化广电新闻出版工作者离退休协会主办的广州市文苑老年大学，由广州市妇联主办的广州市妇联老干部大学等。这类老年大学经费来源各不相同，办学规模差异较大。

3. 企业自主办学

这类老年大学主要面向本企业的退休职工办学，学校规模不大，经费主要来源于企业内部拨付，由企业内部的离退休工作部门负责其日常管理，如广州铁路（集团）有限公司老年大学、广州钢铁集团老年大学等。

4. 高校办学

这类老年大学依托高校本身的场地、设备和师资进行办学，由高校内的离退休工作部门负责其日常管理。如中山大学、华南理工大学、暨南大学、南方医科大学所举办的老年大学等。由于广州地区高校较多，退休教师是一个不小的群体，而他们又普遍文化程度较高，对继续学习有着强烈的愿望，而高等院校在办教育方面本身就具有无可比拟的先天优势。因此，广州地区由高校主办的老年大学虽然起步较晚，但发展势头相当迅猛，办学水平较高。

5. 驻穗部队办学

这类老年大学主要依托部队干休所进行办学，实行"校所结合"的模式。现有广州军区老干部大学和广东省军区老干部大学。

6. 社会力量办学

这类老年大学由社会团体或私人投资举办，不以营利为目的，追求造福老

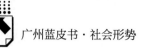

人的社会效益。例如，由广州市政协提供办学场地，由民意团体广州岭海颐老会举办的广州岭海老人大学和养老机构广州寿星大厦举办的老年大学等。

（三）老年人参与教育活动情况

截至 2016 年底，广州市参与老年教育的学员人数为 65284 人，其中老年大学学员为约 34242 人、老年学校学员 8681 人、老年教学点学员 22361 人。老年人经常参与教育活动的比例为 4.22%，其中荔湾区老年人教育活动的参与率最高，为 7.67%；白云区、海珠区、黄埔区和越秀区老年人教育活动参与率分别为 6.74%、5.38%、5.21% 和 4.8%；天河区、番禺区和南沙区老年人教育活动的参与率较低，分别为 3.22%、2.73% 和 2.66%；参与率最低的是花都区、从化区和增城区，均在 1% 及以下。

从各行政区分布来看，广州市参与老年教育的学员主要集中在越秀区、海珠区、荔湾区和白云区四个城区，学员人数均在 1 万人以上；天河区、番禺区和黄埔区的学员人数分别在 3000 ~ 4000 人；南沙区、花都区和从化区的学员人数分别在 600 ~ 2000 人；增城区最少，其学员人数仅为 300 人。

2016 年 12 月，课题组对广州市天河区和番禺区老年人生活状况抽样调查报告显示：在番禺区受访的 477 位老人中，参加老年教育活动的比例为 1.7%；在天河区受访的 451 位老人中，参加老年教育活动的比例为 13.3%。

三 广州市老年教育发展存在的主要问题

广州作为有着超过 150 万名老年人口，特别是 75 周岁以下老年人口超过 100 万的特大型城市，其老年教育的发展与老年人的需求同国家和省的要求、同国内许多城市的比较还有较大的差距，主要存在以下四个方面的问题。

（一）资源严重不足，供求矛盾非常突出

在广州地区 33 所老年大学中，场地面积超过 5000 平方米的仅有 4 所，其余大部分在 2000 平方米以下。随着老年教育需求快速增加，管理人员数量不足、专业人才缺乏、教师队伍来源单一、不稳定等问题日益凸显。在管理队伍方面，由各级老干部局主办的老干部（老年）大学普遍采用少数专职干部与

返聘离退休老同志组成混合管理队伍；其他老年大学主要依靠返聘离退休老同志管理。在教师队伍方面，绝大部分是普通高校的在职教师，这些教师的兼职身份决定了他们对老年大学投入的精力和时间较少。至于社区老人学校的场地、教师资源更加缺乏。

广州市参与老年教育的学员人数占老年人口总数的比例仅略高出全国平均水平（3.78%），天河区、番禺区和南沙区、花都区、从化区和增城区的参与率低于全国平均水平。这对全国一线城市的广州来说，无疑是一个偏低的水准，与国家《老年教育发展规划（2016～2020年）》提出的"到2020年，以各种形式经常性参与教育活动的老年人占老年人口总数的比例要达到20%以上"的要求相比，差距甚大。虽然省老干大学和市老干大学不断扩大规模，但学位依然是杯水车薪，一位难求。广州市老年大学招生，老人通宵冒雨排队，晓园校区5000个新生学位在网络报名开启后，一小时内即被抢完。

（二）规划管理滞后于需求，发展思路尚未明确

在发展思路上，相关部门对发展老年教育的意义普遍认识不足，仍未出台老年教育的发展规划，缺乏清晰的定位和明确的目标。在管理体制上，2017年刚明确由广州市教育局主管全市老年教育，但有效的管理机制和教育体系尚未建立，各部门责任亟待落实，保障机制不健全，以致现有老年教育资源无法得到有效的整合，老年教育发展面临的政策环境、投入渠道等诸多重要问题无法得到解决。

（三）办学机制沿袭多年，普惠性不足、社会参与不够

目前，广州地区33所老年大学的6种模式办学模式已经沿袭多年，一是大多数仍然按照老年人退休前的身份设定入学门槛，普惠性不足；二是办学经费主要靠财政经费投入，来源单一，社会力量参与的深度和广度需进一步拓展。由各级党委老干部局主办的老年大学统一由财政拨付，大部分学费返还用于办学。而其他形式的老年大学缺乏持续稳定的经费保障，导致办学缺乏稳定性，规模无法扩大。

（四）向社区延伸不足，老年人难以就近参加学习

目前，虽然省市老干部大学规模大、办学水平高，但全市尚未形成老年教

育市、区、街和社区四级网络。一是向社区延伸不足，老年人难以就近便捷地参加学习和活动。全市共有 135 个街道 1475 个社区，但老年教学点只有 213个，只占社区数的 14.4%，离国家和省"到 2020 年，50% 的乡镇（街道）建有老年学校，30% 的行政村（居委会）建有老年学习点"的要求还有较大差距。二是各区级老年大学分设的老年学校、老年教学点分布不均衡。在老年学校中，有 60% 集中在天河区，海珠区和南沙区各占 22%，黄埔、从化和增城等三区没有老年学校。在老年教学点中，有 52.1% 集中在白云区，海珠区占28.6%，天河、花都、南沙、从化和增城等五个区没有教学点。

四　广州市老年教育发展的政策建议

（一）制定发展规划，建立管理体制和保障机制

出台《广州市推进老年教育发展实施方案》，确定老年教育发展目标，明确发展思路，落实工作任务，以完成国家和省的有关老年教育工作要求。由市教育局、市老龄委牵头，建立全市老年教育工作联席会议制度，共同研究解决老年教育发展中的重大问题，完善涉及老年教育的相关制度，落实各项任务指标和任务进度。市和各区建立由党委领导，政府统筹，教育部门牵头，组织（老干）、民政、文化、体育部门密切配合，其他相关部门共同参与的老年教育管理体制。建立政府、市场、社会组织和学习者等多主体分担和筹措的老年教育经费投入机制。将老年教育经费纳入年度教育财政预算，明确拨款标准，逐步加大投入。按照全国和省关于发展老年教育的要求，将老年教育工作纳入相关部门绩效考评内容。

（二）构建覆盖城乡、各有侧重的四级老年教育网络体系

建设由市老年大学、区老年大学、街道老年学校、居（村）及养老机构老年学习点组成的四级老年教育网络。市、区老年大学负责课程开发、示范带动、业务指导、师资培训、理论研究等。街（镇）老年学校负责组织实施社区老年教育活动，并指导居（村）老年学习点工作。居（村）老年教学点负责就近提供老年教育服务。

（三）挖掘和整合资源，形成学校教育、远程教育、社会教育互为补充的开放性老年教育格局

在场地资源方面，新建、改建、扩建一批老年教育学习场所，可在住宅小区配套建设老年养教结合基础设施。利用市、区少年宫白天空闲资源，举办老年大学分校，老少教育共享教学场地设施和师资，提高少年宫利用率，拓展老年教学资源。将老年教育的增量重点放在社区，整合利用现有的社区教育、文化、体育、社区综合服务，开展老年教育活动，就近提供老年教育服务。探索"学养结合"模式，充分利用星光老年之家、社区日托中心、长者饭堂、养老院等为老服务资源，建立日间照料、日间配餐、康复护理、娱乐休闲、学习交流为一体的多元化平台，开展形式多样的老年教育，推动老年教育融入养老服务体系。力争至2020年，50%的街（镇）建有老年学校，30%的居（村）建有老年学习点。

在师资资源方面，对全市老年教育师资队伍进行摸底整合，建立广州市老年教育师资库。构建"市级骨干教师、区级专业教师、校级专兼职教师和志愿者"组成的教师队伍。出台导向性政策，鼓励市属普通高校、职业院校、科研院所、医疗机构、文艺单位的教师和相关专业人员到老年教育机构兼职。积极搭建服务平台，广泛吸纳有专长的老同志加入兼职教师行列。借鉴天津市"章鱼式"的社会化办学经验，鼓励老年大学优秀学员回到街道社区，将"老有所学"转化为"老有所为"，在就近社区老年学校担任老师，成立老年活动社团，带动社区开展老年教育。建立老年大学教师定期到社区学习点辅导制度，建立老年教育教师岗位培训制度。保障专职人员在薪酬福利、业务进修、职务（职称）评聘、绩效考核等方面享有同类学校工作人员的同等权利和待遇。

在课程资源方面，由市老年大学与市广播电视大学、市城市职业学院合作办学，发展远程老年教育。举办"老年开放大学"或"网上老年大学"，为老年人提供更多更加灵活便利的学习机会。通过开发整合远程老年教育多媒体课程资源，建立老年学习资源库。

（四）创新机制，扩大老年教育的普惠面和社会参与度

部门、企业、高校等举办的老年大学要逐步从服务本单位、本系统离退休职工向服务社会老年人转变，各类老年大学逐步面向社会办学，提高老年教育的普惠性和可及性。

建立由政府、社会、市场、个人全面参与的多元化模式。通过举办主体和资金筹措渠道多元化，以及政府购买服务和项目合作等方式，鼓励个人、社会组织兴办老年教育机构，鼓励企事业单位兴办老年教育，扶持社会力量发展养教结合产业，鼓励各类社会培训机构为老年人提供教育服务，鼓励学习场所无偿或低价向老年人开放，建立多元化的老年教育供给模式。梳理老年教育公共服务职能，拓展政府向社会力量购买老年教育的事项目录。借鉴深圳市经验，通过福彩公益金资助民办老年大学和社区老年学校。充分发挥社会组织作用，依托老年文艺团队、老年体育团队等社会组织开展寓教于乐的老年教育活动。

（五）丰富教学内容，更好地满足老年人学习需求

考虑老年人的文化层次、心理特点和兴趣爱好设置老年教育的课程，教学内容要与老人关注"热点"需求相结合，既要有满足"老有所学"和"老有所乐"需求的课程，也要有满足"老有所为"需求的课程。一是"乐"。开设合唱、声乐、琴类、棋类等娱乐性课程。二是"健"。开展养生、健身、舞蹈、瑜伽等课程。三是"活"。为老人开设摄影、手机应用、烹饪、互联网应用、法律等课程，帮助老人适应高速发展的信息时代生活，满足追求健康生活的愿望。四、设计"专"的课程。开展岭南文化、非物质文化遗产等课程，粤剧、广彩、广绣、书法、绘画等专业课程。这些课程既培养老人艺术情操，同时也适合老人动手、精雕细琢的特点。

（审稿人：潘其胜）

B.16
广州区级教科研机构问题与
发展思路研究

李柯柯*

摘　要： 本研究提出广州区级教科研机构未来发展思路，既整合机构，
致力于打造区级教育智库；加强区级教科研机构人才队伍建
设，重新核定各区教科研机构的编制数，确保编制充足；将
人才队伍建设纳入区教科研机构建设的重点内容，开展人才
队伍倍增计划；强化教育科研和教育决策服务能力；由"整
合"到"融合"，实现教学、科研、培训、教育信息化"四
位一体"。

关键词： 广州　区级教科研机构　智库　功能定位

　　教育智库建设是中国特色新型智库建设的重要内容，建设新型教育智库是
促进教育决策科学化、民主化、法制化的重要支撑，是教育治理体系和治理能
力现代化的重要内容，是深化教育综合改革、办好人民满意的教育的客观要
求。区级教科研机构是服务地方教育决策，推动地方教育发展，提高教育教学
水平的重要力量，在职能定位上应发挥地方教育智库的功能。为了解广州区级
教科研机构现状，打造新型地方教育智库，进一步推动区级教科研机构明确职
能定位，早日实现广州新型教育智库建设和打造世界前列、全国一流、广州特

---

* 李柯柯，教育学博士，广州市教育研究院助理研究员，主要研究领域为基础教育政策、教育
基本理论、教育哲学。

色、示范引领的现代化教育目标，本研究对广州市 11 个区的教科研机构开展了专项调研。①

一　以智库建设引领区级教科研机构发展的必要性

（一）政策依据

智库建设是我国社会改革的重要抓手，随着国家、省、市对教育智库建设的强调，以及对教育决策科学化、民主化的需求，构建"国家—省—市—区"四级教育智库体系已成为一种趋势。

党的十八届三中全会通过的《中共中央关于全面深化改革若干重大问题的决定》明确提出"加强中国特色新型智库建设"；2015 年 1 月 20 日中共中央办公厅、国务院小公厅印发的《关于加强中国特色新型智库建设的意见》中提出：到 2020 年，形成定位明晰、特色鲜明、规模适度、布局合理的中国特色新型智库体系。建设新型教育智库，是落实中央关于中国特色智库建设战略的重要举措。教育智库建设作为新时代我国深化教育改革、推进教育治理现代化的重要抓手，在《国家教育事业发展"十三五"规划》中也被重点提了出来："加强教育智库建设，提升教育科研水平。"《广东省教育发展"十三五"规划（2016～2020 年）》提出："统筹推进教育科研院所、教学研究室、教育发展研究中心、高校协同发展，重点支持打造一批水平高、影响力强的新型教育智库。"《广州市教育事业发展第十三个五年规划（2016～2020 年）》提出："加强新型广州教育智库建设，依托广州市教育研究院开展教育宏观政策及发展性研究，统筹广州地区的社会科学研究机构、高校、民间智库以及港澳的专家资源，为教育决策提供智力支持、理论支撑。"

---

① 本次调研的 11 个区分别是：越秀区教育发展中心、荔湾区教育发展研究院、海珠区教育发展中心、天河区教育局教研室、花都区教育局教学研究室、白云区教育发展中心、从化区教育局教学研究室、增城市教育局教学研究室、南沙区教育发展中心、番禺区教育局教学研究室、黄埔区教育研究中心。

（二）实践需求

现有的区级教科研机构主要职能是接受上级行政部门任务，面向学校实施培训和业务指导，在服务区宏观教育行政决策能力方面稍显不足，其教育智库功能尚未凸显。然而，区教科研机构作为服务地方教育决策、提升教师专业素养、提高教育教学水平的一支重要力量，在促进区基础教育发展方面有着不可替代的作用。教育问题源于实践，作为身处实践领域的区教科研机构，堪称教育教学问题观测的"晴雨表"，需要应对各种各样的教育现实问题，如区域内义务教育均衡问题、外来务工人员随迁子女受教育问题等日益凸显。面对这些问题，需要区教科研机构主动参与区教育行政部门教育政策的制定，发挥智库功能，提高教育行政部门决策的科学化和民主化。同时，需要区教科研机构与区教育行政部门携手，共同促进上级教育政策在实践领域的有效落地与执行，加强教育政策的中后期评估，做好舆情观察并提出改进建议。

二 教育发达城市区级教科研机构发展概况

近年来我国教育发达城市，如北京、上海、深圳、重庆、成都、杭州等地纷纷加大对区级层面教育智库的建设。

（一）北京区级教科研机构

北京区级教科研机构一般指区级教师进修学校、研修中心、科研中心，这些机构大都是由原区教研室、教科所、教师进修学校、教育信息中心等部门合并而成（见表1）。在职能定位上，已基本实现教学、科研、培训、教育信息化等"四位一体"功能，并致力于打造区级教育智库，如昌平区教师进修学校、西城区教育研修学院、怀柔区教科研中心等。

（二）上海区级教科研机构

上海区级教科研机构一般指各区教育发展研究院、教师进修学院（校），如2004年成立的上海浦东教育发展研究院，是全国第一家区域性教育研发机构。此外，徐汇区教师进修学院、宝山区教师进修学院、嘉定区教师进修学院

表1　北京部分区教科研机构职能定位情况

区教科研机构	教学管理/教学指导/教研（教研室）	科学研究/科研管理/科研指导/成果评比/推广（教科所、科研中心）	教师培训（教师进修学校）	教育信息化建设（电教站、教育信息中心）
昌平区教师进修学校	√	√	√	√
东城区教师研修中心	√	√	√	
西城区教育研修学院	√	√	√	√
怀柔区教科研中心	√	√	√	√

等教科研机构作为区教育智库，承担着区教学管理、教育研究、教育科研、教师培训、教育信息化建设等职能，为区基础教育的发展提供全方位服务，基本上实现了教学、科研、培训、教育信息化等"四位一体"功能（见表2）。

表2　上海部分区教科研机构职能定位情况

区（县）教科研机构	教学管理/教学指导/教研（教研室）	科学研究/科研管理/科研指导/成果评比/推广（教科所、科研中心）	教师培训（教师进修学校）	教育信息化建设（电教站、教育信息中心）
浦东教育发展研究院	√	√	√	√
徐汇区教师进修学院	√	√	√	√
嘉定区教师进修学校	√	√	√	
宝山区教师进修学院	√	√	√	√

（三）其他城市区级教科研机构

国内其他城市，如深圳市于2016年5月20日建成了深圳市首个区级教育智库——深圳市福田区教育科学研究院。福田区教科院是在国家智库战略布局的大背景下筹建的，以"高质量、争一流"为基本取向，旨在建设成为深圳市第一个"示范性县级教育科学研究机构""省内一流的新型教育智库""全国一流区县级教育智库"，更好地承担起新型教育智库所承担的"创新理论、服务决策、指导实践、引导舆论"职责，加快推进福田教育发展。

此外，天津、重庆、成都、杭州等教育发达城市在区级层面也建立了教育智库。如天津市和平区教师进修学校、重庆市长寿区教师进修学校、成都市成华区教师进修学校、杭州市滨江区教师进修学校等教科研机构，承担着区级学校教研、教育科研、教师培训、教育质量监测、教育信息资源开发与利用等职能，基本上实现了教学、科研、培训"三位一体"或教学、科研、培训、教育信息化"四位一体"的功能。

三 广州区级教科研机构发展概况

广州市现有 11 个区，目前在区层面存在着教研室、教科所、教师进修学校、电教站、教育信息中心等教科研机构，部分区将这几个共同服务于学校和教师专业指导的机构合并为区教育研训中心，称之为"××区教育发展研究院""××区教育发展中心""××区教育发展研究中心""××区教育局教学研究室"。部分区没有实现教科研机构整合，仍然独立运行。但不管这些部门是独立运行还是合并后开展工作，基本仍然以接受上级任务，面向学校实施教学管理/指导、教育科研管理、教师培训、教育信息化建设等业务指导为主要工作内容。例如，荔湾区教育发展研究院由原荔湾区教师进修学校（含教研室、教科所、电教站）与原芳村区教育局教研室（科研室）、教师进修学校、电教站等合并组建而成，承担着区域教研、科研管理、教师培训、教育信息化建设等职能。越秀区教育发展中心构建了教学、科研、培训"三能"统合发展的模式，承担着区教研、科研管理、教师培训等职能。海珠区教育发展中心是在整合海珠区教师进修学校、海珠区教育局教研室、海珠区教育局电教站、海珠区教育局教科所基本职能的基础上成立的，是集教学、科研、培训、教育信息化于一体的教育业务部门。此外，黄埔区教育研究中心、白云区教育发展中心、南沙区教育发展中心等也实现了区域机构的整合，承担区域教研、科研管理、教师培训等职能（见表3）。

表 3 广州 11 个区教科研机构职能定位情况

区域教科研机构	教学管理/教学指导/教研（教研室）	科学研究/科研管理/科研指导/成果评比/推广（教科所、科研中心）	教师培训（教师进修学校）	教育信息化建设（电教站、教育信息中心）
越秀区教育发展中心	√	√	√	—
天河区教育局教研室	√	√	—	—
荔湾区教育发展研究院	√	√	√	√

区域教科研机构	教学管理/教学指导/教研（教研室）	科学研究/科研管理/科研指导/成果评比/推广（教科所、科研中心）	教师培训（教师进修学校）	教育信息化建设（电教站、教育信息中心）
海珠区教育发展中心	√	√	√	√
花都区教育局教研室	√	√	—	—
白云区教育发展中心	√	√	√	—
从化区教育局教研室	√	√	—	—
增城区教育局教研室	√	√	—	—
黄埔区教育研究中心	√	√	√	√
南沙区教育发展中心	√	√	√	√
番禺区教育发展中心	√	√	—	—

四 广州区级教科研机构发展中存在的问题

（一）"整合"但未"融合"

现有的各区域教科研机构大多由区域内原有的教研室、教科所、教师进修学校、电教站、教育信息中心等部门整合而成的，承担着区域内的教学管理/指导、教育科研管理、教师培训、教育信息化建设等职能。然而，从实际情况来看，目前在区层面，各教科研机构虽实现了机构的整合，但在开展业务时，教研、科研"分家"现象明显，没有实现真正意义上的"融合"。

（二）专业技术人员数量不足，且高层次人才偏少

1. 数量不足且区域间差异较大

数量严重不足。广州市 11 个区教科研机构目前合并的有 6 个（见表 4），本报告以这 6 个区为代表，与上海各区教科研机构专业技术人员进行比较。在广州 6 个区中，专业技术人员最多的越秀区教育发展中心专业技术人员（69人）比上海市的平均值（103.3 人）少 34.3 人；在广州 6 个区中，每千名基础教育专任教师配备的专业技术人员数最高的荔湾区教育发展研究院（7.6人）比上海市的平均值（11.3 人）少 3.7 人。

表4　广州市6个区教科研机构专业技术人员基本情况

单位：人

区教科研机构	每千名基础教育专任教师配备的专业技术人员数	专业技术人员数
越秀区教育发展中心	6.5	69
荔湾区教育发展研究院	7.6	62
海珠区教育发展中心	5.7	60
白云区教育发展中心	3.3	61
黄埔区教育研究中心	6.6	47
南沙区教育发展中心	2.7	15

数据来源：各区教科研机构提供。

区域间差异较大。广州市6个区教科研机构专业技术人员规模最大的越秀区教育发展中心（69人）比规模最小的南沙区教育发展中心（15人）多54人；每千名基础教育专任教师配备的专业技术人员最多的荔湾区教育发展研究院（7.6人）比人数最少的花都区教育局教学研究室（2.7人）多4.9人（见图1）。而上海市发展较好的徐汇区与相对较差的嘉定区教科研机构人员规模相当，每千名基础教育专任教师配备的专业技术人员仅相差0.5人。

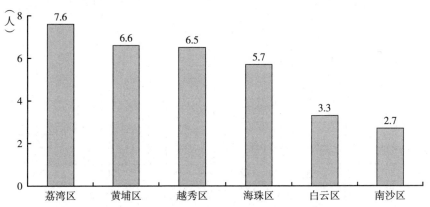

图1　广州市6个区教科研机构每千名基础教育专任教师配备的专业技术人员数

数据来源：各区教科研机构提供。

基于数据的可获得性和完整性，本研究选取了上海徐汇区、宝山区、嘉定区三个区的教科研机构为代表，这三个区分别代表了上海基础教育发展程度较好的区、发展程度中等的区和发展程度较差的区（见表5）。因此，三个区的平均水平在某种程度上可以代表上海市各区教科研机构的整体平均水平。

表5 上海市各区教科研机构专业技术人员基本情况

单位：人

区(县)教科研机构		专业技术人员数	每千名基础教育专任教师配备的专业技术人员数
上海市平均		103.3	11.3
其中	徐汇区教师进修学院	100	13.2
	嘉定区教师进修学院	100	12.7
	宝山区教师进修学院	110	9.2

2. 学历层次偏低，高学历人才较少

广州市6个区教科研机构专业技术人员硕士及以上研究生学历平均占比为21.7%，上海市平均为32.9%，低于上海11.2个百分点。[①] 其中，广州市6个区教科研机构博士学历人数为零，而上海平均每个区教科研机构有2～3名博士研究生。硕士及以上研究生学历占比最高的是南沙区，为40.0%，其次是越秀区，为38.3（见图2）。

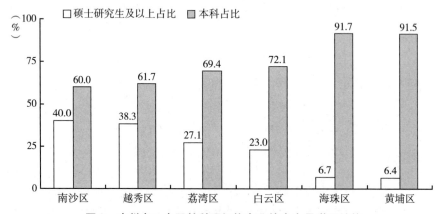

图2 广州市6个区教科研机构专业技术人员学历结构

数据来源：各区教科研机构提供。

[①] 上海市各教科研机构硕士及以上学历专业技术人员的平均数由具有代表性的三个区计算而得，其中徐汇区教师进修学院共有70位硕士研究生及以上学历专业技术人员，未区分硕士、博士；嘉定区教师进修学院共有17位硕士研究生及以上学历专业技术人员，未区分硕士、博士；宝山区教师进修学院共有15位硕士研究生及以上学历专业技术人员，其中博士2人，硕士13人。

3. 特级教师数量偏少

广州市 6 个区教科研机构共有 10 位特级教师（见表 6），平均每个区教科研机构有 1.7 位特级教师；而上海平均每个区教科研机构有特级教师 6.7 人（见表 7），比广州多 5 人。

表 6　广州市 6 个区教科研机构特级教师情况

单位：人

区教科研机构	特级教师人数
越秀区教育发展中心	2
荔湾区教育发展研究院	3
海珠区教育发展中心	1
白云区教育发展中心	1
黄埔区教育研究中心	2
南沙区教育发展中心	1

数据来源：各区教科研机构提供。

表 7　上海市各区（县）教科研机构特级教师情况

单位：人

区（县）教科研机构		特级教师人数
上海市平均		6.7
其中	徐汇区教师进修学院	9
	嘉定区教师进修学院	5
	宝山区教师进修学院	6

（三）教研工作发展相对成熟，但科研实力偏弱

区教科研机构既是负责本区域内教育科研管理的职能部门，又是开展教育科学研究，密切教育理论与实践联系的学术研究机构，具有普及指导、课题研究、规划管理和咨询服务的功能。然而，从广州市 11 个区教科研机构的现状来看，存在着"重教研，轻科研"的现象，教研工作发展相对成熟，科研实力有待加强。具体表现在两个方面。

1. 科研人员数量少，且大多为兼职

调研中发现，广州部分区教科研机构专职科研人员较少，部分区配备

有1～3名科研人员，有的区科研人员则由教研员兼任。教研与科研分离，科研人员在这些机构可谓是"弱势群体"。教科研机构的业务主要围绕教师，抓课堂教学（如评优质课）；或围绕学生，抓质量评价（如命题测试）和学生竞赛；或围绕现成教材，抓教改实验。他们的研究、指导以及实验，大多是以学科为轴心的，难以对教学活动、教育改革与发展构成全局性影响。

2.科研管理方式上存在着重"管"轻"导"的现象

各区教科研机构在原有的教研室和教科所合并之后，基本上保持了"两块牌子，一套人马"的格局。由于各区教科研机构配备的专职科研人员数量和专业能力的限制，导致各区教科研机构主要承担科研管理的职能，谈不上科研指导与教育科学研究。

（四）教、科、培、教育信息化"四位一体"功能尚未凸显

对比国内教育发达城市区级教科研机构，北京、上海、深圳、重庆、成都、天津等城市的区级教科研机构大都实现了教、科、培、教育信息化"四位一体"的功能，且致力于构建区级教育智库，更好地为区（县）教育行政决策服务。广州各区教科研机构目前存在两个问题：一是部分区教科研机构没有实现"四位一体"，即不同类型的教科研机构，如教研室、教师进修学校等部门没有整合；二是已整合在一起的各区教科研机构在职能上虽实现了整合，但并未融合，即教、科、培、教育信息化"四位一体"化功能尚未凸显。

五　广州区级教科研机构未来发展思路

通过上述对比分析，基于国内教育发达城市区级教科研机构的经验与广州加强新型教育智库建设和打造世界前列、全国一流、广州特色、示范引领的现代化教育目标，提出广州区级教科研机构未来发展思路。

（一）机构整合，打造区级教育智库

国内教育发达城市区级教科研机构在机构设置上基本实现了不同机构间的整合，且在功能定位上实现了教、科、培、教育信息化"四位一体"。广州市

11 个区教科研机构中，尚有 5 个区（天河区、花都区、从化区、增城区、番禺区）的教科研机构未实现机构的整合。为此，建议由各区政府、区教育局等相关行政部门牵头，将教研室、教科所（中心）、教师培训学校（中心）、电教站、教育信息中心等单位合并，成立区级教育研究中心，或区级教育发展研究院，或教师进修学院（校）等。同时，构建以反映各区特色的教育理论研究为支撑，以服务教育改革发展为己任，以发挥好教育政策部门的"思想库"和"智囊团"为主要目标，打造微观教学指导与中、宏观教育政策研究相互促进、相互支持的区级新型教育智库。

（二）加强区级教科研机构人才队伍建设

1. 重新核定各区教科研机构的编制数，确保编制充足

广州市 11 个区教科研机构专业技术人员数量不足，主要有两方面原因。一是随着社会经济的发展，各区常住人口不断增加，中小学校数量及学生和教师人数也相应增加，但各区教科研机构仍遵循原有核定的编制数，专业技术人员的编制没有随着外在环境的改变而有所增加；二是部分区教科研机构的编制被区教育局占用，致使原本就少的教科研机构人数更少。为此，各区人力资源和社会保障部门、编制委员会办公室应重新核定各教科研机构的编制数，按照教科研机构正常开展工作的实际需求增加编制，且非专业技术人员不占用编制。同时，应将专业技术人员从众多事务性工作中解放出来，从而使专业技术人员有充足的时间和精力从事教科研工作确保专业的人做专业的事。

2. 将人才队伍建设纳入区教科研机构建设的重点内容，开展人才队伍倍增计划

对标上海，广州市 11 个区教科研机构专业技术人员数量严重不足。本报告以上海市为参照，针对广州市实际情况提出了三种方案，以测算 2020 年广州市整合后的 11 个区教科研机构专业技术人员应达到的理想规模。第一种方案是以上海每千名基础教育专任教师配备的专业技术人员数量的平均数（11.28 人）为参照，测算出广州市整合后的 11 个区教科研机构的理想专业技术人员数量。第二种方案是以上海宝山区教师进修学院每千名基础教育专任教师配备的专业技术人员数量的平均数（9.15 人）为参照，测算出广州市整合后的 11 个区教科研机构的理想专业技术人员数量。第三种方案是以本报告所

调研的 7 个区教科研机构①相关负责人的反馈信息及所设定的满足教科研机构
正常发展的最基本的人数为标准，测算出广州市整合后的 11 个区教科研机构
的理想专业技术人员数量（见表 8）。为更好地发挥教科研机构的职能，促进
广州基础教育快速发展，到 2020 年广州市基础教育发展水平相对较弱的区教
科研机构应达到方案三所设定的理想人数，而发展水平相对较好的区教科研机
构应达到方案二或方案一所设定的理想人数。

表 8　2020 年广州市整合后的 11 个区教科研机构理想的专业技术人员数

单位：人

区域名称	理想的专业技术人员数（方案一）	理想的专业技术人员数（方案二）	理想的专业技术人员数（方案三）
越秀区	121	98	65
天河区	139	113	75
荔湾区	92	75	50
海珠区	120	97	65
花都区	144	117	78
白云区	206	167	111
从化区	76	62	41
增城区	143	116	78
黄埔区	81	65	44
南沙区	63	51	34
番禺区	190	154	103

为实现上述设定目标，建议从以下几方面采取措施。

（1）面向全国公开招聘教学经验丰富的高级职称教师，兼顾特级教师，
开放人才引进绿色通道，并给予有竞争力的安家费、住房补贴等。

（2）广开渠道，面向全国公开招聘优秀应届毕业生。优秀应届毕业生学
历应以硕士研究生为主，兼顾博士；优化招聘程序，给予教科研机构充分的招
聘自主权，招聘过程应注重考察应聘者的科研能力；引进的硕、博士人才政策

---

① 这 7 个区教科研机构分别是天河区教育局教研室、越秀区教育发展中心、海珠区教育发展
中心、花都区教育局教研室、从化区教育局教研室、白云区教育发展中心和增城区教育局
教研室。

参照相关科研机构。

（3）加快兼职人才队伍建设，建立区教科研机构兼职专业技术人员人才储备库或专家库。兼职人员可以是中小学高级职称教师、退休高级教师、高校和科研机构的研究人员、高校在读优秀硕、博士。同时，完善兼职队伍经费补贴，激励等政策。

（三）强化教育科研和教育决策服务能力

强化区教科研机构教育科研能力。各区教科研机构在科研管理上应强化"指导"功能，由"管"向"导"转变，凸显专业性。科研人员应不断学习，注重提高自身理论水平，提高研究的专业性。同时，应致力于区域教研和科研模式创新，完善和推广符合区域实际的教育教学、教学指导和科研管理模式，实施课题拉动策略，提高课题研究效益。在研究问题的选择上必须扎根于学校教育实践、课堂教学、课程设置、班级建设、学校管理、学生个体，以及教师生活和工作实践中遇到的问题。

强化区教科研机构教育决策服务能力。各区政府和区教育局应高度重视本区教科研机构的建设，给予区教科研机构在研究上的充分自主权，同时赋予区教科研机构相关负责人参与区教育行政部门教育政策制定和政策的权力，在提高政府决策的科学性和民主性的同时，也可以提高地方教科研机构服务区教育决策的能力。例如，区教科研机构一把手可以参与区教育行政部门重要工作会议，及时把握教育政策走向，可以组建区级教育智库专家团队，将教育行政人员、教育科研机构的科研人员、大学教授、中小学教师、社会团体代表等相关人员纳入团队中，区教育行政部门在制定和出台关系民生的教育政策时可以咨询专家团队的意见，做好政策制定的前期调研、中期评估、后期舆情观察等工作。已有的教育政策可以请专家团队开展专项调研，调研结果形成政策咨询报告，供区教育行政部门参考。

各区教科研机构的专业技术人员应加强与上级教育行政部门的有效对接，及时、准确地把握上级教育部门的政策需求。同时，专业技术人员应具有战略眼光和超前意识，立足区域教育实际，围绕事关人民切身利益的教育热点、重点和难点问题深入研究，形成解决问题的方法和措施。同时应提高政策研究的敏感性，快捷地把握当前教育的热点、难点、重点问题，对教育改革和发展中

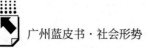

遇到的重大问题进行系统而深入的前瞻性思考，紧跟学术和社会发展前沿，提前积累相关信息和资料，以便准确预判发展态势，抢占研究先机，提出符合区域实际、对社会经济和教育事业发展真正有价值的政策建议。

（四）由"整合"到"融合"，实现教、科、培、教育信息化"四位一体"

原教研室、教科所（中心）、教师培训学校（中心）、电教站、教育信息中心等单位合并后，实现了机构的"整合"，但这种整合只是人员、部门的"合并"，还需要实现真正意义上的"融合"，实现教、科、培、教育信息化"四位一体"。各教科研机构应找到跨部门工作的交叉点和合作的有效机制，做到既有分工，也有合作。区教科研机构可以尝试以项目制为抓手，开展协作式研究；组建项目组，将不同部门、不同身份的专业技术人员，如科研人员、教研人员、教师培训人员、教育信息化人员等纳入团队中，集体攻关，共同促进区基础教育的发展和质量提升。

（审稿人：刘小敏）

B.17
十五个副省级城市教育现代化
水平比较及启示

查吉德　张海水 *

摘　要：　2016 年教育现代化水平监测结果显示：在 15 个副省级城市中，广州市教育现代化整体水平居中上游。在教育发展与质量、教育公平、教育条件保障、教育治理等四个一级指标方面表现不一。其中，教育治理现代化水平居全国前列；教育发展与质量水平、教育条件保障水平居中等或中等偏上；教育公平推进水平相对较差。建议加大力度弥补影响教育质量的短板和薄弱环节，尤其是教师数量不足的问题，全面提升教育质量；加大教育财政投入力度，提高生均教育经费标准，提升教育保障水平；加快推进市域内校际均衡，着力解决随迁子女入读公办学校问题，全面提高教育公平水平；完善公众教育监督体系建设，提升教育治理现代化水平。

关键词：　教育现代化　教育发展与质量　教育公平　教育条件保障教育治理

为科学监测、客观评价和促进全国教育现代化，教育部自 2013 年起就组织专家团队联合攻关，研究设计了一套教育现代化监测评价指标体系，并利用

---

* 查吉德，教育学博士，广州市教育研究院副院长，主要研究方向为职业教育和教育政策；张海水，教育学硕士，广州市教育研究院教育发展研究室副主任，主要研究方向为教育政策。

大数据持续开展国家和各地教育现代化的监测评价工作。另外，为贯彻《依法治教实施纲要（2016~2020年）》提出的"全面推进教育治理体系和治理能力现代化"要求，由中国教育学会发起，联合广州市教研院、成都市教科院、杭州市教科所、苏州市教育质量评价中心、沈阳市教科院等机构自2016年起开展"全国教育治理现代化指数监测与评价"研究，并对全国31个省份、34个城市的教育治理现代化水平进行监测评价。本文综合两个课题组研制的《全国十五个副省级城市教育现代化监测评价与比较研究报告（2016年）》《全国十五个副省级城市教育治理现代化指数监测与评价报告（2016年）》相关内容，对广州市的监测结果进行分析。

一 评价结果

（一）广州市教育发展及质量水平处于中游

教育发展及质量水平指数综合反映不同城市各级各类教育的普及程度与发展质量。虽然课题组对15个副省级城市的教育发展及质量水平总指标没有排名，但从5个二级指标来看，广州市教育发展与质量水平处于中游。在5个二级指标中，广州市班额达标水平指数与学生体质健康水平指数位于前列，分列第2和第3位，但学前教育普及水平指数、中职毕业生双证水平指数表现差，分别居第15和第12位（见表1）。另外，二级指标"师资配置水平"没有排名，但其涵盖的6个三级指标广州市的总体排位较好，除生师比水平指数排名靠后之外，其余5个三级指标排名在3~5名（见表2）。

（二）广州市教育公平推进水平处于下游

教育公平推进指数反映了教育现代化过程中，对不同地区、不同群体教育的均衡重视程度。在15个副省级城市中，广州市教育公平推进指数为0.773，排名第13位。在该指标下设的5个二级指标中，市域内义务教育县际均衡指数、市域内义务教育城乡一体化指数排名相对较好（尤其是县际均衡指数，该指标排第1位），但随迁子女公办学校就读比例指数、学生资助水平指数、市域内义务教育校际均衡指数排名靠后（见表3）。

表1 15个副省级市教育发展及质量水平指数及排名

地区	学前教育普及水平指数	班额达标水平指数	学生体质健康指数	中职毕业生双证水平数	师资配置水平指数
沈阳市	9	9	4	9	
大连市	4	10	12	11	
长春市	7	6	6	15	
广州市	15	2	3	12	
哈尔滨	8	12	10	10	
南京市	5	5	15	4	
杭州市	13	1	1	2	（无总指标排名，分指标情况见表2）
宁波市	1	3	8	4	
厦门市	12	4	13	3	
济南市	1	11	5	8	
青岛市	1	8	8	1	
武汉市	6	14	2	7	
深圳市	11	13	11	14	
成都市	10	7	7	6	
西安市	14	15	14	13	

注：本指标体系均将排名第1位的城市指数定为1，其余城市的相应指数是与第1位比较所得的相对数。后同。

表2 广州市师资配置水平指数各指标情况

指标名称	指数	排名	与第1名相差百分点
生师比	0.697	14	30.3
高于规定学历教师比例	0.906	3	9.4
接受三个月及以上培训教师比例	0.223	3	77.3
中等职业教育双师型教师比例	0.908	5	9.2
特殊教育学校接受过特教专业培训的专任教师比例	0.880	4	12.0

表3 15个副省级城市教育公平推进指数及排名

地区	一级指标		二级指标				
	教育公平推进指数	排名	随迁子女公办学校就读比例指数	学生资助水平指数	市域内义务教育校际均衡指数	市域内义务教育县际均衡指数	市域内义务教育城乡一体化指数
沈阳市	0.912	8	2	9	6	11	9
大连市	0.972	3	1	13	3	9	5
长春市	0.907	9	7	3	8	13	12

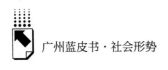

续表

地区	一级指标		二级指标				
	教育公平推进指数	排名	随迁子女公办学校就读比例指数	学生资助水平指数	市域内义务教育校际均衡指数	市域内义务教育县际均衡指数	市域内义务教育城乡一体化指数
广州市	0.773	13	15	11	13	1	4
哈尔滨	0.794	12	5	8	10	15	14
南京市	0.943	4	8	15	4	10	6
杭州市	0.920	6	12	6	7	6	3
宁波市	0.983	2	11	5	1	3	13
厦门市	0.669	15	10	14	15	8	1
济南市	0.819	11	3	12	12	5	11
青岛市	1.000	1	4	10	2	2	2
武汉市	0.920	7	6	1	9	12	6
深圳市	0.767	14	14	7	14	4	—
成都市	0.930	5	13	4	5	7	7
西安市	0.838	10	9	2	11	14	10

另外，从教育公平的指标来看，广州市的表现参差不齐。一是义务教育校际均衡指数整体表现较差，其中生均中级及以上专业技术职务教师校际均衡指数和生师比校际均衡指数分列第15和第14，生均教学仪器设备值校际均衡指数、每百名学生拥有计算机台数校际均衡指数均排名第11位（见表4）。二是义务教育县际均衡指数整体表现突出，但生师比县际均衡指数、中级及以上专业技术职务教师比例县际均衡指数、生均公共财政预算教育支出县际均衡指数排名靠后，尤其是生师比县际均衡指数表现最差，排第15位（见表5）。三是

表4　广州市市域内义务教育校际均衡指数各指标情况

指标名称	指数	排名	与第1名相差百分点
生均教学及辅助用房面积校际均衡	0.752	7	24.8
生均教学仪器设备值校际均衡	0.547	11	45.3
生均图书册数校际均衡	—	9	—
每百名学生拥有计算机台数校际均衡	0.543	11	45.7
生师比校际均衡	0.207	14	79.3
生均高于规定学历教师校际均衡	0.712	7	28.8
生均中级及以上专业技术职务教师校际均衡	0.050	15	95.0

义务教育城乡一体化指数整体表现较好，但在下级指标中，生均教学及辅助用房面积城乡一体化水平指数、生师比城乡一体化水平指数、班额达标率城乡一体化水平指数、生均公共财政预算教育支出城乡一体化水平指数、生均公共财政预算教育公用经费支出城乡一体化水平指数排名靠后（见表6）。

表5　广州市市域内义务教育县际均衡指数各指标情况

指标名称	指数	排名	与第1名相差百分点
生均教学及辅助用房面积县际均衡	0.871	3	12.9
生均教学仪器设备值县际均衡	0.952	2	4.8
生均图书册数县际均衡	0.854	8	14.6
每百名学生拥有计算机台数县际均衡	0.878	5	12.2
多媒体教室所占比例县际均衡	0.945	4	5.5
生师比县际均衡	0.691	15	30.9
班额达标率县际均衡	1.000	1	0
高于规定学历教师比例县际均衡	0.948	5	5.2
中级及以上专业技术职务教师比例县际均衡	0.761	10	23.9
生均公共财政预算教育支出县际均衡	0.776	10	22.4
生均公共财政预算教育公用经费支出县际均衡	0.803	4	19.7

表6　广州市市域内义务教育城乡一体化指数各指标情况

指标名称	指数	排名	与第1名相差百分点
生均教学及辅助用房面积城乡一体化水平	0.769	10	23.1
生均体育运动场馆面积城乡一体化水平	—	3	
生均教学仪器设备值县城乡一体化水平	1.000	1	0
生均图书册数县城乡一体化水平	0.99995	2	0.00005
每百名学生拥有计算机台数城乡一体化水平	0.785	5	21.5
多媒体教室所占比例城乡一体化水平	0.977	3	2.3
生师比城乡一体化水平	0.795	11	20.5
班额达标率城乡一体化水平	0.886	12	11.4
高于规定学历教师比例城乡一体化水平	0.972	5	2.8
中级及以上专业技术职务教师比例城乡一体化水平	0.830	2	17
生均公共财政预算教育支出城乡一体化水平	0.794	8	20.6
生均公共财政预算教育公用经费支出城乡一体化水平	0.708	9	29.2

（三）广州市教育条件保障水平中等偏上

教育条件保障指数反映教育现代化的支撑条件和保障程度，体现地方政府对教育的重视程度和努力程度。在15个副省级城市中，广州教育条件保障指数排第5位。在该指标下设的3个二级指标中，教育信息化投入指数表现最突出，排名第2位，其他两个指标，即经费投入指数、装备投入指数分列第7和第8位（见表7）。

表7　15个副省级市教育条件保障指数及排名

地区	一级指标		二级指标		
	教育条件保障指数	排名	经费投入	装备投入	教育信息化投入
沈阳市	0.763	12	11	13	11
大连市	0.811	11	10	4	10
长春市	0.633	14	14	14	15
广州市	0.882	5	7	8	2
哈尔滨	0.606	15	13	15	14
南京市	0.906	4	4	3	7
杭州市	1.000	1	1	2	5
宁波市	0.929	3	5	1	3
厦门市	0.823	9	8	6	9
济南市	0.855	8	12	11	1
青岛市	0.929	2	2	7	8
武汉市	0.862	7	3	10	12
深圳市	0.869	6	6	5	4
成都市	0.823	10	9	9	6
西安市	0.693	13	15	12	13

另外，从教育条件保障的三级指标来看，广州市的表现整体比较好。一是在经费投入指数方面，公共财政预算教育经费支出占公共财政支出比例排第3位，但生均公共财政预算教育公用经费支出排名第11位（见表8）。二是装备投入指数整体表现处于中等水平，生均教学及辅助用房面积、生均图书册数和生均教学仪器设备值分列第6、第7和第8位（见表9）。三是教育信息化投入

指数表现突出，除每百名学生拥有计算机台数指数排名较落后外（第 10 位），宽带接入互联网学校比例指数、每百名学生拥有多媒体教室数指数、每百名学生拥有数字资源量指数均居前列（见表 10）。

表 8　广州市经费投入指数各指标情况

指标名称	指数	排名	与第 1 名相差的百分点
公共财政预算教育经费支出占公共财政支出比例	0.947	3	5.3
生均公共财政预算教育事业费支出	0.718	7	28.2
生均公共财政预算教育公用经费支出	0.482	11	51.8

表 9　广州市装备投入指数各指标情况

指标名称	指数	排名	与第 1 名相差的百分点
生均教学及辅助用房面积	0.761	6	23.9
生均教学仪器设备值	0.66	8	34.0
生均图书册数	—	7	—

表 10　广州市教育信息化投入指数各指标情况

指标名称	指数	排名	与第 1 名相差的百分点
每百名学生拥有计算机台数	—	10	
宽带接入互联网学校比例	0.995	3	0.5
每百名学生拥有多媒体教室数	0.937	5	6.3
每百名学生拥有数字资源量	0.628	2	37.2

（四）广州市教育治理现代化水平处于前列

教育治理现代化指数反映地区推进教育治理体系和治理能力现代化的水平。从目前已经公开的六项教育治理现代化二级指数来看，广州教育治理现代化水平较高。其中，第三方机构参与评价与监督教育指数在 15 个副省级城市中排第 1 位；教育政务效能指数、教育决策科学民主指数、教育透明指数、教育清廉指数等也居前列，分别排第 2、第 3、第 4 和第 6 位；但广州公众监督教育指数排名靠后，仅居第 13 位（见表 11）。

表11　15个副省级市教育治理现代化部分指数及排名

地区	教育透明指数	教育政务效能指数	教育清廉指数	教育决策科学民主指数	第三方机构参与评价与监督教育指数	公众监督教育指数
杭州	1	4	3	1	2	7
成都	2	5	11	4	8	10
深圳	3	7	4	5	13	5
广州	4	2	6	3	1	13
长春	5	10	15	9	11	2
厦门	6	8	9	14	12	3
南京	7	3	8	13	10	6
西安	8	9	1	8	14	11
宁波	9	1	5	7	3	12
济南	10	13	2	15	4	14
沈阳	11	6	7	6	15	15
大连	12	14	10	12	6	1
武汉	13	12	13	11	7	9
哈尔滨	14	15	14	10	9	4
青岛	15	11	12	2	5	8

三　结论与建议

综上所述，广州市教育现代化整体水平居全国15个副省级城市中上游。但在教育发展与质量、教育公平、教育条件保障、教育治理现代化等四个一级指标方面表现不一。其中，教育治理现代化水平居全国前列，教育发展与质量水平、教育条件保障水平居中等或中等偏上，教育公平水平相对较差。

（一）明确优势，认清短板和薄弱环节

从教育现代化的二级和三级监测指标来看，广州市教育既有明显优势，也存在突出的短板或薄弱环节。

1. 教育发展与质量方面

班额达标水平、学生体质健康水平居前列，但生师比水平与先进城市差距大。在15个副省级城市中，班额达标水平指数和学生体质健康指数分列第1

和第 3 位，但生师比水平指数排第 14 位，且县际、校际非常不均衡（生师比县际均衡水平居第 15 位、校际均衡水平居第 14 位）。另外，虽然广州市学前教育普及水平指数排名第 15 位，但进一步分析发现，这并不能表明广州市学前教育普及水平低，排名靠后主要是统计指标问题。衡量学前教育普及水平的主要指标是"学前三年毛入园率"，但教育部课题组所用指标是"小学一年级学生中接受过一年以上学前教育的比例"。自 2010 年以来，广州市学前三年毛入园率一直超过 100%，但因小学一年级学生中有部分随迁人员子女没有受过学前教育，由此导致全市"小学一年级学生中接受过一年以上学前教育的比例"低于其他城市，进而影响广州市学前教育普及水平的排名。

2. 教育公平推进方面

义务教育县际均衡水平、城乡一体化水平居 15 个副省级城市前列，但义务教育校际均衡、随迁子女公办学校就读比例与先进城市有差距。在 15 个副省级城市中，义务教育县际均衡指数、城乡一体化指数分列第 1 位和第 4 位，但校际均衡指数、随迁子女公办学校就读比例指数排第 13 位和第 15 位。

3. 教育保障方面

教育信息化投入较好，但生均公共财政预算教育公用经费支出与先进城市有较大差距，仅排第 11 位。

4. 教育治理现代化方面

广州市第三方机构参与评价与监督教育、教育政务效能、教育决策科学民主、教育透明等方面位居前列，但公众监督教育指数与先进城市有差距，仅居第 13 位。

（二）弥补短板，全面推进教育现代化

针对教育现代化监测结果中反映出的短板和薄弱环节，提出如下建议。

1. 创新教师队伍管理体制机制

教师队伍是影响教育质量的重要因素，从监测结果来看，广州市教师队伍既存在数量不足的问题，也存在不均衡问题。为此建议：一是通过实施新的教师制度，实行编制动态管理，区管或市管学校实行校聘等措施，扩大教师队伍规模，缓解生师比过高的问题。二是通过教师交流轮岗，对薄弱地区、薄弱学校（尤其是民办学校）给予政策倾斜，开展教师队伍建设专项督查活动等措

施,加强薄弱地区、薄弱学校的教师队伍建设,促进教师队伍县际均衡、校际均衡。

2.加快推进义务教育校际均衡

2015 年,广州市各区 100%通过"全国义务教育发展基本均衡区"的国家督导评估,标志着广州市实现了县域内义务教育均衡。但市域内义务教育校际间均衡问题仍比较突出。为此建议:一是深化学区化办学和集团化办学,真正实现各类资源在学区内和集团内的均衡优化配置。二是通过委托管理、精准帮扶、校长教师交流轮岗等途径加大对薄弱学校的扶持力度,缩小校际间差距,加快推进义务教育校际均衡。

3.逐步解决义务教育阶段随迁子女教育问题

随迁子女教育问题一直是广州市教育面临的一大难点。为此建议:一是做好中小学布点规划,在外来人口集中片区新建公办学校。二是通过挖潜,适当扩大现有公办学校的招生规模,增加面向随迁子女的招生计划。三是对民办学校给予财政补助,通过购买学位的方式为随迁子女提供公办学位。值得注意的是,教育部课题组教育现代化监测指标是"随迁子女入读公办学校比例",没有将向民办学校购买的公办学位纳入计算,影响了广州市在此项指标上的排名。建议在教育事业统计时,将政府向民办学校购买的公办学位纳入其中,这实际上是统计"随迁子女入读公办学位的比例"。

4.逐步提高生均教育经费标准

监测结果显示,尽管广州市公共财政预算教育经费支出占公共财政支出的比例位居全国 15 个副省级城市第 3 位,但因教育体量大,生均公共财政预算教育公用经费支出只排第 11 位,与排名第 1 位的杭州市相差 51.8 个百分点,差距非常大;生均公共财政预算教育事业费支出排第 7 位,与排名第 1 的城市相差 28.2 个百分点,差距也非常明显。为此建议:一是落实教育优先发展战略,坚持"教育经费三个增长"的国家要求,加大财政投入。二是完善公共财政教育投入制度与保障机制,强化区级主体责任。三是适当调整政府财政在义务教育与非义务教育之间的分配结构,将财政性教育经费重点投向义务教育与学前教育。四是建立各级各类教育经费动态调整机制,逐步提高各级各类教育生均经费标准。

5. 完善公众教育监督体系建设

教育治理现代化是教育现代化的重要内容，监测结果显示，广州市在教育治理方面，公众教育监督水平与先进城市尚有一定差距。为此建议：一是完善相关实体监督平台与网络监督平台的建设，如完善信访室建设与信访制度，公开网络平台多渠道公众监督联系方式，完善政府官网功能模块，增设咨询、问政、举报栏目。二是完善教育督导报告制度，定期、及时通过网络、报纸、自媒体等媒介平台发布相关信息。三是完善监督信息反馈机制，及时公布信访处理结果。四是加大宣传力度，让人民群众知晓各教育行政机构与学校的监督、咨询渠道与平台，提高人民群众的监督意识、畅通监督渠道、提高监督能力。

（审稿人：潘其胜）

法治建设篇

Legal Construction

B.18
2017年广州行政立法现状分析
及2018年展望[*]

广州大学广州发展研究院课题组　执笔：卢护锋　韩　秀[**]

摘　要：　地方行政立法以国家政策、法律法规为导向，面向地方区域
　　　　　内发展现状，对解决地方发展和经济社会管理问题具有重要
　　　　　的引领推动作用。2017年广州市地方政府在经济社会管理、
　　　　　城市管理、民生问题方面的立法情况较好，但仍有不足。在
　　　　　党的十九大对立法环境宏观调整的背景下，2018年广州市地

　＊　本课题系广东省高校人文社科重点研究基地广州大学广州发展研究院、广东省教育厅"广州
　　　学"协同创新发展中心、广州市高校"城市文化安全与文化软实力研究创新团队"研究成果。
　＊＊　课题组组长：谭苑芳，博士，广州大学广州发展研究院副院长、教授。课题组成员：卢护锋，
　　　法学博士，广州大学公法研究中心特聘研究员，硕士生导师；韩秀，广州大学法学院硕士生；
　　　欧阳知，广州大学广州发展研究院特聘教授、广州市广州学与广州大典研究会会长；彭晓刚，
　　　广州大学广东发展研究院特聘研究员；曾恒皋，广州大学广州发展研究院所长，副研究员；
　　　曾永辉，博士，广州学协同创新发展中心特约研究员；李佳曦，广州大学广州发展研究院科
　　　研助理。执笔：卢护锋、韩秀。

方立法还需要在政府自身建设、市场体系建设、民生问题解决以及交通体系建设等方面加大力度。

关键词: 广州　地方行政立法　地方治理

我国自发展市场经济以来,地方与地方之间的"同质性"被打破,各地在所有制结构、经济结构、经济运行机制、经济发展程度等多个方面的"异质性"大为加强,"其结果是全国统一立法在某种程度失去了针对性和灵活性,各地亟须根据本地的实际需要,进行因地制宜的地方立法"①。中央立法是主体、是主干,地方立法从属于中央立法,担负着执行、补充、辅助中央立法的功能,在地方治理中发挥着不可取代的作用,它既是本区域范围内行政执法、行政决策的直接依据,同时也是被监督的对象。因此,解读一个地方行政立法现象对于特定地域法治发展具有重要意义。

一　广州市2017年行政立法的情况梳理

（一）背景分析

在地区发展层面,广州作为改革开放的领头羊,一直在努力推进法治政府建设,法治政府成为广州的一大竞争力。广州市在 2017 年中国法治政府评估中列第三名,是法治政府评估成绩最稳定的副省级以上城市,荣获"法治政府建设典范城市"称号,获评"2017 年福布斯中国大陆最佳商业城市",被粤港澳大湾区研究院评为营商环境最好城市。在推进依法行政、建设法治政府目标的指引下,实现"四个率先",在政府信息公开、重大行政决策等方面成绩显著,法治政府建设迈入新阶段。

在国家战略层面,2017 年是十二届全国人大及其常委会履职的最后一

① 朱未易:《对中国地方纵横向关系法治化的研究》,《政治与法律》2016 年第 11 期,第72 ~ 82 页。

年，是实施"十三五"规划的重要一年，也是党的十九大召开之年，注定是继往开来的重要节点。纵观这一年，对行政立法影响最大的无疑是党的十九大报告对立法工作的新指示。党的十九大报告指明了新时代的发展方向和发展路径，其中贯穿着大量的法治精神和要求，例如提出要依法立法，推进科学立法、民主立法、依法立法，以良法促进发展、保障善治；要加强宪法实施和监督，推进合宪性审查工作；要推进社会信用体系建设，加快推进信用立法、完善信用法律法规体系等，这三个方面都与地方立法的制定和调整息息相关。

依法立法。十九大将依法立法上升到与科学立法、民主立法等同的地位，足以显示依法立法的重要程度。依法立法强调：一要按照法定立法权限立法。各地方和机关都必须在宪法、法律规定的范围内行使职权，不能超越法定权限范围，《立法法》和《宪法》等法律对立法权限都有所规定。以《立法法》为例，其明确规定，没有法律或者国务院的行政法规、决定、命令的依据，部门规章不得设定减损公民、法人和其他组织权利或者增加其义务的规范，不得增加本部门的权力或者减少本部门的法定职责。二要按照法定立法程序立法。立法程序是立法活动有序合理进行的重要保证，具有保障立法权行使和监督制约立法权行使的双重功效，中央和地方立法活动，不仅须依照法定的权限，还必须严格遵守法定的程序，违背正当立法程序的立法应当被撤销。三要完善立法备案审查和监督制度。《立法法》根据我国立法的实际情况，系统规定了立法监督机制，主要是备案审查制度、改变和撤销制度，立法机关应当按照党中央的部署要求和《立法法》的有关规定，积极开展主动审查和被动审查工作，切实开展合宪性审查和合法性审查工作。

合宪性审查。《宪法》是中国的根本大法，但如果不能解决实际问题，就很难发挥其根本大法的作用，将《宪法》带入立法、行政立法、执法、私法活动中，有助于提升《宪法》的权威，所以落实和推进合宪性审查是新时代依法治国理政的应有之义。"合宪性审查"的全面落实意味着所有地方的红头文件和部门规章，都要以《宪法》为依据，判断是否存在越权或损害《宪法》所赋予公民的合法权利的现象，是一种真正的全覆盖，所有规范性文件都将纳入审查范围，甚至还可能包括对一些行为进行合宪性审查，这些都要跟《宪法》保持一致。对地方政府立法而言，在上位法指导下的地方立法工作必然应当符合合宪性要求，该项制度是对《立法法》所赋予的地方创设立法权的良性限制，有利于提高地方立法的科学性。

社会信用体系建设。社会信用立法是一项具有开创意义的创新工程和系统工程，具有复杂性和综合性。信用立法既涉及公权力与私权利之平衡，也涉及法律与道德之交叉；既需要国家的顶层设计，也需要社会主体的通力合作；既要立足本土资源，也要具有国际视野。构建社会信用体系是新型市场监管体制建立的迫切要求，经济领域制假售假、偷逃骗税等严重影响市场经济秩序的失信行为，不利于市场活力的维护，也加剧了市场纠纷。推进社会信用立法就是要通过立法形式确保以信用为核心的监管体制顺利建成和有效实施，发挥信用体系推动经济发展转型升级的作用。从社会信用的国家制度看，以美国为例，从20世纪初就开始相关的信用立法，如今社会信用法律体系内容完备。从社会信用的地方制度看，上海、浙江、湖北、河北等地方都已出台或正在制定地方信用法规，国外和国内地方的信用建设可以为我国和各地方信用建设提供参考。

（二）基本状况

从数量上看，2017年是广州市行政立法力度较大的年份，在这一年共制定、修改十三项地方政府规章。具体包括《广州市人民政府关于明确长岭居、黄埔临港经济区和云埔业区部分管理权限的决定》《广州市人民政府关于保留下放取消行政许可备案事项的决定》《广州市人民政府关于废止〈广州市道路货物运输市场管理办法〉等9件政府规章的决定》《广州市人民政府关于废止〈广州市举办人才交流会审批办法〉等5件政府规章的决定》《广州市门楼号牌管理规定》《广州市建筑玻璃幕墙管理办法》《广州市人民政府关于修改〈广州市摩托车报废管理规定〉等5件政府规章的决定》《广州市危险化学品安全管理规定》《广州市南沙新区产业园区开发建设管理局设立和运行规定》《广州市南沙新区明珠湾开发建设管理局设立和运行规定》《广州空港经济区管理试行办法》《广州市地下管线管理办法》《广州市人民政府关于废止和宣布失效部分政府规章的决定》（见表1）。

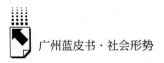

表1　2017年广州市制定、修改的地方政府规章

序号	规章名称	主要内容	类型
1	《广州市人民政府关于明确长岭居、黄埔临港经济区和云埔业区部分管理权限的决定》	明确管理委员会及其下设的相关职能部门在此范围内的部分管理权限	经济社会管理类
2	《广州市人民政府关于保留下放取消行政许可备案事项的决定》	对广州市级实施的行政许可、备案事项进行调整	经济社会管理类
3	《广州市人民政府关于废止〈广州市道路货物运输市场管理办法〉等9件政府规章的决定》	废止《广州市道路货物运输市场管理办法》等9件政府规章	经济社会管理类
4	《广州市人民政府关于废止〈广州市举办人才交流会审批办法〉等5件政府规章的决定》	立足广州市社会实际情况，废止《广州市举办人才交流会审批办法》等5件政府规章	经济社会管理类
5	《广州市门楼号牌管理规定》	规范门楼号牌管理，提高城市管理水平	城市管理类
6	《广州市建筑玻璃幕墙管理办法》	加强建筑玻璃幕墙的管理和维护，减少光反射环境影响，保障公共安全	民生类
7	《广州市人民政府关于修改〈广州市摩托车报废管理规定〉等5件政府规章的决定》	改善城市管理质量，修改《广州市摩托车报废管理规定》等5件政府规章	经济社会管理类
8	《广州市危险化学品安全管理规定》	加强危险化学品的安全管理，保障人民群众生命和财产安全	经济社会管理类
9	《广州市南沙新区产业园区开发建设管理局设立和运行规定》	设立广州南沙新区产业园区开发建设管理局，促进广州南沙新区产业园开发建设	经济社会管理类
10	《广州市南沙新区明珠湾开发建设管理局设立和运行规定》	设立广州南沙新区明珠湾开发建设管理局，促进广州南沙新区明珠湾开发建设	经济社会管理类
11	《广州空港经济区管理试行办法》	完善广州空港经济区的管理工作，促进其建设和发展	经济社会管理类
12	《广州市地下管线管理办法》	加强地下管线管理，保障地下管线的有序建设和安全运行	城市管理类
13	《广州市人民政府关于废止和宣布失效部分政府规章的决定》	适应经济社会发展需要，废止22件政府规章	经济社会管理类

二 对2017年广州市行政立法的评价

（一）总体评价

从上述表格内容来看，广州市在行政立法上聚焦经济社会管理问题，该方面立法占到了立法总数的77%。这与立法思维的转向基本是一致的。在经济社会发展过程中，稳定和安全的秩序是必要保障。在经济发展过程，稳定是经济管理法律行为的价值目标，也是经济管理法律行为追求的价值之一，为了有效地促进我国经济的稳定发展，应充分发挥经济管理法律行为的基础性作用。① 随着中国社会的全面发展，政治和经济的关系变得更加紧密。从国家层面看，社会主义市场经济的发展是不断推进政治体制改革的重要力量，同样，行政与市场作用的协调发挥在维护经济市场秩序中也必不可少。在社会发展过程，秩序因素也是一个大局问题。调整社会秩序最基本的两种手段是道德和法律，面对复杂的人群和社会环境，道德的软性调节见效慢、效果不明显，法律以其国家强制性和普遍约束力，成为调整社会秩序的中坚力量。法的社会作用就包括对社会关系和社会秩序的调整，不仅确立具有约束力的社会公共准则，为社会生活中的主体提供指引和预测，还通过制裁不良行为，对社会生活中的主体进行强制和教育。在广州2017年行政立法中，其经济社会管理立法主要体现在明确城市管理和发展、调整政府工作事项等方面。例如，《广州空港经济区管理试行办法》第三条规定："广州空港经济区管理委员会（以下简称管委会）是市人民政府的派出机构，在重点开发区域内行使市一级管理权限，负责整体规划、开发建设、招商引资、行政审批、项目筹建和企业服务，为经济发展、园区建设提供社会管理和公共服务。"这为促进地方立法建设、推进简政放权迈出了实质性的一步。又如，为进一步深化行政审批制度改革，《广州市人民政府关于保留下放取消行政许可备案事项的决定》对市级实施的行政许可、备案事项经过全面清理和严格审查，做出调整。"保留行政许可218

---

① 张晶：《经济管理法律行为的法价值取向及路径选择》，《山西农经》2016年第9期，第110~111页。

项、备案 80 项，省委托管理行政许可 14 项，省或部委委托管理备案 5 项；按程序转报的行政许可 29 项，下放行政许可 70 项、备案 12 项，取消行政许可 21 项、备案 9 项。"放管结合，不断提高政府管理科学化、规范化、法治化水平。

另外，在城市管理和民生问题上也倾注了较多的努力。伴随城市化进程不断加快，城市管理问题也越来越多，人民群众的生活水平与城市管理的关系愈加密切，善治以良法为前提，在国家层面的《城市管理法》尚未出台的背景下，地方依据《立法法》的规定科学立法就显得尤为重要。民生问题是关乎个人生活和发展的直接问题，是以生存权和发展权为核心的社会权的尊重、保护和实现问题。① 只有经过法律规范的确认之后，以生存权和发展权为主要内容的民生权利才有转换为实有权利的可能。

（二）具体评价

1. 与年度立法计划的相符度

年度立法工作计划是根据经济社会发展和民主建设需要对本年度立法工作的具体安排，在立法工作中发挥着重要的引领推动作用，一方面可以选择确定科学的立法项目，提高立法质量；另一方面可以增强立法针对性，保证立法工作有序进行。但是在社会环境和国家政策变化的大环境下，立法工作计划与立法本身往往不能完全一致，通过将年度立法实际情况和年度立法工作计划的对比分析，不仅能够直观看到立法工作的完成度，而且可以明晰立法环境的变化，进而为立法工作的进一步展开提供支持。如果年度立法实际情况与工作计划之间基本或者明显不相符合，就说明立法工作计划在制定之初是不科学的，或者立法工作没有按照预定的方案实施。两个方面的问题都应当是地方行政立法需要认真予以对待的问题。

从 2017 年起，市政府对规章制定计划进行了改革，将计划项目由原来的正式项目、预备项目两类调整为年内审议项目、适时审议项目和调研项目三类（见表 2）。年内审议项目的牵头起草单位和市法制办应确保在 2017 年内

---

① 龚向和、左权：《地方民生立法审思》，《河南省政法管理干部学院学报》2011 年第 2 期，第 116 ~ 120 页。

完成审议工作，牵头起草单位在提交文稿后，应当配合市法制办抓紧对文稿进行修改完善；适时审议项目牵头起草单位应制订立法工作计划，明确每月的工作任务，并于2017年10月31日前向市法制办报送送审稿；调研项目的牵头起草单位应对涉及的主要问题和拟确定的主要制度开展进一步调研、论证。

表2　2017年年内审议项目、适时审议项目和调研项目执行情况

项目类别	序号	项目名称	牵头起草单位	备注
年内审议项目	1	广州市门楼号牌管理规定	市公安局	修订
	2	广州市南沙新区明珠湾开发建设管理局设立和运行规定	广东自贸区南沙新区片区管委会	制定
	3	广州市南沙新区产业园区开发建设管理局设立和运行规定	广东自贸区南沙新区片区管委会	制定
	4	广州市建筑玻璃幕墙管理办法	市住房城乡建设委	制定
	5	广州市危险化学品安全管理规定	市安全监管局	制定
	6	广州市公共安全视频系统管理规定	市公安局	修订
	7	广州市民用运输机场管理办法	省机场集团	制定
	8	广州市人口与计划生育管理办法	市卫生计生委	修订
	9	广州市石油天然气管道保护办法	市发展改革委	制定
	10	广州市地下管线管理办法	市住房城乡建设委	制定
	11	广州市科学技术奖励办法	市科技创新委	修订
	12	广州市小型客运船舶运输管理办法	广州港务局	废止
	13	广州市村镇渡口安全管理办法	广州海事局	废止
适时审议项目	1	广州市房屋安全管理规定	市住房城乡建设委	修订
	2	广州市井盖设施管理办法	市城管委	制定
	3	广州市劳动能力鉴定办法	市人力资源和社会保障局	制定
	4	广州市非物质文化遗产管理办法	市文化广电新闻出版局	制定
	5	广州市法律援助实施办法	市司法局	修订
	6	广州市气象灾害防御规定	市气象局	制定
	7	广州市食品安全监督管理办法	市食品药品监管局	制定
	8	广州市行政委托管理规定	市法制办	制定
	9	广州市行政决策程序规定	市法制办	制定
	10	广州市无障碍环境建设与管理规定	市残联	修订
	11	广州市社会生活噪声管理办法	市公安局	制定
	12	广州市海珠万亩果园保护规定	海珠区政府	制定

续表

项目类别	序号	项目名称	牵头起草单位	备注
调研项目	1	广州市城市道路挖掘管理办法	市住房城乡建设委	修订
	2	广州市能源管理规定	市发展改革委	制定
	3	广州市公安机关警务辅助人员管理规定	市公安局	制定
	4	广州市保安服务管理规定	市公安局	制定
	5	广州市行政给付程序规定	市法制办	制定
	6	广州市生态控制线管理办法	市国土规划委	制定
	7	广州市生态保护红线管理办法	市环保局	制定

从 2017 年广州市政府规章制定计划来看，年内审议项目的完成情况较好。适时审议项目的调研项目基本未能在立法年度完成广州市 2017 年度政府规章制定计划。年内审议项目实际制定与计划制定的相符度约为 69%，《广州市公共安全视频系统管理规定》《广州市民用运输机场管理办法》《广州市人口与计划生育管理办法》《广州市石油天然气管道保护办法》四项立法计划没有完成。

2. 对社会现实的回应度

地方行政立法既要贯彻落实中央法律、法规，又要立足地方发展需要，以立法的方式有针对性地解决问题。地方立法在对上位法具体化的过程中有较大的自主性，可以在自己的权限范围内自主解决所要解决的问题，所以在上位法的框架下，对地方行政立法科学性的判断更多地来自于地方现实。地方立法对地方现实的回应度应当是立法评价的重要组成部分，通过地方行政立法对社会现实回应度的分析，可以增加立法的针对性，促使地方立足于本区域内的实际情况，解决地方问题。从 2017 年广州地方行政立法的情况来看，在此方面做了较大努力。

具体来看，以《广州市危险化学品管理规定》为例，广州市是中国华南地区危险化学品的集散地，危险化学品数量大、种类多、覆盖范围广，在"城围化工"的状况下，危险不容忽视，给地方监管带来较大压力。由于危险化学品涉及部门多达 32 个，各监管部门之间权责不清，针对这种情况，为强化危险化学品监管，确保危险化学品安全，2017 年 8 月 12 日，广州市通过人民政府令颁布了该规定，这对保障人民群众人身财产安全具有重要意义。其他政府规章亦是如此,如《广州市建筑玻璃幕墙管理办法》《广州市地下管线管理办法》等,都直接与广州市的发展状况和发展要求相适应。

社会环境是不断变化的,地方立法也需要不断更新自己的体系和内容,以满足社会现实的需要。2017年广州共废止了包括《广州市城市路桥隧道车辆通行费年费制办法》《广州市限制商品过度包装管理暂行办法》在内的22件政府规章。法的废止是一项重要的立法活动,废止的直接原因可能是适用期已过、调整对象消失、不适用新的形势或者其他导致法律在现实中丧失实际作用的原因,本质原因则是法律要适应生产力发展和社会文明进步的要求,即法所调整的以社会关系为内容的法律关心发生了变化,法的新旧更替即是法回应社会现实的重要部分。

3. 广州地方行政立法的合法性

遵循合法性原则是法律对地方立法工作的最基本、最重要的要求,是地方立法机关进行立法工作要把握和坚持的底线。合法性的要求可以分为程序合法性要求和实体合法性要求。程序上的合法性对实体合法性的保障作用不容置疑,但程序合法性也有自己的独立价值,特别是在民主和法治的背景下,程序自身的正当性和合理性因素是法治实施的重要保证。地方立法机关在长期的立法探索和自身经验总结的基础上已初步形成了相对稳定的立法程序,大都以"人大常委会立法"来确保立法的合法性,这为地方法治建设带来了积极作用的同时也带来一定弊端,容易忽视民主化立法。民主化立法在现代国家立法程序中的作用愈加重要。实体合法性要求包括精神正义和内容合法两方面。精神正义旨在确定建立对法本质的认识,在"依法治国"理念提出后,法本质已然发生重大转变,它明确了人民群众作为法治主体,可以通过各种形式和途径管理国家、社会和经济文化等事务,强调公众参与。对地方行政立法而言,从广大人民群众出发再回归到广大人民群众的路径,对完善法规的实体合法性具有重要意义。内容合法着重要求来源合法,要求法规的制定要以上位规定、政策等法律依据为前提。立法依据作为形式要件的全部意义就在于说明立法这种要式行为立法权的来源、效力位阶、立法权限与自由。① 从我国的行政立法情

---

① 周军:《论地方立法的合法性——二十年地方立法的法理回顾与批评》,《山东人大工作》2000年第3期,第51~53页。

况看，行政立法按照行政目的不同可分为执行性立法和创设性立法，执行性立法的法律依据争议较小，但在《立法法》确认了的地方法规"创设性立法"面前，法律依据成为一个值得关注的问题。

通过上述对地方立法合法性的理论分析，不难发现创设性立法和民主化立法是当下地方立法合法性考量需要着重关注的领域。

创设性立法是地方立法合法性审查的一部分，《立法法》将地方创设性立法权限限定在本行政区域的具体行政管理事项，例如城乡建设与管理、环境保护、历史文化保护等方面。除此项规定外，地方行政立法还应遵循行政处罚与行政许可的相关禁止性规定，在综合考虑的基础上进行立法。上述广州市2017年出台的十三部行政规章，除了《广州空港经济区管理试行办法》和《广州市建筑玻璃幕墙管理办法》没有明确指出上位法依据外，《广州市人民政府关于保留下放取消行政许可备案事项的决定》也可算作创设性立法的一部分，而其他十部规章均有明确的上位法依据和执行对象。由此判断得出，广州2017年行政立法以执行性立法为主。在创新性立法的部分是否超出地方立法范围或创设及克减相对方权利，则需要详细分析。以《广州市建筑玻璃幕墙管理办法》为例，第二十一条至第二十四条是法律责任部分，规定了违反该规章的处罚办法。《行政处罚法》赋予了地方政府一定的行政处罚权，但在"法无规定不可为"的理念下，这在很大程度上是对政府行政处罚权的限定。据此，本办法作为地方政府规章在行政处罚设定权限上是极为有限的，但在客观上本办法不仅设定了应当给予处罚的若干情形，而且处罚的力度并不小。

民主化立法有公开征求意见、立法听证等多种实现方式，对地方政府立法而言，政务公开是提高人民群众参与立法和促进服务型政府建设的重要途径，广州市出台实施了政务公开纲领性文件《中共广州市委办公厅 广州市人民政府办公厅关于印发〈广州市全面推进政务公开工作的实施意见〉的通知》（穗办〔2017〕8号），进一步深化市政府系统决策公开、执行公开、管理公开、服务公开、结果公开和重点领域政府信息公开。另外，广州市积极主动完善政府网站管理，为提高政府网站的使用效果做出了努力，截至2017年底，广州市在全国政府网站信息报送系统上登记的正在运行政府网站精简率高达87.4%。从长远来看，在加强依法立法工作、拓宽公众有序参与立法的途径等方面，仍需不断提高立法水平，努力打造共建共治共享的社会治理格局。

三 2018年广州市行政立法的重点

在过去的一年里，广州市行政立法虽然取得了一定成绩，但2018年作为贯彻党的十九大精神的开局之年，也是改革开放四十周年，处在新时代的关口，仍有许多重大问题亟待改进，例如征信管理立法、道路交通管理、消防问题解决、房屋租赁问题等。需要注意的是，地方政府并非唯一的立法主体，地方行政立法与人大立法之间的协调与衔接在立法活动中不容忽视，例如在道路交通管理和房屋租赁问题上，可能更需要人大立法的保障。

（一）政府自身建设

中国法治政府评估以8个客观指标和1个主观指标为评估指标体系，包括"依法全面履行政府职能""依法行政制度体系""政务公开""行政执法"等。评估形成的结果对科学反映法治政府建设情况具有重要作用，也为2018年努力建设人民满意的服务型政府、法治政府提供了独特的视角。

1. 强化依法立法

在立法活动上，《广州市依法行政条例》于2017年5月1日起实施，这是全国第一部对推进依法行政工作进行全面、系统规定的地方性法规。一是需要提高重点领域立法质量，2017年广州市地方立法主要以执行性立法为主，而且在将年度立法计划项目分类更改为"年内审议项目""适时审议项目""调研项目"后，完成度有所上升，但在重点领域立法的推进上仍显不足，以《广州市公共安全视频系统管理规定》为例，国家方针和社会现实需要都指向对该项地方法规的需要，但该项规定却表现出明显的滞后性，在十年适用期内，其所调整的社会关系早已改变。二是需要拓宽公众有序参与立法的途径。公众有序参与立法是科学民主立法的保障，扩大公众有序参与，充分听取各方意见，促使法律准确反映经济社会发展，有利于更好地协调利益关系，发挥立法的引领和推动作用。公众参与立法有《宪法》《立法法》《地方各级人民代表大会和地方各级人民政府组织法》《行政法制规定程序条例》等多项法律依据，2007年广州市率先制定了《广州市规章制度制定公众参与办法》，为公众参与地方经济立法开辟了制度化道路。在近几年的发展中，公众参与出现了途

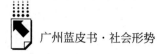

径单一、范围较窄等问题，公众参与环节也有一定的范围局限，在政府面前公众话语权很难实现，所以在新时代健全立法论证、听证机制，完善公众参与立法的途径仍然是不变的话题。

2. 行政执法体制改革

党的十九大报告指出，要增强依法执政的本领，坚持严格规范公正文明执法。广州市对行政执法体制改革问题关注的较早，近十年来，陆续制定了《广州市行政执法评议考核办法》《广州市行政执法责任追究办法》《广州市规范行政执法自由裁量权规定》等地方政府规章，而《广州市规范行政执法自由裁量权规定》是全国第一部规范行政执法自由裁量权的地方性政府规章。但立法数量并不能直接证明立法质量，上述广州市的立法规定过于分散，缺乏统一性指导，所以为进一步提高城市管理和公共服务水平，广州市地方立法对此做出调整。2016 年广州市从本土实际情况出发，结合中央《关于深入推进城市执法体制改革改进城市管理工作的指导意见》，提出了《中共广州市委广州市人民政府关于深入推进城市执法体制改革改进城市管理工作的实施意见》。以 2016 年的实施意见为例，该项实施意见尽管对理顺城市管理执法体制、解决城市管理面临的突出矛盾和问题有重要意义，但目前还未上升到地方立法层面。

（二）市场体系建设

党的十九大贯彻新发展理念，对市场体系建设做出了新的战略部署，强调"经济体制改革必须以完善产权制度和要素市场化配置为重点，实现产权有效激励、要素自由流动、价格反应灵活、竞争公平有序、企业优胜劣汰"。强调建设现代化市场体系，推动产业体系、市场体系、收入分配体系、城乡区域发展体系、绿色发展体系、全面开放体系建设，发挥现代经济体系的引领推动作用。在市场体系中，市场监管和信用管理无疑是最为重要的两个维度。2017年 1 月，《国务院关于印发"十三五"市场监管规划的通知》实施，旨在贯彻执行《"十三五"市场监管规划》，总体思路在于"准确把握经济发展规律和市场监管趋势，立足当前，放眼长远，统筹谋划，有序推进，充分发挥市场监管在改革发展大局中的重要作用，为市场经济的高效运行提供保障"。主要目标是建成宽松便捷的市场准入环境、公平有序的市场竞争环境、安全放心的市场消费环境和权威高效的市场监管体制机制。2018 年是实施"十三五"规划承上启下的关键一年，地方对中央立法的落实和回应，是政府工作的必然要求，所以广州市在 2018 年市场体系建设中，要以中央现代市场经济体制建设方针为纲领，以广州市经济发展特殊情况为导向，促进现代化市场体系建立安全。在市场体系建设中，市场监管和信用管理无疑是最为重要的两个维度。对此笔者从市场监管和信用管理两角度出发对广州市市场体系建设立法做具体化分析。

1. 市场监管

市场监管中存在两对必然要面对的关系，一是政府和市场的关系，二是安全和效率的关系。在政府和市场的关系下，政府是对市场软性调节不足的良性补充，但是需要把握好立法对市场的干预力度，以市场秩序安全稳定为底线。在创新驱动发展的环境下，市场的活跃度提高，政府和市场的关系变得更加微妙，国家为维护金融市场稳定与安全对互联网金融加以监管，这必然会在一定程度上阻碍其发展。所以地方政府在进行市场监管的过程中应当处理好政府和市场的关系。在安全和效率的关系下，安全稳定与经济效率相结合的原则贯穿于各国市场监管的整个过程，地方政府的市场监管，也脱离不开安全与效率的博弈。为了将立法对市场的反向影响降到最低，做到保证安全的同时兼顾效率，就必须对监管措施也加以约束，完善市场信息化建设，使立法与现实需要更加契合。市场监管从其内容来说，一方面是以秩序为导向，如市场竞争秩序、市场交易秩序；另一方面是以安全为导向，如食品安全、药品安全。

2017 年，中央层面建立了市场监管部际联席会议制度，进一步加强了对市场监管工作的协调指导，广州市在统一市场监管立法方面还未跟进。市场监管部际联席会议制度的建立旨在推进《"十三五"市场监管规划》，主要对35个部门间的统筹协调和相互配合做出规定，有利于明确监管制度，促进监管效率和质量的提升，也有利于防止监管真空等问题的出现，对市场监管立法上的统一不论是对政府和市场关系的调整还是在效率和安全价值的权衡上都具有重要意义。所以在 2018 年，广州市地方立方需要在市场监管的统筹上做出努力。

2. 信用管理

广州市的征信管理立法尚有缺失，从信用和市场的关系看，信用经济是信用交易占据主导地位的一种经济形态，是市场经济发展到高级阶段的必然产物。建立完善的社会信用体系，大力发展信用经济，对扩大市场交易规模、减少流通成本、活跃金融信贷和规范市场经济秩序等诸多方面都有巨大的推动作用。[①] 从信用与监管的关系看，信用约束原则和失信联合惩戒制度都是政府监管的重要途径，有利于充分发挥信用信息管理在市场监管中的作用，完善市场主体的信用记录，减少经济高速发展阶段信息不对称所带来的问题。所以信用在一定程度上是连接市场和政府的纽带。在我国，为了推动信用管理与服务的发展，中国人民银行成立了专门的信用管理机构领导全国的信用管理工作，是信用管理的一次代表性尝试。在立法层面，中央在2017年调整了《征信管理条例》。

我国面对庞大的全国信用管理体系建立存在两个问题，一是我国的征信立法还处在探索期，立法经验不足，立法实施效果差；二是我国征信建设任务艰巨，经过多年的累积，问题相当复杂。政府进行征信立法在这两个问题的解决上有较大的优势。针对第一个问题，政府立法具有较强的权威性，我国政府在宏观调控、资源支配等方面的作用举足轻重，政府的规划、指导、支持与组织协调作用，是征信体系建立健全所必不可缺的一部分，而且借助政府的力量，更容易得到公众的充分信任，有利于促进立法的落实。针对第二个问题，在强化中央信用管理职能的同时，可以充分发挥和利用各部门、各地方已有的信用管理基础与信用资源，调动多方面积极性，巩固信用管理体系的基础，国务院职能部门也可在各自所辖的系统内管理相应的信用活动。从国家和地方发展要求和配套制度建设来看，广州市需要完善征信管理立法工作。

（三）交通体系建设

广州市是我国重要的中心城市、国际商贸中心和综合交通枢纽，随着城市化进程的不断加快，交通压力倍升，缓解城市交通拥堵已经到了刻不容缓的地步，公交、地铁成为大众出行的优选。2017年，广州市公共交通出行率高达70%，完善城市公共交通体系就成了必然的选择，完善的城市公共交通对带动沿线经济发展、提高能源利用率、提高城市生活质量、节约人力资源成本等具

[①] 陈勇阳：《中国信用管理与服务的探索与创新》，《天府新论》2012年第1期，第73～76页。

有良好的推动作用，交通体系建设促使城市向更高层次发展。

广州一直在努力建设枢纽型网络城市，建设互联互通的国际综合交通枢纽，对外建设空港和海港，对内完善铁路、航空、地铁等城市交通。2017年年底，新开通包括四号线南延段在内的四条地铁新线，取得了一定成就，但问题仍然存在。例如，2017年广州市年内审议项目中的《广州市民用运输机场管理办法》还未完成，2018年须加以补充规定；《广州市出租汽车客运管理条例》也需要修改，该条例实施已有8年时间，随着社会环境的变化，近两年巡游出租车行业服务质量出现下滑，出租车行业吸引力下降，行业服务质量下滑，大众反应比较强烈，修改《广州市出租汽车客运管理条例》是加强行业管理和提升行业服务质量的迫切需要，需要完善对拒载、议价等行为的处置。需要解释的是，为了与网约车相区别，修改后条例拟更名为《广州市巡游出租汽车客运管理条例》。2018年，广州市还需要加快白云机场、广州北站空铁联运体系建设，推进国铁、城际轨道等项目建设，打造国家"公交都市"。

在创新推动下，新型出行方式的出现也为地方立法带来了难题，对网约车、共享汽车、共享单车的管理也应是2018年交通体系建设立法的重要一环。深圳市在2017年已将共享单车立法列入市政府立法计划，加强对共享单车企业投放的管理，通过总量控制等方式防止押金等风险的产生。广州市应当在结合当地立法环境的基础上，立足本地，合理解决相关问题，促使"共享类交通方式"真正有助于经济发展，而不是打着经济发展的幌子浪费资源。

（四）城市安全体系建设

城市公共安全体系建设是广州市"十三五"规划的重要内容，党的十九大明确指出，要加快社会治安防控体系建设，"要从统筹城市公共安全综合治理入手，建立政府主导下的实体运作、集约高效的城市安全综合治理指挥调度机构"。其中着重指出公共安全视频监控系统的建设要求，公共安全视频是新形势下维护国家安全和社会稳定、预防和打击犯罪的重要技术手段，应按照"十三五"规划的要求，以"全域覆盖、全网共享、全时可用、全程可控"为目标，深入推进公共安全视频监控建设。

广州市在2017年年内审议项目中提出了对《广州市公共安全视频系统管理规定》的修订，但年内并未完成该项立法工作，而该项立法问题的解决已经到了必要时期，原因主要有以下三点。一是立法与社会现实脱节。广州市于 2007 年颁行的《广州市公共安全视频系统管理规定》自实施以来已有 10 年了，在这 10 年中，法规所调整的社会关系受社会环境变化的影响已经发生了很多改变。二是与上位法存在冲突，按照《立法法》的规定，"省、自治区的人民政府制定的规章的效力高于本行政区域内的设区的市、自治州的人民政府制定的规章"。这意味着省政府规章与省会市政府规章之间仍存在着位阶上的上下关系，《广东省公共安全视频图像信息系统管理办法》颁布时间是 2009 年，晚于广州市在该方面的立法，二者之间在具体规定上不可避免地存在冲突与矛盾。三是不符合国家对公共安全视频的新要求。2015 年 5 月，国家发改委、中央综治办等 9 个部门联合发布《关于加强公共安全视频监控建设联网应用工作的若干意见》，提出"全域覆盖、全网共享、全时可用、全程可控"的公共安全视频建设要求。综上可知，广州市应加快推进在公共安全视频系统管理上的立法工作。

消防问题也是近几年地方立法需要注重考虑的领域，尤其是对广州这种大城市而言，建筑物和人口的密度都很大，增加了火灾隐患，一旦发生其后果不堪设想，所以消防安全更不容忽视。上海在 2017 年出台了《上海市住宅物业消防安全管理办法》，填补了该市住宅物业消防安全管理领域专项立法的空白，通过 6 章 42 条规定对相关的重点问题做出了规定，这一前瞻性立法值得学习。广州市在 2017 年已在法制办网站公布《广州市消防规定（草案征求意见稿）》并向公众征求意见，可见已经将该问题提上日程，2018 年该问题的解决值得期待。

（五）民生问题

从广州市 2017 年立法情况来看，民生类立法较少。"民为邦国，本固邦宁"，只有重视民生问题，才能确保社会稳定，才能为进一步发展提供良好的环境，在新时代发展的关键时期，必须更加重视民生问题。2017 年广州市出台了《广州市建筑玻璃幕墙管理办法》，规定了对建筑玻璃幕墙的管理、监督和维护的要求，这对减少光反射环境影响，保障公共安全具有重要意义。除此之外，没有直接针对民生的地方法规出台。这种情况的发生可能基于三点原因：一是广州市除建筑玻璃幕墙管理外，没有明显的急于解决的民生问题；二是有过多的需要通过地方立法方式解决的问题存在；三是地方立法对民生问题的重视程度不够。根据广州市的现实情况，需要解决的民生问题还有很多，例如房屋租赁、供水用水、医疗卫生、消防等问题需要在2018年立法解决。

以房屋租赁为例，广州市外来人口众多，良好的住房制度与城市建设和大众生活息息相关，是社会保障体系建设的重要组成部分。随着房屋租赁需求不断上升、新的租赁形式不断涌现、房屋租赁隐形市场活跃但备案率低等，自2015年起实施的《广州市房屋租赁管理规定》部分内容已不适应实际需要，大众对"购租同权"的呼声越来越高。2017年市政府就对该问题进行了提案，但是由于上位法的制定还未完成，对该规定的审议顺期延后。在2018年，一方面应当将该问题的解决纳入地方立法议程，推动建立多主体供应、多渠道保障、租购并举的住房制度，使承租人可依法享受义务教育、就业、卫生和计生、文体、法律援助等国家规定的基本公共服务，提高外来人口的居住生活水平，缓解住房压力；另一方面为促进这一问题的解决，应当增加保障房供应，建立健全政策性住房建设，鼓励住房租赁式消费。

（审稿人：郭炳发）

B.19
关于依法处理民营企业家涉案与
保障企业稳定发展的建议

广州市工商业联合会　广州市民营企业投诉中心*

摘　要： 为进一步了解广州市民营企业家涉刑事案情况及涉案后其企业生产经营状况，并就企业家涉案后如何促使企业依法经营、稳定发展等问题，广州市工商联特成立"依法处理民营企业家涉案与保障企业稳定发展"专题调研组，走访了有关职能部门及多家涉案企业，并主要以民营企业家涉贿赂类犯罪行为进行了深入调研，掌握了近年来的相关数据，分析了企业家涉案的原因及涉案后对企业经营的影响，结合广州市有关部门维护涉案民企生产经营现有的措施，就如何预防企业家犯罪及保障涉案企业家民事权利等方面提出了建议。

关键词： 广州　民营企业家　涉案企业发展

随着广州市营商环境法治化水平不断提高，非公有制经济不断发展，全市民营企业数量逐年增加，有资料显示，截至 2016 年 12 月，广州市非公有制企业（含私营企业、外资企业）近 60 万户，注册资本近 2 万亿元，① 在稳定增长、增加就业、促进创新、改善民生等方面发挥着重要作用，是广州市社会经济的重要组成部分。

---

* 课题组长：陈立，法律硕士，广州市工商联专职副主席，研究方向为城市法制化营商环境。课题组成员：胡际萍，广州市民营企业投诉中心副调研员；黄武彬，广州市民营企业投诉中心主任科员；杨南钦，法学硕士，广州市民营企业投诉中心副主任科员。执笔：杨南钦。
① 广州市工商行政管理局：《2016 年全市市场主体发展情况》，2017。

虽然广州市民营企业数量众多，但绝大部分企业都是中小微企业，普遍存在市场竞争力弱、法律风险防范意识差、企业管理水平低、规章制度不健全、"老板一人说了算"等共同特征。面对激烈的市场竞争，个别企业家会不惜触犯法律去"走捷径"或是追求不正当经济利益等，而一旦实施犯罪行为必然难逃法律制裁，当企业家涉刑事案被采取强制措施后，其企业生产经营情况将遭受巨大影响，特别是一些中小企业，会出现经营陷入困境甚至企业破产、员工失业、债权人资金无法收回等现象，影响社会经济发展及社会稳定。

就此，广州市工商联特成立"依法处理民营企业家涉案与保障企业稳定发展"专题调研组，走访了有关职能部门及多家涉案企业，进一步了解广州市民营企业家涉刑事案情况及涉案后其企业生产经营状况，并就企业家涉案后如何促使企业依法经营、稳定发展等问题进行了研究，形成报告与建议。

一　民营企业家涉案情况及特点

2017 年 4 月，法制日报社中国公司法务研究院发布《2016 年度中国企业家犯罪报告》（以下简称《报告》），《报告》中收集了 2016 年度公共媒体报道过的 602 起企业家犯罪案例。其中，国有企业家犯罪或涉嫌犯罪的案件为 335 件，占 55.65%；民营企业家犯罪或涉嫌犯罪的案件 267 件，占 44.35%。与 2015 年度的媒体案例相比，民营企业家涉及的犯罪案件在绝对数和所占比例上均有所上升。

从 2016 年中国企业家犯罪现象来分析，民营企业家绝大多数是与企业融资、加工承揽、招投标、物资采购等经营活动相关的犯罪，如非法吸收公众存款罪、集资诈骗罪、行贿罪、职务侵占罪、非法经营罪、重大责任事故罪、单位行贿罪等，约占全部民企涉案案件的六成左右。

本次调研，主要以民营企业家犯罪行为中比较具有代表性的贿赂犯罪进行了深入了解。从广州市检察机关提供的材料了解到：自 2014 年来，广州市检察机关反贪部门查办民营企业家涉嫌贿赂犯罪案件共 97 件 97 人，2014 年查办 37 件 37 人，2015 年查办 36 件 36 人，2016 年查办 24 件 24 人。其中，涉嫌行贿犯罪 85 件 85 人，占三年来广州市检察机关查办的行贿犯罪案件总数的

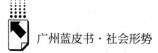

14%；涉嫌单位行贿犯罪 10 件 10 人，占三年来广州市检察机关查办的单位行贿犯罪案件总数的 24.1%；介绍贿赂犯罪 2 件 2 人，占三年来广州市检察机关查办的介绍贿赂犯罪案件总数的 33.3%。

本次调研的贿赂案件主要有以下特点。

第一，行贿类犯罪占绝大多数。除 2 件介绍贿赂案件外，其余案件均属行贿或单位行贿犯罪案件。

第二，行贿对象涉及范围广泛。行贿的对象包括国家行政机关工作人员、国有事业单位工作人员、国有企业单位工作人员等。

第三，大案比例高。20 万元以上的大案占百分百，其中 300 万元以上的特大案件 25 件 25 人，占三年来涉案民营企业家总人数的 25.8%。

第四，涉及的领域和辐射面广。所查办的民营企业家涉嫌贿赂案件中，涉及行业有工程建设、医药购销、园林绿化、运输行业等领域，其中工程建设、医药购销是民营企业家涉嫌贿赂犯罪的高发区。

第五，行贿方式多种多样。随着社会经济发展和查处犯罪力度的不断加大，民营企业家行贿的方式呈现多样化，既有送钱、送物、送卡，也有以委托理财、入股分红的方式贿送；既有直接行贿掌权者本人的，也有行贿特定关系人的；等等。

二 企业家涉贿赂案原因及对企业的影响

（一）企业家涉案原因

1. 民营企业在市场竞争中处于弱势地位

在激烈的市场竞争中，相较于国有企业，民营企业在政策扶持、项目和资金、市场准入等方面都处于弱势地位，获取市场交易机会和资源配额的能力较差，容易陷入被动的局面。当前，我国经济发展进入新常态，社会经济增速放缓，经济下行压力较大，市场资源紧张，融资贵、融资难，用工成本、原材料成本及有关税费高，民营企业特别是中小企业面临的生存发展压力增大。为在市场竞争中生存，一些民营企业家会花很大成本去建立人际关系网络和各种社会关系，通过寻租、行贿等方式，换取更好的交易机会、资源配额、生存空间、政策优惠等。

2. 民营企业内部管理机制不完善、不健全

广州市民营企业大多为家族式企业，企业家对企业有绝对控制权，企业财产和老板、股东个人财产的界限不清晰、不严格，内部没有形成成熟有效的经营治理和制衡机制，企业内部财务管理存在漏洞。虽然很多民企已经建立起比较完善的股东会、董事会、监事会和经理制度，但只是起到了形式上的作用，实际效果并不理想，企业内部监督虚化，很容易导致企业家按自己个人的想法办企业，往往滋生出许多违反法律的行为而得不到及时制止，企业也因企业家的个人行为而遭受损失。

3. 部分企业家法律风险防范意识不强

一些民营企业家法律观念淡薄，没有把行贿作为企业经营的一项重要的法律风险来认识和对待，不按规矩行事，习惯将企业资产作为个人财产随意支配，对侵占、挪用、行贿行为没有和腐败联系在一起，把行贿、洗钱、内幕交易等作为谋求企业发展的正常行为。有的民营企业只看重表面经济利益，以赚钱为头等大事，为了获取利益不择手段，甚至将金钱凌驾于法律之上，在经营过程中唯利是图、急功近利，守法意识、底线意识薄弱。

此外，随着日趋激烈市场竞争环境及企业规模的扩大，要求企业家不断革新思想、提升技术创新和管理水平、提高法律风险防控能力等，如果忽视这些问题，就会导致日后的企业发展陷入困境。为此，企业家就不得不寻求"走捷径"的办法。

（二）企业家涉案后对企业经营的影响

本次调研走访了若干家有代表性的企业家涉行贿案民营企业，其中有大型集团公司，也有仅数十名员工的小企业，由此了解到，企业家涉案后企业面临的困难也各不相同。

民营企业与国有企业不同，国有企业内部管理制度较为完善，且有国资管理部门管控，风险防控能力较强；而大部分民营企业由企业家一人撑起一个企业，企业的重要经营决策、方针都需企业家做出，合同签订、财务收支、人事任免等事务都需企业家本人签字确认。一旦企业家涉案被采取强制措施，企业经营将受到严重影响，企业可能面临工人工资不能发放、订单下滑、生产停

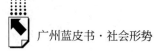

滞,面临倒闭的风险。

如某大型集团公司,企业家因涉嫌行贿某高级官员被长期羁押,只得急招在海外留学的企业家二代回国暂时接管企业。该企业内部管理制度较为健全及新生代企业家素质过硬,勉强维持了企业的正常经营。但因新生代企业家从熟悉企业业务流程、融入企业体系到真正掌控企业均需要一定时间。在此期间,有诸多不可预见的因素,通常会造成企业经营业绩下滑,也极易埋下风险隐患。又如,某化工公司,因该企业业务订单、客户维护等都是企业家一人掌控,在企业家涉贿赂案被采取强制措施后,企业订单锐减、收入减少,应收账款无法收回,而债权人却不停上门催收相关账款,导致企业经营陷入困境,不得不遣散员工,缩减业务范围。企业家被采取强制措施仅半年时间,企业员工就由原来的 50 人减少到 5 人,目前企业家家属通过卖房、举债等方式艰难维系公司生存,以期企业家重获自由后"东山再起"。此外,一些银行或金融机构得知企业家涉案后,对企业实施抽贷、压贷行为,造成企业资金紧张,生存压力大增,特别是一些负债率较高的企业,因银行抽贷直接导致资金断链,濒临破产、倒闭。

三　目前广州市有关部门维护涉案民企生产经营的主要措施

2016 年,最高人民检察院、广东省人民检察院先后出台了《最高人民检察院关于充分发挥检察职能依法保障和促进非公有制经济健康发展的意见》《广东省人民检察院关于依法保护和促进非公有制经济健康发展的实施意见》,"两个意见"的出台,明确了检察机关保障和促进非公有制经济健康发展的重要性和相关要求,为检察机关依法保护民营企业的合法权益提供了明确的操作指引,增强了民营企业家的发展预期和信心。本次调研,走访了广州市人民检察院及南沙区人民检察院,了解了贯彻落实"两个意见"的情况及在维护涉案民营企业生产经营所采取的主要措施。

(一)建立办案风险评估制度

广州市检察机关查办涉及民营企业职务犯罪线索时,在立案前,案件经办人会对案件查办是否严重影响企业正常经营进行评估，并制定应对处理预案，确保办案不影响民营企业的发展大局，防止办案的"副作用"发生。

（二）改进办案方式

一是慎重选择办案时机和方式，以柔性到案方式，降低办案对涉案企业产生的不良影响，最大限度维护企业声誉，杜绝"警笛一响，企业遭殃"的现象发生。二是慎用强制措施，慎重对企业负责人和关键岗位人员采取羁押强制措施，综合考量其犯罪情节及认罪态度，对符合条件的企业负责人及关键岗位人员采用取保候审的措施，确需逮捕的，提前与涉案企业沟通，帮助做好生产经营衔接工作。三是慎重使用搜查、扣押、冻结等措施，对一些案值不高、案情较为简单的案件，办案人员主动到涉案企业查看账册、固定相关资料和证据等。

（三）严明办案纪律

不越权办案，不插手经济纠纷，不以服务为名到涉案企业吃拿卡要，不使用涉案企业的交通通信工具和办公设备，不乱拉赞助和乱摊派，不干预涉案企业的正常生产经营活动，不干预企业合法自主的经济行为。

（四）准确把握办案界限

严格区分经济纠纷与经济犯罪的界限，个人犯罪与企业违规的界限，企业正当融资与非法集资的界限，经济活动中的不正之风与违法犯罪的界限，执行和利用国家政策谋发展中的偏差与钻改革空子实施犯罪的界限，合法的经营收入与违法犯罪所得的界限，民营企业参与国企兼并重组中涉及的经济纠纷与恶意侵占国有资产的界限。对法律政策界限不明以及罪与非罪、罪与错不清的案件要谨慎对待，防止把一般违法违纪、工作失误甚至改革创新视为犯罪，保护企业家的创新热情。

（五）创新办案制度

调研中了解到，南沙区检察院有关工作的开展走在了同行的前列，值得在全市推广，如该院率先在广东自贸区出台《关于涉自贸区适格犯罪嫌疑人暂缓起诉工作规程（试行）》，明确对涉嫌轻微刑事犯罪、对企业发展具有一定贡献，并且所在企业具有监督管理条件的企业骨干、高级管理人员等予以暂缓起诉，对决定暂缓起诉的犯罪嫌疑人进行一定期限的监督考验，经过考验期后，由专家委员会进行听证决定是否起诉。2016年来该院对21名涉嫌轻微刑事犯罪对自贸区经济建设具有重要作用的适格犯罪嫌疑人做出暂缓起诉的决定，并对其中15人做出不起诉决定，有效促进了惩治犯罪、保障人权和经济建设的三赢，防止了企业负责人、高级管理人员因涉嫌犯罪而影响企业的正常运营。该院还建立了刑事案件认罪从宽处理制度，在全部涉及民营企业负责人、高管人员的刑事案件中适用，引导犯罪嫌疑人主动认罪，运用专业软件辅助开展精准量刑工作，快速办结案件，并确保零翻供、零上诉，不少涉案的企业人员也因此获得从宽处理。

四　相关建议

（一）多部门联动，共同保障和促进民营经济健康发展

1. 部门间建立联系机制并加强合作

广州市有关职能部门、司法机关、公安机关、工商联组织应建立日常沟通、联系，定期通报情况，共同开展调研等常态化机制，及时了解全市非公有制经济最新政策和发展情况，全面把握民营企业的法律服务需求，不断增强服务的针对性和有效性。对于调研中或是办理民营企业案件中了解到的非公有制企业经营管理存在的典型性、普遍性的问题，影响民营经济运行、妨碍民营经济发展的立法不完善等方面问题，应及时互相通报，共同研究，提出相关完善意见和建议，共同为民营经济发展营造良好的法治化营商环境。

2. 加强法治宣传教育力度

部分民营企业家及相关管理人员法律意识淡薄、法律知识欠缺是其实施犯罪行为的主要原因之一，应进一步加强法治宣传教育的力度，增强法律意识，促进其健康成长。广州市工商联应牵头联合有关职能部门、司法机关、公安机关和有关商业协会等，通过赠送法治宣传刊物、制作法治宣传片、组织企业家进行法律培训和座谈等形式，定期向全市民营企业家及相关负责人开展法治宣

传教育活动，特别是对企业影响较大的刑事法律风险方面的防控教育。深入开展以"守法诚信、坚定信心"为重点的理想信念教育实践活动，引导全市非公经济人士积极践行社会主义核心价值观、积极参与构建"亲""清"政商关系，做爱国敬业、守法经营、创业创新、回报社会的典范；敦促其洁身自好、走正道，做到遵纪守法办企业、光明正大搞经营；鼓励其遇到困难或问题积极主动向各级党委和政府部门多沟通、多交流，通过正当渠道解决问题，追求企业长期可持续发展。

3. 联合开展送法进企业活动

广州市工商联组织、有关职能部门、司法机关、公安机关应进一步增强服务意识，改进服务方式，精确了解企业法律服务需求，联合开展送法进企业活动，引导民营企业增强法律意识及自我保护意识，为企业进行法律体检，排查企业可能存在的法律风险，帮助企业建立健全各项规章制度，提高企业管理水平及法律风险防控能力，促进民营经济健康发展。

4. 做好案后服务工作

建立涉案企业案后跟踪帮扶制度，定期了解涉案企业生存与发展情况，积极帮助其解决经营中遇到的困难和问题。对资金短缺但仍处于正常经营、有发展前景的负债企业，要尽快解除已查封、扣押、冻结等财产，并建议银行或金融机构应对涉案企业进行综合评估，谨慎使用抽贷、压贷等手段，保障企业生存及稳定发展。

（二）依法保障涉案企业家的民事权利

1. 提高办理涉企案件的质量和效率

贿赂犯罪从立案侦查到审查起诉通常时间较长，在此期间，涉案企业家也长期处于羁押状态，涉案企业家无法知道企业的经营情况，也无法行使其企业管理权，由此会对企业造成不良影响。刑事侦检机关立案后应尽可能地提高收集涉案企业家犯罪的事实和证据的质量和效率，缩短立案侦查、审查起诉时间，尽快判决。如案情较为简单的案件，侦检机关证据收集完毕后应该改变强制措施，以尽快恢复涉案企业家对企业的经营管理权，维持企业稳定经营。

2. 畅通涉案企业家行使民事权利的渠道

据中国的刑事司法体制及实践经验表明，无论是在立案侦查、审查起诉阶

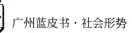

段还是在判决服刑阶段,涉案企业家的民事权利行使都极为艰难,但我国的法律并未明确规定企业家在此时不能行使民事权利。因此,司法机关、侦查机关在办理涉企刑事案件时,应正确认识和处理法律效果、社会效果和政治效果的关系,坚持"三个效果"的统一,充分支持和保障涉刑企业家合法行使民事权利。

侦查机关在立案侦查和检察机关审查起诉阶段,对犯罪嫌疑人采取强制措施的最根本目的是为了保障刑事诉讼程序的顺利进行,对于事实清晰、证据充分的案件,应该尽量减少羁押措施。若企业家涉嫌犯罪的案情复杂,收集证据难以在短时间内完成,确实不能改变强制措施的,可以在法律框架内,采用其他变通方式来代替或者代理企业家行使民事权利。根据我国相关法律规定,一旦涉刑企业家被实际收监执行所判之刑罚后,除了法定的探视会见外,一般不允许有其他任何性质的会见,为了维护其正当、合法的民事权利,应该在现有的制度框架内寻求变通的解决机制。

建议广州市司法机关、侦查机关为被羁押的涉案企业家开辟民商事会见探视的"绿色通道",如将涉案企业家民事权利交由其民事代理律师或者其他指定代理人代为行使,对案件以外的如企业经营方向、重大项目推进、重要合同签订等必须要企业家做出决策的事宜,经代理人向有关部门申请,应当允许涉案企业家与代理人在有关部门的监督下及时会面,以防止涉案企业家与代理人进行非法谋划活动,但监督部门及工作人员对于涉及会见探视的合法性内容应负有保密的义务,不得对外泄露,尤其是涉及企业商业秘密的相关事宜,切实保障涉案企业的稳定发展。

(审稿人:卢护锋)

广州市性别平等公共政策运行模式研究

段秀芳*

摘　要： 广州作为中国改革开放的前沿，在性别平等公共政策体系和运行方面，有着主动的创新实践，已经具备相对成熟完善的模式。在现有公共政策、体制框架、政策执行实践和传统性别观念的影响下，广州也存在公共政策制定的局限、社会性别意识尚未成为公共政策部门的共识、妇联开展性别平等工作的局限性、性别咨询评估机制有待进一步落实等不足之处，建议从继续推动性别平等公共政策的修订与制定、推动国家性别平等促进机构的成立、充分发挥咨询评估机构作用、重点针对党政工作人员开展社会性别培训等方面，完善广州市公共政策运行模式。

关键词： 社会性别　性别平等　公共政策　广州市

我国的公共政策，主要包括法律法规，即现行有效的法律、行政法规、司法解释、地方法规、地方规章、部门规章及其他规范性文件等。一般认为，公共政策运行过程主要包括政策制定、政策执行、政策评估、政策终结、政策监督五个方面。

一　广州市性别平等公共政策体系和运行过程

（一）广州市性别平等公共政策体系

广州市性别平等相关的公共政策体系，可以分为宪法、法律、行政法规、

＊　段秀芳，中共广州市委党校（广州行政学院）哲学与文化教研部副教授。

地方性法规、规章等。从部门法角度来看，涉及宪法相关法、民法商法、行政法、社会法、刑法、诉讼与非诉讼程序法等。这些共同组成了较为完善的性别平等公共政策体系。本文主要考察与性别平等相关度较高的公共政策。

1. 宪法

《中华人民共和国宪法》是国家的根本法，具有最高的法律效力。宪法第四十八条规定：妇女在政治、经济、文化、社会、家庭等方面，与男性享有平等的权利，凡是侵犯妇女的平等权利的行为就是违反宪法的行为。第四十八条规定明确宣示了国家负有保护妇女的权利和利益的法律责任，国家机构作为公共部门必须承担起相应的法律责任。

2. 法律

法律是中华人民共和国全国人民代表大会及其常务委员会制定的，是国家法治的基础。与性别平等相关度较高的法律有《婚姻法》《妇女权益保障法》《人口与计划生育法》《就业促进法》《反家庭暴力法》《全国人民代表大会和地方各级人民代表大会选举法》《村民委员会组织法》《教育法》《职业教育法》《继承法》《农村土地承包法》等。

3. 行政法规

行政法规是由国务院根据宪法和法律制定的，是将法律规定的相关制度具体化，是对法律的细化和补充。与性别平等相关度较高的行政法规有《婚姻登记条例》（国务院令第 387 号）、《流动人口计划生育工作条例》（国务院令第 555 号）、《女职工劳动保护特别规定》（国务院令第 619 号）等。

4. 地方性法规

根据宪法和法律，省、自治区、直辖市和较大市的人大及其常委会可以制定地方性法规。地方性法规是对法律、行政法规的细化和补充，是国家立法的延伸和完善，为国家立法积累了有益经验。与性别平等相关度较高的广东省、广州市地方性法规有《广东省实施〈中华人民共和国妇女权益保障法〉办法》《广东省实施〈中华人民共和国就业促进法〉办法》《广东省人口与计划生育条例》《广州市妇女权益保障规定》等。

5. 地方性规章

主要指广东省人民政府及广州市人民政府，在其职权范围内，为执行法律、法规，需要制定的事项或属于本行政区域的具体行政管理事项而制定的规范性文件。与性别平等相关度较高的主要地方性规章有《广东省实施〈女职工劳动保护特别规定〉办法》《广州市人口与计划生育管理办法》。

（二）广州市性别平等公共政策运行过程

公共政策的运行过程包括政策制定、政策执行、政策评估、政策监督等环节。下面从这些环节对广州市性别平等公共政策的运行过程进行研究。

1. 性别平等公共政策的制定

地方性法规、规章的立法权。根据《地方各级人民代表大会和地方各级人民政府组织法》相关规定，广东省人民代表大会及其常务委员会可以制定和颁布广东省行政区域的地方性法规，广东省人民政府可以制定广东省行政区域内的地方性规章；广州市人民代表大会及其常务委员会可以制定和颁布广州市行政区域的地方性法规，广州市人民政府可以制定广州市行政区域内的地方性规章。

广州地方性法规的制定程序。由市人大常务委员会编制地方性法规的规划和计划，由人民代表大会制定地方性法规，或者由常务委员会制定地方性法规。

广州地方性规章的制定程序。广州市人民政府于每年年初编制年度规章制定工作计划。市法制办对制定规章的立项申请进行汇总研究，拟订市政府年度规章制定工作计划报市政府批准后执行。

规章审查与审议程序。规章原则上由报请立项的部门起草。内容复杂、涉及多个部门管理事项的规章，市政府可以确定由其中一个或者几个部门具体负责起草，也可以确定由市法制办起草或者由其组织起草。市法制办对报送的规章送审稿，按照规定组织论证、协调和修改，在综合各方面意见对规章送审稿进行修改后，形成规章草案及其说明。相关资料报送市政府办公厅，提请市政府常务会议或者全体会议审议。审议通过后，经市长签署命令公布规章。

《广州市妇女权益保障规定》的立法实践创新。为更好地保障妇女权益，广州市妇联经过多年酝酿和准备，向广州市人大提出议案建议制定《广州市妇女权益保障规定》。2009 年 12 月 17 日，广州市人大行使地方立法权，严格执行地方性法规的制定程序，通过了《广州市妇女权益保障规定》（以下简称《规定》）。该《规定》的制定，在性别平等公共政策制定方面具有重

要意义，体现了立法上的实践创新，对全国范围内的地方相关立法产生了积极影响。

《规定》中明确了各级政府、相关部门的维权保障职责及相应的行政责任、法律责任，创设了妇联维权意见书制度，更加关注妇女劳动权益、健康权益和农村妇女权益的保障，赋予夫妻对共有财产的知情权和联名登记权，加强了对性骚扰问题的规定，建立了预防和制止家庭暴力的处理机制，等等，作为地方立法的大胆实践，为推动解决新形势下的妇女权益保障问题提供了法律依据。

2. 性别平等公共政策的执行

公共政策的执行是指公共政策合法化之后，将政策理想转化为政策现实、政策目标转化为政策效益的过程。我国性别平等公共政策中的大多数属于法律、行政法规范围，不属于广州市地方性法规、规章，而这些公共政策在全国范围具有效力，在广州同样存在政策执行的过程。从这个角度而言，在广州执行性别平等公共政策所投入的社会资源，要大于制定公共政策。政策执行是主要的日常工作内容。

对广州市性别平等公共政策的执行，可以从以下三个要素来考察，即资源配置、政策宣传、政策实施。

资源配置是指公共机构如立法、行政部门在公共政策执行过程中，对所投入的资源进行分配。广州市与性别平等公共政策执行密切相关的主要机构和团体有广州市妇女儿童工作委员会、广州市人力资源和社会保障局、广州市卫生和计划生育委员会、广州市公安局、广州市中级人民法院、广州市妇女联合会。

公共政策宣传贯穿于公共政策运行的全过程，从公共政策的立项、制定、出台，到具体实施、评估反馈等，都需要公共政策宣传发挥作用。随着社会发展，公共政策宣传的渠道和方式更加多样，有立法机构和相关部门公开发布的，有相关部门组织系统内部进行宣讲活动，有面向社会公众的论坛宣传活动，有大众媒体的广泛报道，有互联网媒介的迅速传播，有宣传资料的印制发放，等等。

相关机构和人员在政策实施中发挥着关键作用。在性别平等公共政策的实施中，广州各相关部门和团体付出了艰苦努力，取得了丰硕的成绩。广州市法律援助处、广州市中级人民法院、广州市妇女联合会是其中的突出代表，均曾先后荣获"全国维护妇女儿童权益先进集体"等荣誉称号。

3. 公共政策评估

目前，广州市性别平等公共政策评估已建立起市人大常委会立法后评估机制、广州市法规政策性别平等咨询评估机制。

（1）广州市人大常委会立法后评估机制。立法后评估是指评估实施单位根据立法目的，结合经济社会发展要求和上位法制定、修改、废止等情况，按照规定的标准和程序，对广州市现行地方性法规的立法质量、实施效果进行评价的活动。《广州市人大常委会立法后评估办法》规定，市人大常委会法制工委为组织实施立法后评估的综合工作部门，法规的组织实施部门参与立法后评估工作。地方性法规施行五年应当进行一次评估。

2015年，广州市人大决定对2010年6月1日起施行的《广州市妇女权益保障规定》进行立法后评估。人大常委会法制工委拟定了评估方案，成立评估组和专家组。评估组由部分常委会组成人员、立法顾问、市人大代表和常委会相关工作机构的工作人员组成；专家组由常委会部分立法顾问、立法咨询专家和其他专家学者组成。2016年3月29日，广州市第十四届人民代表大会常务委员会举行第五十次会议，审议了《规定》法规评估情况报告。《规定》评估评分为88.94分，在同期开展评估的三部法规中得分最高。

（2）广州市法规政策性别平等咨询评估机制。2016年3月8日，广州市妇女联合会、广州市人民政府法制办联合发布《关于建立广州市法规政策性别平等咨询评估机制的实施意见》（穗妇〔2016〕1号）（以下简称《意见》），建立了广州性别平等咨询工作制度，标志着广州市政府正式将社会性别主流化以制度形式进行了规范。该《意见》正式提出，建立包含性别平等咨询评估委员会、评估专家组的组织机构，参与涉及妇女权益的法规政策的调研、论证、起草等工作，参与相关法规政策执行情况的专题督查和监测评估，参与有关性别平等主流化的宣传、培训、研讨和交流等活动，关注并促进将社会性别平等纳入决策主流，增强全社会的性别平等意识，为促进性别平等营造良好的法治环境和社会氛围。

2016年6月2日，广州市妇联与市政府法制办联合召开广州市性别平等咨询评估委员会第一次全体成员会议。市妇联、市人大法制工委、内司委、市政府法制办、市检察院、市公安局、市人社局、市卫计委等咨询评估委员会成员单位，以及咨询评估专家组成员共 30 多人参加了会议。会后，即召开专家组评估会议，对《广州市人口与计划生育管理办法（修订送审稿）》（以下简称《管理办法》）进行性别平等评估。会议标志着广州市将性别平等意识贯穿于政府决策、管理和服务当中，已经迈向了制度化。

4. 公共政策监督

目前，广州市性别平等公共政策监督，主要有市人大常委会执法检查制度，市、区妇女儿童工作委员会督促制度，妇女联合会维权意见书制度。

（1）广州市人大常委会执法检查制度。执法检查是指对法律法规实施情况的检查，是《各级人民代表大会常务委员会监督法》赋予各级人大常委会的职责。各级人民代表大会常务委员会每年选择若干关系改革发展稳定大局和群众切身利益、社会普遍关注的重大问题，有计划地对有关法律、法规实施情况组织执法检查。

2015 年，广州市人大常委会组织开展了《广州市妇女权益保障规定》实施情况的监督检查，对《规定》五年来的实施情况进行较全面的了解。执法检查结束后，撰写了《关于检查我市实施〈广州市妇女权益保障规定〉情况的报告》。广州市人民政府根据人大常委会的审议意见，提出了《广州市人民政府关于〈广州市妇女权益保障规定〉审议意见研究处理情况的报告》，并通过了人大常委会的审核。

（2）广州市、区妇女儿童工作委员会督促制度。作为广州市政府管理妇女儿童事务的协调议事机构，组织、协调、指导、督促政府有关部门和各区（市）政府执行保障妇女儿童权益的相关法律法规和政策措施，是广州市妇女儿童工作委员会的一项基本职能。《广州市妇女权益保障规定》进一步对妇女儿童工作委员会的督促职能进行了细化，妇女儿童工作委员会的督促权通过地方性法规得到确定，并且对国家机关及其工作人员的失职行为，可以进行追责。

（3）妇女联合会维权意见书制度。妇女联合会维权意见书制度是广州市性别平等公共政策的一项创新性举措。妇联是妇女的群众组织，代表、维护妇女权益，被形象地称作广大妇女的"娘家人"。《妇女权益保障法》赋予了妇联组织代表、维护妇女权益的法律责任。为了将妇联的法律责任更好地落实，

2010 年《广州妇女权益保障规定》创立了维权意见书制度。维权意见书制度明确了妇联对相关单位部门进行监督的形式、流程、期限，有力地促进了妇女权益保护在个案中也能得到落实。广州妇联维权意见书制度是全国首创，得到各方的高度认可，并逐步被全国多个地方学习借鉴，纳入各地妇女权益保障规定的条款中。

二　广州市性别平等公共政策运行模式的不足

广州市性别平等公共政策的运行模式已经较为成熟、完善，在政策制定、实施上均取得了令人瞩目的成绩。但在现有公共政策、体制框架、政策执行实践和传统性别观念的影响下，性别平等的公共政策运行仍然存在较明显的不足，在很大程度上制约着性别平等的实现。

（一）公共政策制定方面存在较大局限

1. 性别平等政策有待具体化

在国家一级的公共政策层面，即立法法层面，已经制定了一套以男女平等为核心的准则，但是在一般政策进入具体政策时，却呈现出弱化的倾向。性别平等的政策更多地体现在某一政策领域的一般政策中，较少体现在可操作性的具体政策中。更多的立法是倡导性、宣言式的条文，缺乏更多程序性、反歧视性、可操作性的条例。从宪法到法律，都宣称男女平等、保障妇女权益，但到了具体实践案例中，操作程序如何？如何划分权责？社会资源如何整合？等等，都缺乏明确的规定。性别平等立法的范围愈来愈涉及过去的法律政策不予干涉过问的领域，一些性别政策出现明显缺席。

2. 公共政策之间的相互隔绝

性别平等是近年来逐渐进入立法视野之中的。大量已有的公共政策制定之初，缺乏性别平等视角，往往是以性别中性政策形式出现的。性别中性政策的制定者尚未自觉地意识到整体格局中各个利益群体的"差异"，乃至男女两性的"差异"，将男女两性假定为"无差别"群体，政策可以无差别地对待。性别中性政策既不需要采取任何纠正性别偏见的措施，也不需要有意无意地强化性别差异，不需要考虑政策对于男女两性产生什么影响。在与妇女密切相关的公共政策领域，具有较强的性别敏感，对性别平等问题高度关注。例如《婚姻法》《促进就业法》中有关男女平等的条款，还有《妇女权益保障法》专门法律的出台，等等。但在经济、文化、教育、农业等领域的一般政策，基本上都是性别中性政策。这就导致在公共政策的横向结构中，妇女法规政策与其他领域的法规政策几乎是隔绝的。妇女领域的公共政策也没有渠道转化为其他领域中的公共政策，从而导致政策的分离。而这些领域中隐含着的性别歧视被放任，得不到有效关注和干预。

公共政策隔离的一个案例就是"全面二孩"政策。政策的出台，经过相关部门、学界的反复论证，但在性别平等视角上的关注和重视还不够。2017年3月4日举行的新闻发布会上，十二届全国人大一次会议副秘书长、发言人傅莹表示，"全面二孩"政策实施一年，总的效果是好的，但在实行过程中也出现一些新的问题，包括女性就业歧视。"生二孩"会让女性把更多的时间、精力投入在生育、抚养、教育孩子上，用人单位的人力效率降低，用人成本提高。这些变化使得原本就存在的女性就业歧视问题进一步突出。未婚未育年轻女性的就业更加困难，职业女性因为生育严重影响其职业成长，失去发展机会。

3. 地方性法规的有限性

（1）地方性法规的有限性表现为立法权的有限性。《广州市妇女权益保障规定》第二十三条撰写草案时，就征求了金融部门的意见，是否可以夫妻一方凭证件查询对方名下的存款、证券账户。得到的答复是因为《商业银行法》《证券法》等法律法规规定必须保护客户信息，所以无法给予配合。因为地方性法规不得与法律、行政法规相抵触，即使把查询存款、证券财产写入法条，也无法操作，就只能等到进入离婚诉讼时，由法院依法调查存款、证券财产情况。掌握男方财产状况的周期大为加长，对妇女权益的保护效果也会大打折扣。

（2）地方性法规的有限性表现为行政区域的有限性。地方性法规只能在本行政区域生效，对其他行政区域不具备法律效力。《广州市妇女权益保障规定》第二十三条面临这一情况。如果夫妻一方的公司注册地、房产登记、机动车注册都在外地，外地不受广州本地法规的制约，这些财产也就无法查询。地方性法规生效范围的限制，使得法规的实施效果不容乐观。

（二）社会性别意识尚未成为公共政策部门的共识

受经济社会发展水平和历史文化等因素影响，性别平等的任务依然繁重而艰巨。在和公共政策的制定、执行密切相关的部门、人员中，社会性别意识尚未成为共识。

目前我国《宪法》《地方各级人民代表大会和地方各级人民政府组织法》《村民委员会组织法》《婚姻法》《继承法》《妇女权益保障法》《婚姻登记条例》等法律和行政性法规中，都是按照传统沿用"男女平等"。"性别平等"的说法仅在5部地方性法规中有提及，并且都没有明确的定义。只有当"性别平等"进入全国性的公共政策条款之时，才能表明社会性别意识真正成为共识。

为了解广州市党政机关工作人员对性别平等与公共政策评估的了解和看法，2017年7月，广州市性别平等公共政策运行模式研究课题组面向广州市党政机关（包括党委、人大、政府、政协、法院、检察院以及工会、共青团、妇联）工作人员发布了网络调查问卷。共有260位党政机关工作人员参加了此次调查。调查结果表明，广州公共政策部门的社会性别意识还有待进一步加强。

1. 党政机关工作人员对性别平等观念认识有待提高

有超过九成的党政机关工作人员对性别平等观念有所了解。近九成认为"社会上仍存在性别歧视"，七成五认为"虽然存在性别歧视，但并不严重"。但是在面对关于社会性别的具体观点时，暴露了对性别平等观念的认识不足。"男女的社会差异主要是生物差别导致的"这一观点是传统性别观念的最经典、最貌似合理的观点。而在社会性别理论中，最为核心的与传统针锋相对的观点就是：男女的社会差异是社会性别制度导致的。对这一明显的根本性的错误观点有近五成的党政机关工作人员表示赞同，充分表明他们尚未接受性别平等观念，或者说对性别平等观念并没有准确的认识。

2. 男性党政机关工作人员受传统性别观念影响较深

在有关性别平等的问题上，男性都表现出了对性别歧视较低的敏感度，以及受传统性别观念影响较深的状况。认为"男女地位很平等"的男性比例要远高于女性，认为"女性地位低于男性"的男性比例要远低于女性，认为"仍存在严重的性别歧视"的男性比例远低于女性，认为"不存在性别歧视"的男性比例高于女性，在存在性别歧视的部分社会领域的看法上，男性比例甚

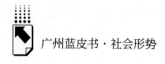

至比女性比例相差 30 个左右百分点。对传统性别观念的认同度上，男性也要远高于女性。

3. 社会性别平等相关培训亟须加强

调查显示，近九成党政机关工作人员从未参加过社会性别平等的培训。加上之前的对性别平等观念的错误认识、男性对性别歧视的敏感度低等情况，亟须加强对党政机关工作人员的社会性别平等培训。

（三）妇女联合会开展性别平等工作的局限性

多年以来，妇女联合会在推进性别平等、保障妇女合法权益方面承担了大量的工作，在涉及妇女的公共政策制定、实施等方面当仁不让地成为妇女的代言人。因此，在新的性别平等机制建立的时候，妇女联合会顺理成章地成为最主要的推动者、实施者。但从性别平等本身的内涵和性别发展长远需要来看，妇联作为推进性别平等的主要机构已经体现出日益明显的局限性。

1. 性别平等不仅是女性的平等，更是两性的平等

妇联作为女性的群众组织，代表着女性，向男性、向社会开展宣传和行动，容易让人形成误解。误解之一是认为性别平等只是女性要争取平等，只是女性单向维度的行动，缺乏两性共同参与的准确认识和强烈意愿。误解之二是把性别平等简单地看成女性要改造男性、女性要颠覆现存的社会政治、经济、文化、心理结构，容易引发两性之间的情绪对立。社会性别主流化、性别平等公共政策由超脱两性二元对立的部门、机构或团体来推进，更加符合性别平等的内涵要求，实施效果会更加有效。

2. 社会性别主流化不仅是妇联的责任，更是国家的责任

在目前公共政策部门比较缺乏社会性别意识、对性别平等认识不足的情况下，所有的性别平等工作放在妇联，将导致性别平等机制持续被边缘化。与性别平等相关的工作往往最终被边缘化或者根本排除在公共政策制定的议题之外。

社会性别主流化的责任主体，首先是政府。各级政府应当承担起社会性别主流化的责任。从性别平等观点来看，将妇女工作和儿童工作放在同一机构是不合适的。一是妇女是享有充分政治权利、民事权利的成年人，这是实现性别平等、维护妇女权益的基本前提。儿童由于其身心发育特点，不享有政治权

利，是无民事行为能力人或限制民事行为能力人。对儿童的保护是对弱者的保护。将妇女和儿童工作放在一起，容易引起"妇女和儿童一样都是弱者、因此需要特别保护"的错误认知。二是在传统性别分工和父权家庭制度下，女性的性别角色往往与家庭内部生活相关。在家里要承担家务、照顾孩子，职业也常定位于与照顾人、照顾孩子相关的工作，对女性的社会评价也局限在家庭领域。将妇女和儿童工作放在同一机构，无形中强化了这一错误印象。

3. 性别平等需要国家扮演更加积极的角色

性别平等涉及社会的各个领域，性别平等公共政策运行更涵盖了政策议题选定、调研、撰写、审议、执行、监督、评估的多个方面。在中国特色政治体制下，妇女联合会被赋予了很多职责，可以负责起草与妇女相关的地方性法规草案，但其性质仍然是群众组织。妇联不具备人大的立法、监督权限，也不具备政府部门的行政管理和行政执法权限，在权威性上仍然不及政府部门。在政治体制架构中，妇联始终处于边缘位置。长期将性别平等相关工作放在妇联承担，降低了性别平等的权威性，制约了公共政策实施的效果。妇联日常工作种类繁多，人员编制有限，性别平等工作主要由妇联权益部承担是不能承受之重。在性别平等上，国家应该扮演更加积极的角色，设置更具权威的专门机构，投入更多的行政资源。

（四）性别咨询评估机制有待进一步落实

广州市法规政策平等咨询评估机制已经正式建立，咨询评估委员会和咨询评估专家组等机构也已开始开展咨询评估工作。但目前看来仍存在以下不足。

1. 咨询评估活动开展较少

由于地方性法规、规章立法较少，目前仅开展过对《广州市人口与计划生育管理条例》修订的咨询工作。对已经实施的地方性法规、规章和规范性文件的评估工作暂时尚未全面启动。

2. 咨询评估需要更多实践

目前咨询评估活动侧重在咨询，完整的评估实践尚未开展。除了活动开展较少外，缺乏评估实践经验，以及缺少评估标准也是重要原因。

3. 参与性别平等主流化的宣传、培训、研讨活动较少

对性别平等的宣传、培训、研讨是妇联的主要工作内容之一，日常工作中

都在坚持开展。但以性别平等咨询评估机构名义开展的活动较少，导致在政府部门中缺乏影响力，在社会公众中也缺乏知名度。根据广州市性别平等公共政策运行模式研究课题组调查问卷结果显示，绝大多数（九成左右）的党政机关工作人员对性别平等咨询评估以及广州市法规政策性别平等咨询机制并不了解。

三 进一步完善广州市性别平等公共政策 运行模式的相关建议

（一）继续推动性别平等公共政策的修订与制定

广州市性别平等公共政策体系已经比较成熟与完善，建议在以下方面有可以进一步深入的空间。

1. 持续开展法规政策的性别平等咨询评估

按照性别平等咨询评估机制的要求，开展对已经列入立法计划的，涉及妇女权益的地方性法规、规章草案和规范性文件送审稿是否遵循男女平等基本国策和保护妇女权益进行评估；对已经实施的地方性法规、规章和规范性文件进行评估，并对其中存在性别歧视或妇女权益保障不力的条款提出修改和修订意见。鉴于地方性法规、规章的立法次数较少，在实际工作中，应尽可能地落实将规范性文件纳入咨询评估范围。对已经出台实施的规范性文件应制订计划，按照计划进度确认是否需要开展咨询评估、对评估对象及时组织启动咨询评估流程，及时提出修改和修订意见。

2. 研究制定广州市性别平等评估的具体流程、标准

将性别平等评估规范化，并且具有现实的可操作性。该流程与标准既可以用来规范咨询评估机构的评估活动，也可以供公共政策部门在政策制定、执行、评估、监督的过程中，作为参考，对照标准从社会性别视角审视自己的政策和工作，有助于提高社会性别意识，改善和提高政策制定和实施水平，促进性别平等。部分地区的做法提供了很好的借鉴和参考。例如，2002 年，香港妇女事务委员会参考外国经验和本地情况，设计了性别主流化检视清单。检视清单分为设计、实施、监察、评估和检讨、一般事项五个部分，共设计了 31 个问题。问题涉及性别统计、性别平等咨询、两性的独特需要、资源分配、对

妇女的影响、推动消除对妇女的歧视、公众教育和宣传、文字的性别敏感度、监察、评估、成效、报告、未来计划、人员的性别意识等多个方面。政府人员对这些问题选择"是/否/不适用",以及填入"其他"内容。2015 年,香港行政长官采纳香港妇女事务委员会的建议,要求所有政策局及部门,自 2015/2016 年度开始,在制定主要政府政策及措施时,必须参考性别主流化检视清单,并应用于性别主流化。2015 年,北京市妇儿工委下设的北京市政策法规性别平等评估委员会制定了《政策法规性别平等评估工作指南(试行)》,就性别平等评估工作的概念、评估主体,评估对象和评估标准、评估方法和实施方式、评估结果等进行了规范。

3. 推动消除公共政策之间的隔离状态

对于公共政策隔离的情况,地方公共政策部门应充分开展调查研究和咨询,掌握可信的数据、资料,从社会性别角度提出合理的观点,形成关于法律、行政性法规、替补和规范性文件修改、修订的意见和建议。在确实有地方需要,而法律和行政法规又尚未制定相关的规定,地方应该行使立法权,同时应当注重地方立法的合法性,避免与上位法相冲突。例如,对"全面二孩"政策放开后带来的女性就业歧视问题,有学者建议可通过政府承担生育保险、提高生育津贴、男女双方产假陪产假共享等方式,缓解因女性生育给企业造成人手紧张、人力成本上升的压力,同时鼓励男性承担育儿责任。有些就是属于地方立法权限之内可以解决的,应该予以考虑。

4. 推动性别平等专门立法

随着社会上对性别平等日益重视,在公共政策运行中也得到了相应的体现。2016 年 3 月 1 日《反家庭暴力法》实施,得到基层各相关部门的高度肯定,反家庭暴力工作终于有法可依。《反家庭暴力法》在一定程度上起到了教育和警醒施暴者的作用,部分过去的施暴者学习该法后,放弃了暴力行为。公共政策的制定与实施,既是对社会关系和秩序的规范,也是一种宣示与引领。

目前看来,就性别平等进行专门立法的时机已经逐渐成熟。在当前的公共政策体系中,已有不少性别平等的相关政策出台,各地都已在政策实施中,积累了较丰富的做法和经验。借助互联网发展,公民的权利意识普遍得到提高,维权意识高涨。广大女性对性别平等的呼声也越来越高。公共政策部门对性别平等进行专门立法,明确性别平等、性别歧视的概念,明确性别歧视是违法行为，明确对性别歧视的处罚，将极大地推动性别平等观念的普及。性别平等的专门立法，意味着将性别平等上升到法律高度，将使性别平等成为主流意识形态的一部分，将成为我国性别平等事业的发展走向新阶段的标志性事件。

地方就性别平等或其他领域的平等权进行专门立法，在我国仍然是创新的举动，国家层面的立法之路将更加漫长。这里既有立法技术上的诸多关键要解决，更有从观念到行动的障碍。建议广州市能开展相关调研，推动立法进程，为性别平等事业再上新台阶贡献宝贵的一分力量。

（二）推动国家性别平等促进机构的成立

国家设立促进性别平等的专门机构，可以充分体现国家对性别平等的重视，赋予性别平等工作更高的权威性，更加专业地促进社会的性别平等。

以香港为例。1996 年，香港政府依照《性别歧视条例》第 63（1）条规定设立了公营机构香港平等机会委员会，负责执行《性别歧视条例》《残疾歧视条例》《家庭岗位歧视条例》《种族歧视条例》。平等机会委员会受香港政府资助，主席、委员由行政长官任命，但在运作上独立于政府，在管理、预算上享有自主权。2017/2018 财政年度，香港政府对平等机会委员会的补助预算为1.16 亿港元。香港公营机构性质类似于内地的事业单位，由香港特别行政区政府出资成立和营运，负责特定公共服务或政府认为需要较多社会人士参与的工作。2001 年 1 月，香港特别行政区政府为响应联合国第四次妇女大会的呼吁，成立了香港妇女事务委员会。委员会主席由香港特区行政长官委任。2017/2018 财政年度，香港政府对劳工及福利局妇女权益项（含支援妇女事务委员会）预算为 3530 万港元。香港妇女事务委员会的性质类似于大陆的妇儿工委，职能上接近妇联有关职能，"办公室"设在香港政府劳工及福利局。

2013 年 1 月 1 日，《深圳经济特区性别平等促进条例》（以下简称《条例》）开始实施。《条例》第六条规定："本条例由市性别平等促进工作机构负责组织实施。具体机构编制事项由市机构编制部门另行确定。"但直到目前，深圳也没有成立一个新的性别平等促进工作机构，而是由深圳市妇儿工委办公室推动贯彻落实这个《条例》。深圳的状况表明，新的性别平等专门机构的成立仍然需要深入研究和论证。是否有必要成立新的机构促进性别平等或各类机会平等？如果成立新的机构，性质是政府部门还是事业单位？其职能如何定位？该机构和妇儿工委、妇联、其他政府部门的关系如何界定？如果不成立新的机构，是否可以对妇儿工委的职能和机构设置进行调整，增设促进性别平等的部门，从协调议事机构转变为实体化运作？或者在现有的政府部门里如法制办或司法局等增设促进性别平等的部门？这种种问题都需要时间和智慧来解答。

（三）充分发挥咨询评估机构作用，打造性别平等第一力量

1. 咨询评估机构成为广州市推进性别平等第一力量的有利条件

（1）机构资源的唯一性。在现阶段，"性别平等"入法乃至立法，暂时未能实现，成立促进性别平等的专门机构，也还有很长的路要走。广州市法规政策性别平等咨询评估机构成为广州市唯一的由政府下文设立的以"性别平等"为名、以社会性别主流化为单一职责的机构。从这个角度来看，这个机构的设立可谓是促进性别平等的最为宝贵的资源。

（2）权威性与专业性资源的结合。性别平等咨询评估机构形成了各公共政策部门的联席机制，集中了各公共政策部门实施专家、法律实操专家和理论研究专家，拥有广泛的资源平台和强大的资源优势，具有权威性和专业性相结合的特点。

（3）工作的灵活性。性别平等咨询评估机构不是政府部门，能够比较灵活地开展工作，可以大胆创新甚至试错。广州市法规政策性别平等咨询评估委员会和广州市法规政策性别平等咨询评估专家组，两块牌子可以根据工作需要灵活使用。既可以分别单独使用，也可以联合使用，还可以和各公共政策部门、妇联、妇儿工委搭配使用。例如，正式的咨询评估意见，可以使用评估委员会的名义发表。有些政府部门或者妇联不便于发表的意见，可以以评估专家组的名义发表。利用评估专家组的名义，也可以与社会各界进行广泛接触，成为官方和民间沟通的纽带。

（4）工作的前瞻性和延续性。性别平等咨询评估机构在工作中所积累的宝贵实践经验，一定能够为将来的性别平等立法，以及促进性别平等的门机构的成立，发挥良好的桥梁和铺垫作用。

2. 准实体化运作，咨询评估机构真正发挥促进性别平等的重要作用

根据机制设定，评估委员会办公室设在妇联权益部。咨询评估机构要想更好地开展工作，非常重要的是保证资源投入，尤其是人力投入，必须做到专人

专岗。妇联权益部本身工作任务重，人手有限，很难再留出人来专人专岗。建议以购买社会服务或者课题项目委托的方式，选择社会团体、如律师协会，或者社工组织，配备专人专岗，由妇联权益部统一管理，将评估委员会办公室以准实体化方式开展日常工作。可以学习借鉴促进性别平等的专门机构的运作方式，结合妇联的相关工作内容，确立机构的职责，制订明晰的工作目标、策略和计划，并进行工作考评。提前制定合理预算，保证资金及时到位，加强财务管理和审计，规范科学地执行预算。

3. 努力扩大影响，将咨询评估机构打造成广州市性别平等的品牌

充分发挥咨询评估机构的专业性优势，利用传统媒体如报纸专栏、互联网、微博、微信公众号等平台，结合理论研究和实际案例，尤其是要主动介入、利用好舆论热点、焦点话题，积极开展法律法规的宣传，传播社会性别理论，引导公众反思传统的社会性别制度，理解与接受性别平等的观念。例如，前段时间广州、深圳两地地铁在客流高峰期设立"女性专用车厢"引起广泛的争议。多数媒体和专家从社会性别角度对此举持明确的批评意见。在妇联不便表态的时候，可以组织评估专家组成员来发表文章参与讨论，表达专业意见，引导有关部门和公众选择更恰当的方式预防和控制公共场所的性骚扰行为。将咨询评估机构打造成广州市性别平等的品牌，帮助全社会增强性别平等意识。

（四）重点针对党政工作人员开展社会性别培训

调查结果显示，近九成的党政工作人员没有接受过社会性别培训。这一数据令人惊诧。党政工作人员与公共政策制定、实施、监督、评估密切相关。必须重点针对他们开展社会性别培训，建立性别平等意识，培养性别敏感。建议对直接参与咨询评估机构工作的政府部门领导开展社会性别培训。作为亲身直接影响公共政策的政府精英人士，深入理解社会性别理论，自觉自愿地宣传性别平等、投身性别平等促进工作，是一份光荣的责任。建议将社会性别培训纳入党政工作人员培训计划的必选课程。如政府公务员初任培训，党校中青班、处长班、局级班、短期班等培训，各单位自主开展的培训活动，等等。

（审稿人：卢护锋）

B.21
积极探索法定机构试点
推动南沙自贸区创新发展

宋伟江*

摘　要：　本报告研究分析了法定机构的产生、内涵和特点，梳理了香港、上海、青岛以及深圳、佛山法定机构的建设情况，对设立法定机构的经验做法及存在的问题进行了总结，在积极吸收借鉴外地立法经验的基础上，结合广州市与法定机构相关规章制定情况，明确了广州市推动法定机构试点的具体路径选择。

关键词：　广州　法定机构　自贸区

　　法定机构试点是国家和广东省赋予广州市的一项重要改革任务，是新形势下推动体制机制创新的重大改革事项，对于推动政府职能转变，提升公共服务的效率和品质，实现南沙自贸区创新发展具有重要作用。《民法总则》规定法定机构为机关法人，确立了法定机构的法律地位。香港、上海、青岛和深圳、佛山等地都探索设立了法定机构，为广州市建立法定机构提供了实践经验。

一　法定机构的产生和特点

（一）法定机构的产生

　　法定机构（Statutory Board）在不同的国家和地区有不同的名称，在英国

＊　宋伟江，法学硕士，广州市人民政府法制办公室主任科员，研究方向为民商法和行政法。

被称为执行机构,在美国被称为独立机构,在日本被称为独立行政法人。[①] 法定机构的出现与西方20世纪70年代"新公共管理"运动的兴起有密切关系,"新公共管理"运动特别强调"公共服务组织的分散化、对公共管理人员实行任期与激励",法定机构应运而生,负责承担政府转移的部分经济和社会管理职能。[②] 我国对法定机构的研究和关注较晚,2007年深圳法定机构试点开始,法定机构开始逐渐走入公众视野,各地也陆续进入法定机构的实践探索阶段。法定机构在一定程度上类似于现实中的事业单位,但是它的重要性和所发挥的作用已经远远超过了事业单位。

(二)法定机构的内涵和特点

根据广东省机构编制委员会办公室《关于在部分省属事业单位和广州、深圳、珠海市开展法定机构试点工作指导意见》以及《上海市国民经济和社会发展第十三个五年规划》《青岛市人民代表大会常务委员会关于青岛国际邮轮港开展法定机构试点工作的决定》《浦东新区人民代表大会常务委员会关于促进和保障陆家嘴金融城体制改革的决定》的相关规定,可以将法定机构定义概括为:是根据特定的立法而设立,专门承担相关公共管理、公共服务职能,它不属于行政机关(机构),但是具有独立法人地位,它是一种特殊的公共机构。总体来说,这类机构具有以下几个特点。

1. 法定性

法定机构是依据特定的立法而设立,从实际来看包括地方性法规、地方政府规章、规范性文件等多种形式,法定机构的设立、变更或撤销,以及职责、治理模式、经费来源、监督机制等都由相关立法明确规定。

2. 独立性

法定机构不列入行政机关序列,在特定立法的规定框架下,从专业和客观的角度履行法定职能,其内部运作、用人制度、薪酬制度等都具有相对的独立性和自主性,具有独立的法人资格,独立履行职责,独立承担责任。

3. 灵活性

传统的行政管理体制缺乏灵活性,法定机构由于规模小、人员少、职能单

---

① 陈水生:《国外法定机构管理模式比较研究》,《学术界》2014年第10期。
② 林梦笑:《法定机构研究述评》,《石家庄经济学院学报》2016年第5期。

一，因此在管理架构、运作模式、用人机制、薪酬制度等方面具有较大的空间，灵活性强，可以及时根据市场和发展情况进行调整。

4. 专业性

法定机构设立的目的就是为了更好地承担政府在履行经济社会事务方面的职能，承担的职能清晰且较为单一，这些职能一般都具有较强的专业性，更有利于法定机构独立发挥专业作用。

二　香港、上海、青岛等地法定机构建设的基本情况

（一）香港法定机构建设情况

新中国成立后，香港成为中国内地与外界经济联系的中介和桥梁。20 世纪 50 年代，一些带市场监管性质的公营机构如空运牌照局、辐射管理局等成立。20 世纪 60 年代以后，一些与政府促进经济发展职能有关的机构纷纷成立，例如香港工业总会、香港贸易发展局、香港出口信用保险局、香港生产力促进局等。① 香港法定机构的产生与发展，是受到全球范围内新公共管理运动的影响，旨在适应政府职能不断扩张的新形势，探索用法定机构承担部分政府职能，提高政府运作效率，扩大社会管理公共参与度。② 法定机构组织管理模式在香港实行多年，运作状况良好，据有关统计，目前香港有法定机构超过350 个，它们承接了香港政府的相当一部分职能，为香港社会做出了应有的贡献。③

（二）上海法定机构建设情况

2016 年 6 月，浦东新区人大常委会根据《上海市人大常务委员会关于促进和保障浦东新区综合配套改革试点工作的决定》，出台了《关于促进和保障

---

① 汪永成：《香港特区法定机构发展的历程、动因与启示》，《湖南社会科学》2012 年第 5 期。
② 孙文彬：《香港法定机构的运作、监管及启示》，《港澳研究》2016 年第 1 期。
③ 张楠迪扬：《香港法定机构再审视：以内地政府职能转移为视角》，《港澳研究》2016 年第 2 期。

陆家嘴金融城体制改革的决定》，明确构建"业界共治＋法定机构"的公共治理架构，由浦东新区政府和业界共同发起设立的陆家嘴金融城理事会通过业界共治的模式整合各方力量，合力推动金融城的改革和发展。

陆家嘴金融城发展局（依法登记为上海陆家嘴金融城发展局有限公司）作为金融城法定的管理服务机构，通过企业化、专业化运作，提升推进金融城发展的能力和效率。陆家嘴金融城发展局是实行企业化运作但不以营利为目的、履行相应公共管理和服务职能的法定机构。① 陆家嘴金融城发展局的成立，标志着陆家嘴金融城的管理部门正式由政府机构转变为企业。

在浦东新区政府领导下，陆家嘴金融城发展局实行局长负责制，建立市场化的用人机制、市场化的薪酬体系，大力吸引国内外高端人才，提升金融城治理和发展水平；其经费主要来自浦东新区政府购买服务经费、自身的资产收益、自身经营收入等。其主要职责是制定和实施金融城发展规划、推动经济发展和投资促进，推动各类总部机构集聚，鼓励各类要素市场创新等。

（三）青岛法定机构建设情况

1. 青岛蓝色硅谷核心区管理局的基本情况

根据《青岛市人民代表大会常务委员会关于青岛蓝色硅谷核心区开展法定机构试点工作的决定》，2015 年 11 月 11 日制定出台《青岛蓝色硅谷核心区管理暂行办法》，设立青岛蓝色硅谷核心区管理局（以下简称蓝谷管理局）。法定机构组建后，两次向青岛蓝色硅谷核心区放权，权力重点集中在规划、建设、投资等相关领域。

青岛蓝谷管理局的最高决策机构是理事会，主要负责研究确定发展战略规划，决定蓝谷管理局的重大事项等。理事会设主席，由市政府分管负责人担任，理事会成员由市政府相关部门、属地政府、重点科研机构和企业的主要负责人等组成。蓝谷管理局是依法设立，专门承担公共管理和公共服务职能，实行企业化管理（非营利），具有独立法人资格的法定机构，负责核心区的开发建设、运营管理、招商引资、制度创新、综合协调等相关工作。蓝谷管理局对

---

① 参见浦东新区人民代表大会常务委员会《关于促进和保障陆家嘴金融城体制改革的决定》（2016 年 6 月 21 日浦东新区第五届人民代表大会常务委员会第三十四次会议通过）。

蓝谷理事会负责。①

2.青岛国际邮轮港管理局的基本情况

根据 2016 年 8 月 31 日《青岛市人民代表大会常务委员会关于青岛国际邮轮港开展法定机构试点工作的决定》，青岛国际邮轮港管理局旨在通过核心项目引领，实现规划、建设、产业等方面的跨越式发展。通过发挥法定机构的作用，推动功能区内部的机制创新，通过市场方式和力量，提高管理和服务效能。国际邮轮港管理局的主要职责是承担开发建设、运营管理、招商引资、制度创新、综合协调等相关工作。

国际邮轮港管理局的具体职责是，通过授权或委托的方式，承担区域范围内的规划建设、土地管理、交通物流、金融服务、投资贸易、文化旅游、海洋管理等，市人民政府可以根据开发、建设、管理的实际情况，具体确定其职责范围。除此之外，国际邮轮港管理局不再承担其他职责，并且明确将港区内的土地使用、房屋征收、治安管理、市容环境、消防管理、社会保障、环境保护等社会管理职责由属地政府及市政府相关部门按职责分工负责。②

三 广东深圳、佛山等地法定机构建设的基本情况

（一）深圳法定机构建设情况

1.基本概况

2007 年，深圳市在借鉴中国香港和新加坡法定机构经验的基础上开始推行法定机构的试点。深圳市《关于事业单位体制机制改革创新七项专项改革方案的通知》（深办发〔2007〕17 号）中的一项改革方案是《关于推行法定机构试点的意见》，明确提出推动政府职能转变，创新政府提供公共服务的方式和手段，推行法定机构试点。之后，深圳制定《深圳经济特区前海深港现

---

① 参见青岛市人民政府《青岛蓝色硅谷核心区管理暂行办法》（青岛市人民政府令第 241 号，2015 年 11 月 11 日经市十五届人民政府第 89 次常务会议审议通过，自 2016 年 2 月 1 日施行）。

② 参见青岛市人民代表大会常务委员会《关于青岛国际邮轮港开展法定机构试点工作的决定》（2016 年 8 月 31 日青岛市第十五届人大常委会第三十七次会议通过）。

代服务业合作区条例》《深圳市前海深港现代服务业合作区管理局暂行办法》《深圳国际仲裁院管理规定（试行）》等，正式成立了多个法定机构。

2. 前海管理局的基本情况

前海管理局是我国成立最早的法定机构，于2011年1月在深圳成立。前海管理局实行企业化管理，但不以营利为目的，它享有完整的区域管理权限（主要指经济管理权限，享有非金融领域的副省级城市管理权限），具体职责是负责区域内的开发建设、运营管理、招商引资、制度创新、综合协调等，不再承担其他的社会管理职责，区域范围内的环境保护、人力资源管理、市容环境、治安管理、消防管理、安全生产监管等职能及相关职责由属地政府或者市政府有关部门按照有关职责权限进行管理。①

前海管理局实行企业化管理，坚持市场化用人制度，享有较为独立的用人自主权，可以在市政府确定的授薪人员员额、领导职数及薪酬总额范围内，自主决定管理局内部的机构和岗位设置，自主决定人员聘用和相关薪酬标准，高级管理人员还可以从中国香港或者国外专业人士中选聘。② 目前前海管理局局长由深圳市政府任命，具有公务员身份，而其他人员均为自行聘用，实现了市场化的用人制度。

同时，前海管理局具有相对独立的财政管理权，但是并未实现完全自收自支，其预算纳入市级财政年度预算。在薪酬管理方面，前海管理局也拥有很大的自主权，可以在市政府确定的薪酬总额内，按照目标导向，按照奖惩结合，充分发挥绩效考核与激励机制的积极作用。

（二）佛山法定机构建设情况

根据《中共顺德区委关于开展法定机构试点的工作意见》和《佛山市顺德区法定机构管理规定》，出台《佛山市顺德区社会创新中心管理规定》《佛山市顺德区文化艺术发展中心管理规定》《佛山市顺德区人才发展服务中心管

---

① 参见深圳市人民政府《深圳市前海深港现代服务业合作区管理局暂行办法》（2011年9月5日深圳市人民政府令第232号公布，自2011年10月8日起施行）。

② 参见深圳市人民代表大会常务委员会《深圳经济特区前海深港现代服务业合作区条例》（2011年6月27日深圳市第五届人民代表大会常务委员会第九次会议通过，自公布之日起施行）。

理规定》《佛山市顺德区产业服务创新中心管理规定》《佛山市顺德区城市更新发展中心管理规定》，相继成立了顺德区文化艺术发展中心、顺德区社会创新中心、顺德区人才发展服务中心等5家法定机构。

与深圳不同的是，佛山市顺德区的法定机构都属于新设机构，每家法定机构都以特定的规范性文件为设立依据。在职责设置方面，都以提供公共服务和提供专有技术服务为主，并不涉及具体的公共事务管理职能。从治理模式上讲，一般都采用理事会作为法定机构的决策和监督机构，理事均为兼职、不领取报酬，主要以社会知名人士、企业家等组成。主要收入也是以政府财政拨款和市场化收入相结合，除佛山市顺德区社会创新中心基本实现市场化运作，以市场化收入为主之外，其他法定机构还主要是以财政拨款为主。

四　上海、青岛、深圳、佛山法定机构建设的经验做法和存在问题

（一）法定机构建设的主要经验

法定机构最重要的特点是用"法"来规范，实现企业化管理、市场化运作，像前海、南沙、横琴等新开发的地区，适合用法定机构的模式，有助于实现政府职能、管理模式的创新与转变。从目前法定机构建设情况来看，法定机构的运作取得了一定成效，如实现了政府职能的转变，推动公共服务体系的完善等，也积累了一些宝贵的经验。

1. "一机构一立法"

法定机构与专门立法一一对应，是立法的产物。每一个法定机构都有相应的地方性法规、政府规章或规范性文件作为其设立、运作的法定依据。设立法定机构有两种方式，一是"先有立法，再有机构"，如深圳前海管理局、佛山顺德区产业服务创新中心、青岛蓝色硅谷核心区管理局等；二是"先有机构，再有立法"，如深圳市规划国土发展研究中心，其相应的管理办法还未正式出台，事业单位改制成法定机构一般也是采用这种方式。

2. 决策与执行分开

治理模式上实现决策与执行分开，体现了"党管干部"和"社会治理"

相结合的原则。法定机构内部治理模式主要有两个层面：一是决策层，即理事会或者决策委员会作为法定机构的决策组织，负责决定法定机构的发展规划和重大事项等，具体权限、组成人员在法规或规章中明确规定。二是执行层，即管理层具体负责日常工作，对决策层负责，定期向理事会或决策委员会汇报法定机构的运行情况。在实际运作中，政府政策（主管）部门一般通过委派理事会或决策委员会成员参与法定机构的决策，或者委任法定机构管理层的负责人来监管法定机构的运营。执行层的其他工作人员，则由法定机构自主向社会公开招聘，保证社会力量的参与。

3. 灵活的用人机制和薪酬制度

法定机构实行市场化的用人制度，享有高度的用人自主权，可根据实际工作需要设置人员岗位，设定人员聘用条件等用人标准。如前海管理局高级管理人员可以从中国香港或者国外专业人士中选聘，法定机构是管理层与中国港澳地区及国外专业人士合作沟通的平台。在薪酬制度方面，法定机构在政府政策（主管）部门确定的薪酬总额内，可以自行决定薪酬待遇的具体分配方案，并且根据实际情况灵活调整，相对于行政机关、事业单位具有很强的灵活性优势。

4. 经费来源多元化，过渡期以财政拨款为主

法定机构的经费来源形式多样，主要是财政拨款、政府购买服务和市场化收入等，目前全国各地做法各不相同，但是基本都是坚持经费来源的多元化，法定机构成立之后的过渡期是以财政拨款形式维持运作。例如，深圳前海管理局的经费来源是以财政拨款为主，顺德区社会创新中心的经费来源中有相当的比例来自政府购买服务。

5. 明确界定与政府政策（主管）部门的关系

法定机构设立的初衷就是将政府部门的部分权力下放给社会，实现政府部分决策职能和执行职能的分散化，借此提高公共管理和公共服务的水平和效率。例如，深圳、佛山的法定机构在实际运行中，法定机构主要负责从政府承接过来的执行职能，提高公共管理和服务的水平和效率。政府有关决策（主管）部门负责制定发展规划和决策，监督法定机构履行相关职责情况。

（二）法定机构建设存在的问题

法定机构的建设虽然取得了一定的成效，但是也存在一些问题，如立法本

身的问题、与政府关系界定不够清晰、职责划分不清、监督机制不完善、绩效评估困难等。

1. 立法本身的问题

法定机构最大的特点是"机构法定""一机构一立法"。新设法定机构应当严格按照"先有立法，再有机构"的原则。"先有机构"运作之后，"再有立法"就难以打破机构的利益藩篱，难以形成规范化的运作和有效的监督。但是，"先有立法，再有机构"的设立方式，存在立法成本高，程序复杂，耗时过长，总体进展缓慢等障碍，在一定程度上影响了改革发展的进程。同时，法定机构依法设立，依什么"法"才能设立，对没有地方立法权的城市而言，存在立法障碍。例如，佛山顺德区人大没有地方立法权，只能以区人大颁布规范性文件的形式设立法定机构。

2. 法定机构与政府的关系、职责划分问题

立法是法定机构有效运作的前提和基础，立法应当对法定机构的职责范围和履职区域予以明确规定，这不仅有利于增强法定机构的独立性和自主性，也有利于进一步推动政府职能转变，促使政府管理职能与法定机构运作功能分开。法定机构的专门立法，容易出现操作性不强、立法效力层级低、立法执行力低的问题，最终导致法定机构非"法定"，法定机构与政府关系不清、职责难以划分等问题的出现。因此，要加强立法的实际约束力和保证立法的可操作性，切实保障规章出台后的执行力。同时，还要做好政府有关部门对法定机构的委托或授权工作。法定机构在以后的运作过程中，承接过来的某些管理职能是属于政府有关主管部门的法定职权，需要通过委托或授权的方式，使法定机构获得相应的管理职能，这些职能也应当以权责清单的形式向社会公开。

3. 薪酬体制等并未充分市场化

法定机构实行企业化、市场化的用人制度，享有独立的用人自主权，在薪酬制度设计上，坚持总量控制基础上的相对市场化，一般都要求人员数量必须在事先确定的授薪人员员额范围内，领导职数和薪酬总额不得超过事先确定的范围，在此基础之上，法定机构可以拥有一定的自主权，主要是指法定机构可以自主决定内部机构和岗位设置、具体人员的聘用金额、薪酬标准等，可以自主制定有关的薪酬管理制度、绩效考核制度、人员招聘制度、岗位竞聘（聘用）制度等。但是，在实际运作过程中，法定机构的薪酬体制并不能实现充

分的市场化，不能与市场充分接轨，法定机构的薪酬在人力资源市场上不具有竞争优势。如前海管理局经过多面的发展，而薪酬体制并没有充分市场化，许多人从公务员转型而来，薪酬体制仍和公务员较为相似，招聘人员的薪酬与当地企业薪酬水平也有差距，市场化薪酬体制对法定机构用人制度的正面激励作用尚未有效发挥。

4.绩效评估困难

法定机构既不属于行政机关，也不属于企业，法定机构介于政府和企业之间，兼具两者的特点，因此不能完全照搬政府或者企业的绩效评估方式。但是，目前仍未探索形成一套行之有效的法定机构绩效评估制度。在实际操作中，法定机构的绩效评估表现为政绩考核。法定机构是政府公共管理和服务责任的分担者，研究制定一套科学合理的绩效评估体系，才能充分激发法定机构的活力，发挥法定机构专业高效的优势。

5.监督机制不完善

法定机构既有部分公共事务管理职能，也具有一定的经营职能，客观上也有追求一定经济效益的内在动力。监督宽松会导致监督形同虚设。监管过于严格，又会抑制法定机构运作积极性，达不到去行政化的效果。因此，必须建立一套与法定机构职能相适应、适合法定机构运作特点的监督管理体系。法定机构的经费绝大部分来源于财政拨款，法定机构理当接受来自政府政策（主管）部门的监督。法定机构也要完善内部监督制度，特别是财务、人事、薪酬等方面，要将具体执行情况向政府政策（主管）部门汇报并向社会公开。

五　广州市推进法定机构试点的具体路径选择

法定机构是一个新生事物，广州市要认真学习借鉴外地立法经验，积极探索法定机构试点，在职责设定、管理架构、治理模式、监督机制等方面进行大胆创新，努力探索形成符合广州市实际、具有明显"广州特色"、可复制可借鉴的"广州经验"。2017年7月17日，广州市政府常务会议讨论通过了《广州市南沙新区明珠湾开发建设管理局设立和运行规定》和《广州市南沙新区产业园区开发建设管理局设立和运行规定》，对机构的法律地位、职责、治理模式、财务管理、人力资源和薪酬管理、监督机制和问责免责等做出规定，为深化南沙自贸区改革创新奠定了制度基础。

（一）坚持"一机构一规章"，奠定法定机构的制度基础

根据《中国（广东）自由贸易试验区总体方案》和《中国（广东）自由贸易试验区条例》关于"探索设立法定机构"的要求，为广州市探索法定机构试点指明了目标和方向。广州市按照"一机构一规章"和"先立法后机构"的原则，结合南沙新区实际情况，以市政府名义制定出台《广州市南沙新区明珠湾开发建设管理局设立和运行规定》和《广州市南沙新区产业园区开发建设管理局设立和运行规定》，通过政府规章的形式设立明珠湾管理局和产业园管理局两个法定机构，解决了法定机构设立的法律依据问题，规章还对法定机构的运行规则进行规定，为法定机构的运作、发展奠定了制度基础。

（二）明确法定机构性质、地位和发展目标

法定机构是依据政府规章设立，是实行企业化管理、不以营利为目的、具有独立法人地位的公共机构，从成立之日起具有法人资格。新通过的《民法总则》第九十七条规定法定机构为机关法人，也从法律上确立了法定机构的法律主体地位。[①] 法定机构能够以自己的名义，独立履行法定职责，独立承担法律责任。为保证法定机构的专业性和高效性，广州市按照"职责法定"的原则，明确法定机构只承担特定的公共事务管理和公共服务职能，要求制定职责清单并向社会公布。两个法定机构的定位和发展目标是不同的，其中明珠湾管理局目标是建设粤港澳合作核心区和国际高端产业综合服务中心，打造与国际接轨的营商环境；产业园管理局目标是建设以生产性服务业为主导的现代产业体系，营造有利于经济发展的良好环境。

（三）科学界定法定机构的职责权限

明珠湾管理局履职区域为明珠湾起步区（约33平方公里），其中包含了

[①]　参见《中华人民共和国民法总则》第九十七条：有独立经费的机关和承担行政职能的法定机构从成立之日起，具有机关法人资格，可以从事为履行职能所需要的民事活动。

南沙自贸区明珠湾起步区区块（约9平方公里）。产业园管理局履职区域范围为南沙自贸区的其他六个区块（约51平方公里）。由于明珠湾管理局履职区域主要为未开发地块，因此其职责重点是开发建设以及日后的运营管理等，主要包括区内规划和土地管理、建设管理、投资计划管理、运营管理和投融资管理等。而产业园管理局履职区域为已开发地块，因此它的职责重点是园区服务和产业发展等，主要包括园区规划、产业发展、园区招商、园区服务、运营管理和对外合作等。

（四）明确法定机构的治理模式

法定机构设立了决策委员会和管理层。决策委员会由南沙自贸区管委会领导、管理局局长和南沙区政府有关部门主要负责人共9人组成，行使重大事项的决策权和监督权。条件成熟后，决策委员会可以引入相关领域专家、知名企业家等外部成员。管理层由局长和副局长组成，负责执行决策委员会决定和内部管理工作。南沙自贸区管委会对于人事、薪酬等特别重大事项具有最终决策权。同时，法定机构可以设立咨询委员会，聘请国内外知名人士、专家学者、企业家为委员。决策委员会可以设立发展规划、财务管理、人事薪酬、监察审计等专门委员会，为决策提供专业性意见和建议，保证决策的科学性和可行性。

（五）明确法定机构的资金来源

法定机构不以营利为目的，资金来源实行财政拨款和合法合理的市场化收入相结合的方式。设立初期主要以财政拨款为主，年度财务预算纳入广州南沙区财政年度预算。未来的目标是根据法定机构日后的发展情况，逐步实现法定机构全部资金来源的市场化。法定机构可以依法设立企业，从事土地开发、基础设施建设、公共服务配套设施运营、项目投资等业务，企业上缴的所得收益也是法定机构的资金来源。

（六）明确人力资源和薪酬管理制度

为充分发挥市场在人力资源配置中的决定性作用，集聚更好的人才资源，明确法定机构实行以市场化为主、多种用人方式并存的用人机制。为保证法定机构成立初期的正常运转，明确机关事业单位工作人员可以按照规定到法定机构交流任职。聘用工作人员签订劳动合同，依法缴纳"五险一金"，实行年金管理制度。为了充分发挥人事薪酬制度的正向激励效应，营造干事创业的良好环境，明确法定机构按照精简、高效、竞争择优等原则，建立科学的人事薪酬制度，法定机构还可以按照具体履职情况以及市场薪酬水平变化情况，动态调整有关工作人员的具体薪酬标准。

（七）明确监督制约机制和法律责任

建立自我约束、设置合规的内部监督机制和外部监督机制，主要体现在以下几个方面。一是南沙自贸区管委会和南沙区人民政府有关部门依职能负责对产业园管理局绩效、人力资源管理、薪酬分配、岗位设置、预算执行、财务收支、经济责任等情况实行监督。二是应当建立精干高效、自我约束的内部监督机制，建立风险防控、审计和廉洁监督制度。三是建立信息公开制度，依法向社会公开政务信息，接受社会的监督。四是如果法定机构不履行职责或者不正确履行职责，要依照有关规定对负有领导责任和直接责任的人员进行问责；有关工作人员不履行职责或者不正确履行职责的，虽然不能问责，但是可以依照其他的有关规定或者合同约定追究相关责任；情节严重，涉嫌犯罪的，应当移送司法机关依法处理。

（八）设立容错免责条款支持体制机制创新

为了进一步营造支持改革、鼓励创新、允许试错的良好环境，鼓励法定机构工作人员敢于改革创新、多干实事，《广州市南沙新区明珠湾开发建设管理局设立和运行规定》和《广州市南沙新区产业园区开发建设管理局设立和运行规定》依据《中国（广东）自由贸易试验区条例》第四条和《广州市南沙新区条例》第七十三条规定设立了容错免责条款，明确规定进行改革创新未能实现预期目标，但符合国家确定的改革方向，决策程序符合法律、法规、规章规定，勤勉尽责，且未牟取私利或者未恶意串通损害公共利益的，对单位和个人不作负面评价，免于追究相关责任。

法定机构是一个新生事物，定位是否准确、设定职责是否合理、能否高效运行、能否实现预期的目标，都需要时间的检验。对此要及时分析研究、发现

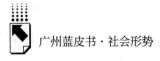

问题、总结经验，尽快探索形成一系列适应南沙当地实际、具有明显广州特色、可复制可借鉴的广州经验，助力广州建设国际航运中心、物流中心、贸易中心、现代金融服务体系和国家创新中心城市，推动国家重要中心城市建设全面上水平。

（审稿人：卢护锋）

参考文献

陈水生：《国外法定机构管理模式比较研究》，《学术界》2014 年第 10 期。

林梦笑：《法定机构研究述评》，《石家庄经济学院学报》2016 年第 5 期。

汪永成：《香港特区法定机构发展的历程、动因与启示》，《湖南社会科学》2012 年第 5 期。

孙文彬：《香港法定机构的运作、监管及启示》，《港澳研究》2016 年第 1 期。

张楠迪扬：《香港法定机构再审视：以内地政府职能转移为视角》，《港澳研究》2016 年第 2 期。

社会调查篇

Social Investigation

B.22

广州市人口结构特点简析

曾　琼[*]

摘　要： 广州市人口结构呈现流动人口增长迅速，劳动年龄人口减少、老龄化加深、老城区人口高度密集等特点。需积极解决好出生人口配套、人口老龄化、外来人口服务等问题，促进人口与经济社会协调发展。

关键词： 人口结构　人口红利　人口性别比

人是经济和社会发展的基石，满足人的需求是经济和社会发展的最终目的。我国经济社会发展进入"新常态"，分析广州市人口结构特点和人口结构发展趋势，对广州经济和社会发展具有重要意义。

＊ 曾琼，广州市统计局人口处。

一 人口总量情况：常住人口超1400万人

2016年末，广州市常住人口达1404.35万人，比上年增长4.0%，增速比上年提高0.8个百分点（见表1）。增量和增速是近年来最高的一年。

表1 2011~2016年广州市常住人口增长情况

单位：万人，%

年份	数量	比上年增加	比上年增长
2011	1275.14	4.18	0.3
2012	1283.89	8.75	0.7
2013	1292.68	8.79	0.7
2014	1308.05	15.37	1.2
2015	1350.11	42.06	3.2
2016	1404.35	54.24	4.0

数据来源：广州市统计局。

2016年，广州市常住人口出生率10.58‰，自然增长率6.56‰，分别比2015年提高1.36个和0.50个千分点。反映了"全面二孩"政策正式开始实施后，出生人口开始增加，同时近年来广州经济保持较快增长，就业环境较好，房价在几个一线城市中又处于相对低位，城市整体竞争力提升，对外来人口的吸引力继续增强。

二 人口结构特点

（一）户籍结构：户籍人口缓慢增长，流动人口增速加快

1. 户籍人口缓慢增长

公安部门户籍登记资料显示，2016年末，广州市户籍总人口为870.49万人，同比增长1.9%，增量扩大，增速加快（见表2）。

表2 2011~2016年广州市户籍人口变化情况

单位：万人，%

年份	数量	比上年增加	比上年增长
2011	814.58	8.44	1.0
2012	822.30	7.72	0.9
2013	832.31	10.01	1.2
2014	842.42	10.11	1.2
2015	854.19	11.77	1.4
2016	870.49	16.30	1.9

数据来源：广州市公安局。

2. 流动人口增长迅速

近年来，广州通过"以居住证为载体，以积分制为办法"，推进积分制入户、入学等基础公共服务，增强了来穗人员主动登记的积极性，全市流动人口纳管率明显提高。来穗人员服务管理部门统计显示，2016年末，全市纳入登记的流动人口达888.97万人，比上年增加了94.95万人，同比增长12.0%，实现两位数增长，增速比上年提高3个百分点（见表3）。其中，连续居住半年以上的有629.60万人，占来穗人员总数的70.8%，占比较上年提高了16.3个百分点。说明来穗流动人员的稳定性增强，更愿意留在广州就业生活。

表3 2011~2016年广州市流动人口数量

单位：万人，%

年份	数量	比上年增加	比上年增长
2011	659.25	-28.77	-4.2
2012	647.82	-11.43	-1.7
2013	686.68	38.86	6.0
2014	728.19	41.51	6.0
2015	794.02	65.83	9.0
2016	888.97	94.95	12.0

数据来源：广州市来穗人员服务管理局。

（二）年龄结构：少儿和老年人口增加，劳动年龄人口减少

1. 人口结构老龄化程度加深

2016年，广州市户籍人口中0~14岁少儿、15~64岁劳动年龄人口和65

岁及以上老年人口所占比重分别为 15.3%、72.8% 和 11.9%，少儿和老年人口比重分别比上年提高 0.7 个和 0.3 个百分点，劳动人口比重下降 1 个百分点。按国际通用年龄结构标准衡量，2016 年，广州市 65 岁及以上户籍老年人口所占比重比老龄化社会国际标准（7%）高 4.9 个百分点，全市户籍人口年龄结构处于"老年型"阶段（见表4），且老龄化程度继续加深。

表4　广州市人口年龄结构类型与变化

单位：%

类　别	国际通常使用的人口年龄结构类型判别标准			2014 年	2015 年	2016 年
	年轻型	成年型	老年型			
少年儿童人口比例	>40	30 ~ 40	<30	13.9	14.6	15.3
老年人口比例	<4	4 ~ 7	>7	11.3	11.6	11.9
老少比	<15	15 ~ 30	>30	81.3	79.5	77.8

2."人口红利"开始迈入中后期

从人口的抚养系数来看，2016 年末，在广州全市户籍人口中，少儿抚养比（0 ~ 14 岁少儿与 15 ~ 64 岁劳动年龄人口之比）为 21.0%，老年人口抚养比为 16.3%，总抚养比为 37.3%。分别比上年上升了 1.2 个、0.6 个和 1.8 个百分点，呈总负担系数上升，劳动年龄人口减少的趋势。但广州市人口总负担系数仍低于 50%，人口结构呈现"两头低、中间高"的橄榄状特征，说明劳动力供给充足，社会负担较轻，广州市处于劳动年龄人口的"黄金"时期，也就是"人口红利"时期。但近年来的统计数据也显示，广州市人口的总抚养系数在逐年上升，劳动年龄人口在逐年减少，社会负担在加重，即使有外来流动劳动人口的补充，也将开始迈入"人口红利"的中后期，可能会对全市经济产生较大影响。

（三）性别结构：总人口性别比合理，但低龄人口和适婚人口性别比偏差较大

1.户籍人口性别比持续下降

2016 年末，全市户籍人口中，男性占 50.2%，女性占 49.8%，总人口性别比（以女性为 100）为 100.66，处于整体均衡的状态。近年来，广州市户籍人口性别比呈逐年下降的趋势，随着老龄化程度加深，由于老年人口女性化的态势，户籍人口性别比将继续下降。而广州市外来流动人口则性别比较高，2016 年高达 132，2015 年全国 1% 人口抽样调查数据显示，广州市常住人口性别比 105.08，处于正常范围。

人口性别比变化规律揭示，人口性别比随年龄上升而不断下降，在婴儿和青少年段，性别比大于 100，在中年段两性基本平衡，在老年段性别比小于100。这主要是由各年龄段男性人口死亡率高于女性而造成的。广州市户籍人口性别比基本符合该规律。总体变化规律为：28 岁及以下户籍人口男多于女，29 ~ 48 岁女多于男，49 ~ 57 岁男多于女，58 岁及以上女多于男。

2. 低年龄人口性别比偏高

2016 年末，广州市户籍人口中，不满一岁的人口性别比为 115.99，远高于出生人口性别比 102 ~ 107 的范围。出生人口性别比失调情况突出。而 0 ~ 14 岁少年儿童组的性别比更高达 116.82，说明一些家庭仍受重男轻女等传统观念影响，男性出生人口偏好明显，从而影响自然生育规律，造成低年龄人口性别比偏高的现象。

3. 适婚人口性别比存在偏差

广州市户籍人口性别比表现为，29 岁及以下户籍人口男多于女，30 ~ 49 岁女多于男。其中 22 ~ 28 岁户籍男性人口比女性多 1.74 万人，30 ~ 35 岁户籍女性人口比男性多 2.13 万人。由于受传统婚配模式年龄"男大女小"的影响，会在一定程度上造成 28 岁以下男青年婚姻挤压和 29 岁以上大龄单身女性婚配难的问题，从而出现"剩男""剩女"等一些值得关注的社会现象。

（四）素质结构：教育程度稳步提高，流动人口学历偏低

1. 文化素质不断提高

2015 年 1% 人口抽样调查数据显示，广州市 6 岁及以上人口的平均受教育年限为 11 年，比 2010 年的 10.30 年，提高 0.7 年；比 1982 年的 7.28 年，提高 3.72 年。6 岁及以上人口中大专以上文化程度的占比为 25.1%，说明每 4 个人中就有一个大学生，人口文化程度的不断提高，说明了广州教育投入不断加大，高等教育不断普及，有利于广州市人口质量的提升。

2. 流动人口学历偏低

来穗人员服务管理局的数据显示，2017 年，广州流动人口中大专以上文化程度人数为 118.31 万人，占比为 12.5%（其中大专 79.24 万人，本科 36.70 万人，研究生 2.37 万人），高中学历占比为 35.7%，初中学历占比为 37.7%，小学及其他占比为 14.1%。流动人口整体学历层次以初中和高中为主（达到 73.4%）。在大专以上高学历人口中，本科和研究生所占比重较低。流动人口文化素质有待提升。

3. 人口健康水平较高

人口的健康素质是人口质量的一个重要方面。广州人口健康水平领先全国平均水平。2015 年，广州市平均预期寿命为 81.72 岁，远高于全国水平的 76.3 岁；广州孕产妇死亡率为 4.42/10 万人，远低于全国水平的 20.1/10 万人；广州 5 岁及以下儿童死亡率为 3.82‰，远低于全国水平 10.7‰。良好的人口健康状况是人民幸福感、获得感、安全感的基础，也是广州社会经济发展的重要基础。

（五）分布结构：老城区人口密集，北部山区地广人稀

1. 人口不均衡

从 2016 年广州市的人口分区情况看，白云区常住人口总量最多，达到 244.19 万人，为全市第一人口大区。海珠区、天河区和番禺区，人口总量十分接近，分别为 163.79 万人、163.10 万人和 164.11 万人。常住人口规模在全市居末两位的是南沙和从化区，分别为 68.74 万人和 63.53 万人（见表5）。

2. 人口密度呈梯队变化

广州市各区的人口密度分布呈现明显的三级梯度。其中，越秀、荔湾、海珠、天河 4 个核心城区为第一阶梯，人口密度均在每平方公里 15000 人以上。这 4 个区以占全市 3.8% 的土地面积聚集全市 38.1% 的常住人口，其占广州市总人口的比例是其面积比例的 10 倍，人口压力较大。其中人口最密集的为越秀区，人口密度达到了每平方公里 34352 人。老城区人口高度密集。

居第二梯队的是白云、番禺和黄埔 3 区，人口密度急剧下降为每平方公里 2000～4000 人。居第三梯队的是花都、南沙、增城、从化 4 区，人口密度在每平方公里 1000 人左右甚至更低。由于北部山区面积广阔，人口密度呈地广人稀的态势。增城、从化两个区的人口密度分别仅为每平方公里 709 人和 322 人。

表5　2016年广州市分区常住人口密度

区域		常住人口（万人）	比重（%）	行政面积（平方公里）	人口密度（人/平方公里）
广州市		1404.40	100	7434.40	1889
核心区域	合计	535.50	38.1	279.63	19150
	荔湾区	92.50	6.6	59.10	15651
	越秀区	116.11	8.3	33.80	34352
	海珠区	163.79	11.7	90.40	18118
	天河区	163.10	11.6	96.33	16931
外围区域	合计	868.85	61.9	7154.77	1214
	白云区	244.19	17.4	795.79	3069
	黄埔区	108.26	7.7	484.17	2236
	番禺区	164.11	11.7	529.94	3097
	花都区	105.49	7.5	970.04	1087
	南沙区	68.74	4.9	783.86	877
	从化区	63.53	4.5	1974.5	322
	增城区	114.53	8.2	1616.47	709

3. 人口密度分布的不均衡与城镇化水平差异存在相关性

2016年末，广州市城镇化率为86.06%。其中，4个核心区越秀、荔湾、海珠、天河城镇化率为100%（见表6），其人口密度也高。而7个外围区尚处于城镇化水平不断提高的进程中，其人口密度也与4个老城区相对差距较大。当然，人口密度分布还受到区域功能定位的不同、经济发展的不平衡、地理因素等多种因素的影响。

表6　2016年广州分区城镇人口比重情况

单位：万人，%

区域	城镇人口	城镇人口比重	区域	城镇人口	城镇人口比重
广州市	1208.58	86.06	黄埔区	99.14	91.58
荔湾区	92.50	100	番禺区	145.22	88.49
越秀区	116.11	100	花都区	70.95	67.26
海珠区	163.79	100	南沙区	49.82	72.47
天河区	163.10	100	从化区	28.47	44.81
白云区	197.13	80.73	增城区	82.35	71.90

三　人口发展需要解决的问题

人口发展关系到全面协调和可持续发展。要实现广州市人口数量与经济社会相协调、与资源环境相适应，就要推动人口管理与社会管理均衡发展，人口结构与公共服务均衡优化，人口素质与产业发展均衡提升，人口分布与区域发展均衡布局。针对全市人口结构的特点和人口发展的新情况，目前亟须解决以下几个问题：

（一）"全面二孩"配套优先化

自2016年"全面二孩"政策正式实施，由于以往生育堆积的释放，预计在今后几年，广州将形成一个集中生育的小高峰。目前，广州市出现了妇幼保健机构偏少、产妇床位紧张、建档难、产科医生和助产士缺乏等现象。针对未来几年出生人口的明显增长态势，需要优先做好婴幼儿医疗保健、学前教育等公共服务资源配置。

第一，优先配置妇幼保健、托幼、学前和中小学教育等公共服务资源。加大妇幼保健服务供给，合理规划产科、儿科、教育等资源。

第二，积极探索解决群众生养子女面临的突出问题，比如推进小学弹性离校，学校为学生提供延时照顾服务，建设社区幼儿托管点等。

第三，进一步健全完善税收、社会保障、住房、就业等政策，保障女性的就业权益。进一步完善延长产假、设立陪产假等制度。构建生育友好的社会环境，鼓励群众按政策生育，构建家庭发展支持体系。

（二）积极面对人口老龄化

人口老龄化是目前人类社会发展的自然规律。广州户籍人口老龄化程度不断加深，需要积极面对加以解决，提高养老服务水平，统筹协调老龄事业健康发展，同时要加大对外来人才的引进力度，以有效缓解老龄化问题。

第一，健全完善养老保障制度。以基本养老保险为重点，加快城乡居民全覆盖，逐步提高基本养老和基本医疗保障标准。

第二，加快改革养老服务体系。实行家庭养老与社会养老相结合，大力发展居家养老服务，支持社会力量发展养老服务业，建立以居家为基础、社区为依托、机构为补充、医养结合的养老服务体系。

第三，积极发展老龄产业。把老龄产业作为经济社会发展的一个重要增长点，积极引导和鼓励社会力量投资老龄产业，引导和鼓励社会力量投资开发适应老年人需求的食品、医疗器械、保健、旅游、休闲、娱乐等老龄产业，促进老龄产业快速健康发展。

第四，加大对外来人才的引进力度。积极引入外来人才是国外发达国家解决人口老龄化问题的有效途径。当前我国各大城市都在采取积极措施，放宽人才落户，大力引入人才，以解决人口老龄化问题，提升城市竞争力。广州也要加大人才引进的力度，大力吸引高校毕业生、留学归国人员等各类人才。要用更好的资源配置和服务品质吸引人才，并留住人才，从而有效调整广州人口年龄结构，推动广州经济持续良好发展。

（三）推动公共服务均等化

大量的外来人口一方面对广州的社会管理和公共服务造成了压力，另一方面为广州提供了丰富的劳动力资源。广州市外来人口中劳动年龄人口占90%以上，是广州市人口红利能够持续的重要原因。

广州要积极推动外来人口的市民化，社会管理体制要逐步从以户籍人口为主向常住人口全覆盖转变，并逐步健全完善公共服务体系，统筹兼顾户籍和非户籍人口的权益。

来穗人员融合发展是广州这座依靠人口红利发展起来的城市必须着手解决的问题。要稳步有序全面地推动来穗人员在人文关怀、思想认同、心理悦纳、政治参与、乐业奉献等领域的全方位社会融合。

（四）促进人口分布均衡化

合理的人口布局可以增加城市的人口容纳能力，为城市发展注入更多活力。目前广州人口的区域分布极不平衡，老城区人口密度过高，给自然生态、公共服务和社会管理带来较大压力。而新城区承接中心区人口疏散功能不足，迫切需要引导人口合理分布。

第一，通过完善的公共服务引导人口分流。加强新城区基础设施建设，均

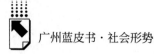

衡优质教育、医疗、养老和文化资源配置。同时，积极引进商业、服务业进驻新城区。

第二，增强新城区对产业的吸引力。新城区要积极承接中心区产业转移所带动的人口同步转移。使新城区发展和产业支撑、就业转移、人口聚集有机融合。

第三，建立与城市空间布局相匹配的人口区域分布机制。统筹和优化全市区域空间资源，着力引导中心城区人口向新城区流动。加快广州中心城区与新城区的快捷交通体系建设。广州市从中心城区到最南端的南沙和最北端的从化要一个半小时，不利于人口的通勤。广州的地理形状需要快速交通，外围城区要大力发展轨道交通、高速公路。

（审稿人：彭诗升）

B.23
广州青年人口跨区域流动研究

谢素军　谢碧霞*

摘　要： 青年人口流动彰显了一座城市的竞争力和吸引力，跨区域流动青年人口是城市人口流动群体的一个特殊组成部分，该群体越来越庞大，每年呈几何级数增长，主要从中心城区流向郊区、周边城市和城中村，且大多数学历为本科以上，文化素质较高，在跨区域流动过程中他们压力很大，但不能短时间内缓解，随之带来了一系列社会问题和自身的心理问题，这些问题的积累很可能在达到临界点的一刻爆发。分析这些问题主要从市场、政策和文化三个维度着手，解决或缓解这些问题同样需要从市场引导、政策制定、文化营造和心理引导四个方面进行探索。

关键词： 青年人口流动　逆向回归　广州

人口流动能够从一个侧面反映一座城市经济、社会、生态、文化发展的动态，能够折射一座城市内在的生命力和发展趋势。而青年人口作为最具活力的群体，它的流动方向、态势、规模一方面是城市竞争力和吸引力的体现，另一方面反过来对城市发展的方方面面造成巨大的冲击。截至 2016 年初，广州常住人口 1350.11 万人，其中户籍人口 854.19 万人，城镇人口比重为 85.53%，青年人口比重约 15.2%，达到 205 万人的基数。① 而另一组数据则更为惊人，

---

* 谢素军，广州市穗港澳青少年研究所副主任；谢碧霞，广州市穗港澳青少年研究所讲师。
① 广州年鉴编纂委员会：《广州年鉴·广州（2016）》，广州年鉴社，2016，第 125 页。

从市来穗人员服务管理局查询，广州市流动人口将近1000万，而流动人口中八成以上是年轻人。①

基于广州的调研实际，可以发现一个非常有趣而严峻的现象，庞大的青年人口跨区域流动，给城市本身造成巨大压力的同时，也正在以推倒多米诺骨牌之势将青年人推到城市发展红利之外。这种非正常流动的原因在哪里，它又会带来什么深层次的问题，如何给年轻人一颗走下去的心？是一个值得分析讨论的课题。

一 研究方法：基本概念和路径选择

（一）三个概念：青年人口、跨区域流动、逆向回归

人口是一个内容复杂、综合多种社会关系的社会实体。而关于青年人口的定义，最为广泛的是联合国规定为17~24岁之间的青年群体，我国国家统计局一般采用将14~34岁这一年龄区间的人作为青年人，值得注意的是港澳台地区普遍认同青年人口为10~24岁。而各类青年联合会则认为青年人口为18~40岁。鉴于本研究组主要是针对已参加工作的青年人流动现象进行分析，主要从《劳动法》相关依据出发，将青年人口定义为18~35岁的公民。

关于区域流动的诠释，必须要理解什么是流动人口。流动人口是指在短期离开后又返回原居住地的现象，一般指离家外出工作、读书、旅游、探亲和从军一段时间，未改变定居地的移动人口。人口流动不属于人口迁移，比人口迁移更为普遍和经常，流动人口不能称为移民。人口流动分为周期流动和往返流动。而往返流动是指往返于工作场所和居住地点的人口流动，外出时间一般不超过一昼夜，又称每日流动。本文中所指的跨区域流动特指往返流动，基于青年人口往返流动距离的跨区域性，特将这种流动定义为"跨区域流动"，它既有往返的性质，又有跨越的特征，是一个复合型概念。

关于逆向回归的诠释，逆向指相反的方向，回归指回来的意思。逆向回归指朝着相反的方向回来，从字面上看似乎是一个矛盾词，但放在青年人口跨区

---

① 广州市来穗人员服务管理局：《来穗人员登记手册》（内部材料），2016，第46页。

域流动的实际中，一方面是指青年人为了留在城区工作的正向性，不得不选择每天甚至每天多次朝着与城区相反的方向奔波，这些目的地主要指城市郊区，也有城中村、农村和周边城市。另一方面，在这些日复一日的往返过程中，这种逆向性和回归性更深层次地体现在青年人内心的挣扎，既想找到城市的归宿感，但又不得不朝着相反的方向回归，这个过程是一个备受煎熬的过程，也是一种特殊存在的社会心理。

（二）研究方法：问卷调查、文献分析和小组讨论

1. 问卷调查

调研组通过在主要交通线路，包括地铁、公交、出租车等路线分别发放问卷共计 2000 份，有效回收 1821 份，有效回收率为 91%，在问卷调查过程中，调研组分小组全程跟踪，并对参与调研的群体进行随机访谈。此次调研得到广东省交通委行业研究小组的支持，在调研过程中给予协调和帮助。

2. 文献分析

调研组主要对广州市交通委相关车流、人流数据进行了分析，对广州市来穗人员服务管理局相关人口数据进行了分析，对相关打车软件的实时数据进行了分析。同时，调研组也翻阅了大量关于人口统计、人口报告和人口研究的相关报告和论文。

3. 小组讨论

将跟踪调研的人员分成小组，共同探讨在与跨区域流动青年的接触中所观察到的问题和现象，并针对这些问题和现象做出原因分析和相关建议，这些讨论结果被纳入研究成果中。

二　研究回顾：几种研究模型的演绎

近年来，关于人口流动的研究推陈出新，许多学者立足各学科，从多元的切入点对人口流动问题进行了探讨，从知网上搜索"人口流动"关键词，可以找到多达 44640 条相关记录。总体来说，关于人口流动的研究主要有以下几个模型。

（一）要素论

人口流动是单一的个体从组织中剥离出来并不再从该组织中受益的过程。围绕人口流动的影响因素开展研究，许多学者从不同学科和不同角度进行了探讨。总体来说，经过反复的实证研究和不断革新的理论探讨之后，国外学者普遍认可影响人口流动的因素可以归纳为四个主要因素，即宏观社会经济因素、组织因素、个人因素和其他因素。以此延伸，国内的许多学者也沿袭了国外的理论研究范式，倾向于样本调查方法，从社会网络、职业高原、职业成长、组织互惠行为、子女教育责任等方面的因素对人口流动倾向的影响进行了实证性的研究分析。[①]

（二）态度论

影响因素的人口流动研究虽然能够诠释环境及自身影响因子与人口流动之间的关联性，但并不能准确地描述人口在流动过程中的心理变化曲线。所以，许多学者开始着手构建人口流动的分析模型，并通过模型来解读人口流动意向和行为发生机制。其中March（2011）构建的人口流动模型极具代表性，他从心理学的角度切入，将人口主动流动解释成个体对工作满意度、组织认同、工作抉择等一系列组织活动的反应，并促使学者们将传统理论所探讨的人口流动动因主要聚焦在工作本身（如报酬、工作机会等）和主观态度（如工作满意感、组织认同等）两个方面。[②] 虽然传统态度理论研究确实与实证数据互相支持，但Griffeth（2000）仍然质疑态度因素对人口流动影响的程度，他认为，态度因素可能对人口流动率的影响非常弱，并通过大量的实证数据予以证明。[③] 所以，除了态度因素之外，必然存在其他重要因子在影响人口的流动。Lee（2004）曾经尝试通过构建多路径展开模型来解释人口流动，并

---

① Cooke P. , " Regional systems of innovetion: an evolutionary perspective. " *Enviroment and Planning* 3（2008）: 63.

② March, "Convergence rate of kernel canonical correlation anlysis. " *Science China* （Mathematics）10（2011）: 42.

③ Griffeth R. W. , "A meta-analysis of antecedents and correlates of employee turnover: update for the millennium. " *Journal of Management* 3（2000）: 158.

指出那些与价值、目标、选择策略等不匹配的背后因素对人口流动产生重大影响。[①]

（三）嵌入论

态度论依然不能解释所有的人口流动现象，所以，Mitchell 创造了"工作嵌入"模型。这个模型建立在社会学关于社会资本和嵌入型理论的基础之上，他提出个人嵌入行为是经济行为发生的社会基础。[②] 这是一个非常有意思的命题，许多社会学家和历史学家将这个概念推向了更深层次的探讨。Granovetter 随后提出了"社会嵌入"的命题，他指出经济行为嵌入在社会网络结构之中，站在社会网络结构的嵌入论角度，组织成为个体构建的一种社会网络，且社会网络成为个体与组织之间的一个桥梁和纽带。[③] Mitchell 进一步以北美文化为社会模型，构建了系统分析框架，从组织（工作内嵌入）和社区（工作外嵌入）两个层面来讨论人口的工作嵌入性，并指出组织和社区嵌入分别可以划分为联结、匹配和牺牲三个维度。[④] "工作嵌入"理论考虑了组织和社区的社会嵌入因素对人口流动性行为的影响，解决了传统流动模型忽视社会网络的局限性，对人口主动流动的现象做出了较完整的回答。

（四）依附论

国内学者对人口流动的研究开始于 20 世纪末，第一批研究学者主要通过理论分析进行探讨，缺乏定量分析。如谢晋宇（1999）等学者对 20 世纪 80 年代国外雇佣人员的流失现象进行了较全面的介绍。[⑤] 进入 21 世纪后，人口理

[①] Lee, "The effects of job embeddedness on organazationl citizenship. " *Academy of Management Journal* 5（2004）: 214.

[②] 王振源、戴瑞林：《社会网络与员工主动离职研究进展》，《预测研究》2011 年第 1 期，第 75~80 页。

[③] 白光林、凌文辁：《职业高原与工作满意度、组织承诺、离职倾向关系研究》，《软科学》2011 年第 2 期，第 108~111 页。

[④] 王振源、戴瑞林：《社会网络与员工主动离职研究进展》，《预测研究》2011 年第 1 期，第 75~80 页。

[⑤] 谢晋宇：《企业雇员流失分析模型介评（上）》，《外国经济与管理》1999 年第 5 期，第 20~25 页。

论研究开始繁荣，并拓展了研究内容和研究方法。例如，王浩与白卫东（2009）对工作嵌入理论进行了借鉴和引用，研究了非工作因素对于人口流动的影响；① 国内比较有开拓性的则是杨春江、马钦海（2010）等也对映像理论、"展开"模型和工作嵌入理论加以整合，提出了用以解释人口流动的综合依附理论，认为人口在流动过程中离不开对生态环境和人文环境的依附性。② 但是，国内相关研究的主要成就依然是围绕 Mitcehll 等构造的工作嵌入理论进行了有效性验证和诠释。

总体来说，人口流动理论的研究正在不断地深入和拓展外延，一些新的理论也在基于不同模型而提出并完善，但基于青年人口流动的研究相对较少，尤其是针对中国大型城市（或中心城市、城市群）青年人口跨区域、长时间的流动研究更加缺乏，本文就是对这一微观领域进行了实证分析。

三 青年的挣扎与选择：基于广州11区的微观观察

（一）流动人口的社会特征

调研组分别对广州市 11 个区的流动青年进行了统计，从随机收集的问卷可以看到，在跨区域流动青年群体中，具有广州市本地户籍的青年约占38.5%，超过61%的青年不具有本地户籍，而且具有户籍的青年大多数属集体户口。在学历方面，本科学历及以上青年达到74%，其中包括13%的研究生以上学历，高中、大专以上学历占比逾14%，高中及以下学历不到12%。由此可见，流动青年普遍具有较高学历特征，文化水平相对其他流动群体具有明显优势。在性别方面，男女比例较为均衡，其中男性占比57%，女性占比43%，但值得注意的是，在这群跨区域流动的青年中，已婚青年竟然超过一半，达52%，剩下的未婚青年中，大多数对婚姻持不着急的态度。在业余时间内，有65%的流动青年选择睡觉，剩下35%选择前三位的活动是体育锻炼、

---

① 王浩、白卫东：《工作嵌入对员工离职倾向的影响研究》，《科技进步与对策》2009 年第 6 期，第 145～147 页。

② 杨春江、马钦海：《从组织依附视角理解离职：映像理论、"展开"模型和工作嵌入理论的融合》，《预测研究》2010 年第 4 期，第 31～36 页。

上网和看电影。在综合压力指数方面，有超过 90% 的青年表示"非常有压力"和"有压力"，而关于压力来源方面，该群体表达则呈多样化，其中收入、房子和孩子成为最主要的压力来源。总体来说，跨区域流动青年人口具有较大的"问题"特征，与广州市青年发展大调研（广州市青年研究会，于 2016 年展开的一项活动）对各领域青年进行的调研数据对比，几乎在工作、生活、心理等方方面面表现出更加极端的青年特征。

（二）流动方向的交互特征

基于广州市 11 个区青年人口分布的状况，调研组首先从广州市交管委调取了主要干道的人流数据，主要包括地铁线、公交线和中短途大巴线路，并结合滴滴打车等软件乘客数据（出发地、目的地、年龄、性别、价格等）进行了综合分析。从跨区域青年人口的流动方向看，主要从天河、海珠、越秀、荔湾、白云、黄埔六个核心城区流向番禺、增城、花都、从化、佛山以及周边其他城市。这种流动方向一方面因为往返具有双向性特征，另一方面也有一小部分居住在城区但前往郊区工作的青年群体，这类群体相对较少。值得注意的是，还有相当一部分流动青年因为工作业务的性质而经常在各城区和郊区流动，并形成一定的人流量。青年人口流动的另一个特殊方向是城中村，几乎每个区都存在几个"贫困窟"，而居住的人群中有较大的比例是年轻人。尽管这群居住在城中村的年轻人不能划入"跨区域流动"青年群体，但由于城中村多交通不便，路况复杂，在往返流动的过程中所需要的时间甚至比跨越至郊区更长，所以在本研究中仍然将此类群体划入研究对象。

（三）流动规模的几何特征

随着人口的增长，尤其是年轻人口基数的膨胀，广州青年人口流动规模呈现出明显的规律。一方面跨区域流动的青年人口规模最大的是地铁路线，其次是地面公交，排在后面的则是私家车、出租车和软件打车系统。其中地铁和地面公交几乎占据了流动群体的 90% 以上，且地铁流量仍然在呈几何级数增长，这一方面是因为地铁方便准时，且规避了堵车，另一方面也是因为广州近年来大力发展地铁交通的缘故，随着地铁线路的增长，青年人口流动量也随之猛增。值得注意的是，尽管地铁已经成为流动规模居首的线路，但地面公交依然是不可缺少的流动方式,因为在跨区域流动的整个路线中,地铁并不能延伸到所有的郊区,在广州所有郊区中,除了番禺和佛山(周边城市)已完全开通地铁外,其他几个区尚处于开发阶段,居住或工作在郊区的青年群体不得不选择地面公交。总体来说,跨区域流动的青年人口正在呈倍数增长,仅花都区在过去三年的跨区域流动人口数就翻了五倍,广州市整体跨区域人口流量也在三年中翻了三倍。

(四)流动过程的心理特征

长期跨区域流动的青年人口,在心理上明显区别于一般青年群体,总体而言,他们压力更大,但受压能力更强;他们的工作大多具有不稳定性,但在职业上却充满着拼劲和梦想;他们其中超过一半的人与伴侣相处时间短甚至长期分居,但家庭却相对和睦;他们因为文化水平较高,所以在看待社会问题时更加理性,大多数对自己的人生有一个大概的规划。但是,跨区域流动的青年虽然在基本信心上因为较高的素质而比较坚定,但在现实生活的推进过程中,在长年累月跨区域往返的长时间奔袭中,长期的身体疲劳慢慢产生了心理疲劳,这种心理上的疲劳正在侵蚀青年群体的梦想。调查发现,有相当一部分青年虽然对自己充满信心,认为坚持梦想终会成功,但却已经开始考虑逃离大城市。他们认为,即便通过努力最终买下昂贵的房产,解决子女的学位,这种付出和收获或许并不值得,他们认为至少在跨区域流动中自己感觉不到"幸福",尤其是堵在路上或出现交通状况导致这个跨越过程无限拉长时,更加会产生"想死"的心理。

四 青年人口流动的归因与问题:复杂多元且充满不确定性

任何现象都有其背后深层次的原因,包括青年人口非正常的跨区域流动。基于对广州11个区的微观观察,可以从市场、政策和文化三个角度解读其中的原因,并进一步剖析存在的主要问题。

(一)内在归因

1. 市场无疑是首要的影响因素

由于中心城区房价一路高攀,年轻一代在城区买房的可能性几乎被切断,他们不得不选择在偏远郊区、周边城市或城中村，且即便远离中心城区，也仅仅是选择租住的方式解决居住问题，因为那里的租金相对便宜。在日复一日的往返过程中，选择何种交通工具也同样被市场左右，公共交通最便宜，性价比最高，所以地铁和地面公交成为首选，出租车和软件打车固然方便，但昂贵的交通费用并非青年人口所愿意支出的，他们宁愿接受时间更长、跨度更大的区域性流动。同时，由于市场发展将优质的资源集中在中心城区，导致青年群体将工作地点不得不选择在核心区，这种集聚效应加剧了青年群体跨区域流动。

2. 相关的政策

广州是一座包容度比较高的城市，对于青年发展的方向和规划，广州市团委早在 2013 年便已经制定了《广州市青少年发展规划》，鼓励青年群体理性购房，积极创业，并推出了一系列在租房、创业孵化，以及包括日常交通在内的各类生活福利，这些政策吸引了一批批外来和本地的青年扎根广州。广州市人力资源与社会保障局对于青年群体的政策也同样具有倾向性，在就业方向和领域上鼓励先就业再择业，对工资待遇水平进行了政策引导。但是，相较于国外乃至一些二线城市，高素质人才薪酬整体水平偏低，更重要的是取消了单位分房和公租房的福利。而政府相关部门在房价、房租的调控政策上难以在短时间内产生效果，一些本应为青年群体倾斜的政策在具体实施过程中难以落地。广州市实施政策的主要方向还是在不断为青年谋福利，且确实给青年群体创造了比二三线城市更多的提升机会，所以大多数青年一直坚持跨区域流动，即便有一些人"逃离北上广"后，依然又选择回来重新发展。

3. 文化影响

跨区域流动青年群体主要受到的文化影响可以归纳为以下几种。一是传统文化中"衣锦还乡"的思想。流动的青年群体大多数属于"外来务工人员"，他们的家乡并不在主要城市，而是在更遥远的一些中小城市，甚至更多居住在农村，当这一批青年来到大城市拼搏，尤其是通过高考进入大学后已经实现鲤鱼跳龙门，当真正进入职场后，从家庭或家乡的期待值来讲，对这一群体往往寄予了厚望，这一群体自身无论能够做到多么冷静地对待现实困境，那种想出人头地，衣锦还乡的思想依然是一种驱不走的世俗文化。二是世俗文化中"大城市"的幻觉。为什么叫作"幻觉"？因为就城市本身而言，它并不是一片人人都适应的人间仙境，它同样充满着各种缺陷乃至短时间内无法弥补的不平等。正如世俗认识中对"天子脚下"的向往一样，广州作为沿海发达城市，作为南方的经济、文化和政治中心，"南下广州"的观念已经在改革开放以来深入人心，青年群体在工作、生活所在地的选择时更愿意留在广州。三是精英文化中"拼搏"的精神。由于该群体多数属于高素质人才，他们所受过的教育传达的是一种正面的拼搏精神。所以，尽管在跨区域流动中面临着无尽的身心煎熬，这些青年人依然选择将这条路走下去，认为只要坚持必然有希望，认为这条跨越之路是值得走下去的人生必经之路、发展之路。

（二）问题聚焦

青年跨区域流动所带来的社会问题无论是对于社会的发展还是青年自身的发展都产生着深远的影响，这种影响可能短期内并不明显，一旦积累到某个"临界点"，所带来的危害无疑是巨大甚至无可挽回的，这些问题可以归纳为二个维度。

1. 问题的积累：自转与公转

自传和公转是星球转动的理论，自传是指按照自身的规律转动，而公转则是要遵循另一客体的力量引导而进行的转动。青年人口跨区域流动一方面在于自身对环境的认识，从而在个人发展上做出了选择，这种选择具有较强的自主性，从而使青年群体接受了跨区域流动的现实存在，他们在日复一日的流动中围绕自身发展在进行，这是一种"自转"行为。同时，该青年群体又不得不屈服于市场的调配，在巨大的资源调整过程中，他们的发展路线明显不能实现完全的自我掌控，而是遵循市场发展、社会发展、人生发展的规律在走一条不得不去走的路，这个过程可谓"公转"。但是，许多青年群体在人生的发展路程中并没有清晰地认识到这一过程的本质，在他们遇到自身发展问题时，尽量通过自身的努力在容忍、消化，当社会不能尽快解决他们的发展瓶颈，甚至许多现实问题桎梏着他们发展时，这个等待的过程、希冀的过程正是问题不断积累的过程。

2. 问题的凸显：沉寂与爆发

无论是个人还是社会，对于负面的、非正常的问题容忍度有一个限度，当积累超越了这一限度，便会爆发出来并衍生出更多的问题。从社会角度来讲，青年跨区域流动带来的交通拥挤和交通事故，流动人口管理成本激增，租房难、租房贵的问题出现，流动人口职业发展和子女教育等一系列问题，都会伴随着跨区域流动青年人口基数的增加而更加突出。通常我们所看到的关于就业难、住房难、中介诈骗青年大学生、黑出租专挑郊区目的地等负面新闻，都是社会问题在长时间积累后逐一爆发。从青年自身的角度看，这种问题的积累一方面在于个人涉入社会后触及的问题增多，另一方面也是个人随着年龄的增长所承担的责任更大，由此需要面临的是在工作、生活、思想等方面全方位的调整，在这个成长过程中，也恰恰是这个跨区域流动的过程，他们因为成长而变得成熟，因为责任而更加能够忍耐面临的困难。所以在相当长的时间内会保持着沉寂乃至乐观的态度，但这种乐观背后的真正压力终究会因为"最后一根稻草"而坍塌，这种"最后不能承受之重"所释放出来的能量无异于心理大爆炸和社会大爆炸，不仅会摧毁其所在行业，更会摧毁吃、住、行各个方面的正常秩序，并最终上升到国家治理的高度。

3. 问题的后果：有限与无限

跨区域流动青年所涉及的问题可分为直接和间接两个部分。在日常吃、住、行方面所产生的种种直接困难，包括堵车、打不到车、买菜不方便、没时间做饭、没时间逛商场、买不起有品质的服装、工作平台不够高、工作太累、找不到工作等，都属于直接带来的生活困境，直接降低了青年生活质量和生活品位。但这种直接面对的现实困境具有有限性，伴随青年群体工作地位、社会地位等的提高，可以通过经济手段来逐一解决和完善。但从间接的角度或者长远的角度看，青年流动人口并不能在短时间内改变自身的现状，在这一过程中所造成的心理压力将对个人产生终身的影响，尤其是对刚刚踏入社会的青年群体。因为长期的困境和压抑，导致其对社会的认知产生偏执乃至黑暗的认识，对于城市的认可度也大打折扣，如果在发展的过程中未能破茧成蝶，则很容易走向极端乃至高素质犯罪。即便这一群体最终实现了华丽转身，但这一段跨区域流动的经历将成为他们人生发展过程中非常黑暗的一段路程，这种最初的认识将长远地影响他们对社会及自我的判断。可以说，这种影响力具有无限性，需要引起政府和社会的高度警觉。[1]

---

① 廖根森：《农村青年的就地城镇化：转换、困境与出路》，《青年探索》2017年第2期，第51~56页。

五 青年流动人口的走向与未来：引导和
疏解是必经之路

2017 年 4 月，中共中央、国务院印发了《中长期青年发展规划（2016 ~ 2025 年）》，并发出通知，要求各地区各部门结合实际认真贯彻落实。规划明确提出，青年发展事业与社会主义现代化建设的新要求、经济社会发展的新形势、广大青年的新期待相比，还存在不少亟待解决的突出问题，其中人口结构的新特点新变化使得青年一代的工作和生活压力不断增大是重要问题之一，各级职能部门需重视整合多方资源并采取落地措施帮助青年发展。从跨区域流动青年存在的问题切入，可以从市场引导、政策引导、文化引导和心理引导四个维度给予该群体社会支持。

（一）市场引导：发动机

从根本上来讲，市场是最根本的手段，各类资源的流动决定了人口的流动，尤其是青年人口在面临选择时，趋向于核心资源是普遍认知。为了优化跨区域青年人口的流动态势，从市场入手进行引导是重要选择。一是加强对青年群体的系统培训，帮助青年群体了解经济发展的本质和趋势，以便更加清晰地对行业发展、自身发展有正确的认识，从而在工作地点、行业、待遇等方面不盲从、不集中，解决人口过于集中某行业、某地点的问题。二是加强对市场的调控，避免核心资源、重要资源过于集中，如目前广州的产业资源大多集中在天河、海珠、黄埔区，而政治资源、文化资源又大多集中在越秀区、天河区，各类较低端的工厂、手工坊等则主要集中在白云区、花都区等，这种资源的倾斜导致某一类人口的聚集和倾斜，从而导致跨区域流动的加剧，通过调控和引导资源合理布局，构建更加完善的市场框架将是根本的方法论。三是加强对市场和人口的监控，防止因为各类市场事件、社会事件带来的人口流动聚变，以及所带来的一系列社会治理问题。可以说，市场是人口流动系统的发动机，处理好根本的动力问题，也就使下游链条中所面临的跨区域人口流动问题有了解决的可能性。

（二）政策引导：驱动器

政策一定程度上可以改变市场，至少可以对市场进行调控。政策更直接的驱动力体现在针对具体的社会问题直接发布相关的政策，以最快速、最直接的方式干预该问题的发酵，如滴滴打车对乘客安全造成威胁的时候，政府可以直接制定政策规范网约车运营，严厉打击黑车。在跨区域流动青年的问题上，政策同样可以产生颠覆性效果，甚至可以在具体问题上，政策比市场更具灵活性，可以根据不同城市、不同区域对症下药。在跨区域流动青年人口的生存发展上，政府应该制定最基本的社会保障，如廉租房的开发等。在职业和工作地的选择上，可以通过高薪酬、高福利来吸引青年人口前往有待开发的地区和行业打拼。具体到交通问题，公交车票价格、地铁一卡通等的优惠政策同样可以起到调节作用，针对上下班时间的客流拥堵现象，可以通过政策工作时间，让这一庞大群体错开高峰分批流动从而提高人口流动效率和舒适度。当然，政策固然可以有力调控，但并非可随意制定和颁布，从根本上讲政策同样需要遵循市场发展规律，全面考虑社会各个方面的发展与平衡，否则可能将问题推向更加复杂的局面。

（三）文化引导：润滑剂

固有的文化观念很难一下子改变，它需要正面的引导，在青年选择过程中产生润滑剂的作用。跨区域流动的青年人口往往在不自知的情况下受到固有文化的影响，从而不能在漫长的流动过程中摆正位置，选择最佳的人生发展道路。基于此，一方面应该对青年人口生活环境的主流文化进行研究分析，将其中世俗的、负面的、激进的文化因子剥离出来，重新灌入积极、正面、理性的文化。例如，一部分青年坚信只有待在核心区域、核心领域才有机会发展提升自己，这种追求精英阶层的文化意识并不具有普适性，任何一个行业领域都可以获得成功，尤其是年轻人更应该在创新领域实现更多的投入。另一方面要对青年人本身的文化特质进行分析和纠正，有些年轻人期待一夜暴富，也有些年轻人始终放不下面子文化，还有一些年轻人迷信圈子文化等，这些特质深入到青年的精神深处就会反过来阻碍青年的发展，促使青年一代在跨区域流动的过程中越走越远。不过，文化的纠正不像政策调整那么简单，它需要一个漫长的

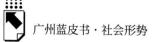

影响过程，也绝非一个人、一个团体所能改变，文化的引导需要全社会共同努力和配合。

（四）心理引导：保安栓

每个人心里都埋藏着一颗炸弹，跨区域流动青年人口的心理问题尤其不能忽略，其本质上就是成长发展的一个保安栓，一不小心便会造成重大事故。针对心理调节问题，一是政府和主流媒体应该对这一群体予以更多的关心，构建完善的社会支持系统和心理调节渠道。通过多元的方式报道、宣传，引起社会各界的广泛关注，从而赢得更多支持和理解。二是该群体所在的企业、机构应该建立心理引导小组，有针对性地开展心理辅导，调节该群体青年的情绪，引导他们朝着正面的方向发展。三是工会、妇联等社会团体应该更多地关注该群体的家庭情况，定期为该类家庭送温暖、做调节，营造一个温馨的社会心理环境。四是对于交通系统的工作人员同样需要进行心理培训和辅导，引导其关注流动人口的情绪，避免心理压力在跨区域流动过程中膨胀而爆发，在各类交通线路上还可以适当通过媒体播放一些有利于心理减压的节目和音乐，做到"两点一线"全过程关注流动青年人口的心理状态。

总体而言，广州跨区域流动青年的发展现状是一个具有代表性的人口发展问题，这些问题产生的背后有多方面的原因，之于不同城市，这些问题会更加复杂和多样，而要解决或缓解这些问题又需要因地制宜，多管齐下。广州如此，具有代表性的北京、上海、天津以及国内正在形成的各类城市群同样如此，这些流动青年蕴含着巨大的社会力量，疏解则于社会发展有益，不闻不问乃至采取不科学的管理策略则会引起难以预测的社会危机，这也正是关于青年人口发展研究的意义所在。

（审稿人：刘小敏）

B.24
2017年广州市城镇单位
人员需求情况分析

广州市统计局课题组*

摘　要：　为掌握2017年广州市城镇单位人员需求情况，广州市统计局
组织开展了城镇就业人员变动和新增就业岗位需求情况调查，
文章分析了总体的人员需求和人员需求结构，最后提出进一
步做好就业服务工作的建议。

关键词：　城镇单位　人才需求　就业服务

　　2017年，广州市统计局继续开展"城镇就业人员变动和新增就业岗位需
求情况"调查，以监测2017年广州市城镇单位人员需求与就业情况。本年度，
全市共调查城镇机关、企事业单位（不包括个体工商户，简称"城镇单位"，
下同）26869个。调查数据显示，2017年城镇单位人员总需求为18.65万人，
比2016年增长8.8%，其中第三产业的人员需求量最多。

一　人员需求总量及分布

（一）需求总量

　　调查数据显示，全市调查的26869个城镇单位，2017年预计人员需求总
量为18.65万人，比2016年增加1.50万人，人员需求量同比增长8.8%。

＊　课题组成员：张友明，广州市统计局人口和社会科技处处长；梁汉学，广州市统计局人口和
社会科技处副处长；乐晶，广州统计咨询中心部长；陈朝阳，广州市统计局人口和社会科技
处副调研员。执笔：乐晶、陈朝阳。

（二）行业分布

1. 第三产业人员需求量最多，第二产业人员需求量增长较快

从三次产业看，2017 年第三产业预计需求 11.68 万人，占人员需求总量的 62.6%，是各产业中人员需求量最多的；第二产业预计需求 6.96 万人，占人员需求总量的 37.3%；第一产业预计需求 33 人，仅占人员需求总量的 0.02%（见表 1）。

表1　2017 年广州市城镇单位人员需求的行业结构

单位：人，%

行业类别	需求人数	比重	需求人数同比增减
第一产业	33	0.0*	−13.2
1. 农、林、牧、渔业	33	0.0*	−13.2
第二产业	69636	37.3	15.5
2. 采矿业	0	0	−100.0
3. 制造业	66105	35.4	16.1
4. 电力、热力、燃气及水生产和供应业	672	0.4	−24.0
5. 建筑业	2859	1.5	15.1
第三产业	116797	62.6	5.1
6. 批发和零售业	11922	6.4	−20.8
7. 交通运输、仓储和邮政业	14138	7.6	18.2
8. 住宿和餐饮业	5404	2.9	3.8
9. 信息传输、软件和信息技术服务业	13762	7.4	91.6
10. 金融业	9338	5.0	−30.0
11. 房地产业	10642	5.7	−40.0
12. 租赁和商务服务业	12805	6.9	37.2
13. 科学研究和技术服务业	7872	4.2	53.1
14. 水利、环境和公共设施管理业	793	0.4	74.3
15. 居民服务、修理和其他服务业	2004	1.1	53.8
16. 教育	9895	5.3	−4.8
17. 卫生和社会工作	10166	5.5	0.8
18. 文化、体育和娱乐业	5380	2.9	310.7
19. 公共管理、社会保障和社会组织	2676	1.4	8.7
合　　计	186466	100	8.8

注：表中带"*"数字表示该数值不为零，但由于数值非常小，保留一位小数显示为 0.0。

与 2016 年相比，2017 年第二、第三产业的人员需求量均有所增加，同比分别增长 15.5% 和 5.1%；第一产业人员需求量则同比下降 13.2%。

2. 制造业依旧是用工需求最多的行业

分行业看，制造业人员的需求量最多，2017 年制造业预计需求 6.61 万人，占所有行业人员需求总量的 35.4%，远高于其他行业。在第二产业从业人员需求量中，94.9% 来自制造业。

3. 交通运输、仓储和邮政业，信息传输、软件和信息技术服务业，租赁和商务服务业，批发和零售业，房地产业，卫生和社会工作等行业的人员需求量较多

除制造业外，2017 年交通运输、仓储和邮政业，信息传输、软件和信息技术服务业，租赁和商务服务业，批发和零售业，房地产业，卫生和社会工作等行业的人员需求量也较多，人员需求量均超过万人，人员需求量分别占总需求量的 7.6%、7.4%、6.9%、6.4%、5.7% 和 5.5%，6 个行业合计占人员需求总量的 39.5%。

4. 文化、体育和娱乐业等多个行业的人员需求量快速增长，金融业和房地产业从业人员需求量显著减少

2017 年，大部分行业的人员需求量较 2016 年有所增加，其中文化、体育和娱乐业，信息传输、软件和信息技术服务业，水利、环境和公共设施管理业，居民服务、修理和其他服务业，科学研究和技术服务业等多个服务业行业的人员需求量快速增长，其中文化、体育和娱乐业从业人员的需求量增加 3 倍多，是各行业中增长幅度最大的。

农、林、牧、渔业，采矿业，电力、热力、燃气及水生产和供应业，批发和零售业，金融业，房地产业，教育等行业的人员需求量较上年有所减少，其中金融业和房地产业的需求量下降幅度最大，同比分别下降 30.0% 和 40.0%，人员需求量分别减少 0.40 万人和 0.71 万人（见表 1）。

（三）职业分布

1. 专业技术人员的需求量居首位

2017 年，从职业类别来看，专业技术人员的需求量最多，预计需求 7.19 万人，占需求总量的 38.6%；生产、运输设备操作人员及有关人员的需求量排在第二位，预计需求 5.77 万人，占需求总量的 30.9%；商业、服务业人员的需求量排第三，预计需求 3.34 万人，占需求量的 17.9%（见表 2）。

表2 2017年广州市城镇单位人员需求的职业类别

单位：人，%

职业类别	需求人数	比重	需求人数同比增减
专业技术人员	71885	38.6	11.8
办事人员和有关人员	23304	12.5	27.0
商业、服务业人员	33426	17.9	-15.0
农林牧渔水利业生产人员	152	0.1	46.2
生产、运输设备操作人员及有关人员	57699	30.9	16.9
合　　计	186466	100	8.8

2. 办事人员和有关人员的需求量增长较快，商业、服务业人员的需求量下降

从各类别人员需求量的变化来看，2017年，办事人员和有关人员的需求量较2016年增加0.50万人，同比增长27.0%，需求量增长较快；商业、服务业人员的需求量则较上年减少0.59万人，同比下降15.0%，需求量显著减少。

3. 商业、服务业人员在人员需求中的比重有较大下降

与2016年相比，专业技术人员，办事人员和有关人员，生产、运输设备操作人员及有关人员在人员需求中的比重均有所提高，分别提高1.0个、1.8个和2.2个百分点；商业、服务业人员的需求量占比则较上年下降5.0个百分点，占需求量的比重从2016年的22.9%下降为2017年的17.9%。

4. 电子器件制造人员的需求量最多

从2017年需求量最多的前20个职业及其预计需求人数来看，在各职业中，电子器件制造人员的需求量最多，2017年预计需求1.11万人，占人员需求总量的6.0%，是唯一需求量超过万人的职业。行政业务人员、计算机软件开发人员的需求量分别排在第二和第三位，预计分别需求0.79万人和0.73万人，人员需求量分别占总需求量的4.2%和3.9%（见表3）。

表3 2017年人员需求量前20位职业

单位：人，%

职　　业	需求人数	占人员需求总量的比重
电子器件制造人员	11123	6.0
行政业务人员	7858	4.2
计算机软件开发人员	7287	3.9

续表

职　　业	需求人数	占人员需求总量的比重
保险业务人员	6220	3.3
高等教育教师	6158	3.3
简单体力劳动人员	5646	3.0
电子元件制造人员	5112	2.7
玩具制作人员	5003	2.7
其他商业、服务业人员	4496	2.4
公路、道路运输服务人员	4275	2.3
营业人员	4126	2.2
护理人员	3730	2.0
旅游及公共游览场所服务人员	3716	2.0
餐厅服务人员	3600	1.9
治安保卫人员	3537	1.9
建筑工程技术人员	3533	1.9
行政事务人员	3411	1.8
计算机应用工程技术人员	3281	1.8
机械工程技术人员	3272	1.8
铁路、地铁运输机械设备操作及有关人员	3136	1.7
合　　计	98520	52.8

在人员需求量最多的 20 个职业中，有 7 个属于专业技术人员类职业，属于商业、服务业人员和生产、运输设备操作人员及有关人员类职业的各 5 个，3 个属于办事人员和有关人员。

5. 计算机软件开发人员的需求量最多

在专业技术人员类职业中，2017 年需求量最多的为计算机软件开发人员，预计需求 0.73 万人，占专业技术人员需求量的 10.1%；保险业务人员、高等教育教师等职业的需求量也较多，预计需求量都在 6000 人以上（见表 4）。

6. 行政业务人员人员需求量占办事人员和有关人员的1/3

在办事人员和有关人员类职业中，行政业务人员的需求量最多，2017 年预计需求 0.79 万人，占该类职业人员需求量的 33.7%。治安保卫人员、行政事务人员的需求量也较多，预计需求人数均在 3000 人以上（见表 5）。

表4　2017年专业技术人员需求量前10位职业

单位：人，%

职　业	需求人数	占该类人员需求量的比重
计算机软件开发人员	7287	10.1
保险业务人员	6220	8.7
高等教育教师	6158	8.6
护理人员	3730	5.2
建筑工程技术人员	3533	4.9
计算机应用工程技术人员	3281	4.6
机械工程技术人员	3272	4.6
科学研究人员	2828	3.9
医疗技术人员	2811	3.9
西医医师	2779	3.9
合　　计	41899	58.3

表5　2017年办事人员和有关人员需求量前10位职业

单位：人，%

职　业	需求人数	占该类人员需求量的比重
行政业务人员	7858	33.7
治安保卫人员	3537	15.2
行政事务人员	3411	14.6
办事人员和有关人员	2621	11.2
企业经营管理人员	2292	9.8
电信业务人员	1113	4.8
部门经理、负责人	987	4.2
人力资源管理	763	3.3
人民警察	402	1.7
邮政业务人员	193	0.8
合　　计	23177	99.5

7. 其他商业、服务业人员，公路、道路运输服务人员，营业人员等职业需求量较多

在商业、服务业人员类职业中，其他商业、服务业人员的需求量最多，2017年预计需求0.45万人，占本类职业人员需求量的13.5%；公路、道路运输服务人员和营业人员需求量分别排在本类职业的第二、第三位，需求量均在4000人以上（见表6）。

表6　2017年商业、服务业人员需求量前10位职业

单位：人，%

职　　业	需求人数	占该类人员需求量的比重
其他商业、服务业人员	4496	13.5
公路、道路运输服务人员	4275	12.8
营业人员	4126	12.3
旅游及公共游览场所服务人员	3716	11.1
餐厅服务人员	3600	10.8
推销人员	2717	8.1
环境卫生人员	1745	5.2
社会中介服务人员	1730	5.2
物业管理人员	1451	4.3
收银员	1135	3.4
合　　计	28991	86.7

（四）经济类型分布

按单位所属的经济类型划分，其他内资企业的人员需求量最多，2017年预计需求10.69万人，占人员需求总量的57.3%；港澳台商投资企业、国有单位的人员需求量分别排在第二、第三位，预计分别需求3.43和2.41万人，分别占需求总量的18.4%和12.9%。与2016年相比，2017年其他内资企业的人员需求量同比增长35.5%，增幅显著；集体企业的人员需求量小幅增长0.7%；国有单位、港澳台商投资企业、外商投资企业3类单位的人员需求量则不同程度下降，其中外商投资企业的人员需求量下降幅度较大，同比下降30.7%（见表7）。

表7　2017年广州市城镇单位人员需求的单位类型结构

单位：人，%

分　　类	需求人数	占总需求量的比重	需求人数同比增减
国有单位	24070	12.9	-12.0
集体企业	3943	2.1	0.7
其他内资企业	106875	57.3	35.5
港澳台商投资企业	34335	18.4	-5.7
外商投资企业	17243	9.2	-30.7
总　　计	186466	100	8.8

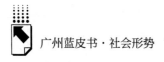

（五）地区分布

2017 年，天河的人员需求量最多，预计需求 3.56 万人，占全市总需求量的 19.1%；番禺、黄埔和越秀 3 个区的人员需求量也排在前列，预计需求数量均在 2 万人以上，上述 4 个区域人员需求量合计占全市总需求量的 59.2%。与 2016 年相比，黄埔、增城和花都区域的用人需求量大幅增长，同比分别增长 75.8%、75.7% 和 57.9%；荔湾、越秀、白云、南沙、从化等区域的人员需求量则同比减少（见表 8）。

表 8　2017 年广州市城镇单位人员需求的地区分布

单位：人，%

区　域	需求人数	占需求总量的比重	需求人数同比增减
荔湾区	7703	4.1	-4.4
越秀区	21198	11.4	-37.0
海珠区	18300	9.8	8.3
天河区	35636	19.1	26.3
白云区	16759	9.0	-6.7
黄埔区	29297	15.7	75.8
番禺区	24189	13.0	18.3
花都区	10906	5.8	57.9
南沙区	14746	7.9	-8.0
从化区	2813	1.5	-25.4
增城区	4919	2.6	75.7
总　计	186466	100	8.8

二　人员需求的素质构成

（一）学历要求

1. 超过七成五职位对人员学历有要求，其中1/3招收应届毕业生

2017 年，在城镇单位计划招录的 18.65 万人中，有 24.3%（4.53 万

人）的职位对需求人员学历无要求；75.7%（14.12万人）的职位对需求人员学历有要求，其中有24.8%（4.63万人）要求高中、中专、中技学历，16.6%（3.10万人）要求大专学历，34.3%（6.39万人）要求本科及以上学历。

在招录的14.12万人中，有33.9%（4.79万人）招收应届毕业生。其中，在要求人员学历为本科及以上的人员中，有40.4%招收应届毕业生；在要求学历为大专的人员中，有39.4%招收应届毕业生；在学历要求为高中、中专、中技的人员中，有21.3%招收应届毕业生，但学历要求为高中、中专、中技的，对人员的工作经验更为看重。

2.用人单位对高学历人员的需求略增

图1列出了2016年和2017年城镇单位对各类学历人员的需求构成。2017年，在人员总需求量中，对学历无要求的职位比例下降，而要求本科及以上学历的职位比例上升。

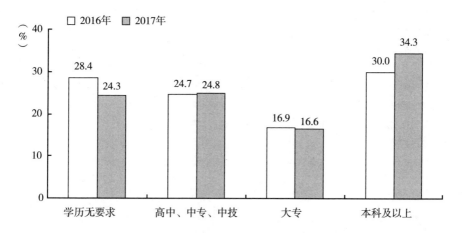

图1 2016年和2017年广州市城镇单位对不同学历人员的需求构成

3.专业技术人员和高等教育教师对高学历人员需求度高、需求量多

2017年，有29个职业对本科及以上学历人员的需求量占该职业需求总量的比重在90%及以上（见表9），其中有15个职业全部需求本科及以上学历人员。在29个职业中，有28个为专业技术人员类职业，只有1个为生产、运输设备操作及有关人员类职业。

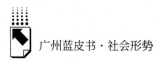

表9　2017年本科及以上学历人员需求比例在90%及以上的职业

单位：人，%

职　　业	需求人数	本科及以上学历人员需求量	本科及以上学历人员需求量占该职业总需求量的比例
民用航空工程技术人员	129	129	100.0
书记员	84	84	100.0
检察官	75	75	100.0
记者	36	36	100.0
考古及文物保护工作人员	33	33	100.0
航天工程技术人员	20	20	100.0
法官	15	15	100.0
地震工程技术人员	8	8	100.0
播音员及节目主持人	8	8	100.0
气象工程技术人员	6	6	100.0
中学物理教师	3	3	100.0
航空工程技术人员	2	2	100.0
小学计算机教师	2	2	100.0
工程防水人员	2	2	100.0
矿山工程技术人员	1	1	100.0
证券业务人员	184	183	99.5
水产工程技术人员	158	156	98.7
银行客户经理	348	340	97.7
林业工程技术人员	31	30	96.8
高等教育教师	6158	5933	96.3
小学教师	1018	980	96.3
律师	234	225	96.2
审计人员	146	139	95.2
西医医师	2779	2637	94.9
银行业务人员	2509	2368	94.4
中医医师	323	301	93.2
科学研究人员	2828	2633	93.1
海洋工程技术人员	73	67	91.8
管理科学研究人员	331	300	90.6

在对学历要求较高的职业中，高等教育教师的人员需求量最多，科学研究人员、西医医师、银行业务人员、小学教师等职业的需求量也较多。

4. 铁路、地铁运输机械设备操作及有关人员对大专学历人员的需求度高、需求量多

2017年，大专学历人员的需求量占该职业需求总量的比重在80%及以上的职业共有11个，其中有10个职业全部需求大专学历人员（见表10）。在11个职业中，有7个为生产、运输设备操作及有关人员类职业，2个为农林牧渔水利业生产人员类职业，专业技术人员类和商业、服务业人员类职业各1个。

表10 2017年大专学历人员需求比例在80%及以上的职业

单位：人，%

职 业	需求人数	大专学历人员需求量	大专学历人员需求量占该职业总需求量的比例
铁路、地铁运输机械设备操作及有关人员	3136	3136	100.0
机泵操作人员	6	6	100.0
美术品制作人员	5	5	100.0
农林专用机械操作人员	3	3	100.0
土石方施工人员	2	2	100.0
兵器工程技术人员	1	1	100.0
营养配餐人员	1	1	100.0
水土保持作业人员	1	1	100.0
广播影视舞台设备安装调试及运行操作人员	1	1	100.0
文物保护作业人员	1	1	100.0
输电、配电、变电设备值班人员	66	59	89.4

在对大专学历人员需求度高的职业中，铁路、地铁运输机械设备操作及有关人员的需求量最多，且全部需求大专学历人员，2017年预计需求0.31万人。

5. 电子器件制造人员对高中、中专、中技学历人员的需求度高、需求量最多

2017年，高中、中专、中技学历人员的需求量占该职业需求总量的比例在80%以上的职业有16个，其中7个全部需求高中、中专、中技学历人员（见表12）。在16个职业中，有11个为生产、运输设备操作及有关人员类职业，3个为商业、服务业人员类职业，办事人员和有关人员、农林牧渔水利业生产人员两类职业各1个。

表11　2017年高中、中专、中技学历人员需求比例在80%及以上的职业

单位：人，%

职　　业	需求人数	高中、中专、中技学历人员需求量	高中、中专、中技学历人员需求量占该职业总需求量的比例
森林资源管护人员	5	5	100.0
漆器工艺品制作人员	4	4	100.0
抽纱、刺绣工艺品制作人员	3	3	100.0
废物处理人员	3	3	100.0
勘测及矿物开采人员	2	2	100.0
调酒和茶艺人员	1	1	100.0
泊车员	1	1	100.0
乳品、冷食品及罐头、饮料制作人员	83	80	96.4
电子设备装配、调试人员	2323	2149	92.5
起重装卸机械操作及有关人员	71	64	90.1
其他运输服务人员	98	86	87.8
机电钳工	209	183	87.6
电子器件制造人员	11123	9599	86.3
消防人员	53	45	84.9
仪器仪表装配人员	74	62	83.8
筑路、养护、维修人员	11	9	81.8

在对高中、中专、中技学历人员需求度较高的职业中，电子器件制造人员的需求量最多，2017年预计需求高中、中专、中技学历人员0.96万人；此外，电子设备装配、调试人员的需求量也较多，预计需求2149名学历为高中、中专或中技的人员。

6. 玩具制作人员对需求人员无学历要求，需求量最多

2017年，有14个职业对需求的人员基本上无学历要求，其中有5个对所有人员都无学历要求（见表12）。在14个职业中，有9个为生产、运输设备操作及有关人员类职业，3个为商业、服务业人员类职业，办事人员和有关人员、农林牧渔水利业生产人员类职业各1个。

在对人员学历基本无要求的职业中，玩具制作人员、非金属矿及其制品生产加工人员、环境卫生人员、鞋帽制作人员等职业的人员需求量较多，其中玩具制作人员的需求量最多，2017年预计有5000个职位对需求人员学历无要求。

表12　2017年人员需求量中90%及以上对学历无要求的职业

单位：人，%

职　　业	需求人数	无学历要求的人员需求量	无学历要求的人员需求量占该职业总需求量的比例
装饰石材生产人员	50	50	100.0
墙体屋面材料生产人员	35	35	100.0
制糖和糖制品加工人员	10	10	100.0
洗染织补人员	5	5	100.0
居委会委员	4	4	100.0
玩具制作人员	5003	5000	99.9
非金属矿及其制品生产加工人员	1072	1070	99.8
缝纫制品再加工人员	138	134	97.1
环境卫生人员	1745	1688	96.7
送报员、送奶员、送餐员	22	21	95.5
鞋帽制作人员	974	924	94.9
粮油食品制作人员	116	108	93.1
种植业生产人员	26	24	92.3
体育用品制作人员	60	55	91.7

7. 越秀和天河对高学历人员需求度高，南沙对需求人员的学历要求相对较低

从各区域对本科及以上学历人员的需求占该区域人员需求总量的比例来看，2017年在越秀区需求的人员中，有65.3%的职位要求具有本科及以上学历，在天河区需求的人员中有50.6%的职位要求学历在本科及以上，上述两个区域对高学历人员的需求度高于其他地区；南沙区则对人员学历的要求相对较为宽松，有57.6%的职位对人员学历无要求，是各区中对人员学历无要求比例最高的。

8. 国有单位对高学历人员的需求度明显高于其他类型单位

从不同类型的单位来看，国有单位有94.6%的职位对需求人员学历有要求，其中79.4%要求人员具有本科及以上学历，对高学历需求人员的需求度明显高于其他类型单位，比全市平均水平高出45.1百分点。

港澳台商投资企业对需求人员学历的要求相对最宽松，有42.3%的职位对人员学历无要求，高于全市平均水平18.0个百分点。

表13 2017年不同区域企业对高学历和无学历限制人员的需求结构

单位：%

区　域	本科及以上学历人员需求量占总需求量比重及排位		无学历限制人员需求量占总需求量比重及排位	
	比重	排位	比重	排位
全　市	34.3	—	24.3	—
荔湾区	28.7	5	37.2	3
越秀区	65.3	1	7.6	11
海珠区	33.8	3	16.3	8
天河区	50.6	2	12.5	10
白云区	30.1	4	39.5	2
黄埔区	25.8	7	15.6	9
番禺区	24.5	8	29.9	7
花都区	21.1	10	35.9	4
南沙区	6.2	11	57.6	1
从化区	27.2	6	34.7	5
增城区	23.0	9	33.0	6

表14 2017年不同类型单位对人员学历的需求结构

单位：%

单位类型	本科及以上学历人员比重	大专学历人员比重	高中、中专、中技人员比重	无学历要求人员比重	合计
全　市	34.3	16.6	24.8	24.3	100
国有单位	79.4	11.7	3.4	5.4	100
集体企业	2.1	1.4	57.9	38.5	100
其他内资企业	36.2	21.9	19.9	22.0	100
港澳台商投资企业	8.6	8.3	40.8	42.3	100
外商投资企业	17.5	10.8	45.8	25.9	100

（二）职称及职业技能要求

1. 近两成职位对人员职称及职业技能有要求

2017年，在全市18.65万人的需求中，有3.59万人对职称和职业技能有要求，占人员需求总量的19.3%。

从类型来看，有2.34万人对职称有要求，占人员需求总量的12.5%，其中要求人员具有中级以上职称的有1.19万人，要求具有初级职称的为1.15万人，分别占需求总量的6.4%和6.2%；在职业技能方面，有1.25万人对技能等级有要求，占人员需求总量的6.7%，其中技师及以上需0.21万人，高级工需0.17万人，中级工及以下需0.87万人，分别占人员需求总量的1.1%、0.9%和4.7%。

2. 专业技术人员职业对具备职称和技能人员的需求度最高

数据显示，专业技术人员对职称和职业技能的要求比例在各职业中最高，有32.5%的人员对职称或技能有要求，高出平均水平13.2个百分点。农林牧渔水利业生产人员，生产、运输设备操作人员及有关人员两类职业，对职称或技能要求相对较低，对职称或技能不设要求的职位比例均在九成以上（见表15）。

表15　2017年不同类型职业对人员职称及职业技能的需求结构

单位：%

职称或职业技能要求	专业技术人员	办事人员和有关人员	商业、服务业人员	农林牧渔水利业生产人员	生产、运输设备操作人员及有关人员	全市
中级及以上职称	13.5	6.0	1.5	0.0	0.5	6.4
初级职称	11.9	4.4	3.3	1.3	1.3	6.2
技师及以上	2.1	0.8	0.6	0.0	0.4	1.1
高级工	1.3	0.9	0.7	0.0	0.7	0.9
中级工及以下	3.7	7.0	4.4	2.0	5.0	4.7
无职称及职业技能要求	67.5	80.8	89.5	96.7	92.1	80.7
合　　计	100	100	100	100	100	100

3. 国有单位对需求人员的职称和职业技能要求最高

2017年，在国有单位预计需求的人员中，有29.2%对需求人员的职称或技能有要求，高于其他类型单位的比例，比平均水平高9.9个百分点；大部分要求有职称的人员，有12.5%的国有单位要求具有中级及以上职称，14.2%要求具有初级职称，比例均明显高于其他类型的单位及平均水平。

集体企业、港澳台商投资企业和外商投资企业则对需求人员的职称和职业技能要求相对较为宽松，这3类单位对需求人员的职称和职业技能无要求的比例均在90%以上，其中集体企业有98.3%的岗位对人员职称和职业技能无要求（见表16）。

表16　2017年不同类型单位对人员职称及职业技能的需求结构

单位：%

职称或职业技能要求	国有单位	集体企业	其他内资企业	港澳台商投资企业	外商投资企业	全市
中级以上职称	12.5	0.5	7.7	1.3	1.5	6.4
初级职称	14.2	1.0	6.6	2.1	1.6	6.1
技师及以上	0.6	0.1	1.4	0.6	1.6	1.1
高级工	0.5	0.0	1.2	0.4	1.1	0.9
中级工及以下	1.5	0.1	6.7	2.2	2.1	4.7
无职称及职业技能要求	70.8	98.3	76.4	93.4	92.1	80.7
合　　计	100	100	100	100	100	100

（三）年龄要求

1. 近六成职位要求人员的年龄在35岁及以下

2017年，在城镇单位需求的18.65万人中，有58.1%（10.84万人）对需求人员的年龄要求在35岁及以下，7.1%（1.32万人）要求年龄在35岁以上，34.8%（6.49万人）对招用人员的年龄无要求。

2. 铁路、地铁运输机械设备操作及有关人员，通信工程技术人员等两类职业对35岁及以下年轻劳动力的需求度高，总体需求量多

2017年，有30个职位全部需求35岁及以下人员，其中9个为生产、运输设备操作人员及有关人员，7个为专业技术人员，7个为商业、服务业人员类，5个为农林牧渔水利业生产人员，2个为办事人员和有关人员；另外还有18个职业对35岁及以下人员的需求比例在90%或以上。

从具体职业看，对35岁及以下人员需求度高的职业中，铁路、地铁运输机械设备操作及有关人员的需求量最多，2017年预计需求3136人，全部要求人员的年龄在35岁及以下；通信工程技术人员对年轻人员的需求度高，需求量也较多，2017年预计要求1578人年龄在35岁及以下。

3. 极少部分职业对35岁以上人员的需求度高，但总体需求量较少

2017 年，有 5 个职业对需求人员的年龄要求均为 35 岁以上，分别为矿山工程技术人员、营养配餐人员、泊车员、森林资源管护人员、勘测及矿物开采人员，5 个职位 2017 年预计共只需求 10 人，人员需求量均非常少。此外，音像制品制作复制人员、美术品制作人员、播音员及节目主持人、护工等职位对 35 岁以上人员的需求比例较高，超过 50.0%，但这些职位的人员需求量均不多。

4. 对人员年龄无要求的职业大部分为生产、运输设备操作人员及有关人员类

2017 年，有 9 个职业对所有就职人员的年龄均无要求，其中 5 个为生产、运输设备操作人员及有关人员类职业，2 个为商业、服务业人员类职业，办事人员及有关人员、农林牧渔水利业生产人员类职业各 1 个。

从具体职业看，在对人员年龄无要求比例高的职业中，玩具制作人员的需求量最多，2017 年预计有 5000 个职位对人员的年龄无要求；电子设备装配调试人员、非金属矿及其制品生产加工人员、鞋帽制作人员等职业对无年龄限制的人员需求量也较多。

（四）来源地要求

2017 年，在全市城镇单位需求的 18.65 万人中，有 84.4%（15.74 万人）对人员的来源地无要求，只有 15.6%（2.91 万人）对人员的来源地有要求，其中 6.4%（1.20 万人）需外地人员；9.2%（1.71 万人）需本市户籍人员，其中需本市非农业户口人员 1.29 万人，需本市农业户口人员 0.42 万人。

三　进一步做好就业服务工作的建议

（一）深入推进供给侧结构性改革，推动经济增长，带动充分就业

应继续以改革稳增长，深入推进供给侧结构性改革，提振实体经济，加快推进经济发展方式转变和产业结构调整升级，不断增强经济增长的内生动力，促进经济持续稳定增长，创造新的就业岗位，挖掘就业潜力，为充分就业创造良好的经济基础和条件，努力构建经济发展和促进就业良性互动机制，带动充分就业。

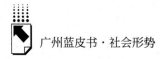

（二）促进中小微企业发展，创造更多的就业机会

中小企业特别是小微企业是稳定扩大就业的主力军，因此保护和发展好中小企业，引导促进中小微企业适应新经济、新技术、新模式变革，关系整体经济社会发展大局，也是维持就业形势稳定的重要基础。因此应进一步加大"放管服"改革力度，鼓励中小微企业发展，通过它们的发展吸纳更多的劳动力。

（三）大力发展现代服务业，增加就业和产业协调性

随着经济的发展以及经济结构的不断转型升级，现代服务业（低端服务业不包括在内）已成为地区经济增长的新动力、新方向、新引擎，同时也是吸纳劳动力的重要渠道，服务业吸纳就业的能力日益突出。因此，应大力发展现代服务业，推动传统服务业改造升级，加快发展金融服务、现代物流、科技服务、文化创意、知识产权等生产性服务业，创新服务业发展模式和业态，提高现代服务业就业比重。

（四）进一步完善就业政策，提高就业服务水平

适应"互联网＋"条件下就业创业方式多元化趋势，根据促进新经济、新业态发展的要求，进一步完善就业政策、公共管理和就业服务体系，进一步完善灵活就业人员社会保障制度，为各种就业形态和就业人员提供更好的公共就业服务。针对应届毕业生、大龄失业人员、进城务工人员等不同就业群体的实际情况和需要，制定更有针对性的就业扶持政策，加强职业技能培训和职业规划，提升他们的就业能力，不断提高就业服务水平。

（审稿人：张健一）

Abstract

"2018 China's Guangzhou Social Situation Analysis and Prediction" is co-edited by Guangzhou University, the Propaganda Department of Guangzhou Municipal Party Committee, Guangzhou Municipal Human Resources and Social Security Bureau, Guangzhou Civil Affairs Bureau, Guangzhou Municipal Social Work Committee, Guangzhou Civil Affairs Bureau. It is open to the public. This book is composed of six parts: the general report, the people's livelihood protection chapter, the social governance chapter, the education reform chapter, the legal construction chapter, and the social investigation chapter. It brings together the latest research achievements of many experts, scholars and related departments on social issues from research institutes, universities, and government departments in Guangzhou. It provides important references to thematic analysis and prediction on social issues in Guangzhou.

In 2017, Guangzhou continued to focus on ensuring and improving people's livelihood. It continued to increasing the investment in people's livelihood, pushing forward to the development of generalized social security system, strengthening social construction and service management, innovating social governance systems, and integrating basic governance with grassroots party building. Various types of co-construction, co-governance, and co-sharing platforms have been constructed, and the equalization of public services such as education, medical care, housing, and pensions has been continuously promoted, and favorable development in the fields of livelihood construction, social governance and other important social construction and development has taken shape.

At the same time, social development in Guangzhou still has problems such as weak governance capacity, insufficient public service provision, delayed service systemsin education and pensions, and lack of high-level and high-quality talents and its service mechanisms. Looking ahead to 2018, Guangzhou will give priority to the people's livelihood, which contains playing a supporting role in the social policy,

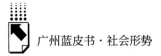

continuing to improve the social security and public service system for all citizens to share common wealth, improving the employment quality, optimizing the talent environment, orderly updating the city, managing the urban environment, intensifying reforms and innovations in governing environmental pollution, balancing the education quality, developing a healthy Guangzhou, and improving the social security system, creating a new pattern of social governance for co-construction, co-governance and co-sharing.

Keywords: Guangzhou; Public Service; Social Security

Contents

I General report

Abstract: In 2017, Guangzhou focused on ensuring and improving people's livelihood. It has fully promoted the construction of a social security system. It continued to promote community governance at the grass-roots level and social integration of migrants. It has promoted the integration of migrants, which include promote compulsory education for the children of migrants, full coverage of medical assistance, widen the participation in several important social construction and development fields in basic livelihood construction and social governance such as community governance and social integration. Looking into the year 2018, the trend of social construction and development in Guangzhou is: the allocation of public resources such as education will be further balanced; the social security safety net and public service system will continue to be improved. Community social organizations will be further developed, and social integration will be accelerated which means the

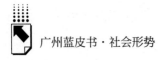

number of immigrants personnel involved in community governance through community organizations will increase.

Keywords: People's Livelihood Construction; Social Governance; Social Organization; Guangzhou

Ⅱ Livelihood Protection

B. 2 Reflections on the Development of Modern People's Livelihood in Guangzhou *Chen Xueyu, Zhang Jianyi* / 027

Abstract: The report of the Fourth Plenary Session of the 11th CPC Committee of the Guangzhou Municipal Committee put forward new and higher requirements for the medium and long-term development of the people's livelihood in Guangzhou. Compared with the average development level of high-income countries in the world, there is still a clear gap between Guangzhou's income level and its fairness, public spending power and structure, social education and cultural level, and the overall living environment. In the next three years, Guangzhou should focus on improving the quality of employment, optimizing the talent environment, orderly updating the city, urban environmental management, environmental pollution control, balancing the development of education quality, building a healthy Guangzhou, and improving the social security system, so as to reduce the gap from the international standards of the people's livelihood.

Keywords: Modernization; People's Livelihood; Guangzhou

B. 3 Statistics and Monitoring Report on the Development of Women and Children in Guangzhou City in 2016 *Department of Population and Social Science and Technology, Guangzhou Bureau of Statistics* / 039

Abstract: 2016 is the sixth year of implementation of the "Guangzhou Women and Children Development Plan (2011 - 2020)" (hereinafter referred to as "Plan"). Compared with the "Plan" of Guangdong province and Guangzhou city, the quantifiable index of Guangzhou City in 2016 that reach the standard was more than 70%. The rights of women and children in the city in economy, politics, culture and education, health care and legal protection have been further realized. The overall quality of women and children has been greatly improved, and the level of participation in social development has been continuously improved. However, there are problems: it is still a continuous decline in the consolidation rate of the nine-year compulsory education for girls; it is difficult for women to involving in village committee personnel; and the rate of low birth weight for female infants increased year by year. It is suggested that the public school supplies should be increased for the equity investment in education, the mechanisms for female reserve cadres should be established and improved, and the services in maternal and child health should be improved.

Keywords: Women's and Children's Development Plan; Statistical Monitoring; Guangzhou City

B. 4 Research on Equalization of Basic Public Services for Migrant Workers in Guangzhou City   *Chu Shanshan* / 053

Abstract: Through field research, the author analyzes the status of the equalization of basic services public service and basic public services for peasant workers in Guangzhou, which finds that the current demand of Guangzhou migrant workers for their children's enrollment, employment protection and social insurance is relatively high and urgent. It is recommended to improve the basic public service, promote the equalization of basic public services, promote the urbanization of migrant workers, and help the migrant population to integrate into city life by perfecting the points entry system of education, reducing entry barriers, expanding the scope of public employment services, strengthening skills training, broadening the channels for social security participation, etc.

Keywords: Guangzhou; Migrant Workers; Basic Public Services Equalization

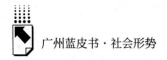
B. 5　Exploration and Development Suggestions for Smart
Old-age Care in Guangzhou　　　　　　　　　*Yi Weihua* / 073

Abstract：Smart old-age care is formed in the background of the face of fierce regional competition, population aging crisis, and the "supply and demand imbalance" of Guangzhou's pension. Under the background of solving the problem of aging crisis, it is the only way to promote the economic development of Guangzhou. Many cities in China have begun to explore the smart old-age care strategies. Although the development of smart old-age care in Guangzhou has certain foundations, there are also many difficulties in its development. We must speed up the provision of smart old-age care systems, promote its platform construction, improve the input mechanisms, promote the development of smart old-age care industries, and accelerate the professional talents construction.

Keywords：Smart Old-age Care；Population Aging；Guangzhou

B. 6　Investigation on the Willingness of Community Residentsto
Choose the Old-age Care for in Guangzhou

Shen Yujie, *Wang Yanan and Li Hong* / 083

Abstract：The aging of China is more and more serious. Institutional means of supporting the elderly is an important part of the old-age pension pattern. However, it is not fully developed at present. This paper investigates the residents of Guangzhou city to study the willingness and influence factors of their choice of institutions for the aged. According to the investigations, the number of female children, living alone, and the large cost of living expenses per month are the factors affecting the elderly to choose the institutional pension；the main reasons for choosing a pension institution are as follows：the nursing home is better than the family；the children have no time to take care of them；and their family members are unable to take care of them when they are in illness. The main disadvantages of old-age care are the absence of a familiar environment, the inability to enjoy medical care, and the lack of affectionate care. It is suggested that the old-age care disabilities should comply with the social development and the actual needs of the elderly, integrate mental care with physical care, increase the strength of "medical care and support", implement differentiated management, and further improve service quality.

Keywords: Aging; Institutional Pension; Guangzhou

B. 7 Research on Improving the Role of Community Residents' Medical Science Literacy to the Construction of Harmonious Doctor-patient Relationship

Chen Chuan, Hu Haiyuan and Zhang Qun / 099

Abstract: The objective is to investigate the cognition status of residents' health literacy and doctor-patient relationship, and analyze the correlation between them, so as to provide scientific basis for improving the doctor-patient relationship from the perspective of residents' health literacy. The questionnaire of 2009 Chinese citizens' health literacy and the scale of doctor-patient relationship assessment (PDRQ −15) were used to conduct a questionnaire survey on 519 resident residents in Tianhe District. The test of two independent samples was used to compare the cognitive status of the patients with different health literacy. The result found out that the mean for 506 residents comprehensive health literacy is 21. 7 ±4. 8, and the mean for doctor-patient relationship cognition is 55. 3 ± 9. 5 points. There is a significant difference between doctor-patient relationship cognition of people with different health concepts and basic knowledge literacy ($P < 0.01$). There is a statistically significant difference in cognition of doctor-patient relationship among residents of different healthy lifestyles and behavioral literacy ($P < 0.01$). There is a statistically significant difference in the cognition of doctor-patient relationship among residents with different levels of comprehensive health literacy ($P < 0.01$). The better the health literacy is, the better the cognition of the doctor-patient relationship, and the improvement of the residents' health literacy can effectively improve the residents' cognition of doctor-patient relationship.

Keywords: Resident; Health Literacy; Doctor-patient Relationship

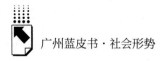

Ⅲ Social Governance

B. 8 Status and Countermeasures of Guangzhou Comprehensive Family Service Center in the Street

Guangzhou Developmental Academy Research Group,

Guangzhou University; Zeng Yonghui / 113

Abstract: In 2009, Guangzhou launched a pilot project to purchase affiliated service projects of comprehensive family service. Since then, the comprehensive family service has been promoted from a certain point of the city to the whole city. After nearly eight years of development practice and local exploration, it has formed a "Guangzhou model" "of government-led, social coordination". This model has been fully affirmed by the Ministry of Civil Affairs, and has been summarized and promoted at the National Social Work Promotion Conference. The difficulties, problems and lessons have been learned in the process of providing family service which have important practical significance and value for guiding the "Guangzhou model" and even the national social governance innovation.

Keywords: Guangzhou; Social Work Service; Comprehensive Family Service Center

B. 9 Investigation on Guangzhou Youth's Attention and Demand to the 19th National Congress

Sun Hui / 130

Abstract: This report analyzes the views and expectations of young people in Guangzhou on the report of the 19th National Congress of the Communist Party of China (CPC) and their most pressing needs at present. The study finds that young people in Guangzhou are concerned about the 19th National Congress and their political participation is positive. They are full of confidence in the development prospects of the post −19th National People's Congress. They attach attention to such issues as housing, education and employment; they are looking forward to the "good life" as "income growth and economic development simultaneously". At the same time, it was also found that young people in Guangzhou had such problems as "hardship of housing" and "difficult start-up". There was still a long way to go in institutionalization of voluntary service in Guangzhou. There were serious problems of formalism in mass organizations. Finally, on the basis of empirical investigation, combined with the actual work, this paper puts forward specific measures to better serve the youth and meet the needs of young people.

Keywords: Guangzhou Youth; Volunteer Service; Group Reformation

B. 10   Analysis on the Social Integration and Sustainable Participation: A Case Study of Youth Volunteers in Guangzhou

Guangzhou Developmental Academy Research Group,

Guangzhou University; *Liu Sixian* / 143

Abstract: At the end of 2016, the author conducted a questionnaire survey of 1,200 15 −35 year olds youth people. The results are as follows: first, "focusing on participation" is the current main attitude of youth groups to volunteer services; second, the proportion of long-term youth volunteers is relatively low; third, the motives of youth volunteers is diversed and dimensional; forth, time is the largest obstacle to the volunteering participation of youth groups. Therefore, the author proposes that, first of all, the organization of youth volunteer services in future must strengthen the building of youth volunteers and deepen the professional training of volunteer services in future. The second suggestion is to correctly treat volunteers with different motives and promote the linkage and integration of youth volunteer service resources. The third suggestion is to improve the volunteer service environment and provide facilities to optimize the arrangements for creating youth participation conditions. The fourth suggestion is to standardize the management mode of volunteer service and guarantee the normal and stable development of youth volunteer service. The fifth suggestion is to "link" the youth volunteer service

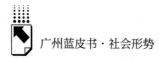

information platforms and optimize young volunteer service channels.

Keywords: Guangzhou; Youth People; Volunteers

B. 11　Research and Suggestions on the Effectiveness of
　　　　Organizational Life in Party Branches in Colleges
　　　　and Universities　　　　　　　　*Fu Meifang*, *Ye Luyang* / 152

Abstract: This report investigates the organizational living conditions of the party branch in some colleges and universities in Guangzhou. Then it sorts out the problems and causes of organizational life in the party branch of colleges and universities. Finally it proposes the countermeasures and suggestions for enhancing the organizational life efficiency of the party branch in colleges and universities.

Keywords: Guangzhou; University; Teaching Party Branch

B. 12　The Practical Exploration of the Grassroots Party
　　　　Organization in Yuexiu District in the Community
　　　　Governance Innovation　　　*Xu Xiaoling*, *Sun Xiangxiang* / 163

Abstract: In the new era, grassroots party organizations are still the main body of the community governance, and it is the most basic, direct and critical strength to strengthen and innovate community governance. How to improve the ability of grass-roots community party organizations in community governance, and play to the role of grass-roots community party organizations in the leadership, and how to improve overall coordination and demonstration services, it is explored and emerged a number of excellent cases of quality communities in Yuexiu District in recent years. Among which, the community's micro-restructuring and comprehensive rectification as the main content, led the model of community governance innovation and achieved certain results. Standing in the new historical position, the grassroots party organizations still have some challenges in fulfilling the leadership role and improving the mechanism in the process of community governance. They need to be strengthened by perfecting the organizational mechanism, improving the organizational system, and strengthening organizational development.

Keywords: YueXiu District; Grass-roots Party Organization; Urban Community; Community Governance

Ⅳ Education Reform

B. 13   Investigation and Research on the Full Implementation
of Free High School Education in Guangzhou

Tian Changen, Chen Zebo / 176

Abstract: High school free education has become an international and domestic trend, and is also a hot issue of the proposal at all levels of the people's Congress and the CPPCC in recent years in China. The study surveys current situation of free high school education in Guangzhou at present. Compared with the international, domestic and the Pearl River Delta free high school education situation, it puts forward that Guangzhou city should be the full implementation of free high school education in the "13th Five-Year" period, and puts forward some corresponding strategies.

Keywords: Guangzhou; High School Free Education; Gompulsory Education

B. 14   Research Report on the 0 −3 years old Child Care
Service in Guangzhou

Liu Mei, Fan Ying, Dong Yuzheng and Liu Xiaomin / 186

Abstract: To promote the implementation of the universal two-child policy, promote the healthy development of 0 −3 year old child care service, and carry out a special investigation on 0 −3 year old child care service in Guangzhou, this research found that, the current Guangzhou child care service development has a large gap to

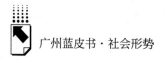

meet the requirements of "universal two-child" policy implementation. It exists the obvious contradiction between supply and demand, as well as cognition pitfalls. It is also lack development planning and construction, leadership, industry standards, personnel training, etc. It is suggested to strengthen the responsibility of the government, set up comprehensive child care service ideas, set up a leadership organization with clear responsibilities, set up long-term industry standards, construct the development of the co-construction and sharing mechanism, accelerate the establishment of a 0 −3 years old child care service system.

Keywords: Universal Two-child Policy; 0 −3 Year Old Child; Child Care Service; Guangzhou

B. 15   Analysis on the Status and Policy Recommendations
for the Development of Elderly Education in Guangzhou

The Guangzhou City Committee of the Democratic Progressive Group / 219

Abstract: With the improvement of living conditions and economic and social development, the spiritual and cultural life of the elderly needs to be continuously improved. In the past two years, the State and Guangdong Province have successively issued documents that set clear goals and requirements for the development of elderly education. This paper analyzes the current situation of the elderly education in Guangzhou, and according to the current needs of elderly people for elder education and the requirements of the country for the development of elder education, it analyzes the problems in the planning goals, management mechanisms, school running system, and resources supply of elder education in Guangzhou. It proposes the corresponding policies to speed up the development of elderly education.

Keywords: Elderly Needs; Elderly Education; Elderly School

Abstract: This study proposes the future development ideas for district-level teaching and research institutions in Guangzhou. First of all, it should integrate these institutions, devoted to creating district-level educational think tanks; Secondly, it should strengthen the construction of talents for teaching and research institutions at the district-level, as well as re-evaluate the number of personnel in teaching and research institutes in various districts to ensure sufficient labor force; Thirdly, it should take the building of the talent team into the key content of the construction of regional teaching and research institutions, and carry out the talent team multiplication plan; Fourthly, it should strengthen the educational decision service capabilities in educational and scientific research; Finally, it should enable the function of "four in one" to realize and the teaching and research institutions from "integration" to "fused".

Keywords: Guangzhou; District-level Teaching and Research Institutes; Think Tank; Functional Orientation

Abstract: In 2016, the monitoring results of educational modernization level showed that in 15 sub-provincial cities, the overall level of educational modernization in Guangzhou was in the upper middle and upper level. In terms of educational development and quality, educational fairness, and educational conditions, the overall level of education modernization in Guangzhou is in the upper and upper level. Among them, the modernization level of educational governance is in the forefront of the whole country, while the level of educational development and quality and the level of educational conditions guarantee are in the middle or upper middle level. However, the level of promoting education equity is relatively poor. It is suggested that we should make up the shortcomings and weaknesses affecting the quality of education, especially the shortage of teachers, improve the quality of education in an all-round way. It is also suggested to increase the financial investment in education, to improve the standard of education expenditure for students, to raise the level of education security, to speed up the inter-school balance in the city, to solve the problem of joining public schools with immigrants' children, to improve the level of education fairness in an all-round way, and to improve the construction of the public education supervision system, so as to raise the level of modernization of education and governance.

Keywords: Educational Modernization; Educational Development and Quality; Education Fairness; Educational Condition Security; Educational Governance

V   Legal Construction

B. 18   The Analysis on the Current Situation of the
Administrative Legislation in Guangzhou in 2017
and the Prosperity in 2018

Guangzhou Developmental Academy Research Group,
Guangzhou University; *Lu Hufeng*, *Han Xiu* / 254

Abstract: Local administrative legislation, guided by national policies, laws and regulations, is oriented to the development status of local regions, and plays an important leading role in promoting targeted solutions to solve local development and economic and social management issues. In 2017, the legislative situation of Guangzhou local government in the aspects of economic and social management, urban management and people's livelihood was better, but it was still insufficient. Under the macro adjustment of the legislative environment at the 19th session of national congress of the communist party of China, in 2018, the local legislation of Guangzhou also needs to intensify its efforts in the construction of the government itself, the establishment of a market system, the settlement of people's livelihood issues, and the construction of transportation systems.

Keywords: Guangzhou; Local Administrative Legislation; Local Governance

B. 19 Suggestions on Dealing with Private Entrepreneurs Involved in the Case According to Law and Guaranteeing Stable Development of Enterprises

Guangzhou City Federation of Industry and Commerce,

Guangzhou Private Enterprise Complaint Center / 272

Abstract: In order to further understand the situation of private entrepreneurs in Guangzhou involved in criminal cases and their production and operation status after the case was involved, the Guangzhou Federation of Industry and Commerce conduct a research on dealing with private entrepreneurs involved in the case according to law and guaranteeing stable development of enterprises. The special investigation group visited the relevant functional departments and a number of enterprises involved in the case, mainly bribery, and has mastered a number of data in recent years. It has analyzed the reasons of entrepreneurs involved in the case and the impact on the business after the case was involved. Combined with the existing measures of the relevant departments in Guangzhou to safeguard the production and operation of private enterprises involved in the case, they put forward suggestions on how to prevent entrepreneur crimes and protect the civil rights of entrepreneurs involved in the case.

Keywords: Guangzhou; Private Entrepreneurs; Involved in Case Development

B. 20 Study on the Operation Mode of Gender Equality Public Policy in Guangzhou

Duan Xiufang / 281

Abstract: Guangzhou, as the frontier of China's reform and opening up, has active innovation practices experiences in the system and operation of gender equality public policies, and it has a relatively mature model. Under the influence of existing public policies, institutional frameworks, policy implementation practices, and traditional gender concepts, Guangzhou also has several limitations in the formulation of public policies. Its gender awareness has not yet become a consensus of the public policy department. Moreover, the limitations of the Women's Federation's gender equality work, and gender consultation and assessment mechanisms need to be further implemented. It is recommended to continue to promote the revision and formulation of public policies on gender equality, promote the establishment of national gender equality promotion agencies, give full play to the role of advisory and evaluation agencies, and focus on gender training for party and government workers to improve the operating model of public policies in Guangzhou.

Keywords: Gender; Gender Equality; Public Policy; Guangzhou City

B. 21 Exploring the Trial of Statutory Bodies Actively, Promoting the Innovative Development of China (Guangdong) Pilot Free Trade Zone Nansha Area of Guangzhou

Song Weijiang / 297

Abstract: The present research report gave an analysis of the origin, meaning and characteristics of the statutory body. By combing the construction of statutory bodies in HK, Shanghai, Qingdao, and Shenzhen, Foshan in Guangdong province, this report made a summary of both practice experiences and existing problems in establishing statutory bodies. The report also made it clear about the specific path choice for the trial of statutory bodies in Guangzhou by actively absorbing and drawing on legal experiences in other places, in combination with Government Regulations of Guangzhou Municipality with regard to statutory bodies.

Keywords: Guangzhou; Statutory Bodies; Pilot Free Trade Zone

Ⅵ Social Investigation

Abstract: The population structure of Guangzhou shows that the floating population has grown rapidly, while the working-age population has decreased, the aging population has increased, and the population in the old city district is highly dense. It is necessary to actively solve the problems such as supporting the birth population, aging population, services for migrants and other issues, and promote the coordinated development of the population and the economy and society.

Keywords: Population Structure; Demographic Dividend; Sex Ratio

Abstract: The migration of young people highlights the competitiveness and attractiveness of a city. The youth population that migrate across regions is a special part of the urban population migration group. This group is getting larger and larger, showing a geometric growth each year. They are mainly from the central urban area. Suburbs, surrounding cities, and villages in cities, and most of them have bachelor degree or above, with high cultural quality. During the process of cross-regional migration, they are under great pressure that cannot be relieved in a short time, bringing with them a series of psychological problems and social problems. The accumulation of these problems is likely to erupt at the moment of reaching the zero boundary. The analysis finds that the attribution of these problems lies mainly in the three dimensions of market, policy, and culture. It needs to be explored in terms of market guidance, policy formulation, cultural construction, and psychological

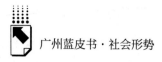
广州蓝皮书·社会形势

guidance to solve or relieve these problems.

Keywords: The Youth Population Migration; Backwards Regression; Guangzhou

B. 24   Analysis of the Demand of Urban Units in Guangzhou

in 2017   *Guangzhou Bureau of Statistics Task Force* / 335

Abstract: In order to grasp the needs of urban unit personnel in Guangzhou in 2017, the Guangzhou Bureau of Statistics organized a survey on the changes in the employment of urban employees and the demand for new jobs. The paper analyzed the overall personnel demand and its structure, and finally proposed suggestion on the further development in employment service.

Keywords: Urban Units; Talent Demand; Employment Service

❖ 皮书起源 ❖

"皮书"起源于十七、十八世纪的英国,主要指官方或社会组织正式发表的重要文件或报告,多以"白皮书"命名。在中国,"皮书"这一概念被社会广泛接受,并被成功运作、发展成为一种全新的出版形态,则源于中国社会科学院社会科学文献出版社。

❖ 皮书定义 ❖

皮书是对中国与世界发展状况和热点问题进行年度监测,以专业的角度、专家的视野和实证研究方法,针对某一领域或区域现状与发展态势展开分析和预测,具备原创性、实证性、专业性、连续性、前沿性、时效性等特点的公开出版物,由一系列权威研究报告组成。

❖ 皮书作者 ❖

皮书系列的作者以中国社会科学院、著名高校、地方社会科学院的研究人员为主,多为国内一流研究机构的权威专家学者,他们的看法和观点代表了学界对中国与世界的现实和未来最高水平的解读与分析。

❖ 皮书荣誉 ❖

皮书系列已成为社会科学文献出版社的著名图书品牌和中国社会科学院的知名学术品牌。2016 年,皮书系列正式列入"十三五"国家重点出版规划项目;2013~2018 年,重点皮书列入中国社会科学院承担的国家哲学社会科学创新工程项目;2018 年,59 种院外皮书使用"中国社会科学院创新工程学术出版项目"标识。

权威报告·一手数据·特色资源

皮书数据库
ANNUAL REPORT(YEARBOOK)
DATABASE

当代中国经济与社会发展高端智库平台

所获荣誉

- 2016年，入选"'十三五'国家重点电子出版物出版规划骨干工程"
- 2015年，荣获"搜索中国正能量 点赞2015""创新中国科技创新奖"
- 2013年，荣获"中国出版政府奖·网络出版物奖"提名奖
- 连续多年荣获中国数字出版博览会"数字出版·优秀品牌"奖

成为会员

通过网址www.pishu.com.cn访问皮书数据库网站或下载皮书数据库APP，进行手机号码验证或邮箱验证即可成为皮书数据库会员。

会员福利

- 使用手机号码首次注册的会员，账号自动充值100元体验金，可直接购买和查看数据库内容（仅限PC端）。
- 已注册用户购书后可免费获赠100元皮书数据库充值卡。刮开充值卡涂层获取充值密码，登录并进入"会员中心"—"在线充值"—"充值卡充值"，充值成功后即可购买和查看数据库内容（仅限PC端）。
- 会员福利最终解释权归社会科学文献出版社所有。

社会科学文献出版社 皮书系列
SOCIAL SCIENCES ACADEMIC PRESS (CHINA)
卡号：734647275737
密码：

数据库服务热线：400-008-6695
数据库服务QQ：2475522410
数据库服务邮箱：database@ssap.cn
图书销售热线：010-59367070/7028
图书服务QQ：1265056568
图书服务邮箱：duzhe@ssap.cn

S 基本子库
UB DATABASE

中国社会发展数据库（下设 12 个子库）

全面整合国内外中国社会发展研究成果，汇聚独家统计数据、深度分析报告，涉及社会、人口、政治、教育、法律等 12 个领域，为了解中国社会发展动态、跟踪社会核心热点、分析社会发展趋势提供一站式资源搜索和数据分析与挖掘服务。

中国经济发展数据库（下设 12 个子库）

基于"皮书系列"中涉及中国经济发展的研究资料构建，内容涵盖宏观经济、农业经济、工业经济、产业经济等 12 个重点经济领域，为实时掌控经济运行态势、把握经济发展规律、洞察经济形势、进行经济决策提供参考和依据。

中国行业发展数据库（下设 17 个子库）

以中国国民经济行业分类为依据，覆盖金融业、旅游、医疗卫生、交通运输、能源矿产等 100 多个行业，跟踪分析国民经济相关行业市场运行状况和政策导向，汇集行业发展前沿资讯，为投资、从业及各种经济决策提供理论基础和实践指导。

中国区域发展数据库（下设 6 个子库）

对中国特定区域内的经济、社会、文化等领域现状与发展情况进行深度分析和预测，研究层级至县及县以下行政区，涉及地区、区域经济体、城市、农村等不同维度。为地方经济社会宏观态势研究、发展经验研究、案例分析提供数据服务。

中国文化传媒数据库（下设 18 个子库）

汇聚文化传媒领域专家观点、热点资讯，梳理国内外中国文化发展相关学术研究成果、一手统计数据，涵盖文化产业、新闻传播、电影娱乐、文学艺术、群众文化等 18 个重点研究领域。为文化传媒研究提供相关数据、研究报告和综合分析服务。

世界经济与国际关系数据库（下设 6 个子库）

立足"皮书系列"世界经济、国际关系相关学术资源，整合世界经济、国际政治、世界文化与科技、全球性问题、国际组织与国际法、区域研究 6 大领域研究成果，为世界经济与国际关系研究提供全方位数据分析，为决策和形势研判提供参考。

法律声明

　　"皮书系列"（含蓝皮书、绿皮书、黄皮书）之品牌由社会科学文献出版社最早使用并持续至今，现已被中国图书市场所熟知。"皮书系列"的相关商标已在中华人民共和国国家工商行政管理总局商标局注册，如 LOGO（ ）、皮书、Pishu、经济蓝皮书、社会蓝皮书等。"皮书系列"图书的注册商标专用权及封面设计、版式设计的著作权均为社会科学文献出版社所有。未经社会科学文献出版社书面授权许可，任何使用与"皮书系列"图书注册商标、封面设计、版式设计相同或者近似的文字、图形或其组合的行为均系侵权行为。

　　经作者授权，本书的专有出版权及信息网络传播权等为社会科学文献出版社享有。未经社会科学文献出版社书面授权许可，任何就本书内容的复制、发行或以数字形式进行网络传播的行为均系侵权行为。

　　社会科学文献出版社将通过法律途径追究上述侵权行为的法律责任，维护自身合法权益。

　　欢迎社会各界人士对侵犯社会科学文献出版社上述权利的侵权行为进行举报。电话：010-59367121，电子邮箱：fawubu@ssap.cn。

社会科学文献出版社